文化資源学講義

Lectures and Essays in Cultural Resource Studies

Kenji Sato
佐藤健二

東京大学出版会

Lectures and Essays in Cultural Resource Studies
Kenji SATO
University of Tokyo Press, 2018
ISBN978-4-13-050195-8

『文化資源学講義』目次

第3部　特別講義

はじめに

これは『文化資源学講義』という名前で刊行される、おそらく最初の書物である。いかにも偉そうで、どことなく高飛車な印象をあたえる名のりのようにも思う。しかし、学の奥義を伝授するつもりで、この字面を選んだわけではない。そもそも蘊蓄を披露し蘊奥を究めるといえるほどには、この名は専門の術語として確立していない。

舞台裏を明かすようだが、素材となりうる論考を集めてみて、ひとつの可能態を指ししめすものとして思いついた。ここで論じてきた対象の拡がりを主題としてたばね、あるいは試みてきた方法の拡張をともに考えるために、こんなふうに背伸びしたタイトルでまとめあげるのも悪くないなと考えた。

しかし、社会学者であったはずだがと私の専門領域をいぶかしみ、立ち位置がどこにあるのかに疑問を感じる専門家も、この本を開いてくれたひとのなかにはいるだろう。

たしかに、始めから終わりまで文化資源学の名を意識し、それが占めるであろう固有の圏域を説いているわけではない。逆に社会学や歴史学や民俗学など、別な学問の名が重なって透けて見えるところも少なくない。

たとえば第1章のもととなった論考は『文化の社会学』という、教科書に近い論集で発表された。第2章は「資源人類学」の共同研究の報告書に稿を寄せたものが素材となっている。第

3章は、日本文学の研究者たちの学会の企画シンポジウムで発表したもので、第8章と同じく文学の研究誌から依頼され、文学研究にいかに情報概念を位置づけるかを意識している。

第4章や第5章は錦絵という素材を扱っているが、美術史や美学・芸術学の学会誌が取りあってくれるかどうかは、編集委員や査読者にもよるが微妙かもしれない。他方で、新聞研究の蓄積を受け継いだ日本マスコミュニケーション学会の機関誌に投稿されたら、無視するわけにはいかないていどにはメディア論である。新しい領域の名称とつきあってまとめた例もあって、第6章は「観光人類学」を名のる概説書に、第7章は「観光文化学」と題する教科書に掲載された。第9章は、この図録の企画展が行われたのが佐倉の歴史民俗博物館だったからという理由にとどまらず、民俗学からの意義づけの創成にこだわっている。一方の第11章は自伝の言説を素材にしてはいるが、実業という概念を取り上げた社会思想史でもある。

そして第12章のきっかけとなった、災害の歴史から教訓を引き出す内閣府の研究会の場合、主査は本格の歴史学者だった。私自身が学生時代から、その方法論的な再構築に関与してきた「歴史社会学」だと名のって、それほどの違和感はない気もするが、資料に対する向かいあいかたや方法の工夫は、日本近代史の習作として読むこともできるだろう。さらにややこしいことに、当初の論考をさらに加筆補訂して掲載した東京大学の『死生学研究』は、文化資源学のあとに文学部が取り組んだ学際的な専門分野開発である「死生学」の研究誌である。

いわゆる文化資源学とのつながりが解説なしに見てとれるのは、第10章の北村大沢楽隊のレポートだけである。あとは人類学・文学・視覚文化論・メディア論・民俗学・社会思想史・歴史学・社会学等々の領域やディシプリンを感じさせる研究とも思えて、どこが「文化資源学」なのかという批判が、あるいは生まれてもおかしくない。

しかし学問の名のりは、つねに相互に排他的で、専門としての所属の択一をまぬかれないものなのだろうか。国境のような明確な区分線を学知のうえに引こうとする論議に、私は疑問を感じる。そうした「専門」ならば、こだわらなくてもよいのではないかとすら思う。

たしかに学問を名のる研究実践は、たんなる好奇心の気まぐれな発露とは異なって、理論のうえでも方法のうえでも固有の対象をもたなければならない。だがそうだとしても、その対象の存在形態を、主権と領土とを有する空間のようにイメージする必要はないだろう。逆にまた、自由に横行できる「ボヘミアン」や「ディアスポラ」や「デラシネ」や「亡命者」でなければ、新しいディシプリンを構築できる資格がないという類の主張も窮屈で、むしろその力み自体が、領土の理解にしばられた強迫観念のように思う。

私が「文化資源学」の名のりに感じた小さな可能性は、いかなる意味でも、他の専門性を排除する力にやどるものではなかった。バラバラなものに見えた専門知も、深く掘り下げていくと、表層の分断が意味をもたなくなるような共有地《コモンズ》に根ざしていることが感じられる。そうした経験はめずらしいことではない。

その場というか、空間というかを指さすことばとして、「文化資源学」を書名に選んだ。だからこそ、構築すべき場の名のり自体は、私自身が育ってきた「社会学」をはじめとするさまざまな学の訓練と、対立するものでも、矛盾するものでもない。「名前はまだない」と猫を気取ってもいいが、そもそも名づけ自体をことさらに重視し、対象のありようを規定し統治するだけの特権的な実践にしてはならない。まだ現実化していない可能性へと向かう思考の動きの大切ささえ、うまく指ししめせて共有できるのであれば、この『文化資源学講義』は、つまりあってもなくてもよい表題にすぎない。

たぶんその思考の動きの復権のためにこそ、概念それ自体の通行の意味のなかに潜む、さまざまな呪縛が問われなければならず、また思いこみの拘束が自覚されなければならないのである。

第1部の「基礎理論」編は、まさにその意識されざる、ことばの内なる呪縛に光をあて、そこからの解放を検討するために設けられた。一九世紀からの伝統をひとつの拘束としてもつ「文化」だけでない。新しく加わった「資源」や「情報」も含めて、解きほぐしていかなければならない固執の思いこみがある。これらの基礎概念は、いずれも抽象化され一般化されることであいまいになり、輪郭がぼやけて、力を失ってしまった。どのように論じ、設定しなおせば、ふたたびアクティブな思考の動きを生み出せるのか。概念としてのことばが担った公共性や歴史性に、あらためて再検討の光をあてる。そのことを通じて、基礎となる概念の復活を試みたい。

第2部では、具体的な素材を扱いつつ、その事物からいかなる文化分析の主題を立ち上げるかを問いたいと思う。そのさまざまなやりかたと実際の研究の作法について取り上げる「演習・実習」編である。

具体的な事物として、「新聞錦絵」「戦争錦絵」「絵はがき」「新聞文学」「万年筆」「フィールドワーク」「実業」といったモノとコトバと実践《オコナイ》を論じた。ここでポイントとなるのは、現代の常識において見失われていたり、忘れられていたりする、事物の存在形態それ自体の意味であり、そこを主題化するための方法的な枠組みづくりである。時事を映し出すようになった錦絵や絵はがき、携帯自動書字機械の嚆矢としての万年筆、近代における職業のとらえかたの変化等を論じつつ、そうした有形無形の資源を扱う視点を提示している。

最後においた第3部の「特別講義」では、すこし踏みこんだ「卒業論文」レベルの事例研究の主題として、関東大震災における流言現象の分析を選んだ。

この主題は以前にまとめた『流言蜚語』で、さらなる検討の方向性を示していたものでもある。流言は自覚されにくく、また隠蔽されやすく、統制しにくい。たどりにくい流言を、歴史的な実例の現実空間において、どう分析するか。あらためて警視庁の資料や当時の雑誌・新聞などを総合し、流言という社会現象の総体に迫ろうとしている。とりわけ、各地域の警察署の調書をもとに作られた資料の再編成から、流言の増殖と昂進のメカニズムを浮かび上がらせようとした手法は、地球化しつつある現代社会の情報空間の分析にも、いくつかの教訓を提示するだろう。

文化資源学には、残念ながらまだ教科書として使われるような標準的な著作はない。そうしたものがすぐに編まれることも、現状では考えにくい。しかしながら基本とすべき作法については、文化資源学専攻が発足して以降の一八年のなかでゆるやかに共有されてきたようにも思う。それが教科書としてまとめられる水準に達しているのかどうかについては、教科書づくりが得意でない私には判断できない。

だからこの一冊の位相は、せいぜい背伸びしても、特殊講義の集中講義である。キーとなる三つの基本概念のとらえかたを論ずる原論のうえに、具体的な素材との向きあいかたをしめす例示的な分析の実践をおく。そんなかたちで、この学問の模索において共有されてきた基本的な発想を、私の理解にすぎないけれどしめそうとした。

整わないままのラフなスケッチではあるが、この本の開講のあいさつとする。

第1部　基礎理論編

第1章　文化とはなにか

文化とはなにか。

この問いかけはストレートだが、これだけをそのままに、くりかえすのはあやうい。問いは、いつも既知と未知の化合物である。[1] すでに知っていることの共有が素材となって、わからないことの輪郭がさだまり、解くべき謎を探る問いが立ち上がる。

だから「〇〇とはなにか」という、応答にすべてをゆだねる問いの形式は、思考の文体として薄っぺらである。一見哲学的に深い切りこみのように見えながら、この文だけでは素材の奥行きがしめされず、参照すべき知識の範囲が共有されない。こんなふうに厚みに乏しく、尖って聞こえるだけの問いを無邪気にくりかえすと、論議はすぐに抽象的で形式的な循環論になり、本質論の迷宮を不用意にも引き寄せる。

なにを明らかにすれば、問いに答えたことになるのか。

なにを見いだせば、答えを探り出したことになるのか。

それを見きわめ見さだめるためにこそ、前提となる知識の蓄積が必要である。既知の共有は「説明」作用を成り立たせる基盤であり、問答や議論を成り立たせる土台だからである。固定された問いに対する答えを急ぐよりも、問いと答えとが動いていく方向を思い描き、見さだめ、

(1)『論文の書きかた』では「混合物」[佐藤健二、二〇一四：五八] と論じているが、同じことである。

現代社会学ライブラリー
18
論文の書きかた
佐藤健二
Kenji Sato
「論」とは何か、「文」とは何か?
社会学の知は、いかにして
生み出されていくのか

コントロールするだけの用意が大切になる。

たしかに「文化」ということばはあいまいで、どこかとらえどころがない。それが問いの立ち上げかたを複雑にしている。

文化とはなにか。

この疑問文が、対象の特質を探っているだけではないことを自覚すべきだろう。あるできごとを文化と考える主体の位相や認識枠組みをも問うている。だからこそ、研究主体の認識をしばっているものを含めて、文化ということばの内実を議論しなければならない。

こみいった出発点だけれど、ここから始めよう。

1 「ことば」のなかを覗きこむ——直観としての文化

現代日本社会には、文化をその一部に含む新たな熟語があふれている。

基本的な辞書の類や、書店や図書館の本の背からひろってみれば、その拡がり具合がわかる。試みに二つほどの辞書から、項目として立てられていることばを一覧表にしてみたのが表1-1である。耳新しいものも古びて見えるものも混じっている。すぐに説明できることがらもあるが、具体的になにを意味するのかの解説がむずかしい熟語もある。後方一致のほうには、多様な地域・時代の個別的で具体的な現象を、研究者が特定の様式として名づけたものが並んでいる。前方一致のリストには「文化」を冠したさまざまな学問の名称が見える。

特定の現象やその名づけとしてだけではない。考えかたや感じかたもまた、文化である。

たとえば脳死や生殖技術といった生命倫理をめぐる主題のなかで、人びとの選択や考えかたをささえるものとしての文化が論じられる。あるいはマイノリティのアイデンティティ・ポリ

表1-1 文化を含む熟語

辞典	前方一致	後方一致
広辞苑	文化遺産, 文化映画, 文化英雄, 文化御召, 文化科学, 文化学院, 文化革命, 文化価値, 文化勲章, 文化功労者, 文化国家, 文化祭, 文化財, 文化財保護委員会, 文化財保護法, 文化蚕種, 文化史, 文化社会学, 文化住宅, 文化主義, 文化人, 文化人類学, 文化生活, 文化相対主義, 文化大革命, 文化団体, 文化庁, 文化的, 文化哲学, 文化闘争, 文化の日, 文化変容, 文化領域	飛鳥文化, 異文化, オホーツク文化, 企業文化, 北山文化, 仰韶文化, 国風文化、擦文文化, 磁山文化, 児童文化, 照葉樹林文化, 政治文化, 精神文化, 続縄文文化, 対抗文化, 大汶口文化, ティオティワカン文化, 南蛮文化, 斐李崗文化, 物質文化, 竜山文化
日本国語大辞典	文化アパート, 文化遺産, 文化映画, 文化英雄, 文化科学, 文化革命, 文化竈, 文化教育学, 文化圏, 文化功労者, 文化国家, 文化祭, 文化財, 文化財保護, 文化財保護委員会, 文化財保護法, 文化史, 文化使節, 文化社会学, 文化主義, 文化住宅, 文化人, 文化人類学, 文化水準, 文化生活, 文化大革命, 文化団体, 文化遅滞, 文化庁, 文化地理学, 文化哲学, 文化闘争, 文化都市, 文化の日, 文化費, 文化病, 文化部, 文化文政時代, 文化変容, 文化包丁, 文化村, 文化領域	飛鳥文化, イスラム文化, オホーツク文化, オルドス文化, オーリニャック文化, 化政文化, 活字文化, 基層文化, 北山文化, 巨石文化, 言語文化, 黒陶文化, 国風文化, サラセン文化, 照葉樹林文化, 児童文化, 常民文化, 縄文文化, スキタイ文化, 精神文化, 先縄文文化, 先土器文化, 続縄文文化, 町人文化, 天平文化, ナトゥフ文化, 南蛮文化, 農耕牧畜文化, 斐李崗文化, ハルシュタット文化, バクソン文化, 東山文化, ビザンチン文化, 物質文化, マグレモーゼ文化, ムスティエ文化, 無土器文化, 弥生文化, 楽浪文化, ラテーヌ文化, 六朝文化, 竜山文化

ティックスを追求する社会運動の理解において、人びとの態度や感情をしばる文化が語られ、ときに乗りこえるべき障壁として文化が登場したりする。産業界や地方自治体でも、いかなる意味かはさておいて文化振興の必要が唱えられ、グローバル化のなかでエスニックな文化の価値や保存の必要がときに強調され顕示される。さらに現代の商品の広告に加えられているレトリックにいたるまで、まことにさまざまなところに、考えかたそれ自体に内面化された文化を見かけるだろう。

社会のさまざまな場面で、「文化」がなにか価値あるものとして語られている。

だが、立ちどまって考えてみよう。

このことばは、価値あるものを直接に指さすものなのだろうか。調べ始めると、とまどう。なにかの実体を備え、なんらかの価値を有し、輪郭をもつ対象として存在しているのかどうかがあやしくなる。文化とそれ以外とを分ける線はすでにゆらぎ、あるいは薄らいでいるからである。つまり輪郭がさだかでない。二〇世紀に入るとすでに「文化」の意味に、規定しにくさがつきまとうようになった。

文化人類学のクローバーとクラックホーン[Kroeber & Kluckhohn 1952]による膨大な定義整理の苦闘(2)や、文芸批評を社会史にまで拡げて再検討したレイモンド・ウィリアムズの労作(3)を引きあいに出すまでもなく、「文化」を定義し、意味の輪郭を描き出す作業は簡単とはいえない。皮肉にもこうした確定の困難が、これほどまで融通無碍に文化が語られてしまう事態をささえている。

意味の共通性を探り、あるいは指ししめすもののズレや矛盾を見つめる。それは研究の基本である。しかし、その基本がむずかしくなっている現状がある。

いいかえれば、意味の探究が始まるよりもまえに、語句の流布や流用のプロセスで指示内容

(2)クローバーとクラックホーンは、それまでに蓄積された研究での代表的な用例を検討して、その共通する合意を整理し「文化とは、シンボルによって獲得され、また伝達されるところの行動のパターンである。それは人工物のかたちで具象化されたものを含めて、人間集団が固有に達成したものをかたちづくっている。その本質は、伝統的(すなわち歴史に由来し、歴史的に選択された)諸理念と、それに結びついた諸価値である」[Kroeber & Kluckhohn, 1952: 66]という定義を掲げている。

(3)ウィリアムズは「一八世紀の数十年間と一九世紀の前半期に、現在きわめて重要になっている言葉の多くが、初めて英語で普通に用いられるようになり、また、すでに英語で一般的に用いられていた言葉が、新しい重要な意味をもつようになった」[Williams, 1966 = 一九六八：二]と述べ、「今日カルチュアという言葉の諸意味に凝集している諸問題は、インダストリー、デモクラシー、クラスという言葉の変化が、それぞれに反映している、巨大な歴史的諸変化によって直接生起せしめられた諸問題であり、またアートという言葉の諸変化も、そのような歴史的諸変化と密接に関連した反応をあらわしている」[同書：四 傍点原文]と論じた。この五つのことばの意味のいわば「変容の構造」(の構造)として、近代化・産業化がもたらしたものを指ししめそうとしたのは独創的である。

が希釈され、「文化」をめぐるあいまいさが一般化してしまった。意味の液状化ともいえそうなスプロール（無秩序な拡大）の事態こそが、この概念の論じかたをむずかしくしている。定義する、すなわち明確に規定することなど無駄ではないかと思えて、無理でばからしいと感じてしまう。そこでは、観察という行為それ自体を立ち上げるのがむずかしくなる。探究を取り巻く状況そのものが、早すぎるあきらめと、単純な決めつけの困難を招いていることが見えてくる。

「すべてが文化である」と「文化は○○ではない」という説明

つまるところ、われわれはどんな困難と向かいあっているのだろうか。

第一に、すべてがのみこまれていく。実証的・経験的なスタイルで論じていこうとすると、すべてが文化であるかのように見えてしまう。

文化という日本語の使用範囲が、人間が関わる活動のほとんどすべてに拡がった。そのことで、そのことばの意味をあらためて考えてみようとしない態度が生まれたという皮肉を論じてきた。たとえイメージでしかないものではあれ、文化という響きが保つぼんやりとした肯定的価値がある。それがいわば「包み紙」となって、その意味するところがあらためて検討されたりはしない。

そこにはシュッツが批判したような「自然的態度 natural attitude」あるいは「自明性」という障害物がかくれている[(4)]。そのときの文化は、「概念」に加工される前の「直観」にすぎない。しかし、その直覚と惰性ゆえに表象としての強さをもつ。そして「ここでいう文化の意味はなんですか」を追求する「野暮な」問いに対しては、「すべてが文化である」というまことに空虚で無力な結論だけがくりかえされる。議論も探究も、そこで打ち切られてしまう。こうした循環論による液状化が、しばしば思考にまぎれこむ。

（4）「自然的態度」とは、目の前にあたえられている通りに現実が実在していると素朴に確信し、暗黙のうちに前提してしまう態度で、ある意味で日常生活世界をささえている。自然的態度のうちにいるかぎりにおいて、その存在それ自体が気づかれない。

第二の困難は、否定との直面である。液状化しブラックホール化する循環にめげず、文化とはなにかを切り出そうとすれば、今度は否定形の重なりあいにたじろぐ。「文化は○○ではない」。「○○」に還元できないなにかがそこにあり、それこそが文化である、と。否定神学のような論証のスタイルにからめとられる。法でない、政治でない、経済でない、科学でない、技術でない、自然でない、機械でない、記号に還元できない、貨幣価値では測れない——。対象とすべき概念の外枠をそうした否定のつながりでふちどろうとする。その結果、皮肉なことに文化への取り組みは、なにか中心からはずれた残りものに位置づけられてしまう。

もちろん否定による線引きは、消極的な先延ばしではない。この不同意は積極的である。既成の境界に異を唱えるがゆえの抵抗であり、流動化の戦略である[5]。しかしその強気の達観にいなおったとしても、否定の消極性にとどまるかぎり、周辺に追いやられてしまう。残余を扱う実践であるかのごとく、視野の中心からはずされ、軽視される。

あまりものとしての「文化」の位置づけは、ディシプリンやパラダイムに由来するものではない。大学教育という国家装置が生み出している知識[6]や主体の現実的なパワーバランスに従属している。つまり近代社会の産業的編制のなかでの知の「地政学」の問題でもある。外在する勢力の力学のなかで、文化という領域は、役に立たない劣性の烙印を押される。不確実であるとか、科学が扱うべきでないとかのレトリックが動員され、そうした位置づけへの対抗を強いられる。

この規定も「自然的態度」であり、「自明性」としての障害物である。

科学という概念の地平それ自体が、歴史的・社会的に構築されている。古典的なマルクス主義に基礎をおいたある時期の社会科学もまた、下部構造を「経済」とし、いわゆる上部構造と

（5）同様のことばの使いかたは「ポスト」にも見ることができる。新しいパラダイムの核を直接的かつ具体的に主張するのではなく、ポストという「後」や「脱」という再帰的な形容で既存の枠組みを抜け出そうと試みる。文学や芸術や建築における「ポストモダニズム」、人類学における「ポスト構造主義」、社会学における「ポスト産業（工業）社会」などの概念が、その応用例である。

（6）ヒエラルヒーを内包したこのような学問の領域分けは、近代国家形成を急ぎ、殖産興業に邁進した日本の後発性に由来すると関連づけられることが多い。しかしそうした後進性にだけ還元する認識は十分でない。近代という社会の仕組みそのものをささえるイデオロギーの歴史的な構造として存在していることを見落としてはならないと思う。

しての「文化」をその反映でしかない幻影とした。一九世紀的な決定論の古い枠組みは、従属的で付随的な意味づけしか文化にあたえようとしなかった。続く二〇世紀もまた、そうした生産力理論の理解の構造をこわし、乗りこえたわけではなかった。科学史の研究者たちは、二〇世紀前半の科学技術の発達が、どこかでフィロソフィー（哲学）とサイエンス（科学）がかつて共通のものとして保っていた実践としての同一性を見失わせ、文系と理系の知を対立させて、「文化」と「科学」のあいだに引かれた分割線のうえに、不信と嫌悪にまみれた隔壁を生み出したと論じる(7)。

「カルチュラル・ターン」の意味

カルチュラル・スタディーズが掲げた「カルチュラル・ターン cultural turn」すなわち「文化論的転回」あるいは「文化の実践における転回」の主張が問うたのは、まさにそうした意味づけの作用そのものであった。

すなわち、人間の活動の「すべて」であるかのようにあいまいに感じられたり、政治や経済の「残余」においやられているかのように見えたりする。その見えかたや感じかた自体を問題にしよう。その根底にあって、その現状を規定している秩序に光をあてよう。なぜならば、そうした秩序化の構築力そのものが、文化ととらえるべきなにかなのだからだ、と提起したのである。そして、そのパラダイムの「転回」あるいは「脱構築」、すなわち越境と内破による、認識の様式それ自体の変革の重要性を戦略として掲げた。

ターン（転回）とは、変わる事態を指すと同時に、変える実践を含意する。

いいかえれば、世界の見えかたを構成しているものが根底からとらえかえされ、その結果として見かたの反転が生まれる(8)。その反転のメカニズムの最初の宣言がことばのメディア論的特

(7) たとえばスノーの「二つの文化」という主張は、物理学に象徴される理系の学知と、文学に象徴される文系の学知との隔離に対する危機感に裏づけられたものであった［Snow, 1959＝一九六五］。二〇世紀半ばのこの主張が、クーンのパラダイム論と同時代のものであるのはおもしろい。

(8) その意味で「ターン」は、現象学的マルクス主義が一九七〇年代にしきりに主張した「エポケー（現象学的還元）」や、一九八〇年代の「認識論的切断 rupture épistémologique」あるいは「脱構築」等々の主張と、ほぼ同様に並べて理解してよい戦略である。

質に焦点をあわせた「言語論的転回 linguistic turn」であったことは、たんなる偶然以上のものである。

ことばこそが、秩序化の力の核、あるいは認識の原形質だったからである。

言語から文化への拡張

ことばすなわち言語の役割は、まことに複合的である。(9)

ことばは、主体が見た世界を叙述し他者に伝えるだけではない。世界の見かたそのものを生み出す。まさに人間において固有の発達をしめした媒体だった。そのとき言語は世界の反映としてあるのではなく、まさに世界を認識として構築している。しかも言語は実体でなく媒体であるからこそ、主体としての人間の身体をも深く巻きこみ、身体をささえる環境として作動する。カルチュラル・ターンの主張は、この「言語」の媒介の力の根源性を問題にし、まさに同じ力が作用する位置に「文化」というカテゴリーをおいた。その文化に、言語という媒体が含まれていたことはいうまでもない。その意味で、このターン(転回)は、方法的で認識論的な変革であった。

しかしながら、身になじんだ「文化」ということばの価値の慣習的な用法の力は根強い。うまく位置づけられないことがあらわれてきたら、「文化」(10)という、よくわからないけれどもすこしありがたそうな標題の分類箱に入れて、学問のヒエラルキーの周縁部分に意味づけておくという慣習はなかなかにしぶとい。とりわけ、探究することや学ぶことを特権化して、生きることや働くことからあらかじめ分割し、学問の活動と他の労働などの人間活動とを分離してしまう態度もそこに作用している。すなわち文化を「多様な」意味や「さまざまな」価値の世界として一括して囲いこみ、政治・経済システムの実用性や実在性に従属する領域としててし

(9)『ケータイ化する日本語』[佐藤健二、二〇一二]で論じたのも、人間という高度な社会性を構築しえた動物の身体にとっての、ことばの本質的で複合的な機能である。

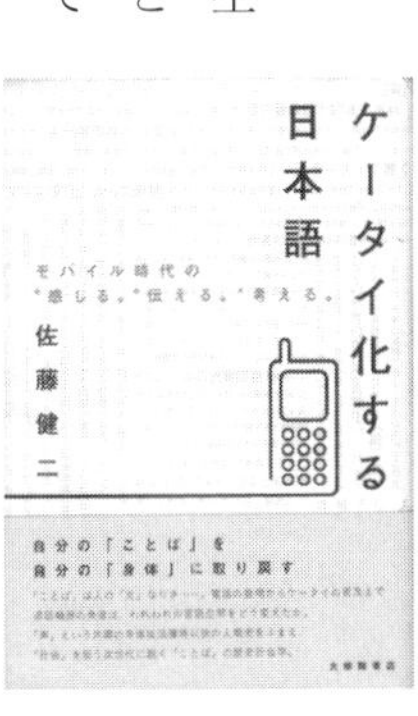

(10)「文学」もまた、同様の論理から周縁部に追いやられた。クリフォードはイーグルトンを引用しながら「西洋科学は一七世紀以来、正統とみなされる表現様式のレパートリーから、ある様式を排除してきた」という。その排除された様式とは、「平明」つまり明瞭な意味という名において排除された「レトリック」、事実という名において排除された「フィクション」、客観性という名において排除された「主観性」である。「こうして科学から排除された特殊な領域は「文学」という概念のなかに留めおかれた。そして文学のテクストは、比喩的で寓話的であり、観察された事実というより創造されたものからできているとみなされたのである」[Clifford & Marcus, 1986＝一九九六：八]。ここにおいて、われわれは文化の研究が、文学と同じように、科学すなわち学問の文体における困難という大きな問題を抱えこんでいることに気づく。

かとらえようとしない。

　そうした文化の見かたには、すでに暗示しているように、近代社会の産業的編制が大きく作用している。そのような態度が保たれている場所では、「文化」など極端にいえば無視してもかまわない。宗教に近い信仰や信念の領域に押しこめられ、余暇の時間に位置づけられるべき活動としてかたづけられてしまう。言語的・身体的な解釈の実践であるがゆえの「文化の転回」の主張など、役に立たない知識人たちの知的な戯れにすぎないと位置づけられがちである[11]。ふりかえって見れば経済交換をささえている貨幣という存在が、じつは宗教の信仰と同じく、信憑の集合性や恐怖の共同性のうえに成り立っている。そうした根源を問おうとしないならば、文化を論ずること自体が表層にとどまらざるをえない。

　われわれはまず、この状況をめぐる、臆病で尊大な「常識」を切断しよう。「文化」を、役には立たないがなんとなくありがたい価値をもつ余剰である、かのように感じてしまう「自然的態度」が、基本的な困難を存立させているからである。そうした常識を、じつは現代社会の奇妙で不思議な因習として、見つめなおすところから出発したい。

「文化とはなにか」をどう問うか

「すべては文化である」という定義は、無意味なくりかえしの行き止まりである。

「文化は政治や経済の残りものである」は、研究を周縁化し孤立させるだけだ。

　無規定のブラックホールにひきずりこまれることなく、否定の圧力に流されて辺境にうずくまることのない、第三の道はどのように切り開かれるべきなのか。

　われわれが文化と呼んできたものの力を見つめ、あるいは新たに文化と名づけるべきもののもつ輝きをとらえることは、いかにして可能になるのか。

(11) ここでの「戯れ」の指摘と呼応する排他的で宗教的な認識を、人類学者のマーカスとフィッシャーは次のように描写している。「現存する文化の多様性を人が信じていないというわけではない。むしろ西洋社会という特権的に有利な地点から見た場合、文化的差異やもうひとつの世界にたいする見かたが、世界規模で共有されている政治経済システムの働きに何か影響を与えるなどと人々はもはや信じていないということである」[Marcus & Fischer, 1986＝一九八九：八四]。

文化を定義するという、研究の最初の実践が向かいあっているのは、たんに辞書的で共有できる説明の提示ではない。それ以上に文化を考えるという動きの創出であり、対象を見るための視点の構築である。見かたあるいは考えかたの変革であり、とらえかたの発明なのである。そこに転回（ターン）の本当の意味がある。

もういちど、この章の冒頭でいいたかったことにもどって、議論を動かしていく方向を確認しよう。

「文化とはなにか」という疑問文は、対象とすべきものの特質を問うているように見えるかもしれないが、そこに終わるものではない(12)。その対象を文化と見る人間たちの認識枠組みを問うている。だからこそ、ある現象を文化として論じようとすると、論ずる研究主体の認識の枠組みの明確化が求められることになる。そして、その明確化はいつも思考の動きを含んだもので、見かたや考えかたの転回を含みこんでいる。

であればこそ、その動きをたどりながら論じていきたい。

2 問うための足場づくり

文化を対象とする社会学が「失敗」におちいるケースには、典型的な二つの類型があるように思う。

概念の縮小再生産

第一の失敗は、悪い意味での知識社会学の縮小再生産である。

抽象的な概念の定義の周辺をどうどうめぐりし、具体的な現象の構造の分析へと結びついて

(12) 別な言いかたをすると、「文化とはなにか」の問いに無邪気に答えてはならない。そこでは文化を研究する実践そのものの特質が問われている。研究するという実践のなかで、対象の生成と主体の変容のからみあいに向かいあい続けなければならない複雑さと、扱いにくさを有するからだ。だからこそ、他人ごとではない。傍観していられる「対岸の火事」でも、たどりつけずにうらやむだけの「隣の芝生」でもない。

いかない。一九三〇年代にドイツから日本に熱心に輸入された「文化社会学」の学説研究が、しばしばおちいった迷路である。同時代の「歴史社会学」や「知識社会学」の論議も同じく、容器である概念の検討に熱中して、社会認識そのものを豊かに生み出せなかった(13)。

もちろん概念を明確に定義し、範疇（category）としての一般性を装備していくことそれ自体は、研究の大切なプロセスである。不必要であるとはまったく思わない。しかしなお、道具は道具でしかなく、道具をどう使うかという局面での自覚が大切である。ときにその概念論議の抽象性が、思考や観察の実践を出発点以前の直観の直感にあらかじめしばりつけ、思考の停滞や同義反復しか生み出さなくなることがある。そうした危険性を、研究はいかに避け、どう乗りこえていくことができるか。そこに自覚すべき課題がある。

そのとき、われわれの探究は具体的な実態と形相の現場へとたちかえり、観察と記述から始めざるをえないだろう。

個別的な記述への埋没

第二の失敗は、まさにその具体的な観察と記述に入りこむがゆえに引き起こされる停滞である。文化現象の個別的な記述への埋没といってもいい。

そこでは「文化」という概念をもち出す必然性や意味が、明らかにされないままに取り残される。個別の現象にこだわりつつも、文化としてもつ力の基底に触れようとしない。いかなる意味で文化の分析なのか、そこを問わず、そこに答えようとしない。

ひょっとしたら答えようとしていないのではなく、問われざるをえないという必然性を感じていないのかもしれない。なるほど、ベストセラー文学やファッション、テレビゲーム、ポピュラー音楽、遊園地（テーマパーク）といった現象を扱うことは、対象の具体的な限定のように見

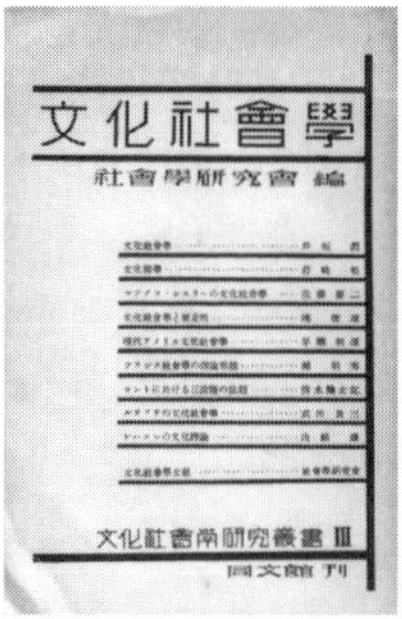

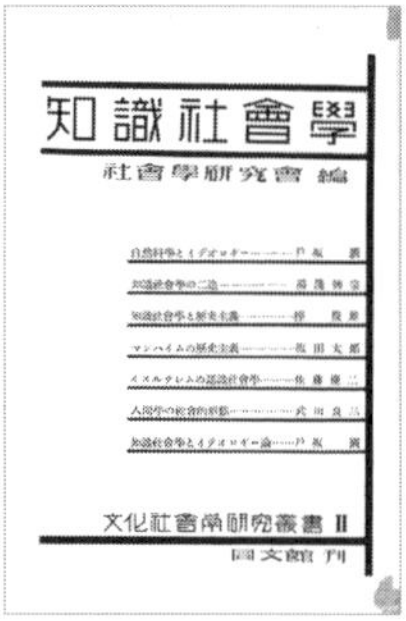

(13) やや立場性やニュアンスを異にするものの、文化産業批判の啓蒙主義者たちの主張にも同じような隘路を感じる。現代の文化現象を大量生産のまがいものであると原理的に批判するだけの一本調子でしかないことで、同じ内閉の落とし穴におちいっている。

える。ときに高級か低俗か、ドミナント（支配的）かサブカルチュラル（下位文化的・対抗的）かの区別がつけられるにせよ、これらを「文化」とする慣習的な通念や常識の共通性は疑われることが少ないからである。しかし、そうであればこそこれらの研究は、ともすれば実感的に実態をなぞるだけの「エスノグラフィ」や「質的研究」に終わりやすい(14)。文化のカテゴリーの内実と交差しない考察にとどまってしまう。概念としてあらためてその特質が再考され、現象に孕まれている問題が再検討されることなく、実態の報告に終わってしまう。

そのとき、われわれは具体的な事実や現象を論じているからといって、文化という問題構制の発見にまでとどく保証は、じつはどこにもないことに気づく(15)。

文化というアリーナ

具体性を深く掘り下げる。そのことを通じて、概念としての文化を浮かび上がらせることは、可能である。私自身は、研究スタイルとして好ましいとすら思う。

しかし「文化」と呼ばれる現象が、だれに担われ、なにに託され、どこで成立するのか。具体的に記述されるだけでなく、分析的に説明しなければ、明らかにしたことにならない。さらに、それを「文化」として語っている主体は、社会のどこに位置しているのか。そうした構造が自覚的かつ具体的に探られなければ、文化を研究するという問題意識それ自体が溶けてなくなってしまう(16)。

いいかえれば、文化といいうる現象をなにがささえているのか。その構造としての「場」の認識や分析が、いわば立体的なものとして、また実践的なものとして問われているのである。そうした「場」をとらえぬままの、個々の事物や事件の直観的表象は、けっきょくは個別的な現象の平板な記述のままにとどまる。せいぜいが事後的に、主観的で恣意的な印象批評が加え

(14) 誤解のないように補足しておくが、「エスノグラフィ」や「質的研究」が、実感的に実態をなぞるだけの方法でしかないといっているわけではない。現象を構造的に分析し、みごとに記述するエスノグラフィはありうる。

(15) たとえば書物が読まれることを広く漠然と「活字文化」と呼び、その「危機」をベストセラーの動向においてさぐり、ライトノベルの内容分析において試みるとしよう。だが読者としての感想をいかに連ねても、作品の趣向を批判しても、そのままでは文化の分析にはならない。作者や編集者や読者という多様な主体が、あるいは出版社や取次や書店などの流通に関わる複数の装置が、いかにそこで文化と名指すものを存立させ、その変容や解体の危機を生み出しているのか。そこが問われないままならば、論考としてはものたりないものになろう。

(16) ある現象がまさに文化としてあらわれる、その固有の時間のありようや空間の枠組みを問い、その現象を担っているさまざまな行為者を対象化し、そこに作用する制度の構造を見つめ、さらにはその文化を評価しあるいは問題として語る主体の位相をも、自覚的に位置づけて描く。数多くの構成要素の布置とともに、全体を構造として把握することが必要だろう。

られるだけである。それは多くの場合、分析とはいえないものにとどまる。「対象」の有する独自の動きを描きなおせていないからである。

動きを描きなおすためにこそ、「場」という空間的な理解、あるいは現象の奥行きの把握が必要となる。このあたりはアルチュセールのいう「理論的対象」の構成とも重なる。(17)

このような意味における反省的認識の必要性は、「発話の位置」「立場性」を問うカルチュラル・スタディーズやポストコロニアリズムの専売ではない。現象学や唯物論の誕生においても、社会学の起源においても共有されている。

社会学的な文化研究の四つの論点

であればこそわれわれは、文化を見つめなおす反省性の経験を養い、おちいりがちな失敗を乗りこえる枠組みを作るコンテクストに、研究するという試みを位置づけなおしたい。通底する指針として、次の四つのポイントを掲げるのも、そのためである。

すなわち、

①われわれ自身が使う概念の歴史的・社会的な拘束性の検討
②文化が生産され、流通し、消費されるプロセスの解明
③文化を「場」としてとらえ、そこに内包される亀裂や動きを描き出すこと
④生活する身体の側からの認識の総体化

以下、そのそれぞれのねらいを説明していこう。

意味づけそれ自体を問題にすること

第一は、あるできごとや事物を「文化」ととらえている、その根拠にさかのぼって検討しな

(17)同じことを、ピエール・ブルデューは「対象の構成を最も重要視する」という表現で、次のように述べている。「一切の前提を捨てていると思っているとき、知らず知らずのうちに対象をつくっているのであり、しかもその場合、たいていは誤った仕方で対象をつくってしまっているのです。社会学の場合、対象構成に注意を払うことほど切迫した課題はありません。社会的世界はなんらかの仕方でひとりでに構成されており、そうした前科学的構成作用にわれわれは馴染んでいるからです。ふだんの生活においても、多くの社会科学の研究においてと同じく、思考されざる認知の道具が暗黙のうちに投入されていますが、それらの道具が対象を構成する役目をはたしています。ですから、これらの道具こそ、対象として取り上げられねばならないのです。エスノメソドロジーの研究者たちが同じ時期に発見したのはまさにそのことでした」[Bourdieu, 1973＝一九九四：四六六-四六七]。

おすことの重要性である。すなわち、それを文化と意味づけるわれわれの、実践それ自体を問題にする。いいかえればある事物や現象を文化とまなざす、そのまなざし自体の歴史性と社会性に自覚的に取り組むということである。

アルチュセールが明晰に論じたように、イデオロギーはつねにわれわれの認識に介入している。「映画」「マンガ」「文学」などの個別の事象を論じる実践のなかに、すでに一般性を担保する特定の「文化」概念が、イデオロギーとしてそのつど介入している。その介入ゆえに、映画はたとえばメディア文化のひとつの形態であると見えてくるし、マンガがいわば大衆文化や青年文化やオタク文化のあらわれと意味づけられ、さまざまな作品は文学として、あるいは芸術として受け止められ批評されていく。すなわち、われわれはいかなる「文化」の認識枠組みのもとで、具体的な研究の対象を立ち上げているのか。別ないいかたをするなら、研究する主体、あるいは生活する主体に、「文化」の見かたのどのようなバージョンが、いかなるかたちで介入しているのか。

それが問われているのである。

そこに観察の課題が生まれる。こうした前提となる文化の概念を書くことのなかで問題化し、明らかにしていく必要があるからである。

明治文化研究会の「文化」

たとえば、である。私自身は一九二〇年代の明治文化研究会（吉野作造を中心に結成された歴史研究団体）が行った文化の研究は、示唆深いものであったと注目している。しかし、ただ先駆的な試みというだけではない。研究主体の視点が特徴的で、興味深いからである。いいかえればいかなる明治「文化」のとらえかたが、この試みを可能にしたのか。そう問うてみることがいま必要だと思う。

そのとき、「明治文化研究会」の実践それ自体が、研究の素材となる。残念ながら明治文化研究会を全面的に検討した人文社会学的な研究はまだない。関わった人びとの個性も強く[18]、目的も方法もひとつではなかった。であればこそ、ここにおける「文化」が、研究会という場でいかに作用していたのかは、あらためて観察し、考察してみなければならない課題である。例示の意味で、すこしこの事例に踏みこんでおこう[19]。

ひとつの論点として気づくのは、この「文化」研究が資料という素材の存在を重視するとともに、自らのなかに作用している「文化」というカテゴリーの拘束性を課題としてとらえるような問題設定であったことである。

機関誌の創刊号は、明治文化研究会の目的を「明治初期以来の社会万般の事相を研究し、これを我が国民史の資料として発表すること[20]」とのみ短く掲げた。しかしながら『明治文化全集』の「内容見本[21]」はもうすこし踏みこんでいる。なぜ明治文化の研究が必要なのかについて、ただそれが価値をもつと思うからではなく、その総体を検討しなおす必要があるからだと説く。

刊行趣旨によれば、一方では新理想に燃えつつ、他方古い伝統の桎梏を壊しえずの「懊悩煩悶」時代が明治であった。すなわち、封建時代の古い衣を脱ぎ捨てて六〇年になるが、われわれはまだ新しくなりきらない。「この新しい理想はいかにして国民の脳裡に生まれたか。またかの伝統の桎梏は何故にかくも強く我々を縛るのか[22]」。つまり、人びとがいだいた理想ばかりか、桎梏もまた、明らかにすべき明治の文化であった。しかし、ごく近くまで「真摯なる研究」はなおざりにされていた。なぜか。問われなかったからである[23]。

実際の研究会の実践が構想した「文化」のカテゴリーもなかなかにおもしろい。同じ「内容見本」に載せられた内田魯庵のエッセーは、この史料編纂の試みがもつ「文化」研究の特質を

(18) 一九二五（大正一四）年二月に『新旧時代』という雑誌を創刊した明治文化研究会には、すでにそれぞれの方法で文化を研究していた人びとが集まった。世相風俗のエンサイクロペディアとして評価が高い『明治事物起原』の第一版［一九〇八］をすでにまとめていた石井研堂、東京帝国大学法学部臨時嘱託として新聞雑誌史料の整理をしていた宮武外骨、『明治憲政経済史論』［一九一九］という口述記録の編集の経験から明治文化研究の必要を意識した吉野作造、判事として憲政史研究に打ちこみ雨花生の筆名で雑誌に明治初期の考証などを発表していた尾佐竹猛、新聞記者を経て『日本新聞発達史』［一九二二］をまとめ新聞研究を開拓した小野秀雄などが創立のメンバーとなり、後に斎藤昌三、柳田泉、木村毅など個性的な研究者が編集同人として加わった。

(19) 以下に述べるのは、研究途中の直観であり、研究を進めていくプロセスで「切断」され、修正されるであろうことは論をまたない。

(20) 「「明治文化研究会」に就て」『新旧時代』第一年第一冊［井上和雄編、一九二五：目次裏］

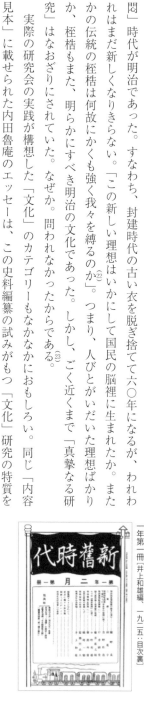

正確に予感していた。

内田魯庵は断言している。戯作者たちの数多い作品がなくとも、明治文化史にはなんの支障も生じない。しかしながら太政官日誌や公議所の記録、あるいは西洋の法理論や政治制度と向かいあった思想家の著述を欠くならば、明治文化の研究はかがやきを失う。明治文化として新奇な開化風俗や、過渡的な通俗文芸のみに光をあててきた従来の文化理解のほうが勘違いの間違いなのであって、「法政哲学を中心とする」「初期の文明先駆の諸賢の著述文章」や「思想上又は科学上の産物」などを、その本流としなければならない、と。(24)

たしかに『明治文化全集』が、風俗篇や文学学術篇だけでなく、憲政篇や自由民権篇から教育篇、軍事篇、交通篇、科学篇におよんでいることは、「文化」のとらえかたそれ自体の基底の拡大を感じさせるものだ。

資料としての共有の重視と考証

この明治文化研究会が対象と向かいあう作法には、ひとつの特徴があった。それは認識を生産する媒体としての「資料」の重視である。

しばしば関東大震災における帝国大学図書館の焼失など多くの文化資料の消失が、ノスタルジックに明治文化への関心を興隆させたのだといわれる。しかし、この研究会の基本をノスタルジーにおく理解は偏狭である。また文化財としての保護保存事業を目指したものとも違う。むしろいま集成しなければ埋もれ、思い出す手がかりが失われてしまう、そのことへの危機感のほうが大きい。さらに、その時代を生きた人びとにも、やがて忘れられてしまうかもしれない些細なことが、なお文化であると認知されているとはいえない現状に対しての批判が、そこにある。(25)

(21) 第一回予約募集・内容見本

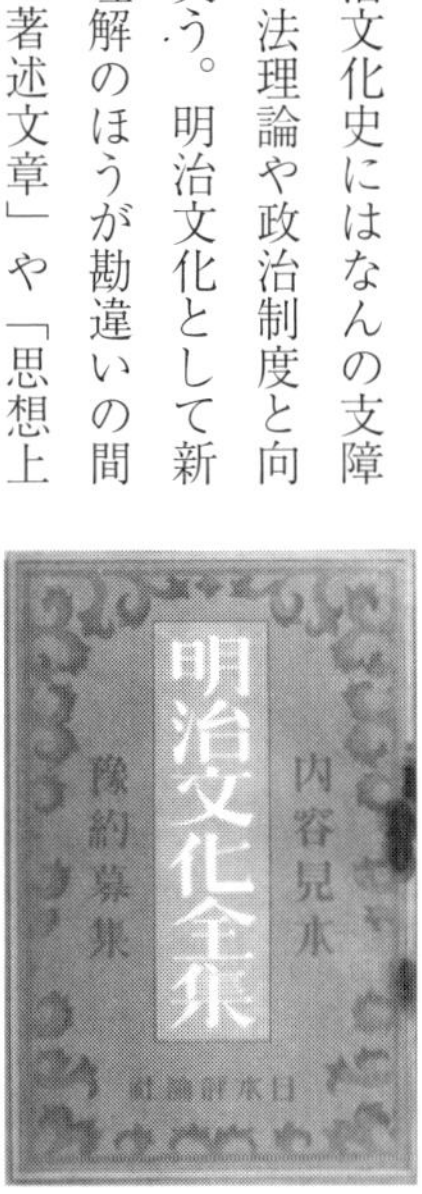

(22)「「明治文化全集」刊行の趣旨」『明治文化全集・内容見本』〔日本評論社、一九二七：二〕
(23) 等閑に付された理由について、同じ「「明治文化全集」刊行の趣旨」は次のように説く。「明治時代は、㈠その初め外国文化の輸入に忙しくて自らを顧みるの余裕がなく、㈡また時代が近いだけに色々の事が世人の記憶に残つており、ために精緻なる考察を加ふる気分になれず、㈢それにたまたま昔を語る者があつても、多くは過去を虚飾する弁疏に過ぎなかつたからである」〔日本評論社、一九二七：二〕。歴史の語られかたへの反省として、たいへん興味深い。
(24)「明治群書類従の大成」『明治文化全集・内容見本』〔内田魯庵、一九二七：一九‐二〇〕
(25) 渋沢栄一は初版の『明治文化全集』のために作られた四八ページの『明治文化全集・書目解題』〔一九二七年の六月頃の発行か〕において、「明治文化全集は私等の履歴書」であると題し、「この六十年は顧みて実に変化の多い、また従つて非常に面白い期間であつた。かくの如く変化が多かつただけに、実地に経験した私どもに

全集の編纂や同人の雑誌刊行に価値をおくのは、それゆえである。知識を共有の場に上げるために集成して複製し、あるいは雑誌を通じて共有することが追求される。震災がひとつの契機となったのは、明治の経験の共有が社会的な危機におちいったからである。そのような文脈に、研究会の目的が説く「資料」ということばも位置づけるべきだろう。精力的な調査収集と、実証的で経験的な書誌解題の実践を貫く能力をもつ人びとが研究を担うことによって、評論とは異なる考証の作法が生み出された。

成果としての出版物は、幾度かにわたる改版を経て[26]、日本近代文化史の研究を志すものが共通に参照する重要な資料データベースのひとつとなった。さらにこの会の機関誌や全集編纂を滑走路として、日本の新聞研究が離陸し[27]、日本の近代文化を構成している事物や制度に関する考証が増補改訂されていった[28]。リーダーであった吉野作造は、明治文化研究の動機として『明治憲政経済史論』の編纂のとき、憲法起草の中心にいた伊東巳代治が会ってもくれなかったことを挙げる。国家機密を盾に拒絶し、徹底した隠匿のその態度が、資料収集と研究の必要を強く意識させたと語る[29]。その情報の公共性に関わる動機も、多様な個性のネットワークともども、この活動が民間在野の立場に立つ文化研究であったことを暗示している。

第一の論点で強調したかったのは、文化の対自化の課題であり、再帰的に把握する必要性である。対象のなかで、いかに「文化」が作用し、あるいは更新されているのか。そこに焦点をあわせた細かな観察と考察の必要性である。

生産され消費される構築物として

第二に、「文化」を生産され消費される構築物としてとらえなおすことである。変わらない価値として固定化するのではなく、その変容を含みこんだ流通の社会的なプロセスや生態を描

も分からなくなつた事が少なくない」〔同前：四五-四六〕のだが、この全集の計画を見ると、釈然とすることも多くあろうと、期待してその刊行を待つという感想を寄せている。

第三版の全集になって別巻に入れられる『明治事物起原』の著者であり、研究会の同人でもあった石井研堂が明治事物起原の考証を始めるのは明治二〇年代であるが、そのときすでに明治の新文化としての新聞紙や人力車の起源や普及のプロセスが忘れられ、わからなくなっていた。その意味で、研堂の事物起源のまなざしは、まさしく忘れられてしまう些細なものがもつ歴史という文化への愛着であった。

初版時の『明治文化全集・書目解題』

(26)「皇室篇」を第一巻とする一九二七（昭和二）年に刊行された第一版全集（全二四巻構成）と、「憲政篇」を第一巻として一九五五（昭和三〇）年に刊行された第二版全集（全一六巻構成）の違いに注意。第二版全集では、「皇室篇」「教育篇」「宗教篇」「文学芸術篇」「時事小説篇」「翻訳文芸篇」「思想篇」「文明開化篇」「雑史篇」「軍事篇・交通篇」「科学篇」が落とされ、「自由民権篇（続）」「社会篇（続）」「婦人問題篇」が加えられた。第二版全集を基本にして、第一版から落とした巻を加え、さらに「国憲汎論」を一巻

き出す。そのことを通じて、われわれはあらためて「文化の生産」という議論が必要であると考えている。

たとえば、である。一九五〇年代の思想の科学研究会の文化研究として評価される初期の共同研究のひとつに、『夢とおもかげ』と題された大衆娯楽の研究がある。ここに関わった南博は、作品の内容分析の他に、観客や読者たちの反応分析と、思想や感情への影響としての効果分析の三つが必要であると述べたあと、生産する主体に注目する。

> 内容、反応および効果の分析は、大衆娯楽とその受け取り手との間の関係にかかわるものであるが、大衆娯楽を全面的に研究するためには、更にさかのぼってその供給者に関する調査を行わねばならない。それは大衆娯楽を供給する企業体あるいは公私団体の分析である。(30)

つまり生産および消費のプロセスの重要性を指摘している。

この共同研究では、大衆小説や流行歌、映画、演劇、寄席娯楽などが、「ひとびとの哲学」の素材として取り上げられた。三浦つとむの分析(31)など、浪花節の作品内容からそれが生産され演じられた社会という場にさかのぼりながら、明治の浪花節と昭和のそれの違いを掘り下げている。また鶴見俊輔の大衆小説の分析(32)も、送り手から受け手にいたるプロセスに関わる複数の問題を指摘した先駆的な文化研究であった。

ブルデューが(33)「場 champ」や「文化資本 le capital culturel」などの概念を用意して照らし出そうとしたのも、文化が生産され流通するプロセスにおけるダイナミックスではなかったか。そうしたなかでは、「生産」や「消費」あるいは「受容」というカテゴリー自体が描きなおさ

加えて全二八巻とし、別巻に『明治事物起原』とその他補巻三冊をあわせた第三版全集（全三二巻構成）は一九六七（昭和四二）年、すなわち明治維新一〇〇年のときに刊行されている。さらに第四版全集（全二九巻構成）ともいうべき一九九二（平成四）年刊行のものも、「農工篇」が補巻から本巻に移されるなど、第三版全集までとは構成が違っている。

(27) 新聞発達史を補足する『幕末明治新聞全集』（全五巻）の刊行などの他、宮武外骨が嘱託として関わった明治新聞雑誌文庫の役割も大きい。もちろん、日本近代の新聞研究については、小野秀雄ら明治文化研究会の系譜だけでなく、長谷川如是閑らの視点も重要である。長谷川が『岩波講座　日本文学』に寄せた文化としての「新聞文学」の考察［長谷川如是閑、一九三三］は、同時代の大熊信行の商品としての文学の分析［大熊信行、一九三三・一九三七］とあわせて、ユニークな文化研究として視野に入れておきたい。

(28) 石井研堂の『明治事物起原』の第二版さらには第三版への増補改訂が、この雑誌への連載を通じて行われたことを指す。石井研堂については［山下恒夫、一九八六］［佐藤健二、二〇〇一］を参照。

(29)「明治文化の研究に志せし動機」［吉野作造、一九二六→一九三三：一-九］

(30) 南博「大衆娯楽調査の意義」［思想の科学研究会編、一九五〇：七］。南のこの論考は、目次前という、この書物全体の序の位置におかれている。

れることになろう。さらに踏みこんでいうならば、生産や消費の描きなおしを通じて、「文化」というカテゴリーそれ自体の輪郭が書きなおされることになるだろう。文化産業論という文化の生産様式や構造を問おうとするプロジェクトが、一方においてアドルノやホルクハイマーの古典的な大衆文化批判(34)に導かれ、他方においてその啓蒙主義的裁断と対抗しつつ切り開いた地平は、まさしくそのような理路にほかならない。

受け手(audience)論(35)やリテラシーの議論(36)も、文化の生産という実践を浮かび上がらせる重要な視点のひとつである。読者や作者、あるいはさまざまなレベルのテクスト生産がどのような形式において存在しているのか。読者のクローズアップは、たしかに作者を特権化してきたパラダイムを揺るがした点において意義深いものだった。しかし、読者がどう読んだかの部分だけを「読者論」あるいは「リテラシー」として前景化し、文化の生産の議論と同一視すると、見落とされるものも多くなる。生産や消費が行われる場を産業主義的に編制し、構造化している「社会」がブラックボックス化し、議論を視野狭窄に迷いこませるからである。

一方において、具体的なオーディエンスの意見はおきざりにして、巨大な興業資本によって一定の映画の流行が作られていくこともある。そうした事実も、読者の批評だけにしぼった狭い意味でのリテラシー研究から位置づけることはむずかしい。その読者がどう読んだかが、テクストとして残らない場合がほとんどであるという資料的な制約を、いかに乗りこえていくのか。それも大きな問題である。経験そのものに直接迫ることは、たとえ参与観察という密着の徹底を選んだとしても、その確実性や成功を保証されるわけではない。ましてや、自由回答をただ素朴に求めたていどの質問紙調査では、感想の収集としても不十分な結果しか生み出せないことがめずらしくない。研究者の方法的な読みが必要になるのは、それゆえである。

すでに社会に刻みこまれているさまざまな資料の発掘や、読みこみをからみあわせる作業を

(31) 三浦つとむ「浪花節の歴史的性格」[思想の科学研究会編、一九五〇：二七九-三〇九]

(32) 鶴見俊輔「日本の大衆小説」[思想の科学研究会編、一九五〇：一一-八一]

(33) いささか乱暴な解説だが、私にとってブルデューの「場champ」の魅力ともいうべきは、「文学」や「宗教」や「学問」を抽象的な主題領域としてとらえるのではなく、理論的対象を生産する諸作用が交わり、あるいはすれ違う、開かれた空間として設定し、そこに経験的な観察を呼びこみうる作りこみにある。アルチュセールの「装置」とも、ルーマンの「コミュニケーション」とも重ねつつ考えていってよい可能性をもつと思うが、深入りは避けよう。一方の「文化資本le capital culturel」は、階級の教育を通じての再生産を論ずるなかで、教養や趣味や美意識など身体化されたハビトゥスの格差に光をあてるために工夫された。やや所与の遺産の継承というコンテクストが強調されすぎる点には注意が必要だが、「資本」を生産の実践のシステムのなかでとらえなおそうとし、経済の枠組みから解放しようとしている点は評価できる。

通じて、参与観察や質問紙調査の限界を乗りこえる手がかりを深めていく。そのためにも、「生産」や「受容」のカテゴリーを拡げていく必要がある。

　具体的な存在であるかのように思える読者を強調するあまり、生産の場に対する視角の多様性が失われてしまうのは、やはり大きな損失である。言説分析の名のもとに、位置づけも不明確な断片的感想の収集や読みこみのみに、われわれの調査実践が囲いこまれていくことは、むしろ方法の敗北である。戦前・戦中・戦後を通じてよく読まれた大衆小説、吉川英治の『宮本武蔵』を素材にした、桑原武夫グループの研究(37)は、その時代の試みとして果敢であった。インタビュー、内容分析、調査票調査、作者研究などを組みあわせて、その受容の構造に迫ろうとしたからである。人文社会科学の方法模索期の実験的な色彩が強いものではあるが、未熟ながらいまなお学べる発想を多く有している。

多数の意味づけの抗争の場として

　第三に、文化を「場」として取り扱うことである。

　すでに述べた二つの論点からもわかる通り、われわれが浮かび上がらせたい「文化」は、論ずる主体に関わりなく同一の意味を備えてあらわれるものではない。ましてや共通の規範を有し、単一の集合的な価値の実現に動機づけられた、パターン化された「行為システム」(38)などではなかった。むしろ、文化をめぐる異なる定義やイメージの操作がせめぎあい、さまざまな立場からの発話行為や身体的実践がぶつかりあう。その意味では、亀裂をも含んだ「場」なのである。

　文化の分析を、かつてしばしば文化人類学者がおちいった「文化」定義のように、社会の深層に横たわっていると想定される固有の価値や規範の様式・パターンを抽出することにかぎれ

(34)「文化産業：大衆欺瞞としての啓蒙」『啓蒙の弁証法』[Horkheimer & Adorno 1947＝一九九〇]

(35)マスメディアの効果について、その複製技術としての伝達力や影響力の強さを、個々人に対して発射された「魔法の弾丸」や、直接にその効果を注入する「皮下注射」のようにとらえてはならないという考えが一九三〇年代にあらわれてくる。ラザースフェルドの『ピープルズ・チョイス』[Lazarsfeld, 1933＝一九八七]は受け手としての投票者の選択能力に光をあて、『パーソナル・インフルエンス』[Katz, 1955＝一九六五]はオピニオンリーダーを媒介とした影響力を理論化した「二段階の流れ」論などを生み出していく。ミードの自我論にひとつの淵源をもつ「準拠集団」や、マスメディアの限定的効果を論じた「アジェンダ（議題）設定機能」、「沈黙の螺旋」仮説なども、受け手（audience）の主体性に注目した理論枠組みである。このような受け手の想像力への注目は、メディアと送信者・受信者のあいだの変換や解釈を問う「エンコーディング／ディコーディング」理論につながっていく。

(36)「literacy リテラシー」の訳語に「識字」が宛てられた時期は不明だが、かつてはユネスコでもむしろ成人の非識字者の率を「文盲率」として測っていた。余談だが、多くの国語辞書に「識字」は単独項目の熟語として掲載されていないが、「文盲」は中世の一二世紀から概念化されている。日本での本格的な識字能力の調査は、ＧＨＱの要請のもとで行われた『日本人の読み書き能力』[読み書き能力調査委員会編、一九五一]に始まるが、この段階では漢字制限の問題意識もあって、日本文の読み書きという限定

ば、いわゆる文化社会学がおちいった抽象性の空虚さを免れることがむずかしくなる。しかもそのようにして措定される固有の価値規範の様式ですら、変わらない「伝統」ではない。つねに諸々の歴史的な契機と権力関係のなかで構築され、再生産されてきたものにほかならない。

実際、ひとつの社会を結合させているものの全体を文化と名指すのは、すでに論じてきたように、いささか誇大で粗雑な枠組みの設定かもしれない。

文化を固有の価値や規範ととらえ、その維持を要件とする制御機構を備えた同一性のシステムであると見なすことは、しばしば文化の生産と不可分の関係にある歴史的、政治的な次元を視野の外に押しやってしまう。むしろわれわれは、文化がけっして単一のシステムではないことを確認しよう。日本文化、西洋文化などの圏（文化圏）の単位であれ、女性文化、若者文化、沖縄文化、下町文化、在日の文化といった次元の単位であれ、それは独立し、自存し、孤立した存在ではない。

そのうえで「場」として把握しようという提案は、ひとつのシステムあるいはパターンであるかに見える「文化」のなかに、じつは多数の文化の抗争、ねじれや排除、取りこみのプロセスが存在していることを重視するだろう。なぜならば、その複合性は、ここにおいて論じられる「全体」がひとつの実体ではないことを明確に可視化する契機だからである。すなわち接合しうるいくつもの「全体」があり、あるいは重層する「構造＝システム」がその場において描かれうることを示唆してくれるからである。

もうひとつの文化のありかたすなわちオルターナティブ alternative な文化のありようを構想するというユートピアが、現状のイデオロギーとしての文化の観察の内側から立ち上がりうるのは、このような亀裂の認識を通じてである。

されたリテラシー能力の調査にとどまっている。メディア論的なリテラシーの分析の拡がりについては、ハロルド・イニス［Innis, 1951＝一九八七］やマーシャル・マクルーハン［McLuhan, 1962＝一九八六］、ウォルター・オング［Ong, 1982＝一九九一］らのコミュニケーション論、アイゼンステイン［Eisenstein, 1983＝一九八七］の印刷革命論、グディ［Goody, 1977＝一九八六］の文明化の研究などを参照する必要がある。

(37)『「宮本武蔵」と日本人』［桑原武夫、一九六四］

(38) ここでいう「行為システム」の理解は、パーソンズの社会システム論の一般性におけるものである。一般的・抽象的であるだけでなく、統合された単一のシステムを前提に、教育や文化の機能を位置づけている。

「場」としての酒の文化

たとえば、である。柳田国男が「酒」をめぐる文化について論じたいくつかの論考のおもしろさ(39)は、酒というモノそのものを「場」として把握する態度が生み出したものだ。祭りの共同体儀礼だけでなく、人びとのあいだの社交コミュニケーション、恋愛と婚姻、生産体制の変化、税金をめぐる攻防、中毒依存と禁酒、ジェンダー等々のテーマがそこにもち出され、それぞれの「賭け金」をめぐる戦略が語られ、あるいは意図せざる結果としての変容が浮かび上がる。

酒という文化現象は、さまざまな意味の変化を結びあわせる場として機能した。

酒はもともとただ一人で飲むものではなく、集団が集まり、共通の作法のもとで飲むことに意味があった。酒盛りのモリは、目盛りの機能と同じく分けることを意味する。そして大きな盃で順にまわし飲む作法は、それを分かちあう共同性を保証していた。この共同性を満たす感覚が、その実践の基底において変化していく。おそらくそれは都市空間においてであっただろう。酒宴の作法が変わっていく。「チョク」(猪口とも書く)と呼ばれる小さな盃(40)と「徳利」という酒器の介在によって、まわし飲みの共同性が、独酌を基礎とする個人的な行為の集合へと解体していく。

かぎりある酒を分かちあう。そのなかで融合し交流の絆を結んでいた旧来の作法が、都市という見知らぬものどうしの集まりにおいて、あるいは会社づきあいという新しい組織の活動において乱用される。そのことを媒介しながら、他方に泥酔や中毒などの社会問題が起こり、一方で禁酒節制の主張と酒豪英雄の主張とが覇をあらそう。そうした矛盾や相克はあらたに生まれた事態であり、酒の日常的で恒常的な消費がささえ、拡大したものであった。そうした消費を可能にしたのは、地方名望家の酒造業による生産の産業化であったし、四斗樽のような大きな結桶の容器が開いた遠距離輸送のネットワークであった。

(39) たとえば『明治大正史 世相篇』のなかの第七章「酒」[柳田国男、一九三一]や、『木綿以前の事』[柳田国男、一九三九]に収められた「酒の飲みやうの変遷」、あるいは酒宴と歌との関係を論じた節を数多く含む『民謡覚書』[柳田国男、一九四〇]などが挙げられる。

(40) 個人用となった盃(杯)が、なぜ「チョク」と呼ばれたのかについて、定説はなさそうだが、私は示唆的に思う。酒器も意味することがある「鐘」の福建音・朝鮮音に由来するとの語源説も聞かれるが、納得しがたい。やはり儀式ばったことを介さずにインフォーマルに安直にという意味での「直(ちょく)」の語感にもとづく、身体的・行為的な表現ととらえるのがよいのではないか。「猪口」はその音を写した漢字の当て字でしかない。この個人化した酒器の呼びかたそのものに、共同体的な儀礼をともなう酒から、個人性を帯びた社交の媒体としての酒への変容が、すでにきざみこまれている。

飲みようの変化は、酒という物質の消費だけでは語れない。酒宴をまたウタゲともいうように、酒には歌がつきものであった。しかしながら共同体のなかにおいては、将来の伴侶選択の表現手段でもあったような歌の効用は、都市の職業である歌舞音曲の専門家が三味線などを携えて酒席に介入するようになると、まったく失われていく。それは、酒を重要な道具立てとする社交の空間が公私に分割され、公の領域から家の女性たちが撤退し閉め出されていくプロセスと重なっている。

さらに、産業としての酒造の力強い発達と消費の拡大は、近代国家の税源としても魅力的であった。それゆえ酒という場には、税をめぐって国家と生活共同体との意味づけのあらそいが生み出された。ある時期まで全国各地に残っていた、どぶろく（濁酒）摘発をめぐる知恵攻防の民話[41]は、国家に抗する社会の表象として読むこともできる。

柳田が指摘した論点をたどり拡げてみただけでも、「酒」文化が多数の論点を含む重層する「構造＝システム」であることがわかる。そこには多くの主体が関わり、またさまざまな矛盾や対立が含まれている。それらの共存に光をあて、そこに孕まれている動きを考察するためにこそ、「場」としての理解は有効である。

世界という一冊の書物

なるほど、人間の生活実践が関わるほとんどすべての領域が「文化」ととらえてよい、「作りだされ」「構造化され」「生きられた」側面をもつ。その意味で、文化の社会学は、言説・歴史の社会学であり、制度・構造の社会学であり、主体・身体の社会学である。

そして最初に素朴なものとして取り上げた「すべては文化である」という直観にしても、捨ててしまってよい認識ではない。むしろすべてを文化ととらえられるようになった、その過程

(41) 明治の酒造税政策のなかで「密造酒」になってしまった、民間の濁酒（どぶろく）について、宮本常一は民俗採訪に訪れた村で、堕胎と濁酒の話を聞けるようになれば、その村から受け入れられたと感じると論じた。どちらも近代国家の法からすれば違法で取り締まるべき行為であるが、生活の必要に根ざす選択であった。この宮本の調査の思い出を自伝的な『民俗学の旅』[宮本常一、一九七八]で読んだと思っていたが、あらためてチェックしたところ見つからなかった。宮本が民俗調査の経験から得た方法論については著作集第三一巻の『旅にまなぶ』[宮本常一、一九八六]などにまとまっている。

それ自体を、人間とその社会が構築してきた力の拡大として読む、その手がかりとして利用されるべきだろう。そうして、われわれの知るという実践も、「文化」を論ずるという実践もまた、さまざまな意味でその力のなかに織りこまれている。

　こうした視点の徹底は、そのまま「学問」という文化についての自覚的な対象化をも含意することになるだろう。だからこそ「文化の社会学」は一面において「文化批判の社会学」であり、じつは「社会学という文化」に対する社会学的反省をも包みこんでいるのである。

　もちろん、許されるページ数がどれほどに多くあっても、このように広い対象領域の全体を網羅することなど不可能である。一九世紀の百科全書的な社会学が夢みたように、世界が一冊の大きな書物であるとしたら、われわれが対象とすべき文化とは、その本のどこに記されるものなのだろうか。

　私の回答は、ある意味では問いかけたものたちの意図をうらぎるものかもしれない。当然ながら、政治体制や経済構造の説明のあとにおかれるべきものでもない。しかし、ひとつの章の主題として書かれるものですらない。じつはどのページにもあらわれる、文字記号そのものである。あるいは、その記号によって社会に伝えられる意味すなわちメッセージそれ自体であり、人に考えることを可能にする「ことば」という現象そのものである。そして、この世界という書物に文字を刻むものにも、その文字を読むものにも、一定の能力として分有され、あるいは階級的に分割されているリテラシーは、この社会という一冊の大きな書物の内側から、その表象の再生産と変革をささえている。

　文化は、そのように記されているのである。

生活する身体の側から読む

であればこそ第四に、もういちどリテラシー、すなわち読み書きの実践とその力を問題にしたい。すなわち生活する身体という理論的な虚焦点を仮の中心において、文化が有する諸側面を描き出すことはできないのだろうか。そのような理想を、文化のもうひとつのありようを想像する戦略として掲げたい。

マンハイムであれば、現状再生産の方法であるイデオロギーに対して、変革を孕むユートピアということばで指ししめすだろう(42)。個々の社会的な場において、さまざまな矛盾や差別、抗争のなかに身をおかざるをえない人びとの身体的な実践に媒介されることにより、文化が構築され、その生産が行われている。そうしたパフォーマティブな過程で、もろもろの文化的価値や規範も語られ、承認されあるいは誤認されている。その意味で、文化が立ち上がってくる基礎には、人びとの身体実践がある。まさにこの実践性こそ、たとえばミシェル・ド・セルトー[1980＝一九八七]が「やりかたの技法」として、あるいは「戦術」として強調したところであり(43)、鶴見俊輔[一九六七]が「限界芸術」という用語のもとで光をあてようとした実践(44)である。あるいは、カルチュラル・スタディーズがその経験主義的で「読者」を実体化しかねない性向を批判されながらも、テクスト中心主義的な分析に抵抗してオーディエンスの「読み」の実践を強調していったところの意図である。

その意味で、研究の歴史に学ぶことは現在の研究と不可分なのである。そして、一見すでに意味が確定しているかに見えるテクストでも、実のところは無数の言語行為、意味生産の実践が交錯するなかにいまもって、動きやゆらぎを孕んでおかれているのであり、その意味をめぐる紛争もその調停も、あるいは忘れられた論点の発掘も、いまここにおいて行われている。そのことを忘れてはならないという原点から、文化の考察は始まる。

(42) マンハイムは、イデオロギーもユートピアも、存在からの理念的なズレ、ある意味での超越を含むことを指摘したあと、「ユートピア的」という言葉の意味を、現実を超越した方向づけのうちでも、とくに現存秩序を破壊する働きをもつものだけに限定することによって、ユートピア的な意識とイデオロギー的な意識との区別が明らかになる」[Mannheim, 1929＝一九七九：三〇九]と論じている。すなわち、イデオロギー的な意識にもとづいて具体的な生活秩序が実現されるのに対して、ユートピア的な意識は現存の「存在機構」を破壊し変革する方向性を孕む。

(43)『日常的実践のポイエティーク』[Certeau, 1980＝一九八七]

(44)『限界芸術論』[鶴見俊輔、一九六七]

3　意味の結び目をほどく

文化をとらえるなら、自己言及的で複眼的な視座が必要である、と論じてきた。その視座は研究主体による選択であると同時に、「文化 culture」概念の歴史的展開そのものが要請する視点でもある。

さて、ここで掲げた「文化 culture」という日本語と英語の横並びの表記は、じつは考える手がかりである。おおかたの予想に反し、含意が等しいということをあらわしていない。語のあいだにあるのは、見えない等号ではない。ねじれを含む断層である。

交通が発達し文化が交流する近代ではとりわけ、ことばひとつのなかにも、国境を超える複数の文脈が入り組まざるをえない。グローバリゼーションの時代においてこそ、翻訳が生み出してしまう意識されないままの断層に注意しよう。「culture」というアルファベット表示のことばと、「文化」という漢字表記のことばのあいだには微妙な距離と段差とがある。人間の言語空間それ自体が、なお相互に異質な各国語に分割されている現実は否定しがたい[45]。だからむずかしいけれど、概念それ自体が抱えこんでいる亀裂の世界史的な重層性・複合性をできるかぎり自覚しつつ、議論を進めていく必要がある。

cultureの語源をさかのぼる

まず英語のカルチャー culture の語の地層を掘り起こしてみよう。そして、このことばに含まれている複数の感覚を明確にしてみたい。

掘り下げていくと、colere というラテン語の動詞に出会う。colere の意味は「気をつける」「心

(45) それはデュルケーム[Durkheim, 1895＝一九七八]のいう「社会的事実 fait sociale」であり、あえていえば文化的事実である。

を煩わす」「世話をする」「守る」「養育する」「耕す」「住む」とある。ここから派生したcultusは、cultus deorumという熟語では「神のために気をつけること」すなわち「神の礼拝」「祭り」を意味し、cultus agriのつながりでは「土地のために気をつけること」「土地を祭る」「耕作する」の意味で使われた。この土地の世話をする実践は、動植物の世話や育成を経て、やがて人間の心の養成すなわち人格の陶冶や修養、あるいは教養という意味をもつにいたった、という[46]。cultivated（耕された）が、educated（教育された）、enlightened（啓蒙された）、polished（礼儀正しい）、refined（洗練された）と同義に使われるようになったのである。

さてカルチャーの語源についての西欧古典学的な考察は、ほぼ例外なくシヴィリゼーションcivilization[47]というもうひとつの語に言及している。この系列のことばもラテン語のなかでさまざまな活用を生みだし、やがてフランス語や英語やドイツ語に移植されていく。ラテン語で市民を意味するcivisから市民になることや市民らしさをあらわす形容詞civilisが生まれ、ローマ帝国が拡がり地方植民都市の人民にローマの市民権をあたえる慣例が開かれて以降、市民の地位と権利とを有するという意味civitabilisや、市民としての品格や礼儀正しさや教養を備えているという意味のcivilitasが発達した、という[48]。

ふりかえってみると、人間に備わった教養のありようを指すという点でシヴィリゼーションはカルチャーと重なる。しかしシヴィリゼーションには「都市 city」という、支配の空間でもあり生活の空間でもある「場」が深く刻印されている。市民に法的で世俗的な身分規定の文脈が強いのも、それと関係しよう。そしてcivilが保っている「民間」の意味あいは、シヴィリアン・コントロールを文民統制と訳すときにそれとなく指示されるような、「文」の語がおおっている意味の輪郭線との呼応も浮かび上がらせる。

一方において漢字の「文」は、ことばや書かれたものを直接に指す。その点で、むきだしの

(46)『現代文化人の心理』[米田庄太郎、一九二一：一三–一九]、「「文化」の概念の哲学史」[生松敬三、一九七一：八四]、『文化』[柳父章、一九九五]、『増補 国境の越え方』[西川長夫、二〇〇一]などの説明から要約した。

(47) civilisation, civilizationということばが使われ始めたのはフランス語、英語ともに新しく、一八世紀の初め頃であったという。英語におけるcivilの名詞形は、一四世紀にあらわれるcivilityであり、civilizationは一八世紀の法律用語として民事化するという意味で用いられたことに始まる[柳父章、一九九五：一三–一四]。これに対して、フランス語のcivilisationは、本文でも触れているように宣教師的な普遍主義を内包しているように見える。cultureの語源談義でつねにcivilizationが言及されるのは、早い時期に語義を検討し語源を探索した人びとの論じかたの影響、あるいは残存効果かもしれない。しかしながら、もちろん実態として、一八世紀までの西欧社会においてはculture の主な意味がcivilizationのそれとほとんど重なっていたという事情も、大きく作用していよう。

(48)『現代文化人の心理』[米田庄太郎、一九二一：二〇–二一]

暴力を手段とする「武」には対立するが、必ずしも「官」に対する「民」の力を含意しなかった。ちなみに「文化」を漢和辞典『字源』で引くと、「刑罰威力を用ひずしてさとし導く」「文徳を以て感化する」とあって、武力を用いない支配や教育による感化が第一の意味となっている。

われわれが使っている文化という日本語のことばでは、カルチャーやシヴィリゼーションではあまり強調されていない「文」すなわち「ことば」というメディアの力が、前面に押し出されている。そのことを、さしあたり記憶しておこう。

意味の織りものとしてのことば

もちろんこうした語源遡及の本当の目的は、「真の」意味の発掘などではない。流動化・相対化の手法のひとつにすぎない。今日的な用法のなかで見えにくくなっている要素に気づく。そのためにこそ、語源という歴史的な知識が召喚される。

漠然と眺めれば単一の色に見える語の意味も、そのなかを覗きこんでじっくり見つめると、さまざまなことばをつなぐ意味の糸がからみあって作られている織物だとわかる。古くから使われている語に、意外にも新しい糸が織り交ぜられていることもあれば、糸それ自体が時代によって染めなおされ、意味変わりしていることもあるので、注意深くほぐしていこう。

ひとつのことばが「概念」として成立するときには、具体的な事物事態から抽象された「一般性[49]」が認識されていなければならない。その最初の一般性は、ことばを共有する人びとにとって、いわば経験的かつ自然生成的なものである。だから、いくつかの契機を含み、複数の意味が生成の自然のままに、網の目のように結びあって存在していることが多い。ある時代には、ある特定の意味の結び目が、その新奇さゆえに競って使われ、やがてその流行ゆえに飽きられ

(49) ここでいう一般性は、アルチュセールの認識の生産過程についての理論枠組みを下敷きにしている。アルチュセールは、概念を作るプロセスを、モノを生産するそれと同じく、主体が道具を使って原材料に働きかけ変形していく実践としてとらえる。そして理論的思考の実践において、一般性の形態を三つの水準に分けている。生産物としての新しい概念を「第3の一般性」とし、原料・材料となる自生的な直観と表象とを「第1の一般性」とする。「第2の一般性」とは、生産の担い手が生み出す理論的問題設定のことで、材料としての自然的態度に働きかけ、それを新しい概念に変形していく道具性・手段性を有する。このプロセスのわかりやすい解説として［今村仁司、一九八〇］がある。

て力を失っていく。そうした変容もことばの活用形相互の音のつながりのなかに、またそのことばを使ってきた社会の記憶や記録に刻みこまれている。まさにそうであるからこそ、われわれは意味の、けっして単線的ではない歴史をたどることができるのである。

そうした視座から、「文化」という概念について考えてみよう。カルチャーをさかのぼってcolereの活用に視野を拡げ、シヴィリゼーションというほぼ重ねて使われた語彙や、「文」という漢字のもつ意味を補助線に使う。そのことを通じて、このことばに歴史的に蓄積した複合を、あるていどまで解きほぐすことができる。

そのプロセスにおいて、われわれは今日の文化概念を作り上げている、次のような五つの意味の「糸」[50]の存在と、複雑なからみあいに気づく。

人間性と主体性

第一の意味の糸は、人間の主体性である。

カルチャーということばは、「気をつける」「耕す」というふうに、人間の反省的で積極的な働きかけそのものを価値化している。すなわち、人間固有の行為という考えを基礎に、精神活動の自由を導きの理念としながら、天性や本能、自然natureの拘束力と対立する座標軸上に形成されてきた概念であることがわかる。その意味では、まことに人間中心主義的で啓蒙主義的な性格をもつ。

この点は、「文化」という概念の構成要素である漢字の「文」が人為的な加工であって、「質」すなわち生まれたままの素朴な性質をあらわすことばとは、反対方向に像を結ぶこととも呼応している。それは人間が生み出した固有の「あや」[51]であり、「文字／語句／文章」さらには「学問」や「礼儀」「法律」などを指す。

(50)「糸」という表現は、本文中の説明を踏まえたものだが、意味を語の中心にある「核」のように感じる立場からは、耳なれない違和感を感じるかもしれない。複数の関係することばの意味をつなげながら成り立つイメージ、すなわち要素でもあり文脈でもあるようなものを含意している。さらにテクストを織り上げる素材という位置づけもあって、その点で「糸」は意味の場を作り上げている。

(51)日本語の「あや(文・綾)」は、「ことばのあや」に象徴されるレトリック、すなわち表現上の技巧としての「いいまわし」を指す以外に、もともと「物の表面の線や形の模様」を意味した。とりわけ線が斜めにからまり、交差するありさまを指す。そこから「事件のあや」など「入り組んだ仕組み」や、「ものの筋道や区別」の意味で使われる。タテ糸にヨコ糸を斜めにかけて模様を織り出した絹を指すときにも使われることは、ことばを織物の比喩で考えるわれわれには興味深い。

(52)大正期の特徴的な思潮として論じられた「文化主義」を主張したのは、左右田喜一郎、桑木厳翼、土田杏村、田辺元などの哲学者であった。文化を、主体としての人格の完成すなわち「人格ある人としての総ての能力を自由に発達せしめること」に強く結びつけている。

この人間固有の主体性を指ししめすことばの系列は、哲学史の王道を構成している。一八世紀の観念論哲学では「理性 Vernunft」が、一九世紀にいたって「精神 Geist」「生 Leben」「民族 Volk」ということばが、重なりあうように展開した。日本では明治期の物質文明の導入に対して精神文化を賞揚する大正期の「文化主義[52]」や、文明開化の政治的啓蒙に対する反動の気分もただよわせつつ「教養主義[53]」が流行語となった。いずれも人間の意識や生きかたをめぐる哲学的な考察にとどまった分だけ、文化と人間性の論議はあてどなく抽象化していった。

しかしながら、人間としての主体性の発見を思想・哲学の概念としての表象にとどまらせず、実践の形態すなわち身体性へと読み深めていく動きが、文化ということばには内包されている。「社会の成員としての人間によって獲得された、あらゆる能力や習慣の複合総体」とか「生活総体の様式」という、すべてを含みこもうとするかのような規定が導かれるのも、それゆえである。

またアルフレッド・ウェーバーやシェーラー、マンハイムなど[54]のちに文化社会学や知識社会学と名づけられた立場が、その思想的営為において、思弁的な哲学における意識の存在論から、観察に開かれた社会学という存在の認識論へと立ち位置を移動させていったのも、それゆえであると考えることができる。そしてこの人間性の論点はやがて、サルトルに見られるように[55]ヨーロッパ中心主義的なヒューマニズムに対する第三世界を媒介とする批判という越境の試みや、フーコーに見られるような服従と主権の二重拘束性において成立する隠された構造としての権力[56]に対する批判あるいは闘争という内破の試みに、接続していく。

宗教性と自己確証

第二の意味の糸は、文化が有する宗教性である。

(53)「それは政治といふものを軽蔑して文化を重んじるといふ、反政治的乃至非政治的傾向をもつてゐた、それは文化主義的な考へ方のものであつた。あの「教養」といふ思想は文学的・哲学的であつた。それは文学や哲学を特別に重んじ、科学とか技術とかいふものは「文化」には属しないで「文明」に属するものと見られて軽んじられた。云ひ換へると、大正時代における教養思想は明治時代における啓蒙思想——福沢諭吉などによつて代表されてゐる——に対する反動として起つたものである。それが我が国において「教養」といふ言葉のもつてゐる歴史的含蓄であつて、言葉といふものが歴史を脱することができないものである限り、今日においても注意すべき事実である」〔三木清、一九六六：三八九-三九〇〕。

(54)これらの人びとについては、〔社会学研究会、一九三二〕〔三木清、一九六七〕が概観をあたえてくれる。マンハイムに関しては戦後の社会学でも研究が進められ『マンハイム研究』〔秋元律郎・澤井敦、一九九二〕などの成果がある。

(55)サルトルは『存在と無』における意識の存在論から、政治的「アンガージュマン」の実践へと進んでいく。その思想は、ファノンの『地に呪われたる者』に寄せた序文の他、継続したアンソロジー『シチュアシオン』でたどることができる。植民地主義について論考は、再編集の『植民地の問題』〔サルトル・鈴木道彦ほか編、二〇〇三〕にまとめられている。

(56)『言葉と物：人文科学の考古学』〔Foucault, 1966＝一九七四〕

cultus deorum すなわち「神の礼拝」という用例は示唆的である。(57) 文化の語源探訪が、神という形而上学的で規範的な観念形態が関わるところにおいて具体的な焦点を結んだことは、たいへん示唆に富む。

おそらく宗教的な儀礼に光があたったのは、それが人間の社会のみが作り上げた固有の生活様式だったからだ。そしてわれわれは、排他的で狂信的な態度をしめす宗教的グループを意味する「カルト cult」の語が、cultus から派生している事実を思い起こさせられることとなる。しかし、このつながりは「文化」という日本語では意識されずに、切断され隠蔽されてしまう。一方の「カルチャー」では「カルト」とのつながりは、まだ保たれている。その違いは、それぞれの言語空間への翻訳によって見えにくくなるものがある、という事実をあらためて具体的に教えてくれる。

しかも、これはラテン語の遠い昔の問題ではない。文化のなかにひそむ自己確信の宗教性は、今日においてさらに深刻な論点である。

宗教はすなわち、ひとつの救済として立ちあらわれる力への期待であり、信仰は内面的な自己確証にささえられている。多様性を認め許容するはずの相対主義の態度が、ときに自他の境界をはさんで相互不干渉を唱える排他主義に行きつき、現存する抑圧や差別の無視切り捨てに転回してしまう。いわゆる文化相対主義の行きづまりとは、こうした宗教的自己確証が「神々の争い」の相剋におちいった状態にほかならない。

宗教性という論点を構成している意味の糸の関与は、「原理主義」や「文明の衝突」において戦争や内戦やテロリズムが語られる今日だからこそ、深く問われる。文化を論ずるうえで忘れられてはならない論点である。

(57) この用例の表現がどのていど一般的なものなのか、その点は示唆とは別にたしかめなければならないと思う。果たしていかなる時代のだれによってまず例示として指摘され、どのていど引用されていったのか等々の実際について、確認の注意を怠らないほうがよいとは思う。

耕作と産業とメディア

第三の意味の糸は、実践としての耕作である。耕作は、自然に対する積極的な働きかけという点で、人間固有の主体性の具体的なあらわれのひとつである。強調すべきは、土地という基礎的で原初的な形態ながら、道具性・媒体性をもつ生産手段が深く関わっているという点である。

やがて近代にいたって産業化と呼びならわされる社会編制の原理が、この生産の手段的な実践に根をおろしていく。古代以前から続く耕作や栽培の実践はまた、新しい時代における開拓や開発と呼ばれる実践ととなりあっている。母村と深い関係を保ちつつ未開の土地へ植民する主体や定着地をあらわす「コロニー colony」の語が、同じくcoleleから派生している事実は、二〇世紀末にはカルチャーの政治性に対するポストコロニアリズムの問いを生み出すだろう。開拓の対外的な拡大だけでなく、実践の内的な構造に関わる意味の変容もまた、耕作することの周辺に浮かび上がる。

たとえば、「インダストリー industry」ということばの変容は、考えさせる一例である。かつて熟練や「勤勉な industrious」人間という、個人に属する態度や技術しかあらわしていなかった時代から、個人属性を離れた制度的な生産の特質、すなわち「産業的な industrial」仕組みを意味するようになったからである。このような人間の技能から社会的な制度の力への意味の相貌の重要な変化が、一八世紀半ばから多面的に進行していった。工場という空間で生まれた、新しい生産活動の様式および制度のもつ重要性が急速に増した社会において、一八三〇年代には「industrialism 産業主義」という新語が生まれていくこととなる(58)。

文化 cultureという語を満たしている感覚の検討は、coleleがしめす「耕すこと」という原義以上の、新たな含意が生まれていることを教えてくれる。すなわち、産業化・工業化が深く作

(58)『文化と社会』[Williams 1966＝一九六八：一二]

用し始めている。自然に対する働きかけの様式の新しい段階、すなわち近代が、いまわれわれが問題にしようとしている対象に内在する、主要な意味の結び目を作り出しているのである。

もうひとつ、耕作のもともとのイメージが、種をまく実践の必要を含みこんでいることにも留意しておきたい。もうすこし正確に述べると、耕作も栽培も、一定の空間に種をまき散らすことなしには、新たな生産物を生み出さない。

この播種の論点は、文化を考えるときに意外な補助線となる。(59) すなわち、種となるもののまき散らしかた自体が、生産活動としての文化の本質に関わる問題を構成しているからである。新聞や雑誌というまき散らしかたが、あるいはラジオというまき散らしかたが、文化を成立させる。技術（メディア・テクノロジー）の特質は、固有の問題を成果としての文化に生み出す。すなわち、メディア論の領域である。

(59) この論点は、鶴見俊輔の『限界芸術論』［鶴見俊輔、一九六七：二五一-二六八］に教えられた。

都市空間と個人

第四の糸は、都市という空間である。都市は直接にはシヴィリゼーションということばにも含まれる人間生活の特定の場であるが、この空間はカルチャーや文化を理解するうえで不可欠の補助線である。

この語の根にある「都市 city」は、世界史において、城壁のような物理的な囲いをもって外部とはっきりと区別された空間であった。しかもこの語は、ゲルマン語の「ブルク」すなわち「城郭」と呼応し、その住民という意味でブルジョワということばと隣接している。これもまた、意味を持たない偶然ではなかった。新興のブルジョワ階級こそ、近代におけるカルチャーの新しい受容者だったからである。

「都市は自由にする」という、よく引用される表現のリアリティがいつまで時代をさかのぼれるか、私自身は精密にはたどっていない。しかし、われわれはこの都市という空間において、「個人 person」の、すなわちそれ以上細かくは分割できないとされる単位（individual）の表象が、「人間 human」や「人権 human rights」という全体性の想像とからみあいながら、リアリティをもつ主体として析出していくことを知っている。

他方、シヴィリゼーションはただ都市の内側の文化として、外部の自然と対立しただけではなかった。外部にまで内部の秩序を及ぼすという動きが、この動詞を経由して作られた新語(60)の感覚を満たしていることも見逃せない。その動詞が指ししめす行為は、キリスト教の普遍主義的で帝国主義的な宣教布教の運動をささえたものとほとんど同質であったといえる。

耕作を語源にもつカルチャーの理念から、実際に耕作する主体である農民が排除されているというテリー・イーグルトンの皮肉(61)は、都市という場を視野に入れて、語が誕生した経緯を見れば一応の説明がつく。人間の内面の耕作や栽培へと抽象化され一般化された「カルチャー」を、身につけていると自任していたのは論じた側の都市民であった。そして身体的に耕作に従事していたはずの現実の農民たちは、多くの場合「耕されていない」人びとと考えられていたからである。

しかしまたシヴィリゼーションの運動も、無矛盾の一枚岩ではなかった。他方にノスタルジーの保守性を保って対立する変革思想をも、都市空間の内部に生み出す。一八世紀から今日の末裔にまでいたるロマン主義の系譜は、このような世界認識の構図のなかにあらわれるひとつの文化である。そして都市と農村、市民と農民、文明と未開との不平等で差別的な関係を逆転してみせる思想実践であった。

(60) もともとcivilの名詞形としてはcivilityが使われていた。ここにcivilizationという動詞を介在させた名詞形が生まれたこと自体に、意味世界の変容を読み取るべきであろう。

(61) "The Idea of Culture" [Eagleton, 2000:2]

教養における人格的完成とリテラシー

第五の糸は、教養である。カルチャーは人間の内面において花開く「教養」という果実そのものを指すともいえる。このことは、ある意味では第一の論点で挙げた人間の主体性の理念の内実と対応している。

しかしながら、ここでもまたわれわれが組織するべき解読は、そこに教養と名づけられた価値があるという、静態的で状態的な記述ではない。「教養」という価値を有する果実を、芽ぶかせ育て上げ、人格的で美的で倫理的な完成へと導いていく時間的かつ社会的なプロセスが存在する。そうした完成に向かう成長の道程と、そこにおける達成度のヒエラルキーとが、このことばの周辺に生み出されている点が重要である。すなわち、教養・修養・陶冶というカテゴリーが、人びとにもたらした進歩進化への欲望である。

啓蒙主義者たちが強調した個人の理性や精神の発達は、集合性をもつ教養を媒介に、時代精神の診断にまで拡大されていく。そして社会の状態までが文化の名において測られるにいたる。ここにおいて、第四の論点の都市空間で触れたように、もういちど「文明」の尺度において「未開」が裁かれることとなる。

他方において、リチャード・ホガート『読み書き能力の効用』(62)をはじめとするリテラシーに注目する文化分析が、たんに教養に関わる能力としてではなく、耕作という労働実践に重ねあわせてよい積極的な生産の行為に焦点をあわせるものであったことも、見落とせない。そしてこのようなリテラシー(63)への注目が、けっして個人の能力をばらばらに測るものではなく、読み書き文化ともいうべき集合性の絆を探り出すものであったことも、同時に確認しておきたいと思う。

すでに指摘したことではあるが、カルチャーやシヴィリゼーションの音表記では、文字をめ

(62)『読み書き能力の効用』[Hoggart, 1957＝一九七四]

(63)リテラシーについて、私自身もまた『読書空間の近代』における柳田民俗学の解釈から『歴史社会学の作法』における資料空間論までを貫く重要な論点にすえており、また吉見俊哉もまた『都市のドラマトゥルギー』の上演論パラダイムの活用から『カルチュラル・ターン』等でのメディア・リテラシー論の考察まで変わ

ぐるメディア論的な切り口は、直接に浮かび上がってこない。しかしながら、その論点が、「文化」や「文明」という用語には保たれていることをもういちど思い起こしておきたい。「文」である。言語という媒体そのものを直接に指し、「文字」「文章」「文芸」という熟語と隣接する。英語でゆるやかに対応することばを挙げるなら、テクストtextであろうか。「文脈context」という翻訳の対応は、この「文」が、先に触れたように「布地 textile」のように、多くの糸が結びあわされ織り上げられた構造としてあることを暗示している。

「文」は、話しことばではなく基本的には書かれたものを指すが、文字によって紙に記されたという理解を拡張して、マクルーハンのように、さまざまな表象や実践を通じて社会に刻みこまれている記号と考えれば、「文化」はまさしくテクストとしてあらわれる。[64] そしてそのテクストを理解し、解読し、批判する能力こそが、リテラシーにほかならない。われわれは教養という論点を、人格的完成というそこで掲げられた目的から批評するのではなく、むしろリテラシー（読み書き能力）の実践という、方法の局面において問いたいのである。

4　文化が問題とされる三つの問題系

さて語源の考察が、かえって間違った全体のイメージをもたらしかねない点にも注意が必要だろう。かなり意図的に解きほぐすべき意味の糸を複数にし、そのからみあいを拡がりとして描いてきたのは、語源へのさかのぼりが呼びよせる全体の画一化を警戒したからである。

起原はひとつではない。語源の論議はしばしば、われわれが使っていることばが、ラテン語や漢字でさかのぼれるかぎりの大昔から、変わらない意味の宇宙を有してきたかのような錯覚をともなう。歴史感覚の平板化である。しかし、われわれが生きている日常的で自然的な意味

らずに深い関心をもち続けてきた。それが認識の生産という実践をささえるコミュニケーション能力であったからである。

（64）マクルーハン［McLuhan, 1964＝一九八七］もメディアやメッセージの概念を大きく拡げたが、ロラン・バルトの影響のもとで一九八〇年代の日本で注目された文化記号論もまた、このようなテクスト解読の試みであった。その拡がりを見わたすアンソロジーとして、『文化記号論A-Z』［山口昌男・前田愛、一九八四］を挙げておく。

空間についていうならば、ことばそれ自体がいつも大きく変化することで、まったく気がつかないうちにその相貌を変えてしまっている場合も多い。

だから、ここでもういちど考えてみたいのは、上述のような五つの意味の糸の、現代における結びあわされかたである。これらの糸が織りあわせられて作られた、われわれの理論的対象の歴史的位相である。

そのとき、われわれがその輪郭の定義にとまどい、意義を問題にしてきた「文化」が、近代の新しい現象であることがあらためて浮かび上がる。言語の獲得や農耕の発達といった人類史の長いものさしで見るならば、せいぜいがこの一〇〇年から二〇〇年のあいだに生み出された意味の新しい結び目である。そして、その結び目の歴史性こそが、文化の社会学が必要とされる「問題構制」なのだということを、もういちど議論の正面にすえて論じよう。

新語としての文化

すなわち、他の多くの新概念と同じように近代の日本語がその表記を工夫した「文化」も、英語に定着した「カルチャー culture」も、ドイツ語において固有の意義が埋めこまれた「クルトゥール Kultur」も、そしてフランス語の自意識のなかで育った「シビリザシオン civilisation」も、人びとが普通に目にし、あるいは口にした流行語として見るとじつは新しいもので、近代社会の展開とともに注目されていく。

西川長夫によれば、フランス語のシビリザシオンは一八世紀後半の人口論の書物を初出とする新造語で、国家と国民の目標を文明に求めた啓蒙主義者とエコノミストが広めていったものであり、cultureが今日の意味に近く使われるようになったのも同時期だったという[65]。翻訳語研究者の柳父章も、ドイツ語においてクルトゥールが哲学者や文人の用語を離れ広く知られるよ

（65）『国民国家論の射程』［西川長夫、一九九八：七四‐七七］

うになったのは、ブルクハルトが『イタリア・ルネサンスの文化』でひとつの時代精神を表現することばとして使った一八六〇年以降であると指摘する。[66] そして社会学者の米田庄太郎は一九二一(大正一〇)年の講演で、文化は最近になって盛んに用いられるようになった流行語であると何度も形容している。[67]

つまりわれわれが使っている文化ということばは、世界を見渡してみても一八世紀末から一九世紀にかたちをなし始めた新語であり、もっと鋭く問題化するのは二〇世紀初頭である。二つの世界大戦を含み産業革命の成果が大衆化していく時代における、これらのことばの広汎な受容を、ひとつの画期ととらえてよいだろう。

そこには「近代」のもつ、ある種の同時代性ともいうべきものがある。

ここで利用した語源の知識も、じつはそうした時代の関心にもとづいて新たに発掘され、辞書に記載され共有されるにいたったものなのではないか、とすら思う。

前節での議論を踏まえ、今日における「文化の社会学」が、新しい意味の結び目において向きあうことになる問題系を、三つほどに整理して論じてみたい。

国民国家と総力戦

第一にあらわれてくるのは、帝国主義批判の問題系である。そこに、総力戦批判や国民国家やナショナリズムの位置づけなどの主題が含みこまれていく。

文化へのまなざしは、しばしばいわゆる「伝統」や「民族」や「民俗」の発見に向かった。それは自生的で価値のあるなにかで、人びとの生をささえている。しかもしばしば、その価値が認識されず自覚されていない、と説かれた。そのひとつの例を、われわれは近代のドイツや日本での文化研究に見ることができる。だが、それを後発国家の近代化のゆがんだ特殊性とし

(66)『文化』[柳父章、一九九五：六〇]

(67)『現代文化人の心理』[米田庄太郎、一九二一：五-六]

て類型化するのは適切ではない。それよりも、帝国主義的な世界システムの周縁部に位置づけられてしまったものの自己発見と自己確証の運動の特質と理解すべきではないか。そして、その位置において見えてくるであろう固有の問題構成を検討するほうがよい。別ないいかたを選ぶなら、日本におけるゆがんだ近代のありようを問題にするのではなく、むしろ日本を素材に近代のゆがみそのものを問題にしたい、と思うのである。

人間の教養をともにしめすほぼ同義のことばであった「文明」と「文化」を、対立語へと変化させたひとつの思想的立場が、世界史的に見れば先にも触れたドイツ・ロマン主義であった。ロマン主義は産業化・近代化による人間と世界の変容を、技術的・機械的・無機的で冷たいものに支配された結果だと批判し、精神的・人間的・有機的で熱い生の理念の再興を試みようとした。人類史を文化の発展の足跡として描きなおしたヘルダーが批判したのも、機械時代の進歩主義的な理性であった。ロマン主義者たちは「文明」や「教養」の名で植民地支配を正当化していく西欧の普遍主義の背後に、形骸化した理性を見た。ここには産業化していく社会の巨大化した技術の力が影を落としている。その圧倒的な力と対抗しようとしたときに、ロマン主義の支点となったのが民衆生活の伝承のなかに保たれた固有の歴史性であった。それが「Volk（民族）」ということばに回収され、やがてフランスやイギリスが掲げるシヴィリゼーション（文明）の帝国主義に対抗する、ドイツのクルトゥール（文化）の民族主義に結晶化されていく。

そのような図式に位置づけられていたかに見える民族主義の文化論が、先行する帝国主義への対抗を主張しながら、じつはやがてそれ自体がファシズムを通じ「第三の帝国」を作り上げていったことは、歴史が皮肉にも証言する通りである。

もちろん、われわれはそこであらためて、立ち止まって問うてよい。

たとえばロマン主義の再発見、すなわち忘れられていた伝統や、日常生活実践としての民俗の発見という文化へのまなざしは、あらかじめ失敗が約束された不可能なプロジェクトだったのか。つまり、必ず「ナショナルな共同性」あるいは「民族 nation」の構築の息ぐるしさを呼びよせざるをえないのだろうか。それは国民国家への包摂を運命づけられたものなのだろうか。もしそうでないのならば、いかなる生きのびかたがあるのか。合意の総動員という抑圧の誤りのくりかえしを免れる戦略はあるのだろうか。

いうまでもなく、この問いは過去の解釈に向けられたものだけではない。現在と未来の実践に投射されるものだ。

日常生活文化としての近代

もういちど「ナショナリズム」それ自体の価値づけがゆらいだ、この一世紀をふりかえってみなければならない。

第二次世界大戦ののち数多くの植民地が独立していく時代までは、ナショナリズムは輝かしき解放の手段であった。ファシズムやスターリニズムによる専制の悪夢にもかかわらず、帝国主義からの解放と民族独立運動にもとづく国家形成とを、いささか無邪気に対置することができた。「帝国」は専制的で抑圧的、「国民国家」は民主的で建設的と、理念は明瞭に区別され、その幸福な分割が疑われなかったからである。

しかし、近代国家としての国民国家が自らの基礎をおく「近代化 modernization」は、それ自体が緊張と新しい矛盾に満ちた変革のプロセスであった。

たとえば民主主義は、手続きのなかで理念との矛盾を生み出す。たしかに、この理想はこれまで権利を持たなかった人びとに参加を呼びかける、熱くも新しい理想であった。しかし同時に、多数者支配を保証し少数者の価値を視野の外におく手続きとしても存在している。しかもいま生きている人間のうえに投票等の制度を作らざるをえないがために、過去の人びとや未来の子孫たちの権利を形式的に含みこむことができない。さらに保護すべき権利を有する「国民」か否かという、いわば人間の「国境」の線引きにおいては、成員以外の排除を前提とする記載登録の技術(68)が、否応をいわせない力を発揮する。また民族という主体と、国家という領域支配の仕組みを、容易に重ねあわせられない条件をもつ社会もまた多い。そうした多文化状況のきしみがより深刻になって格差や不平等をエネルギーとする内戦の時代が始まったことや、国内植民地と論じられるような二重構造が帝国と同質であることが理論的にも明らかにされていったこと等々、さまざまな亀裂が見え始める。

つまり、主体や資源に対する支配と動員の様式において、帝国と国民国家とのあいだに本質的な違いが果たしてあったのだろうか。それが、ポストコロニアリズムの時代に深く問われるようになった。その自覚は「ファシズム」や「帝国主義」ということばがやがて帯びるにいたった、感情的かつ規範的にそれを排撃し排除すれば安心するという作用を切断し、統治技術のひとつの類型として、すなわち文化として冷静に対象化することを要請するものであった。いいかえれば、「文明」と「文化」の既存の対立的な分割に依存することなく、「近代」そのものを総体として、すなわち文化の様式として、もういちど問うことが求められたのである。

おそらく、問題を認識する枠組みの構築においても、プラグマティック(実用的)な改善を積み上げていく必要があろう。文明と文化の二項対立を、帝国主義(もしくはグローバリズム)と国民国家(もしくはナショナリズム)とを対抗させる二項図式に、直接かつ愚直に重ねあわせてしまうのは、あまりに無自覚である。その対立は、一見わかりやすそうに見えて、問いを単純化する危険に満ちている。

たとえばこれを、三つの項に組織しなおす思考実験も必要ではないか。そのほうが自由度が

(68) そのひとつが「戸籍」である。しかしながら、国民の記載登録のテクノロジーは、戸籍に限定されるものでない。パスポートや住民登録やマイナンバー等々の諸手法をささえる論理とテクノロジーとが問われなければならない。

上がり、対立の図式を動かしやすい。すなわち、グローバリズムの専制に対しても批判し、ナショナリズムの動員に対しても抵抗しうる、そのような位置に、文化を認識する実践をおくことはできないのだろうか。三つの項を立てることで、そうした思考の余地が開けるからである。対立概念のもつ二項目性はあまねく存在し、また根強く思考を方向づける。たとえば形式と内容[69]、他者と自己、政治と芸術など、あるいは「であること」と「すること」等々、文化を論ずるのに動員されたことばのなかからもさまざまに挙げることができる。そうした二項目性に貫かれた図式に早上がりすることなく、批判と抵抗の日常的かつ身体的な根拠地として文化の発見を位置づけなおしていくことができれば、臆病な折衷とも、対立のどうどうめぐりとも異なる視野が開ける。

　生活する身体を理論的な虚焦点として、といった立場は、まさにそこに寄りそおうとする戦略のひとつである。

大衆文化と産業資本主義

　第二にたどっていくべきは、産業主義・資本主義批判とグローバリズムの問題系である。

　二〇世紀における文化への最初の注目は、産業化の進展と不可分であった。すなわち大量生産のテクノロジーに基礎をおく社会編制に対する、抵抗と批判とを内在させたものであった。その点では、生産力主義の決定論に傾いた同時代のマルクス主義の社会科学に対しても、明確な距離感覚を保っていた。「大衆社会 mass society」と「大衆文化 mass culture/popular culture」、すなわち大衆という主体が生み出したものの評価が、そこで文化研究の重要なフィールドのひとつとなったのは、必然的な展開でもあった。

　大衆文化の認識もまた、文化の変容の自覚から形成された。

(69) 学史に属する知識だが、いわゆる文化社会学が、自らの特質を説得するために批判すべき他者の名として選んだのが「形式社会学」であった。形式の語は、「文化」「知識」「歴史」という内容と対立する。この対立の図式性は、形式にちょうど「文明」と同じ位置をあたえることとなる。

組織の大規模化や工場システムの成立は賃金労働者の増大だけでなく労働という概念を普遍化し、マスコミュニケーション・メディアの発達による通信機能の拡大と複製技術の普及は知識の共有のありかたを変え、鉄道や自動車をはじめとする移動手段の技術革新とその生活への侵入は空間のありようそのものを変えた。それまでの社会生活のありかたを根底から変え、共同性の組織のしかたを大きく変容させていった。公共領域だけではない。私的な領域あるいは親密圏もまた、こうした技術革新に対応しつつ変容していく。

一九世紀のいわゆる「進歩」や商業ジャーナリズムがどれだけ、それまで有機的であったイギリスのコミュニティの生活の「技 art」を破壊してしまったかを批判し続けたリーヴィス(70)も、広告という文明の甘いささやきがいかに平準化された大衆の欲望を押しつけているかを問題化し、広告の政治性を読み抜くリテラシーの重要性を説いたトムソン(71)も、産業革命以降の産業化がもたらした変化に対する対抗言説という点で共通する。そこでは、現代の大衆文化はニセモノであり、真の人間の文化は存続の危機にさらされている、とされる。同じようにオルテガ(72)も、自分自身の現在を漠然と肯定してなんの要求ももたず、したがって自己完成へ努力しない大衆の登場を、精神における貴族性の喪失として批判し、アドルノとホルクハイマーは、映画や広告やジャズといった文化産業の商品のなかに、体制と化した資本主義の「陰謀」と「広告の勝利」、虚偽意識に眠りこむ主体の自動運動、すなわち堕落し機械的なものに成り果てた、ニセモノの文化しか見なかった(73)。

かつての大衆社会論の図式的説明(74)がそうしたのと同じように、革新的で民主主義的批判の「政治主義」こそが必要であると主張したいがために、これらを保守的で貴族主義的批判の「耽美主義(75)」と片づけてしまうのは、いささか対抗の図式化がすぎる。ここにおいて文化が持ちうる意味も、国民国家のもとでの民俗への注目と同じく、ふたたび両義的であるからだ。

(70) リーヴィスは、mass civilisationという概念を使って、この機械化・大衆化・均質化の力を語っている[Leavis, 1933 : 13-46]。

(71) "Voice of Civilization" [Thompson, 1943]

(72)『大衆の反逆』[Ortega, 1930＝一九六七]

(73)『啓蒙の弁証法』[Horkheimer & Adorno, 1947＝一九九〇]

(74) 代表的なものとして、コーンハウザーの『大衆社会の政治』[Kornhauser, 1959＝一九六一]がある。

(75) この「政治主義」と「耽美主義」の対比は、コーンハウザーの説明にあらわれるものではなく、ベンヤミンの複製芸術論[ベンヤミン、一九七〇]のあとがきで使われたものの流用である。しかしベンヤミン自身が、大衆文化の新たなテクノロジーのもとで生成した散漫な受け手たちに求めていた「政治主義」が、いかなるかたちのものでありえたのかは、あらためて検討すべき課題である。

新たな意味づけの力と文化産業

大衆文化は、産業資本主義が有する境界侵犯力に、二重の意味で依存していた。

ひとつにはこの侵犯力は、身分秩序のもとで交流なく棲みわけられていた生活の隔壁を毀し、その壁を越えた模倣の欲望を広範に生み出し、差異を平準化する。そして遠隔の地域をつないで、生活様式の固有の差異を失わせていった。

しかし、この侵犯力は単純なる平準化という破壊力だけでなく、もうひとつには新しい意味の結び目を作り上げる力でもあった。拡がった意味づけの網の目において、これまであらためて意識もしなかった慣習的行為や生活様式が果たす機能が問われる。

ある意味では、マックス・ウェーバーがプロテスタントの信仰者の行為に読みこんだのも、新しい結び目としてあらわれた資本主義ではなかったか。消費社会論に記号論的な立場を導入したボードリヤール[76]もまた、産業化を論じて、新しい結び目の解釈を作り出す。モノの消費もまた差異によって意味づけられる。そのメカニズムを前面に出してとらえなおすことで、じつは社会において使用されている言語とまったく同質の分析枠組みが、消費の分析においても必要だという立場を出した。文化記号論と呼ばれたパースペクティブである。

大衆文化という表現の流行がすこし古びてくると、「サブカルチャー」や「対抗文化(カウンターカルチャー)」が、新語として論じられていった。しかし、現代においてふたたびわれわれは、かつて「文明」として抽象化され一般化されたものと同じような力と向かいあっていることに気づく。それは、社会の産業的編制と資本主義の高度化としてのグローバリズムである。

であればこそ、ここで起こっている現代文化の変容を、たとえば伝統文化/近代文化/大衆文化というような単線的な発展段階図式に閉じこめるのも、貧弱な単純化であり、国家独占資本主義や文化帝国主義やポストモダンの一元的なカテゴリーでの説明に還元するのも、性急な

(76)『消費社会の神話と構造』[Baudrillard, 1970=一九七九]

一般化である。もういちど、産業化やグローバリゼーションがいかなる変容をもたらしたのかを、日常生活という実践のアリーナに乗せて、深く問いなおすことが要請されている。

文化産業論(77)の主題も、文化という語にこめた理念や倫理をものさしにして、産業主義を批判することに終始していたわけではなかった。現代社会において商品としてあらわれてくる知識や表象や感覚や行動様式の、交差し複合する差異のメカニズムを解読する。そのことを通じて、あまりに一般的で形式的で空虚なものになってしまった文化の概念に依存した認識を、解体し再編成していく。そのような作業を通じて、近代産業主義批判の根拠地を探し出すことの重要性を提起していたのである。

エスノセントリズム批判と文化人類学

第三に指摘しておきたいのは、文化相対主義批判とエスノセントリズムの問題系である。

哲学的な人間論に始まり文明批評に展開していった文化の研究は、人類学の領域において、新たな展開を見せた。高度な精神活動の成果という理念の強調から、日常的な生活行動の様式の全体に対象が拡げられていったのである。もちろん同じ日常への注目でも、フランスの社会学・人類学は、個人に対して外在的・拘束的に作用する制度や言語や交換に焦点をあわせ、そこにあらわれる構造や規則に関心をもった。これに対し、アメリカの文化人類学はむしろ個人の学習習得に焦点をあわせ、その内面に作用する象徴や価値や規範の類型化に進んでいった。

しかしながら、いずれも文化相対主義を、その方法の基礎におくという点で、進化論的な対立図式から自由なリテラシーを働かせうる距離を手に入れた。ここでいう文化相対主義とは、自らの社会がもつ文化を基準に単一の尺度を作り上げ、他文化を優劣において測る態度(78)、すなわちエスノセントリズムのカルト性に対抗する価値自由の冷静さを指す。

(77) たとえば、アドルノやホルクハイマーの批判を受け継ぎつつ、週刊誌を分析したエンツェンスベルガーの「意識産業」論から、ポピュラー音楽の生産と消費を論じたニーガスの文化仲介者論 [Negus, 1996＝二〇〇四] などまで、文化産業の分析もさまざまな素材を扱っている。

(78) そして多くの場合、自らの文化をもっとも価値あるものと位置づけ、他の文化を未開や野蛮や無秩序と裁断する。

文化相対主義は、方法として見ると、たしかに一九世紀に人文社会科学の流行思想となった進化論的な説明に対する、抵抗のひとつであった[79]。法則の理論化よりも個別民俗誌ethnographyを書くことを重視したボアズは「アメリカ文化人類学の父」とされているが、彼が一九世紀末にドイツからアメリカに渡った人物であることは、この文化相対主義が、ある意味では「文明」と「文化」の対抗の、より洗練され脱色されたバージョンであることをうかがわせる。そして一般化しうる法則を発見する社会科学の理念とは異なるところに、リベラリズムとしての文化相対主義が位置づけられ、人間の多様性を直接に経験するフィールドワークが重視されていく。

急激な産業化・都市化が進む一方で、個人や自我の問題への関心が強いアメリカという場において、そのような方法態度が成立したことは、それ自体が文化の変容メカニズムの問題として、ひとつの研究対象となりうるかもしれない。「acculturation 文化変容」という概念は、その語形にも刻みこまれている通り、初期においては、いわゆる未開とされる社会の側における先進文化の受容、すなわち文明受容一辺倒の現象をあらわしていた。しかし一九三〇年代には「異なる文化をもった個人からなる集団が直接的かつ持続的に接触することによって、一方または双方の文化のパターンに変化が起きる現象[80]」と定義されるようになった。さらにアメリカ人類学の文化研究では、心理学の学習理論の影響もあって個人が習得する行動体系への関心も強く、「文化とパーソナリティ」の研究という領域を発展させた。相対主義が発見した「文化の型」の問題は、パーソナリティのパターンとしても分析されていく[81]。

文化相対主義の超えかた

そして人類学者の文化研究では、個体に内在した意味や価値・規範に焦点をしぼって、それ

(79) 学史的には、傾向的な進化ではなく諸民族間の伝播というコミュニケーション過程を重視する伝播主義も、要素相互間の共時的な作用を重視する機能主義も、その意味では進化論的な説明を切断する抵抗的な読解にくくることができよう。

(80) "Memorandum for the study of acculturation" [Redfield, et als., 1936 : 149]

(81) たとえばリースマンの『孤独な群衆』の研究は、メディア・テクノロジーの歴史的な発展とパーソナリティの社会的類型とを対応させた刺激的な古典である。

を類型化する。あるいは生活のテクストとして解釈する。しかも現地に生きる当事者の視点から、その意味づけをできるかぎり豊かに描く。文化相対主義は、その当事者の視点に立つための心得でもあった。

しかしながら文化研究のそうした相対主義の方法的な優先が、世界資本主義の構造やグローバルな権力関係のようなハードな政治と経済の問題を論じない態度を生み出したと批判されていく。さらに鋭く、そのような政治的無関心が、帝国主義を補完してきたのだと告発された。すなわち、学問の実践そのものが、じつは批判すべき文化の問題として問われなおされることとなる。

それは、自らの文化に潜む「自然的態度」を、批判する媒介として他者の文化を理解し解釈するという実践において、記述そのものが抱えこんだ困難な課題である。われわれはいかに記述しうるかが問われるようになる。

たとえばサイードのオリエンタリズム批判[82]のもっともアクチュアルな局面は、文化を記述することがいかに「オリエント／西欧」の二項対立を巨大化し、オリエントが西欧の進歩を測る基準点であるという教えを再確認し、と同時に、開発あるいは発達という帝国主義的なプロジェクトの導入が必要な停滞状態かということを読者に感じさせてしまうか。そのイデオロギー性の暴露にあった。

しかし『文化批判としての人類学』の著者たちによれば、「支配された文化の一員であるとともに、支配する文化の特権的な知性でもあった」という属性のもつ位置を戦略として使いえたサイードは、論戦にしか有効でないことを自覚しながらも「火の戦いには火で応じる道」を選んだ。それゆえ、一方では「文化の境界を横切って他者の声なり見方なりを適切に表象する新たな形式をなにも提示していないし、それは可能であるという希望さえほのめかしていない。

(82)『オリエンタリズム』[Said, 1978＝一九九三]

じつは、非難するために彼が選んだ敵にたいして、彼らとまったく同種の修辞学上の全体主義を彼は実践してしまっているのである」[83]と批判される。西川長夫もまた、サイードの議論の方向性が明確で「つねにひとつの結論に導かれる」明快さが衝撃力を持った、その反面で「議論に出口が用意されていない」ため、「あたかも籠の中で輪をまわすリスを見ているような印象」がぬぐえないと書く[84]。

オリエンタリズムや国民国家論の鋭い批判が有効であると同じ分だけ、オリエンタリズム論者や国民国家論者に対する批判もまた正しい。この矛と盾の同質性を踏まえたうえで、われわれはなにをなしうるのか。いかなる正当性において、われわれは自らのものを含めて「文化」を評価し、批判しうるのか。

その解答もまた、文化を誠実にたんねんに記述することのなかにしか探れないのである。サイードの例に寄りそうならば、その記述が、いかに「オリエント／西欧」の二項対立の再生産を解毒できているか。開発という文化侵略が、どれほど不条理で不必要な介入であるのかの批判という実践が、どのていどオルターナティブな方向をまなざす希望を析出しえているか。むずかしい課題だけれども、それをもっとも広い意味における観察という原初的な方法のもとに作り出していく以外に、文化相対主義の内側に生成してくる「自文化中心主義 ethno-centrism」を超える道はないからである。

(83)『文化批判としての人類学』〔Marcus & Fischer, 1986＝一九八九：二三〕

(84)『増補 国境の越え方』〔西川長夫、二〇〇一：一一五－一一六〕

第2章　資源とはなにか

文化資源学という耳新しい名称がある。「文化」と「資源」との二つに切り離せば、そのそれぞれは聞き慣れたことばかもしれない。しかしどちらも研究の対象として、一筋縄ではいかないむずかしさを抱えこんでいる。「文化」については、すでに前章で一定の整理と再検討を試みたので、ここでは「資源」に焦点をしぼり、文化を資源としてとらえる見かた[(1)]とそれが直面する問題についてあらためて論じてみたい。

1　意味の歴史的地層に分け入って

「文化資源」が理解しやすい概念といいにくいのは、二つの大きな表象をとなりあわせ、その指ししめす範囲をかけあわせているからである。この二つのことばの場合、かけあわせても意味はしぼられる方向には転じない。そして語義の不用意な拡大は、しばしば概念を空洞化させる。

実際のところ人間社会のあらゆるものを「文化」ととらえることが可能であり、存在し利用

(1) 第1章参照。「文化」の語に潜む意味の整理を試み、その困難さに触れた研究は、すでに数多くあるが(たとえば[Kroeber & Kluckhohn, 1952][Williams, 1966＝一九六八][柳父章、一九九五][佐藤健二・吉見俊哉、二〇〇七][中村淳、二〇〇七]など)、「資源」の語もまた同様の、使用範囲のスプロールによる混乱を抱えこんでいる。ここでは二〇〇〇年四月に東京大学大学院に設置された文化資源学研究専攻に関わってきた自分自身の経験を素材にしつつ、資源に注目した人文社会系の学知が、いかに構想されうるのかについて、その課題とともに触れたいと思う。

しうるすべてが「資源」でありうる。その包括的で形式的な規定の和集合がそのまま、この複合語の外延ともされやすい。つまり、すべてが文化資源でありうる。もちろん、この認識は粗雑である。論議の基礎にならず、主題を指ししめすことにもならない。

じつは「文化」の語も「資源」の語も、それほど昔から使われていたわけではない。使い始めたのは、おそらく二〇世紀に入ってからだ。しかもすぐに応用や流用が拡がり、含意はふくらんでいった。そしてふくれ上がった分だけ、表象の価値が低下する「インフレーション」のような状態が招きよせられた。コミュニケーションと呼ばれることばの流通の過程にも、市場メカニズムのような交換価値の変動がある。

手近な国語辞典を引いてみよう。

文化は、人間の「行動様式ないし生活様式の総体」であり、「物心両面の成果」で、言語・技術から宗教・政治にまでわたるけれども、それぞれの文化のあいだには「高低優劣の差」はない、と解説されている(2)。この相対主義的な規定は、文化社会学や人類学を学んだものには、すでに一九三〇年代にさかのぼって親しい論点であろう。しかし、どこか範囲が広すぎて頼りにならない感じがただよう。「文化」ということばのなかで、定義の外縁が拡大し、抽象化し普遍化していった。その分だけ固有の存在論的な特質、あるいは意味の特異点ともいうべきものを表象する力が、さまざまな精神活動の領域の並列のなかで見えにくくなった。

資源の語をめぐっても同じ状況があり、同様のとらえどころのなさに行きあたるだろう。いくつかの国語の辞書を引いてみよう。

しげん【資源】生産活動のもとになる物質・水力・労働力などの総称。「――に乏しい」「地下――」「人的――」〔広辞苑第五版、岩波書店〕

(2) 具体的には『広辞苑』(第五版)が「ぶんか【文化】(culture) 人間が自然に手を加えて形成してきた物心両面の成果。衣食住をはじめ技術・学問・芸術・道徳・宗教・政治など生活形成の様式と内容とを含む」と解説し、三省堂の『デジタル大辞林』が「ぶんか【文化】①culture 社会を構成する人びとによって習得・共有・伝達される行動様式ないし生活様式の総体。言語・習俗・道徳・宗教、種々の制度などはその具体例。文化相対主義においては、それぞれの人間集団は個別の文化をもち、個別文化はそれぞれ独自の価値をもっており、その間に高低・優劣の差はないとされる。カルチャー。②学問・芸術・宗教・道徳など、主として精神的活動から生み出されたもの。③世の中が開け進み、生活が快適で便利になること。文明開化。④他の語の上に付いて、ハイカラ・便利・新式などの意を表す。「―鍋」」と説明している。

しげん【資源】①自然から得る原材料で、産業のもととなる有用物。土地・水・埋蔵鉱物・森林・水産生物など。天然資源。「海洋――」「地下――」②広く、産業上、利用しうる物資や人材。「人的――」「観光――」〔デジタル大辞泉、小学館〕

しげん【資源】自然から得られる生産に役立つ要素。広くは、産業のもととなるもの、産業を支えているものをもいう。地下資源・水資源・海洋資源・人的資源・観光資源など。「――開発」〔デジタル大辞林、三省堂〕

「生産活動」や「産業」という、このことばの意味を照らし出す特異な光源がつかまえられている点はおもしろい。この論点は、あとでもうすこし深めてみたい。しかし、地下の天然資源だけでなく、労働力の人的資源から風景史跡の観光資源まで、有用物とされるものの範囲は拡がるばかりで、なにかその境界が限定される気配がない。どの国語辞書の規定も、かなり高い一般性をもつ。

ことばは対象の中心だけでなく、輪郭を指ししめす。対象の位置や形態をたしかめ、分け入って考え、調べるという局面において、この輪郭が役立つ。具体性にさかのぼる手がかりであり、導きとなるところがおもしろい。特異性を表象する意味の境界線が感じられにくくなると、ことばはあいまいになり空洞化する。歴史的な意味の地層や断層を探究しなくともよくなれば、ことばがただの記号へと形骸化しても気にならない。情緒的で恣意的であいまいな使いかたばかりが目立つのは、じつはそうした形骸化の結果でもある。

このように抽象化し一般化した意味しか見えなくなった言語空間において、「文化資源学とはなにか」と大上段から問うたとしても、定義的記述の手がかりがなさすぎて深まらず、行き止まるだけである。

コンテクストとしての価値

その一方で、辞典の記載からは見えにくいものもまた、ことばそのものの歴史（語誌）には刻みこまれている。この点は、社会学の立場に立つからこそ強調すべきだろう。

印刷物であれサイバー空間上のものであれ、辞書の記述・記録だけにたよって意味をたしかめ表象を扱う、その手法に危うさがつきまとうのはそれゆえである。隠語や専門用語のように、一部の社会集団（職業的、階級的、世代的等々）の内側だけで使われていることばがある。それが新聞やテレビなどメディアを通じて、新奇なことばとして拡がるケースも現代社会では多い。新語や流行語として加えられた意味の突出などが、現代のことばの地層を複雑にしている。国語として定着したとも、まだ定着していないとも、単純には断定できないまま、耳にする機会だけが増えてしまうような新語も世の中には数多く流布している。そして、国語辞典風記述の価値中立の普遍志向を離れ、現実社会でのことばの使用実態を見ると、歴史的・社会的な価値のコンテクストにまみれた意味が、その時点での重要なニュアンスを決めていることもまた少なくないのである(3)。

「文化」ということばでも、そうした通行のニュアンスの混入は明らかである。

そこには暗黙のうちに、価値のあるすぐれたものの習得であるという方向性が刻印されている。「物心両面の成果」すなわちなしえた結果とか、生活の「様式と内容」という辞書の解説は、いわば枠組みの提示にとどまっていて、そこに内包されている価値判断の表象にまでは踏みこんでいない。そのことは、人類学が論じてきたニュートラルな基本概念としての文化と、文化財もしくは文化遺産でいう価値ある文化との用語法のズレとして、ひとつの論点とされている(4)。

望ましい価値がそこにあり、理想的で目指すべき状態がそこで達成されているとの理解も無

(3) たとえば、辞書以前の使用実態への根気強いアプローチとして、言語学者の採集による『ことばのくずかご』などの業績がある〔見坊豪紀、一九七九〕〔見坊豪紀・稲垣吉彦・山崎誠、一九八七〕など）。

(4) 講座『資源人類学』の第2巻『資源化する文化』を編集した山下晋司は、その問題提起において、文化をめぐって「人類学的・生活文化的な用語法」と「文化財・文化遺産的な用語法」とが並列し、ときに対立していると論じている〔山下晋司、二〇〇七：一四〕。

視できない。そうしたプラスの積極性を色づけ、方向づけるために、「文化」ということばは世の中で使われている。そのような「高低優劣の差」を表に出した価値的・規範的用法の効果も、観察と考察の範囲から排除するわけにはいかない。

その一方で、一九八〇年代における「ライティング・カルチャー」に共鳴した表象批判のラッダイト(打ち壊し主義者)たちがあらためて問題にしたように、文化という概念につきまとう政治性は重要な主題である。文化という概念は、学史的に見れば、方法としての相対主義(文化相対主義)を実装することを通じて、進化論的パラダイムや進歩史観の発展段階論的な価値規範から一定の距離をとった。しかしながらその後もなお、文化の語の使用法は、理性や美や教養と結びついた、階級性をもつ価値の軸のうえでの優位性を徹底的に相対化したわけではなかった。

文化と資源の戦後的意味

とりわけ戦争の記憶が、先行する価値(＝意味)の歴史性と微妙にからみあい、「文化」ということばに特有の「戦後」的な意味を生み出していたことには、注意が必要である。第二次世界大戦後の一九四五年九月、文部省が発表した「新日本建設ノ教育方針」では、目指すべきは「文化国家」であると、次のように宣言する。

> 文部省デハ戦争終結ニ関スル大詔ノ御趣旨ヲ奉体シテ世界平和ト人類ノ福祉ニ貢献スベキ新日本ノ建設ニ資スルガ為メ従来ノ戦争遂行ノ要請ニ基ク教育施策ヲ一掃シテ文化国家、道義国家建設ノ根基ニ培フ文教諸施策ノ実行ニ努メテヰル

ここにもち出された文化国家の「文化」は、明らかに戦後的な強い色づけを有する。かつて

の教育施策を支配し、国家的要請でもあった「戦争」と対抗する価値理念であり、「平和」「福祉」「道義」の実現と等値されている。武力や暴力の対立項目として用いる、この「文化」の戦後的な用法は、「資源」ということばが負わされた位置を考えるうえでも、じつは無視できない補助線である。

戦後の人文社会系のアカデミズムにおいて、「資源」の語の積極的な活用は、どういうわけか警戒されてきた。国語辞書が解説する形式的で一般的な語義からは予測しにくいことだが、どこか感心できない印象をもって遇されてきた事実がある。なるほど人類学や民俗学や社会学の調査の実践者たちはフィールドにおいて人格を有する人間たちと出会い、人文学や教育学の理念は人間の尊厳を重視した。そうした言説空間では、たとえば「人的資源」というような、非人間的で即物的なニュアンスは気にさわっただろう。

しかし、より深い理由として挙げられるのは、そこに国家「総動員」という戦争遂行体制とあまりにも密接に結びつけられてしまった歴史があったことである。

総力戦と資源

資源ということばは、いかなる歴史をたどったのだろうか。

初出例の掲出に気を配った小学館の『日本国語大辞典』は、一八九九(明治三二)年の商法の条文(二八六条)にある「資源の開発」を挙げている。そういうところを見ると、人びとの日々の暮らしでの必要という以上に、あるいは法律の用語として、翻訳を通じて近代日本語に入ってきたものかもしれない(5)。語誌をたんねんにはたどっていないが、世の中に流通するようになったのは、世界大戦と日本が出あう一九一〇年代の大正時代であろう。あとでも検討しようと思うが、小磯国昭編述の『帝国国防資源』(6)などは、一冊の書物のタイトルに資源の語が進出し

(5)『日本国語大辞典』には、「①産業の材料・原料として見た地下の鉱物や、山林、水産物、水力などの類。*商法〔一八九九〕二八六条・三「資源の開発」②ある目的に利用されうる物資や人材」とある。近代日本における商法の条文規定の導入経緯や、その時実際に利用された知識やことばの対応については、検討していないので、あてずっぽうでしかないけれども、原語はやはりresourceだったのだろうか。

(6)『帝国国防資源』〔参謀本部編、一九一七〕

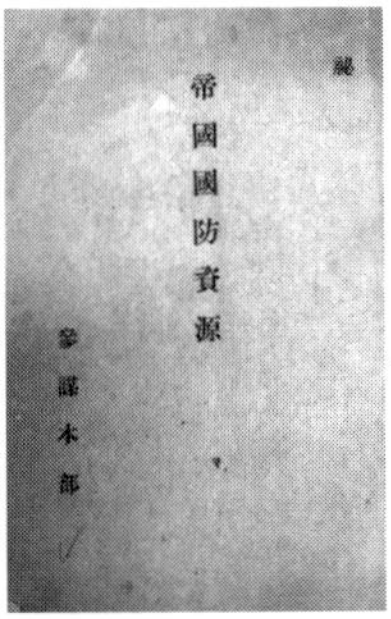

「国防資源」という熟語は、すぐに陸軍のなかでの主題となり、一九二〇年五月に印刷された臨時軍事調査委員の『国家総動員に関する意見』でも「国防資源の保護増強(国家総動員永久準備)」などが論じられるようになる。

た、比較的早い時期のものかと思われる。

世界大戦と「資源」の語の普及流行とは、深い呼応の関係がある。

たしかに第一次世界大戦は、ひとつの画期であった。社会をめぐる思想の前面に「総力戦」という新しい理念の枠組みをもたらしたからである。兵器に応用される科学技術が飛躍的に発展するとともに、戦争の形態が大きく変わった。機関銃や大砲の発達によって歩兵の戦術が変わり、動力革命の展開の先に飛行機や装甲車や戦車などの新兵器が登場していく。そのことで「戦場」すなわち戦争の場が急速に変容し、科学戦・技術戦・産業戦の要素が強まっていった。さらに戦争と経済との融合がむやみに主張され始め、平時と戦時との接合が自覚されることで、前線の軍隊と銃後の社会の領域の密接な相互連関が浮かび上がってきた。このような国家総力戦（あるいは全体戦争 total war）の思想は、のちにいわゆる国民国家論として、カルチュラル・スタディーズが激しく批判する社会システムの一国主義的な枠組みの強化と、その本質を同じくする。そして、総力戦という課題に対応する国内体制として、現実政策としての国家総動員が構想されていった。

戦争という概念の社会全域への拡大ともいえる事態は、一方において資源という語の適用範囲をも拡げていった。

原材料やエネルギーの側面で産業を直接にささえる「天然」、あるいは「自然」である鉱物資源だけでなく、それ自身が第一次産業の「生産物」である木材や農産物までもが、資源の語の対象となった。その拡大はやがて、第二次産業の制作物の流通にまでおよんでいく。さらには「人的資源」も、労働力という概念化された抽象にとどまらず、文化の領域にはみだして応用されていった。すなわち、それぞれの人びとの体力や栄養状態、知能、さらには出生率のような実態までが、そのことばの範囲に含まれていくことになったのである。(7) 文化を自然との区

（7）たとえば暉峻義等『人的資源研究』[暉峻義等、一九三八]や教育心理学者の『日本の人的資源』[田中寛一、一九四一]など。

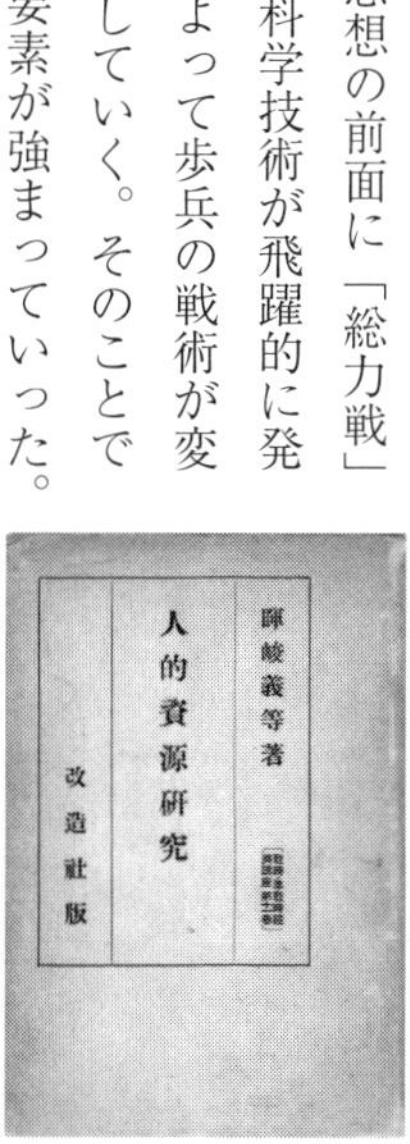

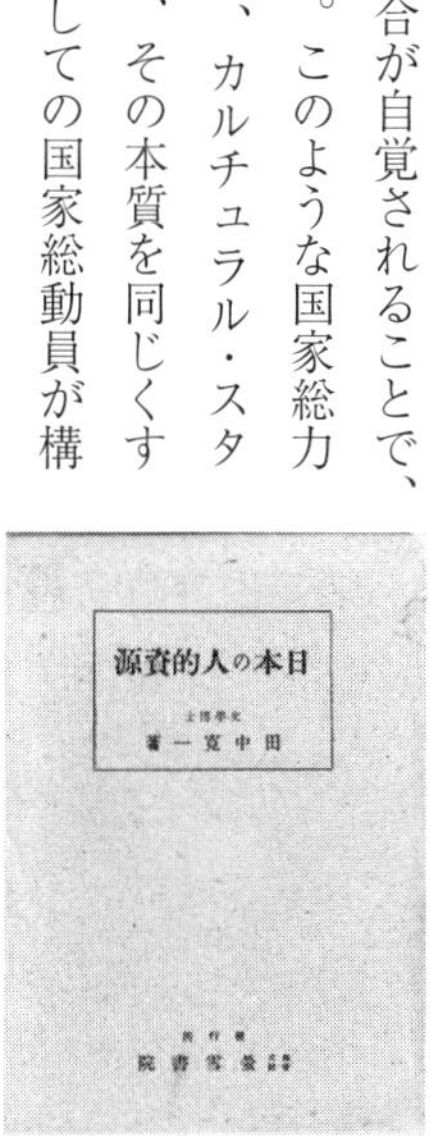

大河内一男は一九四〇年の段階で「「人的資源」といふ言葉は、今ではやや一般化したけれども、未だに根強い反対論が執拗に付きまとつてゐる」と述べ、それは人間に対する「ひとつの客観的な分析」の方法を、人間を物質と同じように見なす「人間観」への反対にもとづくものだと解釈する。その一方で「この言葉が、一部の偏狭な反対があつたにも拘はらず、社会的に受容されてしまつたのは「生産力拡充」を遂行するためにも、また日本経済の再編成の立場から考へても、いまや「人的資源」の問題を解決することなくしては問題は一歩も進まなくなつたからなのである」と分析している[大河内一男、一九四〇：三二八-三二九]。

別において使うような枠組みが揺らいでいく。
「資源」ということばが社会的に見いだされ、ひんぱんに使われていくのは、こうした国家という装置のような主体による意味づけと動員のコンテクストにおいてであった。

資源に注目する国家

『帝国国防資源』という報告においても、「資源」ということばが、国家と動員のコンテクストにおいて膨張していったという性格は明確である。

第一次世界大戦に参戦したとはいいながら、「僅ニ飛沫ヲ蒙レルノ小害」にとどまったという自覚を、日本の軍官僚はもっていた。そうであればこそ、欧州諸国の総力戦思想を積極的に学び[8]、国家や社会の現代的なありかたを構想したのだとも位置づけられる。「経済ヲ離レテ戦争ナク」と思うがゆえに「戦争資源ヲ基礎トシテ将ニ来ルヘキ経済戦対策案」を広く見渡すことが必要だ、という思想が強調された。そこから「資源」ということばに光があてられている。『帝国国防資源』は軍という組織主体の立場からする、経済学の有用性を意識した社会政策提言の書物であった。

思想として発見されただけではない。実際「資源」の動員という理念のもとで、政策に関わる法が作られ、組織が整えられていった。

「資源局」はその象徴である。軍需工業動員法(一九一八年制定)のもとで、担当の軍需局は「内外局資源調査」を実施し、一九二七(昭和二)年には内閣に「資源局」が設置される。一九三二(昭和七)年一〇月発行の『大百科事典』(平凡社)には、独立した見出し項目としての「資源」は存在しないが、「資源局」と「資源調査」の二つが立てられている。この組織とその実践とが、「資源」ということば単独の抽象化された意味よりも重視され、リアリティを有していたから

(8) 陸軍が第一次世界大戦における交戦各国の実態を調査するために、陸軍省に臨時軍事調査委員をおいたのは、一九一五(大正四)年九月であった[防衛庁防衛研修所戦史室編、一九六七：六]。

であろう。

「資源局」の項目の記述は、発足してほぼ五年という時点の証言でもある。その説明の背後に存在している意識の歴史性だけでなく、同時代の実態が簡潔にまとまっている。各組織主体を巻きこんだ部局変遷の経緯の紆余曲折は、官の世界に記述がかぎられているとはいえ、このことばの社会的受容のひとつのプロセスだろう。『大百科事典』の「資源局」の項目の「沿革」の部分を整理すると、次のようになる。

①ロシアとドイツの単独講和に関連して、陸軍を東アジアの大陸方面に派遣するような事態が想定されるなか、一九一八（大正七）年の第四〇議会で「軍需工業動員法」が制定され、その執行機関として内閣に「軍需局」が置かれた。

②一九二〇（大正九）年五月に、軍需局は内閣統計局と合併して国勢院となったが、一九二二（大正一一）年の財政整理の時期に廃止、軍需調査や軍需工業奨励の業務は農商務省に移管された。

③一九二三（大正一二）年の陸海軍会議において、国家総動員準備における国勢院廃止の欠陥を補うために、臨時の陸海軍軍需工業動員協定委員会が設けられた(9)。

④一九二五（大正一四）年の農商務省の、農林省・商工省への分離に際し、軍需調査の業務は商工省の主管となる。

⑤一九二六（昭和元）年の第五二議会に「国家総動員準備機関設置」に要する予算が提出され、翌年五月に内閣に外局として「資源局」が設けられ、総理大臣の諮詢機関として資源審議会が設置された。

(9) この「軍需資源の分配に関し協定を進める」ことを目的とした臨時措置の委員会について、項目執筆者は「応急姑息の手段」と書き、「実行に於ては何等の効果をも挙げ得なかつた」と解説する。「何となればこれには陸海軍省以外の各省の協力を俟たざるを得ない事項があるに拘らず、各省はこれに関して、何等協力すべき責務がなかつたからである」［一九三二年版大百科事典、平凡社］。

ここでも、資源の概念の登場が動員の必要という意識と、強く結びついていることが確認できる[10]。

一九二〇年代の末には官僚機構、国家機関の表看板に初めて「資源」が掲げられ、社会的な認知が進んでいった。その前提に、戦争、軍需・軍備、産業・工業、動員、国家といった「総力戦＝国民国家論」の重要な概念の系列がからみあっていることを、この記述はしめしている。

資源と調査

もうひとつ、フィールド科学において大切な方法である「調査」という実践との結びつきも、「資源」の語を考える場合、あらためて重視すべきポイントである。

上述の資源局にいたる沿革の説明にも見られる通り、資源を名に関した部局が軍需調査という実践や国勢調査を担う部局とからみ、産業統計と取り組みつつあった統計局や農商務省・商工省などと交差していくのは偶然でない。そして「資源調査」もまた、同時代に登場した新しいことばであった[11]。

> **シゲンチョーサ**　資源調査　戦争準備のため政府が各種資源の状態を調査することをいひ、資源調査法は人的物的資源の統制運用、並に一般行政上必要なる各種資源の状態を報告またはその他申告をなすべき義務を、個人または法人に対し負担せしむべきことを規定せるもので、軍需工業動員法と相俟つて、戦争準備並に遂行上重要なる法律である。［一九三二年版大百科事典、平凡社］

事典項目としてどこか奇妙な感じが残るのは、資源調査という項目を見出しにとりながら、

(10)「資源局」「資源調査」の項目には、執筆者として同じく「(松下)」の署名がある。軍事史に関する著作が多く、大杉栄や堺利彦らとの親交から「社会主義中尉」といわれた、松下芳男ではないかと思う。この時点では、すでに軍を退いている。

(11) たとえば、早い事例として『資源調査関係法規』［北海道庁長官官房統計課、一九一六］、一九三〇年代からの植民地調査に関連して『満州国資源調査概要』［朝鮮商工会議所、一九三四］、『外蒙・中央亜細亜に於ける資源調査』［東京工業大学工業調査部、一九三七］、『蘭領印度の資源調査』［南洋庁内務部企画課、一九四一］、『泰国の資源調査並に其概況』［貿易局第一部市場第一課、一九四一］など。なお、このことばが戦後も生きのびていくことには注意が必要である。「一九四七年十二月、アメリカの国家資源局をモデルに資源調査委員会が経済安定本部に設置され、一九四九年に資源調査会と名前を変えた。GHQの天然資源局（NRS）が指導に当った。その後、一九五六年の科学技術庁の発足に伴い同庁の付属機関となり、一九六一年に『日本の資源問題』（科学技術庁資源調査会報告第一九号）を公刊した」［木下直之、二〇〇三：四］。この科学技術庁の報告書は、『日本の資源』と題して、のちに一般の出版社から単行本として刊行され市場に出た［科学技術庁資源調査会、一九六二］。

調査の内容を解説せず、外側の枠を決めている法を説明しているだけだからだろう。[12]つまり調査の名のもとに、政策としての必要が前面で説かれる。その奇妙さは、われわれがすでにこのことばを満たしていた気分のはるか外側にいることを暗示しているのかもしれない。

「調査」という同じことばを掲げながら、それを探求・発見の方法としてきた人類学や社会学とは異なった意味で用いられているのである。すなわち、実際は該当する個人・法人の「申告」として設定されている点を見落としてはならない。その点では、近代における国勢調査と同じく、調査実践を可能にしている仕組みそれ自体のもつ権力性という論点を潜ませている。「軍需工業動員法」を下敷きにした政策としての「資源調査法」と、統制運用を担当する執行組織としての「資源局」の存在とが、総動員と深く結びついた「資源」のイメージを、いささか強引に合意させてしまった。無形のものまで含めて、国のなかにあるものはことごとく、その対象となる。そればかりか、外国にあろうとも国民に属するものはすべて、「資源」として申告すべきものだという理念の強調は、その特質を考える手がかりとしては示唆的ですらある。

資源と動員との根深い関係は、ここでも再確認される。

動員との結びつきを問いなおす

山口利昭は、第一次世界大戦から資源局の成立までの国家総動員の歴史を検討した論文において、「資源調査（調査課）の結果にもとづいて、資源を培養助長し（施設課）、その統制運用計画＝国家総動員計画を策定する（企画課）というのが資源局の主要な業務[13]」であったと述べる。ここでいう「培養」に、「文化 culture」の語幹の枝分かれのひとつ「栽培・耕作 cultivate」を響かせて、時代精神のようなものを暗示するべきであろうか。このように利用し活用し管理し育成し支配すべき対象を、資源と意味づけるまなざしは、一九三〇年代から一九四〇年代にかけ

(12) 辞書の解説は、さらに「範囲及び方法」の節を設けているが、これも具体的な調査手法におよぶものというより、一九二八年に制定された「資源調査法」の説明である。すなわち「調査の内容は、人的及び物的資源の全部にして、広く国の存栄に資すべき源泉たる一切の事象に亘るもので、個人、土地、動植物、その他の有機物は勿論、制度組織の如き無形のものと雖も、苟しくも国中の拠つて基づくものと認められるものは全てこれを包含する。而して本調査の地域的範囲は、帝国領土は勿論、外国にある資源についても、その所有者、管理者の帝国国民たるものに及ぶのである。次に資源調査の方法は、政府が個人及び法人に対して書類報告または実地申告を命ずるもので、書類報告に関しては、勅令または省令を以て調査事項を規定し、実地申告は政府の代表者（例へば官吏または調査員）が資源の現存する場所に臨んで、実地につき申告供述をなさしめるのである」〔一九三一年版大百科事典、平凡社〕。

(13)「国家総動員研究序説」〔山口利昭、一九七九：二八二〕

て多く行われた官民の資源調査、すなわち満州や南方など植民地における多様な調査などを通じて定着していくのである。

こうした調査の実践に、経済学者や社会政策論者だけでなく、広い意味での人類学や社会学の研究者が参与した(14)。そのことがまた、戦後に「資源」ということばが敬遠され、アカデミズムにおいては積極的に用いられなかった、おそらく無意識の一因ともなっている。なるほど、この資源ということばは、産業社会への変化が実感されつつある時期に、戦争を意識した国家による「上から」の総動員のなかで使われた。それゆえに、文化人類学や社会学あるいは民俗学において支配的な「下から」の視座からすると、このことばをあえてもち出す意図をあやしむ声がまじりやすい。

資源という語をめぐって、使いにくい、どこか差しさわりといっていい感覚が残ったのも、そう考えれば不思議ではない。

しかしながら、この歴史は必然であったのか、偶然であったのか。その必然性の判定はあらためて考え、ていねいに問うてみる必要がある。果たして「資源」へのまなざしは、国民国家への「動員」と切り離せないものなのかどうか。そのまなざしはすべての主体に申告義務を設定し、権力的に透明化しようとする全体の措定を、必ず必要とするものなのかどうか。そして、その権力主体としての全体は、国家や帝国でしかありえないのかどうか。

いいかえれば、「資源」の語のもち出しは、既存の支配的な体制への「動員」の強制という歴史として存在したコンテクストを、脱しえないものなのだろうか。つまり動員論に従属させてしまうのではなく、たとえば抑圧的な構造の「変革」や「解放」、あるいは異なる文化を生きる「他者理解」や「自己認識」というコンテクストから、用いることができないものなのかどうか。そうした新しい用いかたのためには、いかなる意味のネットワークの手なおしが必要

(14) その一端は、戦後からの社会調査の展開の回顧として、日本民族学協会が行った機関誌での座談会［岡田謙ほか、一九五三］からもうかがえる。

なのか。

たぶん、この問いは「資源」ということばを、いかなる意味において活かすことができるのか、その方向性を明確にすることと不可分である。

それは、新しい研究専攻として誕生した「文化資源学」の課題でもあった。

2　文化資源学研究専攻の出発

文化資源学研究専攻は、東京大学大学院人文社会系研究科に「独立専攻」、すなわち対応する専修課程（学科）を学部にもたない大学院の研究専攻として、二〇〇〇年の四月にスタートした。その概要を、私自身も作成に関わったパンフレットから引用しておく。

> 文化資源学研究専攻は、人文社会系の学問を基礎づけている文化資料について総合的に研究し、その新たな活用を実践する専門課程です。文化資料は、言語、音声、画像、形象、文字、文書、写本、刊本、発掘資料、民俗、習俗、電子記録など、さまざまな形態をもっています。文化資源学は、それら有形無形の資料の特質を理解したうえで、調査、発見、整理、考証、評価、保存、公開の方法を探求し、人類のための資源として活用する新たな学問領域です。本研究専攻は、文化資源化の基礎研究・応用研究の推進と、二一世紀において国際的に活躍する専門研究者および高度専門職業人の養成を目的としています。（中略）情報化社会といわれる時代に入ってなお、文化を作りあげていた多くの資料は、消費されあるいは散逸し、資源化されないままに忘れられています。未来の文化を作るために、過去を知り、現在を考える。文化資源学が目指すのは、そのような人文社会系の学問の基

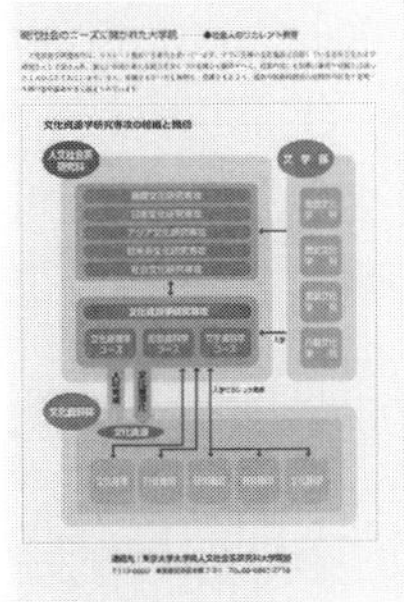

礎の再組織化であり、応用に他なりません。

「資料」と「資源」ということばを、微妙に使いわけながら、目指す「学問の基礎の再組織化」を説き、基礎の確立を通じての活用応用という戦略を描こうとしている。その思いのようなものがわかるだろう。

文化資源ということばは、この研究専攻の発足前後から大学アカデミズムのなかでもしだいに用いられるようになった。熊本大学大学院社会文化科学研究科に文化資源論講座が設けられ、神戸大学大学院文化学研究科に連携講座の文化資源論などが生まれている。また人類学と関係の深いところとしては国立民族学博物館も、二〇〇四(平成一六)年に「広く世界から収集される人間の文化に関わる資料や情報、知識や経験を開発可能な資源とみなし、その社会的活用を促進することを目的として」文化資源研究センターを設置した。以下では、東京大学の文化資源学研究専攻をひとつのケースとして、動き出しつつある「文化資源学」の構想を論じてゆこう。

学知をささえる資源への回帰

もっとも設置の当初から関わってきたとはいえ、この領域横断的な新たな専攻の成立事情を語るのに私が最適の人間かどうかはあやしい。設立の動きに巻きこまれたのが着任直後であったために以前からの経緯を知らないことに加えて、海外研修のため不在であった時期に基本的な方向性が定まるなど、見聞も断片的だからである[15]。しかしながら、大学における大学院重視への体制の移行(大学院重点化)、大学それ自体の法人化の流れ(国立大学法人化)といった文部行政の動向のなかで、古くからの組織にも新しい対応の努力が必要であったことは否めないのだろ

(15) 文化資源学の最初の創設宣言のパンフレットともいえる三六ページの『文化資源学の構想』が発行されたのは、一九九八年七月だった。このときにはすでに名称も正式にかたまり、文書学・文献学・形態資料学・文化経営学という、専攻発足時に基本組織となった四部門の構成も明示されている。

う。その流れのなかにいた一人として、見えたままを整理しておこう。

一方ですでに一九六〇年代に、研究資料の全学的な保存の試みが東京大学において始まっていたと聞いている。出発の当初は、どちらかといえば、当面の用を終えた研究資料の保管場所の必要に導かれてであったという。そうした仕組みを必要としていたのは、主に標本や考古学の発掘品、写真乾板等々の実物資料であった。それらは、図書館や史料編纂所のような文書管理のシステムからは組織的また技術的に対応しにくかった。研究資料館を基礎としたいくつもの特別展示やシンポジウムなどの積み重ね、さらには新しいスペース等々の獲得のうえに一九九六年に「東京大学総合研究博物館」が、社会への公開を課題とし研究系を備えた施設として整備されていく。それらとの連携もまた、文化資源学研究専攻の誕生には、理念的また人材的に深く関わっていると思う。

学部・大学院の部局内在的な問題関心としては、文学部という東京大学の創設以来の歴史を持ちつつ、いささか細分化して、学知として融合していたがゆえの可能性を見失いつつある現状を、新たな専攻を立ち上げることを通じて流動化させるねらいもあった。そのきっかけを、さまざまな制約条件のなかではあるが、追求したというあたりが論じられるべきだろう。木下直之は、あくまで私見だと断りつつ、そこにおける「文化資源」への注目を「原点回帰」であると論じている。

> 学問の進化、高度化は、研究領域や研究方法の細分化をどうしても伴う。それを行き詰まりと感じる人間には、体系化以前へ、源泉へと立ち返ることが有効だろう。進化の過程で研究対象外へと追いやられた多種多様なものと出会うことができるからだ。何に出会うかわからないが、何に出会っても驚かないように、ここではそれらを「かたち」と「こと

ば」と呼ぶだけにしておきたい。それならば、「ことば」の「かたち」について、その物質的な側面さえも論ずることができるだろう。[16]

なるほど文学部という組織は、この一二〇年のあいだ「哲学」や「心理学」、「社会学」などの新語を生み出してきた。当時のことばとして見れば、明らかにあやしげで意味明瞭とはいいがたかった新語を看板にしながら、西欧の人文学の思想や方法を受容し、東洋の学問教養の基礎と融合させつつ、発展させていった。制度化されたものだけの名称を挙げても、図2-1の沿革図にあるような多様な専門を内に含む。その拡大は、また細分化のプロセスでもあった。

その専門化し細分化した拡がりをあらためて、学知が立ち上がる基礎としての資源たりうる「資料体」の共有・共用においてとらえる。社会学や心理学のようなフィールド系の学問と、人文学のようなテクスト系の学問の、資料体すなわち文献・作品・史料・データの交差点において、その基礎共有の場を構想しようとしたのである。

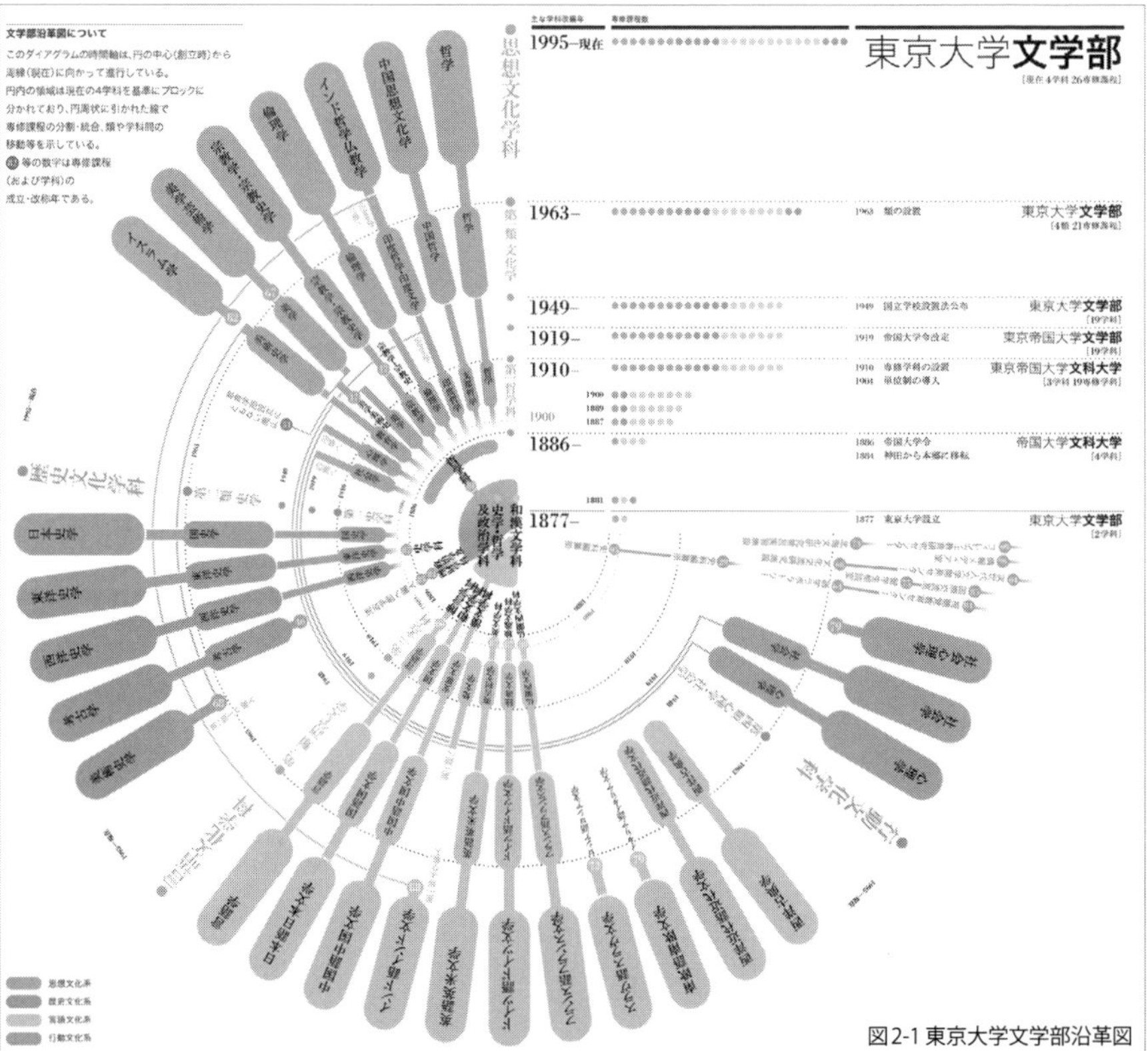

図2-1 東京大学文学部沿革図

木下直之が「かたち」と「ことば」という二つだけにしぼったと要約した立場は、たしかに戦略的な原点への回帰であったと思う。「物質的な側面」さえも論じられるという見通しは、唯物論materialismの根源的なまなざしにさかのぼると同時に、人類学においても一分野を構成するにいたったマテリアル・カルチャーの研究(17)にもつながっている。

ことばはたんなる記号でも、機能としての情報でもない。意味をささえる網の目(ネットワーク)としての物質性をもち、研究分野上での細分化や専門化をつきぬけて、共有を基礎づける資源の形態であった。いわゆる「哲・史・文」、すなわち哲学と史学と文学は、文学部の専門領域のかつての基本枠組みであった(18)けれども、それらはいずれも広い意味で「書かれたもの」のうえに構築された。すなわちテクストとしてのことばを資源にして、学知を生産してきた。ふりかえってみれば文学部の最初の命名において中心にすえられた「文」の意味は、一文字でありながら奥深い。まさしくテクストそのものであり、「ことば」によって織り上げられた、成果であると同時に方法でもあった。

「もの」として「かたち」を読む

「文学」といえば小説などの創作作品を連想してしまう常識は、あらためて確認するまでもないほどに、特定の時代に形成されたものである。

すなわち印刷物の市場が拡大し、出版資本主義が成熟するなかで、文学や教養の全集が商品化され、作家が文豪としてスターになっていく構造の社会的生成と無縁ではなかった(19)。その意味において、時代拘束的な特質を有する。そうした特異な文学概念に依存した研究からは、資源としての書物すなわち「ことば」の作品をささえるメディアの形態・形式の考察は、むしろ社会学的な周縁領域としてあまり深められなかった。しかしながら、マクルーハンが予言した

(16)「資源が口にされるとき」[木下直之、二〇〇三：四]

(17)具体的には、モノ(物things)それ自体というより、それが位置し移動する社会空間のメカニズムを文化として問おうとするアパデュライのグループの注目[Appadurai 1986]や、消費という実践のなかに踏みこんで、そこでの意味生産を丹念にたどろうとするミラーのグループ[Miller, 1998]などの拡がりを挙げることができる。

(18)そして「哲学」のなかに開学当初から位置づけられていた「心理学」「社会学」が相対的に独立し、大正期には倫理学や国史学や英文学と並んで学科を名のるようになる。しばしば「哲・史・文」という分類での要約に隠されてしまうのだが、実験や調査という独自の観察方法を軸に、「人文」のテクストに偏った「文」に、「心理」や「社会」という人間固有の新たな研究領域を明確化していく。

(19)われわれはここで「全集」という形態をひとつの商品とした、一九二〇年代後半から五年ていど続いた「円本ブーム」が文学に及ぼした効果を測定しなければならない。と同時に、岩波書店刊行の学術雑誌『文学』が『岩波講座日本文学』[全二〇巻、一九三一-三三]の付録誌として創刊したことなどを想起すべきだろう。

通り、新たなメディアが浸透しつつある時代においてこそ、かつてのメディアが可能にしたコミュニケーションや情報の技術形態が見えてくる。つまり「地」から分離した「図」として、気づかなかった構図が浮かび上がる。

　メディアとしての印刷本の新しい言語空間の構成論理が、本格的に「グーテンベルクの銀河系」として対象化され、描きなおされたのは一九六〇年代である。その二〇世紀の半ばという時代が、ラジオが広く普及し、テレビがあらわれつつあった時期だったのはまことに暗示的である。世界や環境を認識する方法の転換期であった。声としてのことばと、文字としてのことばとのあいだには、「もの」としての特質の違いがある。声と文字とが作り上げる情報空間の差異は、人類学においても注目され、さらに電子ネットワークの時代が開幕しつつある現代において、丹念な再検討が要請されつつある。[20] まさしく「資源」という水準において、狭義の「文学」の論じられにくかった起源が問われるようになったのは、認識の方法の転換期だったからではないか。

　「かたち」への注目も、同じく根源に回帰するものだ。既存の文学部の講義科目のなかにある考古学や美術史学、美学芸術学、博物館学などの応用を意味するのではない。いわば「もの」レベルでの資料体の分析、すなわち古文書学や書誌学が発達してきた場や、観察の方法性を中心に据えた史料調査や社会調査、フィールドワーク等々が果たしてきた機能の積極的な意識化を指ししめすものだったからである。

　その意味で文化資源学としての文化経営学の「経営」を、どう設定すべきかは大切な論点である。もちろん経済学や経営学や工学に由来する効率的運用や、システム合理の発想から選ばれたものではなかった。文化政策と直接に重ねあわせてしまうのも早とちりである。戦時下において注目され、一九八〇年代からの文化行政のなかでふたたび脚光をあびた、文化政策とい

(20) オングの『声の文化と文字の文化』〔一九九一〕や、グディ『未開と文明』〔一九八六〕などが代表的であるが、これらの関心は一九五〇年代からの蓄積をもつ。オングのペトルス・ラムスの分析、ハロルド・イニスの口誦文化研究などを踏まえて、マクルーハンのメディア論の研究が進められた。

うことばには、行政学や法学の制度化が招き寄せた暗黙知がまぎれこみやすい。それは、経営ということばから、経済学の通俗的な暗黙知の影がぬぐいがたいのと同様である[21]。

すでに前節で検討したように、資源ということばには、そこから完全に取り除かれたとはいいきれない総動員論の磁場がある。そこに自覚的であろうとするならば、経済学的で政策論的な「経営」から適切な距離をとることは、むしろ文化経営学が追求すべき課題ですらあった。国家という装置と公共的なるものを直に重ねあわせる硬直した立場は問題外としても、経営の語を、統合・統制・管理・運営による活用の文脈でのみ実践に結びつけるのは偏狭である。文化資源学としての文化経営学は、フロイト的な意味も含めて社会的に忘れられ、あるいは埋もれてしまった資源のもつ基礎性の発見や生成において、初めて立ち上がる。読解力にもとづく可能性の「デザイン」として経営の語を設定しなおし、資料という存在のもつ変革の力と結びつけようとしているからである。

変革に開かれた可能性

以上のような志向性において、「資源化」の動的な過程は、資源という対象の概念規定以上に注目すべき考察の領域であり、その意識化と意味づけのダイナミズムは、文化資源を論じる際に忘れてはならないプロセスとなる。そこで使われる「資源」が、いま人びとが自覚せずまだ手にしていない「可能態 dynamis」を含みこんで成立するものであることが、このプロセスをとりわけ重要なものとしている。

もちろん、そこに関連して論じなければならない論点は多い。論文集の『資源化する文化』において山下晋司は、日常生活、国家、市場という三つの局面から資源化の複合性を取り上げている。ここでは山下の問題提起を受け止めつつ、資源と資本との、微妙だけれども大切な方

(21) 草創期の文化資源学専攻が設定した、文化経営学、形態資料学、文字資料学の三部構成について、ホームページの説明は、次のように位置づけている。
「この構成は、次のように発想されました。われわれの前には、あるいは過去には、「形態=かたち」と「文字=ことば」の膨大な蓄積があります。それらがつくり出す文化は、社会との関係をつねに変えてきました。この関係を研究し、これからのより望ましい在り方を求めることが「経営学」にほかなりません。「かたち」と「ことば」の文化に通じて、はじめて「文化経営」が成り立つという発想です。決して、はじめに「文化経営」ありきではありません」(http://www.l.u-tokyo.ac.jp/ CR/overview.html)。

向性の違い(22)について触れておきたい。この論点はもっとも鋭く、資源化の問題点を浮かび上がらせる主題のひとつであろう。可能態を含みこむプロセスのダイナミズムにおいて、資源化という志向性を、いかに位置づけることができるか。それを問う必要がある。

第一に、資本と資源という二つの概念が指向するものを、その根源において分ける軸は、再生産か変革かにある。すなわち、それが変革もしくは変形・変容と結びつくのか、それとも再生産もしくは拡大再生産に帰着するのかである。

すでに述べたように、資源は可能態を含みこんで成立する。それゆえに、既存の構造に対して、その構造を再生産する原材料やエネルギーとして、あるいは生産技術の革新として回収されてしまうだけなのか、それともその素材の特質が、構造を変容させ変革してしまう可能性をもつものなのかが、そこで主題化される。資本概念の鋭い有効性は、まさしく前者のような拡大する構造の再生産をささえるものを指示し、浮かび上がらせることに由来した。その効用を踏まえるならば、おそらく資源の語が開くゆるやかな可能性は、後者のような構造の変革というか流動化を含みこみ、その可能態を浮かび上がらせる作用にある。

資本の語の有効性は、権力や富の格差、分配の不公正、機会や結果の不平等の現実が構造的に再生産されている、そのメカニズムのえぐり出しにあった。戦時下の軍部も含めて、社会の管理を課題とした権力が、いわゆる経済学を有用だと利用してきたのは、その構造を描き出す力能においてである。しかしながら、現実的な産業や流通の物質的生活をささえている構造、すなわち対象の存在様式の抽象だけで、構造的再生産が論じられてはならない。認識をささえる構造、あるいは認識の生産様式においても、資本と資源の目指すものの違いは問われるべき課題である。

ブルデューの文化資本の概念の場合、それが教養の格差の構造を再生産もしくは拡大再生産

(22)この点は、ブルデューの「文化資本」というパースペクティブを理解するうえでも重要である。しかし、ブルデューにおいて「資源」の概念がどのように位置づけられているのかについては、私自身は明確に論ずる用意がない。

(23)「文化資本の三つの姿」[ブルデュー、一九八六：一八]

する仕掛けであることによって、文化の領域で教育が資本として作用するありさまを描写する力をもつ。格差の再生産の現実、とりわけ「学校における成功と失敗」(23)を問題として提示し、それをささえる構造を指さす、そのために導入されたアナロジーである。

もし文化資源の概念を、ブルデューのこの戦略に挿入したいと考えるならば、国語辞書の形式的な規定ではおそらく足りない。資本の概念の抽象性と、同じ地平において資源の語を同じく抽象的に出しても、それだけでは有効には作用しないだろう。資本としての「再生産」の作用を、それを具体的にささえている教育のシステムや、学校の制度、あるいは芸術の観念、出版やメディアの市場等々の、個性的で歴史的な形態にまで、掘り下げて分析し、解体してみる作業が、資源の語の立ち上げにおいて必要となるからである(24)。

時間意識の幅や厚みの違い

第二に、資本と資源のあいだには、時間意識の幅や厚みの違いがともなわれてあることを見落としたくない。

あまり深入りして論じることはできないが、「維持可能なsustainable」というパースペクティブが、いわゆる「成長 development」の視点に対するオルターナティブとして受け入れられたとき、なにが新しいものだったのか。それは一九七〇年代の産業主義批判のイデオロギー闘争のように、近代化論以降の開発・変革・技術革新の成果を全否定して、反近代、カウンター・カルチャー、新たな中世、共同体回帰、封建主義の現状維持の理念を選んだわけではなかったのだと思う。

むしろ問題は時間意識の厚みである。現状の再生産をささえる構造的基盤としての資本のもつ、ひどく短い時間意識のなかでの変革である「拡大」(＝拡大再生産)を批判し、長い時間意識

(24) たとえば、ブルデューの文化資本の概念の中核をなす言語資本は、その応用において、固有の言語場の歴史的で個性的な形態の把握を必要とする。この魅力的な道具立てを、日本社会において有効に応用するためには、適用すべき「言語場」のていねいな観察と概念の性能の調整とが必要である。話しかたの階級差やその再生産を直に仮定して、素朴かつ直接的に大網を広げて事実を集めようとする調査や、勝手な仮説に満ちた分析を始める以前に、それがいかに資本と化しているのか、あるいはいないのかの丹念な検討から組み上げなければならない。その際に、たとえばかつて私自身も論じ始めてみたような挨拶やスピーチのハウツー本の分析[佐藤健二、一九九六]など、さらなる掘り下げが必要となるだろう。外に向かって公に話さなければならない機会が、村落共同体の村人や都市庶民の言語空間にいかに生まれてくるのか、そこにおいてどのようなレトリックが資源として取りこまれるのか、またハウツー本市場がいかに生まれるのか、紋切り型の定型句の引用と反発とがどう語られるのか。それらの「言語場」の歴史的変容の分析は、公に向かっての発話技法を人びとが能力として獲得し、資本として使いこなす場の構造を浮かび上がらせるために、導入することが要請される、いわば歴史社会学の実践である。そして可能態を含みこむ資源論の水準においても、言語能力の身体化における、それぞれの成功と失敗の構造とが問われることになろう。もちろん、歴史をそのように問うことは、現在を棚上げすることではない。むしろ現在における欠如や不能を、帰結せしめた構造の変革可能性をえぐり出すことである。

のもとでの変革として、環境に負荷をかけず、資源を枯渇させない「維持可能性」を立ち上げた。未来を生きるであろう世代の環境から、資源を奪うことなしに現在の必要を満たす開発を追求しよう、という。「サステイナブル・ディベロップメント sustainable development」[25]とは、まさにそうした理念の結合形態であった。

資源という概念が要請する時間意識は、明らかに資本の概念が前提とする再生産のそれと異なる。資本には、構造の「拡大」すなわち進歩・前進・発展・成長という、直線的で進化論的な発展の時間意識がともなう。これに対し資源の語が、リサイクルというような循環性や回帰性を内包する、正確なる意味において「閉じた構造」と親和的なのも偶然ではない。

また、資本の概念の形式論理性は、貨幣がもつのと同じような抽象性と記号性とを帯びてあらわれるのに対し、資源論のまなざしが具体的な形態にこだわるのはなぜか。資本の概念をただのみこんで資源といいかえるだけでなく、さまざまな形態における自然や、人間の労働のありようまで含めて、その形態を解読しようとするからである。その意味で、資源化を単なる抽象化・一般化として片づけてはならないだろう。

短期的、すなわち短い時間意識の構造設定のもとでは、「外部」として処理しうる自然も人間労働も、人間の生命を超え世代をまたぐ長期的な構造のもとでは、「内部」に生ずるものとして対象化せざるをえない。資源という語のもつ時間意識が、資本のそれと深く区別されざるをえない特徴も、まさにそこにある。

(25)「持続可能な開発」とか「永続的な発展」、「節度ある開発」などと訳されるこの理念は、一九八七年の国連「環境と開発に関する世界委員会」の指導的理念として掲げられ、一九九二年のリオデジャネイロでの地球サミットなどを経て、拡がっていった。その理念の個別領域での実現として、サステイナブル・シティとか、サステイナブル・デザイン等々の語を生み出している。

可能態として含みうる公共性

そして第三に、この二つの概念の志向性を鋭く分けるもうひとつの軸として、やはり公と私という論点をもち出さざるをえないだろう。資源という概念はまさしく可能態として公共性、すなわち共有と公正なる分配のユートピアを含みこみうる。それに対して、資本が有する「所有せざるもの」への排除の力、すなわち私有の権力性がここで問題化される。

いうまでもなく、資本という概念は、生産手段の私的所有という社会的事実を基礎に、生産の過程とその成果に対して現実の社会が発展させてきた観念を組み上げて作られた、社会分析のひとつのモデルである。われわれはマルクスの『資本論』の構築が経済学としてではなく、むしろ経済学批判としての社会科学であったことを、あらためて思い出す。いささか重厚長大で、ある意味で冗長な『資本論』の密度において、すぐに「資源論」が書かれうるとはもちろん思っていない。しかしながら資源化という過程を考えるとき、いかに共有の位相を開くか、共有や共用の事実や可能性に光をあてる現実理解のモデルを作り出すかは、ありうべき「資源論」の大いなる課題である。

私有への囲いこみと排除の力を、いかに解除し、あるいは脱構築することができるか。それは資本論へと向かった思想家の根源的な問いでもあったが、同時にまた資本論を資源論として読みかえる志にとっても有益な原点かもしれない。『経済学・哲学草稿』において、マルクスは資本を、他人の労働とその生産物に対する支配権ととらえ、その権力の根拠を私有に求める。しかし私有という関係性の成立に迫ろうと、人間の日常的な感覚様式にまで分け入ろうとした次のような一文は、資本と資源の微妙だけれども決定的な差異に接近しえていると思う。

> 私有財産はわれわれをひどく愚かにし、一面的にしてしまったので、われわれが対象を所有するときにはじめて、したがって〈対象が〉資本としてわれわれにたいして実存するか、あるいはわれわれによって直接に占有され、食べられ、飲まれ、われわれの身につけられ、われわれによって住まわれる等々、要するに使用されるときにはじめて、対象はわれわれ

のものである、というようになっている(26)

資源論が浮かび上がらせようとしているのは、ここでいう「所有」の法的正当性ではない。それを食べたり、飲んだり、まとったり、住まう物質文化の実践においてとらえなおすことである。しかし、それだけにとどまるものではない。そこに可能態としての資源へのまなざしが開く奥行きがある。つまり私有財産がわれわれの感覚を「愚かにし、一面的にしてしまった」以前にさかのぼって流動化させ、その公共性を探る実践として構想されている。

文化資源へのまなざしが、このような公共性と私性とをめぐる問題意識を深く内蔵している点を、忘れてはならない。

3　資源化することに変革力はやどるのか

もういちど、最初の出発点にもどって、「文化資源」という概念のもつ可能性を論じることでまとめたい。

「文化資源」という新語の運命を、思慮深くない使用の成り行きにまかせて放置し、無自覚で自生的な語義のゆらぎに委ねてはならない。この複合語の含意を有効性に向けて動かし、あるいは基礎視角としてぐらつかないように固定する、その支点にしてみたいのは、社会学や人類学が多くを多側面から論じてきた「文化」のほうではない。あまり積極的には論じられてこなかった「資源」の語の役割である。

前節の最後に触れた「資源化」という動きのなかで、第1節で論じた国民国家(お望みであれば、「帝国」という表現を選んでもいいが)からの動員論に回収されない、資源へのまなざしの活かし

(26)『経済学・哲学草稿』〔マルクス、一九六四：一三七、傍点、括弧ともに原文〕

かたはいかに可能か。
断片的ながら、その糸口を構想してみたい。

資源化する主体の主体化の様態の分析

資源化においては、それを資源と認識し意味づける主体が存在する。その主体の存在形態は、対象のありようを資源化というプロセスにおいて規定するものとして、じつはたいへんに重要である。

ここでいう主体を、必ずしも人格を有する個人にかぎる必要はない。たとえば現状や将来を不足・枯渇の欠如[27]として規定するような「構造」(多くの場合、それは産業的な編制をもつ生産の構造である)があればこそ、資源という可能態が期待をこめて呼び出される。その意味では、このような欠如を浮かび上がらせるような「構造」それ自体もまた、資源化のプロセスにおいては、「主体」の位置を占める。

こうした構造を、統合された動機や欲望や利害意識をもつ人格であるかのように比定してしまうのは、あまりに単純である。むしろ、ちょうど文化の分析がそうであるように、構造を担う集団は複数であり、その関係はゲームのような複雑さを有する。であればこそ、不足や欠如の言説は、すぐに資源の開発や調達動員の合意を招来するわけではない。

この点で、木下が文化資源学を説明するにあたって、「資源ゴミ」の比喩をもち出しているのはおもしろい。

ゴミとゴミでないものとの境界線は、有用性の有無で決まる。その判断は、個人や社会によって異なるものの、一瞬前まではゴミでなかったものが、一瞬後にはゴミに変るのは、

(27) すでに述べてきたように、資源という概念が歴史的に浮かび上がってくるにあたって、広い意味での「欠如」の意識の現前は不可欠であった。すぐに不足する、やがて枯渇するという、欠乏の問題意識のもとで、これまでも石炭や石油などのエネルギー資源や、原子力や風力の代替資源が語られてきた。

それらの性能や形態が変化した以上に、所有者、管理者の価値判断が変化したからである。それは単にゴミ捨て場に固有の問題ではない。社会の各所で、無用の烙印を押された多くのものが眠ったままになっている。ゴミ問題の要は、価値判断の再考を促し、再利用を可能にする方法の開発であり、同じことは文化に関わるさまざまな領域で求められている。(28)

(28)「資源が口にされるとき」[木下直之、二〇〇三:五]

資源ゴミ問題においては、「欠如」の規定と同じく、それを「ゴミ」(廃棄物)と規定するものもまた、生活がそこに配置されている意味づけの「構造」である。

ある一定の生活様式が、そこで活用・消費できなかったものを廃棄し、ゴミが社会に生み出される。ところでこの生活様式は、それ自体が「文化」であるから、「文化」がゴミという「資源」形態を規定するといいかえることができる。と同時に、ある種のゴミは新たな「資源」として回収される。そして、ゴミを資源化するにあたって設定された再利用・活用の構造もまた、それ自体が定着すれば「文化」となりうるものだ。そして「文化」と「資源」とのあいだには、一方向的な規定関係ではない回路と、相互性の形態がありうる。

この短い段落のあいだに何度か使った「資源」も「文化」も、それぞれに微妙な位相のズレを含みこんでいる。有用性を歴史的・社会的に規定している構造に対する、自覚的な枠組みの構築が、資源化のプロセスに必要である。これは次に指摘する市場の論点にもつながっている。

そうした構造をいかなる主体が設計し、いかなる力を有する主体が変革するか。その変革の力をささえている構造的な配置の解明もまた、文化資源学の課題である。

資源化の社会的費用と公共性

資源化のプロセスにおいて必要とされる費用の問題もまた、現実的に考慮し対処しなければならない課題である。すなわち、資源化の社会的費用である。それをいかなるかたちで、だれが負担するのか。市場を介しての費用負担を含めて、そのメカニズムは資源化を考える場合に、無視することはできない。

社会的費用の問題は、狭い意味での経営の問題ではない。むしろ技術・テクノロジーの存在形態も深く関わっている。いくつかの百科事典が、存在密度という条件を定義に入れて資源を描き出そうとし、たとえば海水のなかの金[29]は、材料として存在はしていても、回収する技術がむずかしく費用がかかりすぎるという点で、資源としては浮かび上がりにくいとされる。すなわち、そのままでは産業という構造をささえるものにはならず、市場的な価値がないがゆえに、それを資源ととらえることは、現状ではできないという判断である。

しかし、ここまでの議論であれば、狭い意味での経済学や経営学の範囲での効率性論で裁断できる。資源論がもつ、原点に回帰しながら現状を再考する立場からいえば、費用の問題は購買者・受益者の負担のモデルをつねに基本とするものではない。むしろ公共財あるいは共有地に関わるものとして理解し、位置づけることも可能である。そうだとすれば、そこにおいて分配の公正性を問い、その公共性の内実を考えなければならない種類の問題である。前節の最後において、資源化のなかでの公共性と私性という論点を提出したのも、まさしくこの問題が文化資源学の構想にとって不可避のものだからだ。この論点は、資源化において国家や市場という仕組み、あるいは装置が、果たす役割についてあらためて検討することを要請するだろう。

この議論を全面的に展開するのは、ここでの役割ではない。一例を挙げることで、問題提起のみにとどめたい。

たとえば、文化資源への注目と結びつきつつ、二〇世紀に急速に発展し、われわれが生きる世界と文化とを記録してきた映像音声メディア（写真、レコード、テープ、映画フィルム、ニュース映像、

(29) この例は「資源」『一九五七年版世界大百科事典、平凡社』の項目説明にあらわれる。

テレビプログラム、CMフィルム等々）の整理や保存さらにはアーカイブスとしての活用が、いま課題として論じられている。具体的な資源を保存し参照するための技術的な問題もさることながら、その作成の費用をだれが、どのようなかたちで負担するのかという問題もある。その解決のしかたについて、基本的な道筋がついているとはいいがたい。

二〇世紀初頭のレコード時代に、文化産業と国家の主導で作られた著作権保護の枠組みのまま、現在の資本と市場とに、その調整をまかせてしまえるのか。それでよりよい公共性を立ち上げるシステムが自動かつ自然に生成するとは思えない。かといって、国家の強力な調整力を過大に評価することはできない。受益者負担という論理もまた、単純には原則となりにくい。可能態を含みこまない受益者の概念はあまりに狭く、負担の議論は抑制節約の説得としてありうる一方で、粗雑に拡大すれば未来を先取りした強制の根拠としても設定しうるからである。既存の構造をいかに評価し、あるいは批判しながら、よりよい資源の公共性を立ち上げうるかは、簡単な課題ではない。

ばくぜんと資源の語を、あらゆるものに拡大してしまう無防備は、理想の基礎にも、抵抗の根拠地にもならないだろう。

資源そのもの、もしくは資源化される側の主体性

最後に、文化資源という拡大しやすい概念のもとで考えられなければならないのが、資源と名指された側の主体性という、見落とされやすい問題である。

人間の体力や知識まで含めて、資源として動員されてしまう可能性を一方に見すえた場合、「資源」としての規定を、ただそれを対象として活用し利用する側の主体の解釈だけに委ねるわけにはいかない。この問題はまた、一九八〇年代以降さまざまに議論され、問題提起を生み

出してきた、文化の表象や認知の主題とも関わっている。資源化するという営みの位置が抱えこんでいる困難のひとつとして、この問題と取り組む必要があろう。

すでにサイードの「火の戦いには火をもって応じる」戦略[30]も、排外主義・超然主義に容易に転化してしまう文化相対主義も、イデオロギー暴露としてはひとめぐりした感がある。資源として名指され、資源として認識された側に属する主体と、いかなる対話が可能か。その交流を実践として構想する場に再びもどりつつある。

構想を組み立てる作業でも、他者と交流する作業でも、共有地を開拓する作業でも、ことばは重要かつ不可欠の資源である。

そして、ことばそれ自体が、歴史的かつ社会的な事実を記録してきた媒体であることを忘れてはなるまい。その意味の内側には、これまで述べてきたように、特定の時代に使われて定着した結び目があり、もつれがある。いくつもの地層をなして、刻みこまれている語の意味と効果とを、忘れられ埋もれた用例から掘り起こし、丹念にたどって味わいなおす。そこに刻みこまれた人びとの経験を考えてみることは、それ自体がすでにして、異文化としての歴史に出会う実践である。

あらためて「文化」ということばと「資源」ということばを、どう出会わせるかについて、さまざまな素材と向かいあって研究するものたちが論じなおし、できることならば、歴史的に背負うにいたったもつれやからまりを解き、結びなおす作業が「文化資源学」の実践として要請されているのである。

(30)「文化とは何か」［佐藤健二・吉見俊哉、二〇〇七：四九］。本書の第1章に加筆のうえ収録している。

第3章　情報とはなにか

ご紹介いただきました東京大学の佐藤健二です。このように文学の研究者が集まっている場でお話するよう誘われたのはめずらしく、たぶん初めてです。機会をあたえてくださったことに感謝いたします。

ただ「情報化時代の教育と文学」という今回のテーマをうまく受け止めているかどうか、正直なところ自信はありません。もし期待されている課題が、文学研究が今日どうあるべきなのかであり、その背後に「情報化時代における文学とはなにか」という、たいへん魅力的だけれどもなかなかにむずかしい問いが潜んでいるとすると、私には荷が重すぎるように思います。異なる学問原理のなかで育ってきた異邦人であるばかりか、文学作品に関しては書評をするにしても、たぶん正しい音程やリズムがとれず、進んでいる方向がわからない「音痴」だからです。いずれにせよ、課題に補助線を加えることくらいしかできないかもしれません。

メディア論からの補助線

しかしながら「補助線を加える」ことにも、独自の意味があろうと思っています。補助線は、もともと幾何学の技法です。中学での数学を思い出していただきたいのですが、解き口がわからなかった図形問題に、意外な線を加えることで、新しい見えかたと解きかたがもたらされることがある。解けないと思いこんでいた問いの全体が、じつは複数の既知の課題の組みあわせであることがわかる。その見えかたが一本の線の分解力によって初めて浮かび上がるのが、補助線の醍醐味です。

　見えかたが変わることで動き出すのは、数学の問題ばかりではありません。思想上の難問（アポリア）も、歴史上の謎（エニグマ）も同じでしょう。重要なのは問いが分解され、立てなおされることのように思います。そう考えるとき補助線の技法は、認識論的な営為として重要な役割を果たしているといえるのではないでしょうか。

　ときどき情報化の名のもとで、現代社会が語られます。情報をめぐる技術革新をもとに可能性として語られる未来が、ときに理想と願望とを混同していて、議論の枠組みとして危ういと思うことがあります。これ以外はない「正解」として、情報化時代とはこうだという、あるべき姿の予測が大胆にも提示されたりする(1)。

　どの予測が正解であるかに意味があるとも思えません。結果的にあたるかどうかも、大きな問題ではありません。論証のしかたが不明確で、解を導く手続きが共有されていないからです。

　かといって、解く努力を放棄したくない。ただただむずかしい技術革新や応用のことはわからないからという理由で、むやみに尻ごみするのも望ましくないし、御託宣にそのまま依存し、「御説ご拝聴」の従順にうずくまるのも無責任でしょう。もっと誠実にやるべきことがあると思うのです。たとえば目のまえにあるもともとの問題を共有し、わかりあえるかたちに分解していく。つまり問題を解くプロセスを共有するほうが、私ははるかに健全だと思っています。

　そう考えればこそ、「情報」ということばを、もういちど流動化したい。むやみに一般化し、巨大化し、あいまいになってしまっているからです。歴史的な成り立ちを補いつつ、分解する

（1）現代社会の情報社会への変化は、一九六〇年代から一九八〇年代にかけて、さまざまに論じられてきた。「情報産業論」［梅棹忠夫、一九六三］、『情報社会入門』［増田米二、一九六八］、『情報化社会』［林雄二郎、一九六九］などがある。

ことから始めたいと思うのです。

「情報への疎外」という論点

さて、「情報への疎外」[2]という論点について、もうすこし注釈を加えておきます。「からの疎外」ではなく、「への疎外」というすこしねじれたいいかたですから、とりわけての説明が必要でしょう。

疎外 Entfremdungは、すでに古典語となった思想史・哲学の用語です。社会学でもかつてよく使われました。ごくごく単純化していえば、もともとは人間が主体的に作り上げたものごとや制度や思想などの対象が、逆に固定化し自動化して冷たく厳格なものとなり、人間を支配し従属させてしまうようになることを指します。だから、「よそよそしい」とか「うとまれる」とか「遠ざけられる」という意味で、ふだんの表現にもときどきは使われる。この日常的な語感と、本来的で理想的な人間のありかたからかけ離れているという哲学・経済学での理解とは、どこか通じるものがあります。ということで「〇〇からの疎外」という言いかたのほうが、たぶん想像しやすいのだと思います。

にもかかわらず、なぜあえて「情報への疎外」という、すこしねじれを含んだフレーズを論じようとするのか。「情報からの疎外」という事態の、さらなる根源を問いなおしたいからです。

たとえば、情報からの疎外において、なにが問われることになるでしょうか。そこからはじかれた人びとがいる、そういう排除を問う問題設定になるだろうと思うのですね。情報化という趨勢のなかで生まれる格差に光があたるでしょう。そこでだれが権力をにぎり、だれが情報弱者であるのかというような問いが、たとえば出てくる。これ自体は興味深く重要な問いかけ

(2)「情報への疎外」は、初出の原題であると同時に、シンポジウムの報告の題名でもあった。私としては「疎外論」的な問題設定から、「物象化論」的な問題設定に移動させたつもりだったが、一部にはうまく伝わらなかったようで(もちろん「私たちの置かれた状況をこれ以上的確に表現した言葉は見当たらない」という評価もあったが)、最初に質問が寄せられた。

で、社会学者も興味をもっています。しかしながら、結果として生み出された差異や格差を批判するだけでは、疎外という概念の認識としては不十分だと思います。それらをささえる認識論的な地平というか、差異を成り立たせている同一性というか、事態そのものを存立させている土台自体を問題にすることが必要なのではないだろうかと考えるのです。

そこに深く関わるのが「情報への疎外」という視座です。

だから見かけとはちがって「からの」と「への」とは、けっして対立する組みあわせ（対、っがい）のことばではないのです。方向が逆向きだというだけの意味でもありませんし、反対物を指す二項対立でもありません。「への」という視座において問いなおされているのは、「情報」というカテゴリーに依存した理解の地平そのものです。すなわち、このことば＝概念を共有して使うことで、あるいはその概念のうえに乗って想像することでかえって見えなくなるもの、ゆがんでしまうものがあるのではないかという問題提起なのです。

たぶん「〇〇」というところには、いろいろなことばを入れて考えることができます。たとえば「意味からの疎外」「意味への疎外」という表現も成り立つ[3]。

情報ということばの語誌

現代語としての「情報」は、ことば自体の抽象度がたいへん高いといわざるをえない。その現代的な意味はかなり普遍化されていて、あらゆる種類の知らせを包含しています。手近な国語辞典を引いても「何らかの意味を伝えるもの」というような一般性で説明されています。しかしながら、このような抽象度で使われるようになるのは、近代日本語の歴史のなかでそう古いことではないのです。

明治からしばらくのあいだ、情報は軍事用語[4]として、諜報活動と結びついて使われました。

（3）一九九〇年代からしばらくのあいだ、社会学や政治学や歴史学では「国民国家」概念にもとづく批評が流行った。この「想像の共同体」としての近代国家の問題設定についても、「国民国家からの疎外」という他者の排除や差別の批判と同時に、「国民国家への疎外」という国民それ自身の想像力に設けられた限界を批判することができる。ここは文学を論ずる場所ゆえに「文学からの疎外」「文学への疎外」もおもしろい視角だと感じる。

（4）森鷗外造語説なども唱えられたようである。しかしながら、さらに早い時期の軍事関係の本のなかに出てきているらしいので、これは伝説かもしれない。いずれにせよ、軍という組織が関係する、その筋の知識として工夫されたことばのように思われる。

軍事活動にまつわる、公開されていない、きわめて大切でその有無が勝敗を分ける、というたぐいの意味が背景にしりぞき、忘れられていきます。使われかたが大きく変わってくるのは、いわゆる「電子計算機」が社会に普及していく一九六〇年代の後半（昭和四〇年代）です。「それを通して何らかの知識を得られるもの」というニュートラルな語義が、このことばの中心にすえられていきます。

同時に、一方において「情報化社会」「情報産業」「情報処理」「情報操作」「情報網」など情報をつけた複合語がたくさん生まれるようになりました。さまざまな思惑をこめて情報化が論じられた時代でした。その結果として「情報」ということばが非常にあいまいで幅の広いことばになっていったといえるでしょう。拡がった意味を包含しようとすると、語義はどうしても形式的に拡大して、一般的なものにならざるをえなくなる。

しかしながら考えてみると、情報はそれだけが宙に浮いて存在するわけではありません。さまざまな存在形態をもつメディア（媒体）と、具体的に結びついて世の中にあらわれています。そのことを忘れてはならないでしょう。

ですから、意味だけに焦点をあわせる定義は不十分なのです。むしろ、そのことばの歴史的・社会的な存在形態の全体を見つめなければならない。別のいいかたをしますと、機能というか意味だけを抽出して読む、そういう作法のもとで「情報」ということばは一般的記号として非常に高い抽象性・包括性をもつことになった。つまり伝えられたことそれ自体を指すような「空の」形式であればこそ、あたかも「情報」が普遍的で基本的な概念であるかのように流通するようになったという、このことばに固有の歴史があるのですね。そこで見えにくくなったのは、ことばをささえている歴史的な構造や、社会的な関係を読むことの大切さです。

これはたいへん逆説的な状況でもあります。

ことばは本来、ある特定の状況下の個々別々の使用において、新たな意味を充塡し生み出している。しかし、そのときどきの使用の枠組みというか意味の場それ自体は、あまり論じられない。コンテクストが隠されて忘れられてしまいがちなのです。そういう状況が、この「情報」ということばのまわりに生み出されている。われわれの「情報化時代」の論議もまた、そうした空虚であるがゆえにこそ強い、奇妙な一般性(5)にしばられているのではないか。「情報への疎外」という議論でまず私が問いたかったのは、この事態です。

つまり、「情報」ということばの「定義」の外に拡がっている、歴史性・社会性の忘却だと考えていただければありがたいと思います。

前置きが長くなりましたが、現在の「情報」ということばには、意味の地層のようなものがあると思うのです。それを三つに分解してみたい。第一は情報化社会論の位相で、第二はシステム論・サイバネティックス論の位相、そして第三がテクノロジー論と身体論の位相です。そのうえで、それぞれの情報が文学研究とどう関わるのかを考えてみたい。とりわけ、それぞれの意味のなかで見えにくくなっているものに、できるかぎり光をあててみたいのです。

文学の物質性を問う

第一の位相として、情報化社会論の地層ともいうべきものを検討したいと思います。

先ほど申しましたように昭和四〇年代から「情報化社会論」が登場します。産業政策から社会風俗までいろいろなレベルで話題になり、そのなかで「情報化」が語られ、また実際に今日のIT革命につながっていくような政策が登場してくる。この前提になっている基本的な意味の文脈はなにか。物質と情報の対比です。

情報化社会論では、人間を含む存在を構成する要素として、物質とエネルギーと情報の三つ

(5) ちょうど制度化されてしまったあとの近代の「文学」概念と同じように、というのは専門外の研究者の言いすぎだろうか。

(6) この論点は、一面ではかつて大熊信行が論じた「文学の商品性」の分析(『文学のための経済学』〔大熊信行、一九三三〕)とも呼応する部分があるが、同じ大熊の議論でも「文学の黙読性とラジオ文学」(『文芸の日本的形態』〔大熊信行、一九三七〕)が有するメディア論的な「存在の諸形式」〔同書：一〇二〕の分析に近い。同時代に活躍

があるという議論をした。物質とエネルギーを中心としていた工業化社会から、ポスト工業化として情報化社会が位置づけられる。そこでキーポイントとなるのは、物質に代わる「情報」というメタ物質なのだと論じています。

ただこの議論には、単純明快とはいかない手ごわさがある。文学研究という局面でこの情報化を素朴に考えると、どうなるでしょうか。文学はもともとことばを中心とした意味の領域であるため、メタ物質としての情報という概念は、たぶんちっとも新鮮ではないのです。逆にむしろ今日では文学の物質性を問うことが、回り道でありながら戦略的ではないかと私なぞは思うわけです。

つまり、文学の工業化・産業化段階をどう議論するか、という問題を新たに立ててみたほうがよいのです(6)。もちろん社会学者も興味をもつべきだと思いますが、それほど熱心にはやられてはいません。それは、物質としてのことばとかモノとしての書物を見つめなおすことになる。あるいは活字が組織した想像力の共有の問題や、先ほど報告にもありました出版システムの実際など、文学享受の下部構造として分析されていい。それから暗号というたいへんにおもしろい指摘がありましたけれども(7)、考察すべきテクストの形態も拡げるべきでしょう。つまり画像や挿絵を含めた、物質としての文学作品の分析のほうが(8)、脱物質としての情報化というスローガンをくそまじめに受け取るよりはよっぽどインパクトがあると思うのです。

しかも、それは反「情報化」ではありません。むしろ、情報化という問題設定を正当に受容した結果なのだと私は考えています。

ここで、情報化という概念がひきよせる進化論を切断する必要があります。これは情報化社会論(9)のなかにもあった誤った解釈だと思うのですけれども、物質から情報へという発展段階的な進化論を物差しにして、情報化という問題設定を受け取る立場がある。そこでは、情報とし

し「文学の技術及び形式の問題」を問うた平林初之輔の文学論〔平林初之輔、一九二九〕なども、あわせて論ずる必要があろう。

(7) 同じシンポジウムでの吉田司雄の報告を指す。「「暗号」文学論」〔吉田司雄、二〇〇二〕として『日本文学』掲載の大会報告記録に収録されている。

(8) 近代文学研究における、こうしたメディア論的な視点は、紅野謙介の『書物の近代』〔紅野謙介、一九九二〕あたりから明確に打ち出されるようになったように思う。

(9) 日本の情報化社会論は、経済審議会が新たな経済社会発展計画を作るために設けた情報研究委員会の報告書『日本の情報化社会：そのビジョンと課題』〔経済審議会情報研究委員会、一九六九〕の前後から、「情報化」という流行語とともに始まる。委員会の構成が、コンピュータ関連企業、通信・情報産業、電子計算機システムのユーザー企業からの委員を多く含んでいたのは偶然ではない。この背景に、アポロ計画による月面着陸の中継や、一九七〇年の大阪万国博覧会の開催など、未来社会を可視化したイベントがあった。

情報化社会の理念は、ダニエル・ベルやアラン・トゥーレーヌの「脱工業（産業）社会」の理論や、マクルーハンのメディア史的な理解を巻きこんで展開していくが、基本において「文明後」の段階を論ずるボールディングや、「高度大衆消費時代」を画するロストウ、あるいは「第三の波」を理念化したトフラーなど、経済史的な発展段階の線上に位置づける見かたは強い。

て論ずることがなにか進んでいることであるかのように見えます。つまり情報に基礎をおく現象はすべて新しく、物質に基礎をおく理解は古いという、単純化した図式すら透けて見える。そんなふうに新旧の関係で位置づけるのは不十分だという以上に、間違っています。

むしろ工業化が物質とエネルギーとで構成された比較的単純な関係のシステムだったのに対して、情報化ではその説明に情報という不定形で含蓄のある要素が加わらざるをえない。それだけ相互作用的で重層的なシステムになってきた、と考えなければいけないとなるはずです。つまり、工業化のシステムをひとつの特殊形態として含むパラダイムの革新が、情報化の理論枠組みには必要なのです。物質と情報とを対立させたうえでの反「情報化」は、発展段階論にしばられた単純な発想にすぎません。

そのように解釈していくと、物質形態としての本や、視覚的な媒体である図版を、まさしく情報として問うことの新しさが浮かび上がる。装丁を含めた書物のかたちを読者とともに見つめ、写真や図版や図表や挿絵の役割を論ずるのは新しい問いであり、新たな説明の模索なのだということがわかります。その作用を問う見かたそれ自体が、じつは情報概念の普遍化のなかで初めて可能になり、初めてリアリティをもってきた。その意味で文学の物質性を問うこと自体が、まさに情報化時代の問いだろうと思うわけです。

不確実性を減らすもの

第二の位相として、システム論の地層ともいうべきものが、別にあります。つまりシステム論における情報の概念が作用していることも視野に入れなければなりません。これもまた、たいへん重要な文脈を構成しています。

むしろ世界的には情報化論議よりもっと早く、一九四〇年代の終わりぐらいに議論され始め

(10)「サイバネティックス」は、日本語のみならず、英語においても新語であった。そのついでに、「サイバーパンク」「サイバー空間」「サイバービジネス」「サイバーテロ」「サイバーセキュリティ」などのさまざまな熟語・複合語の構成要素となっている「サイバー」という語の固有のゆがみについても触れておきたい。

このことばは「情報」以上に、コンピュータ・ネットワーク中心の偏りがインストールされてしまっている。日本語だけでなく、英語でもこの「サイバー（cyber-）」という形容詞では、「未来的なfuturistic」という未経験の新しさが強調され、「コンピュータが関係する」「インターネットが関わる」「バーチャル・リアリティの」というテクノロジーが関与して構築される対象世界に光があてられる。しかしながら、その略語表現の原基となった一九四七年の新語「cybernetics」には、「機械」や「社会」を有機体としての「生物」と同じく、神経系によって制御される機構、すなわち主体性を内蔵したシステムとしてとらえる視点が内蔵されていた。その意味では、今日の人工知能（AI）の問題意識におどろくほど近接している。しかしながら、「サイバー」を「電脳」と訳した工夫はどこかまだリアリティがともなわないまま、日本語としてのインパクトを失っていった。

ウィーナーは、この研究が「すでに確立された科学の諸分野のあいだにある、だれからも見捨てられている無人地帯」[Wiener, 1948＝二〇一一：二七‐二八]で、認識されていない領域であると論じ、その新しさを次のように説く。すなわち「通信と制御と統計力学を中心とする一連の問題が、それが機械であろうと、生体組織内のことであろうと、本質的に統一されうるものであることに気づいていた。他方、われわれはこ

たという位置関係にあります。日本でいえば昭和二〇年代にサイバネティックス（生物の機能までも含めたシステムの自動制御の一般理論）という、情報の出入力の流れとフィードバック回路などで構成される、数学的な理論などを通じて流布していきます(10)。その原理論的な解説であるウィーナーの『人間機械論』、つまり動物も人間も、ある一定の情報処理のシステムとしてとらえる思想は、次世代の技術開発につながるじつに新しい視座でした。生命現象をとらえるに際しての生物と無生物の区別を超えて「システム」とか「構造」ということばの有効性を設定したわけです。それはとらえかたによっては、文学と科学の区別を超えて作用しうる、一般的なカテゴリーの設定でもあったのです。実際にこれらの思想は、今日のコンピュータ機器の現実的な発達などにも基本的につながっていきました。

さて、その一九四〇年代末の情報論者たちの「情報」が、かつての誕生時と同じく「不確実性を減らすもの」という機能的な定義を核としていたことは、あまり注目されてこなかったかもしれません。これは明治の軍隊用語としての情報ということばの発生とも呼応していると思うのですが、戦略のさまざまな選択肢のなかからの意思決定をささえる有意なデータとして情報がある。そこでは決定の不確実性を減らすというかたちで、情報の情報たる所以が定義されるわけです。

それゆえ、物質／エネルギーと対比される情報ではなく、データ／情報／知識という位相の違いのなかで、情報が語られていくことになる。

「データ」はそれがもつ意味がまだ評価されていない資料、それに対して「情報」というのは価値づけられ評価されているものを指す。特定の状況における特定な問題解決に対して有効なもの、そのように意味づけられて初めて情報であるというわけです。さらに「知識」となると、その情報がもっと一般的な有用性にまで普遍化されていなければなりません。どこか普遍的な

れらの問題に関する文献に統一のないこと、共通の術語のないこと、またこの分野自身に対する名前についてわれわれは熟考した結果、既存の術語はみなどこか一方に片寄っていて、この領域の将来の発展まで含めてあらわすには不適当であるという結論に達した。それでわれわれは制御と通信理論の全領域を機械のことでも動物のことでも、ひっくるめてCyberneticsという語でよぶことにしたのである」［同前：四五］と。

見落としてはならない大切なことは、ウィーナー自身が、これは本質的には「循環する過程としてのみ説明しうる」［同前：三九］メカニズムであって、それを抱えこんでいることに特質があると指摘している点である。それゆえに、工学がすぐに技術的に解決しうる問題ではなく、情報（message）という「はるかに基本的な概念に関するもの」［同前：四〇］であることを見すえている。そこが発想の転換の出発点である。すなわち、「われわれの状況に関する二つの変量があるものとして、その一方はわれわれには制御できないもの、他の一方はわれわれに調節できるものであるとしましょう。そのとき制御できない変量の過去から現在にいたるまでの値にもとづいて、調節できる変量の値を適当に定め、われわれに最もつごうのよい状況をもたらせたいという望みがもたれます。それを達成する方

用途に向けて開かれ、基盤ともいっていい蓄積となっているのです。つまり組織化され体系化された情報として「知識」がある。第一の意味のレイヤーとは基本的にまったく異なることばの配置のなかで、情報という概念が設定されていることに注意していただきたいと思います。

ここでいう「情報」と「知識」の差も、認識論的にはさらに深く議論されなければならない点でありますけれども、いま問題にしておきたいのは「データ」と「情報」は本質的に違うという論点です。

しかも、すでに価値評価されているというだけの違いではありません。状態としてではなく、構造として違うのです。価値評価を行う主体のコンテクスト（意味づけの文脈）の介入において、あるいは論者が設定する解釈の構造と組みあわされて初めて、情報という概念がようやく立ち上がる。そこがポイントだと思うのです。そのようにとらえて初めて、情報を評価する主体や、その問題設定それ自体を構造として、あるいはシステムとして問題にするという、隠された論点が浮かび上がってくることになるからです。

このような観点から、では現実のいわゆる情報化によって、不確実性が減っているのだろうか。それを考えると、確実性の高まりとはいいきれない事態が実際には多く起こっていることに気づきます。たしかにネットワークでの情報収集などは新しい便利ではあります。しかし一方で増えている出所不明の孫引きや、混ぜあわせの知識の乱立は楽観できない[11]。ちょうどいいかげんな写本の複製が校訂の作業なしに数多く生み出された印刷時代初期のように、情報の理論でいうエントロピーの拡大、すなわち無秩序化が起こっているといわざるをえないのではないでしょうか。その意味では、情報機器の普及と利用の拡大は、情報化をもたらしてないという逆説的な議論も成り立ちうるのです。

法がCybernetics にほかならないのです」（第一版序文）［同前：四］。

そこにおける制御は、じつは支配よりも、むしろ探究に似ている。そうした主体的な探究を通じた社会的な制御を指しめしているとの語感が、日本語の「サイバー」からは感じられにくくなり、どこか機械的で、技術決定論的な意味あいが強くなってしまっている。

(11) このあたりについては、アイゼンステイン『印刷革命』[Eisenstein, 1983＝一九八七] が論じている。マクルーハンの直観を、印刷史の事実を踏まえて論じなおしているのがおもしろい。

読者の批判力とデータベース

すこし脇道かもしれませんが、それならゴミのような情報は減らして、重要な価値あるものだけを選んで電子化しなさいといえばいいのでしょうか。

しかし私は現実の社会でそうであるように、情報の世界でも、倫理・徳目の設定や規制の強化だけでうまくいくとも思えません。データの社会的公開・共有という局面では、確実性における玉石混淆の事態は避けられないと思うのです。大網をかけて集められるデータ収集の量と範囲とが増えた分だけ、ゴミが入る量もまた増えるのは当然でしょう。もちろん情報をささえる倫理として「正確さ」へのフィードバックが成立しなければいけませんが、それはなお資料集成（データベースといってもたいして変わりません）を作る側だけでなく、それを利用し論ずる側の不断の関与なしに、制度として保証されるものではありません。

この問題もまた、けっしてコンピュータの時代に始まったことではないのです。すでに紙メディアの時代から研究者たちが直面していることだと思います。そこにおいてもすでに、役に立つ情報のみが厳密に残されるべきだという、その主張はやはり絵にかいた餅にすぎなかった。しかもまともな人文学・社会学の研究者ならば、ひとつの全集やデータベースの内側で、研究に必要なテクストが完結するなどということは考えていない。むしろ複数の集成を横断しながら、あるいは質の異なるテクスト間を横断しながら、展開せざるをえないのが当然だと思うのです。だからこそ読者の批判力ともいうべき「リテラシー」が議論の焦点になっているわけです。

つまり情報論の理論的な文脈が明らかにしていることは、研究主体の側での戦略や問題設定の構築なしにじつは情報というものは生成しないのだという、あたりまえのことなのです。

やや素人の比喩を許していただくことにして、研究論文は推理検証の物語として「探偵小説」だと表現してみてもおもしろいのではないでしょうか。推理小説や探偵小説と同じように、研究論文もなんらかの事件と見なせるような「謎」とか「不思議」が明確に設定されないと、じつは情報の収集、すなわち情報として評価できるような決定力をもつ記述の発見は始まらないわけです。現場にあるものはすべてデータですが、事件の解決に結びつくような説明関係が設定されて初めて、ここで機能する情報が定義される。探偵としての研究者が設定している謎解きや説明の枠組みが、批評・批判の対象となる。捜査がズサンであるとか、思いこみが激しくて論証が手薄だとか、合理性のないこじつけだとか、説明に対する批評が生まれるのです。これは、その物語がおもしろくなるかならないかとも深く関わっています。

さすがに書誌学のような現場検証の学の歯止めが利いている文学研究では、すべてが解釈の問題であるという極論だけで自分の実感的批評を押しつけるような研究はたぶん少ないと思いますが、物証を挙げられないままに強制した自白と状況証拠のみで裁断した冤罪事件のような論考も、ありえないことではない。研究そのものは、捜査のやりなおしや仮説の訂正というフィードバックの手段を備えていますから、もちろん単純な比喩で片づけてしまうのは乱暴ですけれども。

いずれにせよ、情報を情報たらしめているのは、まさしく研究者が設定している「問題」であり、「方法」であり、「説明枠組み」なんだという点を、情報理論的な情報概念の地層から掘り出しておきたいと思うのですね。

コンピュータ中心主義の盲点

第二の位相として検討すべきは、情報機器の発達をささえているテクノロジー論の地層です。理論的な文脈との対応も意識しながら、情報機器の利用なり応用の拡大を、身体論あるいはテクノロジー論の局面から論じる必要があります。すなわち、身近な身体的な実感に重点をおいたかたちでの情報化ということばも論じておかなければいけない。しかし、先ほどの近世の版本のご報告に共感するのですけれども[12]、どうも論議がコンピュータ中心主義的で、活版印刷や木版の力までを視野に入れてきちんと対象化しているだろうかという疑問があります。

情報機器テクノロジーがどのような情報空間とリテラシーを作り上げるかは私の非常に興味をもっている点ですが、それを議論する場合に二〇世紀の後半に大きく発達したコンピュータのイメージだけで考えていくと、じつは非常に貧弱な囲いこまれた発想になってしまう。むしろ活版印刷も大きな技術革命であったわけで、それがどう文学の感覚を変えたか。その連続と断絶とを綿密に考えていくことは、新しい情報機器が、文学や文学研究をどう成立させ変えていくのかを考える前提として、もっと自覚的に取り組まれていい。

社会学を名のる研究において、理論的といえば聞こえがいいけれども、観察抜きの論理演繹的なあてずっぽうもないわけではありません。そこにおちいらずに、文学を情報として使い、展開している議論の蓄積はそれほど豊かではない。文学テクストがいかなる社会的な意味を生み出したかの探究は、社会学者にではなく、文学研究者にむしろ期待している領域なのかもしれません。もちろん活版印刷などの近代テクノロジーの力を盛んに問い始めたのは、社会史のような研究がもてはやされて以降だろうと思うのですが、しかしそこでもたとえばオングの図式を段階論的図式として導入するだけで自足してしまう流行が乗りこえられていないように思います。マクルーハンのメディア論にしても、そのレトリカルな断定のほうが多く引用されて、時代を横割りにする「声の文化」と「文字の文化」の分断を、コミュニケーション現象の研究のなかに生み出してしまったきらいすらあります。

もうすこしおたがいに、無駄な遠慮も、臆病なすみわけも、しなくていいのではないでしょ

(12)「近世出版機構における藩版の問題：江戸時代の情報化」[高橋明彦、二〇〇二]

うか。情報機器の利便性という常識的な感覚をいったんカッコにくくって、いま情報機器と呼ばれているメディアすなわち媒体をどうとらえるか。そこを原理的に考える必要があるのではないかと思います。

情報機器の力は、二つの要素から成り立っていると思うのですね。複製技術と通信技術です。通信技術というのはちょっと誤解をあたえかねないいいかただと私は思っていて、本当は交信技術という表現のほうが正確だと思います。

複製技術時代におけるリテラシー

まず複製技術という分析軸から、コンピュータ至上主義の盲点をたいへん身近な例でお話ししますと、コピー機も大きな技術革新だったのです。

みなさんのお手元にあるレジュメは普通紙コピー[13]ですけれども、この二〇年間にこの普通紙コピーの普及が開いた研究の進展など、情報化テクノロジーの効果としてはあまり考えられてこなかった。しかし、実際には大きな変化をもたらしたのです。それまでの技術からすれば写真を撮らなければ不可能であった複製がいちだんと身近なものになり、正確な影印本が必要な原典研究の局面だけでなくて、論文の収集・保存、資料の切り張り加工という利用法を個人に大きく開いたのです。コピー機の普及と安価化は、写し間違えがないというだけでも手軽な「正確さ」を保証したわけですし、手元で諸本を比較でき、気軽に書きこむことすら自由になった点で、比較分析力が上がったといいうる。コピーのような今日ではあたりまえの便利にも、情報化の重要な一段階を論じられるのではないかと思います。

複製技術の効果として指摘したいのは、単に複写が精密だとか正確だとか、そういう便利だけではありません。複製の権力というべきものも考える必要があります。

（13）普通紙コピーは、ＰＰＣ（Plain Paper Copy）コピーとも、青焼きに対して白焼きともいわれる。薬品を塗布していない普通の紙にトナーを定着させる形式のもので、感光紙を用いないこのタイプの複写機の普及によって、コピー利用が大衆化した。

文学研究の領域は「正統」な「古典」的作品を中心に編成されているイメージが強いのですが、本当に古典は価値があるから古典なのか。ある一時期の流行、権威者による盛んな引用が価値を生み出したのではないか。近代文学においてすら正統にせよ異端にせよすでに古典化された作品というものがあって、その古典から外れたかたちのものは文学ではないという扱いを受けたり、文学研究の対象にならないなどといわれたりしている。極端ないいかたをしますと、古典とは、くりかえし印刷されたものじゃないかともいえる。くりかえし引用される、あるいはくりかえし複製される、くりかえし印刷されるという、できごとの権威化のプロセスにおいて、文学研究者は古典化への加担から免罪されているわけではないのです。

その一方で、コピーによる複製は、切り刻んで適当な紙に貼りつけてカードのように分類していく素材にもできれば、あるいは原本そのものや貴重な複写では抵抗のある「書きこみ」のような解釈的な介入を可能にしていきます。データを変形して加工していくために使えることを見落としてしまうと、複製技術ということばがたいへん貧弱なものになってしまう。索引や検索の自由や、ソートすなわち並べ替えの可変性など、コンピュータ固有の技術とされている技術とコピーとはとなりあっていて、テクストを情報として扱う前提に、テクノロジーの歴史の裏づけがあることを無視してはいけないと思うのです。

もちろん私はけっして技術決定論者の立場に立ってはおりません。むしろ読者論的な立場から考えているつもりです。だからこそデータベースの作成や索引の構築ひとつにしても、われわれが普通に使いこなしている普通紙コピーの賜物と断絶しているわけではないことを強調しているのです。その呼応を自覚するかどうかは、問題の解きかたに大きな差を生み出すと思います。コンピュータ中心の情報化が、書物の力に対する無自覚、刊本が作ってきたデザインや思想や読者の実践の無視のうえで語られていないか。それを批判しうる根拠になっていくだろうと思います。

別な角度からいうと、テクストの複製など情報機器の用意しているさまざまな可能性の内側で、われわれは素材の新しい形態とコミュニケーションしながら「リテラシー」(読み書き能力)といえるものをまさに作り上げていく。その意味では、技術決定論的なかたちでのリテラシーの理論というのは、やはり物事の一面しか見ていないのです。

だからこそ、実際の文学研究のなかで、コンピュータのメディア空間がどのようなテクストを作り上げているのか、あるいはどう作りうるのかを検討しなければいけません。私は文学の領域での進展はほとんど知りませんけれども、おそらく領域による差があるだろうと思います。データの基本的な量の問題や、前提としうる整理の現状など、それまで扱ってきたテクストの質という面で領域の差が非常に大きいと予感されます。

たとえば書物のCD-ROM化[14]は百科事典から始まりましたけれども、百科事典は活版の世界ではたいへんに整理された基本的な知識の集成で、それ自体がもうすでに牽いて読むものでした。あるいは『国歌大観』のように基本的な整理が行われている場合は、データベースに構造として移行しやすいですし、データの基本量から見ても近代文学の作品全文をテクストデータにしていくのは、形式の統一の問題も含めてなかなかたいへんですけれども、五七五の一七文字や「三一文字」の定型的な世界だったらもうすこし負担が軽くてすむ。対象としてきたデータの構造によって、実際どういうメディアがそれぞれの領域に道具として導入され、組み立てられていくかというのはやはり差があると思うんですね。

しかしながら、その差の問題にこだわるよりは新しい問題設定を生み出す必要がある。つまり複製技術が、あるいは複製技術の使いこなしが文学研究にどういう認識を生み出したのか、それをある普遍性において考えていくことが私は文学の研究に必要なのではないかと思います。

(14) CD-ROM (Compact Disc Read Only Memory) はデータが記録されている、読みこみ専用のメディアで、書籍の電子化もこの形式を利用して行われた。

それは複製技術がどういう読者を生みだしていったのかという問いとも隣接している。ベンヤミンではありませんが、日本文学研究の内側から書かれた『複製技術時代における文学』を読みたい気分です。

伝達媒体と思考媒体の二重性

さて、情報機器の力をささえているもうひとつが通信技術、より正確には交信技術です。ここで通信というよりは交信といったほうがいいように感じましたのは、理由があります。発信と受信といういいかた自体が、非常に限定された通信テクノロジー的なとらえかただからです。むしろ、問うべきは発信者、受信者だけでなく、それ以外の主体（覗き見る主体だってあるかもしれない）までを巻きこんで、場としての情報空間で起こっていることだからです。

あらためて交信技術といったときに、どういう論点が入ってくるのでしょうか。発信・受信を使うと、どうしても放送や新聞のようないわゆるマスメディアに議論が限定されていく。マクルーハンなどのメディア論者が社会科学者に衝撃をあたえたのは、その情報伝達中心主義をカッコに入れたからです。まさに先ほどの暗号論に関連してくるわけですけれども、つまりもっと身体的な現象としてコミュニケーションの問題をとらえ、たとえば移動手段である鉄道もメディアのなかに入れていく。

ちょっと見たところ信号を出したり受けたりしないように見える事物を、メディアとして認識するような概念の拡大を導入したことこそが、メディア論のインパクトでした。信号や記号の伝達として明確なかたちをもってはいないけれども、そこのなかに巻きこまれた人びとの知覚の様式や、遠近の感覚を大衆的な規模で変える。それはまさしくある意味を伝えているわけであって、メディア論の考察対象となる。そういう意味で見ていくと、やはりコンピュータなどの新しいさまざまな技術が作り上げた、あるいは活版印刷もそうなのですが、そういうテクノロジーが作り上げた空間というのは一体なんなのかという問題が浮かび上がってくると思います。

いまの子どもたちが熱中しているゲームの世界やトレーディング・カードの想像力を、あるいは携帯電話やメールの日常化が組織しているリアリティを、文学につながるかもしれない領域として論じる用意があるのかないのか。最近の文学研究を勉強していないのでわからないのですが、それはけっして無意味な問いではないと、私などは思うのです。メディア概念の有効性を身体的な知覚との相互作用を含めたかたちで拡大していった場合には、当然このような領域においてなお、文学を論ずる立場が成立するだろう。そこに生まれるべきは、これこそが新しい文学だという決めつけではなく、まさに文学の成立や未成立という根本を問う議論だろうと思うのです。

これも補助線のようなエピソードですけれども、先ほどご紹介いただいた『柳田国男全集』の新しい編集をやりながら、私は柳田を理解するうえで新語論というのが非常に重要だと思い始めているのですが[15]、それは文学が発生する場を問うという大きな主題に深く関係している。新しいことばを作る、新しい表現を作る、そしてその技巧が衆の場すなわち集団の場で楽しまれ承認される。柳田の昔話論や民謡論は、そうした発生現場での「文学」を見すえていたと私は考えているのですね。

メディア論などというと、一見むずかしそうなのでしょうけれど、私の基本的な発想はじつに簡単で、つまるところ、ことばは伝達の手段であると同時に思考の手段である、その二重性をメディアの機能として徹底的に重視する[16]。別のいいかたをすれば、たとえば社会と名づけられるような空間を構築していくそういう媒体であると同時に、内面と名づけられるような思想

(15)「新語論の発想」『歴史社会学の作法』〔佐藤健二、二〇〇一：八〇-一一四〕

(16) この論点に関しては、のちに「感受の手段」であるという論点を加えて、「三重性」において説明している。『ケータイ化する日本語』〔佐藤健二、二〇一二〕参照。

を構築していく媒体でもある。それはことばの別の形態である文字でも、あるいはもっと大がかりな生産システムである活版印刷でも、電子化したコンピュータでも、同様に論ずることができるのであって、その二重性がどのような人間たちと表現の空間を生み出すか。そこには、社会学と文学とのあいだで協力して解明しうる観察課題があるように思うのです。

社会文化的・身体的現象としての「文学」

多方面に散乱する話でしたので、最後にまとめに代えて、情報化時代のテクストに関連する論点を三つほど、指摘しておきたいと思います。

これは私の「読書空間」論という柳田国男を素材とした考察とも深く関わっているのですが、第一に文字テクスト至上主義からのある種の相対化を引き出すことが、先ほどの情報論の検討からは浮かび上がるだろうと思います。もちろん文学研究においてことばの力の対象化が不可欠の中心だということは論じるまでもないことだと思いますが、しかしそれは文学だけの専売品ではない。社会学でも、研究において新語としての新しい概念の形成だとか視点の立ち上げという思考の作業は不可欠です。

情報という普遍化しうる抽象性の介入は、文学という現象を印刷文字だけによる囲いこまれた伝達現象ではなくて、さまざまなメディアによって媒介された人間的・身体的な想像力の現象として見なおす、そういう視点を用意するでしょう。だとしたら、それは社会現象としてもとらえられるわけです。

そこにおいて文学研究であるか社会学であるかというようなことが、見分けがつかないような領域も生まれ得る。まさに情報という見かたは文学と呼ばれていたテクストの、情報としての複合性や多層性を、もう一度検討できるようにしてくれたんだろうと思うのですね。

第二に、以上のようなテクストの複合性や重層性はまた、リテラシーの重層性という視点を必要としています。コンピュータのいわゆるメディア・リテラシーだけが独立したものではない。

じつは活版印刷の文字が読めるというリテラシーのなかにも、五十音順の索引やいろは引きの語彙集が利用できる人びとのなかにも、声による学習や習字の修練など、いろいろな身体的実践が歴史的な前提となっていて[17]、黙読テクノロジーのような高度で孤独な効率性はそうした重なりあう経験のなかから立ち上がってきているのです。コンピュータの使いこなしも、じつはそういう言語文化実践の全体のなかで成立している。コンピュータの世界のなかだけでリテラシーが成り立っているわけではないことは、人間の身体性と多様な読書空間に注目するとき、明らかだと思うのですね。

そういう観点から、今日のコンピュータ応用の実態を評価するなら、まだまだ版面に相当するデータの見えかたというか操作の感覚というか、インターフェースの設計は未成熟だと思います。書籍の編集やデザインと同様、電子形態のデザインにも人材が必要だと思います。

第三に、まさにこれはこれからの希望でありますけれども、「情報化時代」だからこそ、時代やジャンルに分断された状況を克服しうるテクスト研究が、成り立ちうるのではなかろうか。文学研究者は文学テクストの発生という根本的な問いを問うてほしいし、また問える条件が整ってきたのではないか。それは必ずや歴史研究と現在研究とが出会う場になるだろうと思うのです。

「文学とはなにか」という言挙げは、これまでしばしば「おまえには文学がわかっていない」という断定と脅しを潜ませたもので、巨大なそして時としては暴力的な問いだったという気がしますが、私はもっと素朴かつ率直に文学テクストの拡大と向かいあいたい気がします。

(17) なぜわれわれが辞書を引けるのか。日本語の辞書が引けるのは、五十音の秩序が表形式で身体化されているからである。「あいうえお」の縦行だけでなく、「あかさたな」と横の順序を声で覚えているからこそ、いつでも再生でき、表として使いこなせる。アルファベットであれば、「abcdefg……」を、たぶん声を使って再生し、位置をたしかめるだろう。だから「いろは引き」の辞書になれば、「いろはにほへと……」とたどっていかなければ、目的のページにはたどりつけないだろう。これが漢字を扱う漢和辞典などになると、もうすこし使いこなしかたが複雑である。声だけでなく、指で文字を書いて画数を数える「空書行動」などは、この文字の知識が身体的な訓練を通じて刻みこまれていることをあらわす。そう考えると、われわれの文字のリテラシーとは、声で文字をなぞり、手で身体に刻みこむという基礎訓練のうえに成り立っていることがわかる。

文学に対して普遍的かつ形式的に全部を包括するような定義を求めていくのも、また純粋なる本質を求めて先鋭化し理念化するのも、いずれもあまり戦略的ではない。むしろここでいくつかの位相に分けて、その地層を論じたような「情報」の視点が全体として可能にしたのは、さしあたりはそれぞれの時代での、それぞれの状況での、そしてそれぞれの物質性においての、文学研究の対象の複数性であり多様性でしょう。それを認めたうえで、なお共通の土台となりうるであろう「文学とはなにか」という問いに、複数のテクストの現場からアプローチしていく。そうした時代やジャンルによる分断を超えた場の設定こそが、情報ということばを導入する本当の可能性ではなかったかと思うわけですね。

問題提起だけになってしまいましたけれど、すこし長くなりました。この辺で終わらせていただきます。

第2部　演習・実習編

第4章　新聞錦絵——メディアの存在形態を考える

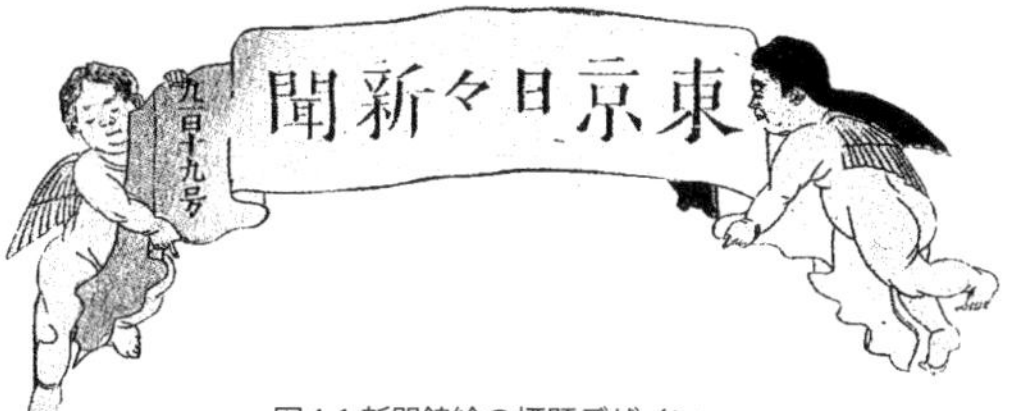

図4-1 新聞錦絵の標題デザイン

明治七（一八七四）年七月[1]、人形町の具足屋という絵草紙屋から、数枚の「新聞大錦」が発行された。大錦版の錦絵で、縁を赤々とぬりつぶして枠づけ[2]、伝統的な画題からするとめずらしい、羽根をもつ天使が二人でささえもつ色ぼかしの布風のプレート[3]には「東京日々新聞」の文字（図4-1）。あざやかな画面に、まるで絵草紙の一ページのように配置された木版の書き文字は、それ自体がくっきりと主題の図柄の印象を、輪郭づけ浮かび上がらせる背景のように見えた。

新聞錦絵の流行の始まりである。

この紅つぶしの「縁取り」と「新聞」の名乗りは、じつに印象的だったのであろう。東京でばかりではない。大阪や京都の多数の絵草紙屋の新板に引用され、特徴的な一ジャンルを生み出すことになった。

新聞錦絵はなによりも、鮮烈な錦絵であった。

それは「新聞」という、文字（活字）中心の単色のことば情報の世界

（1）従来の研究では、新聞錦絵の発行は、その年月がきちんと特定されないまま、「明治七、八年頃」に、という概括で論じるものが多かった。参照元となった記事の新聞発行年月日を、そのまま載せてしまっている、不親切というか不正確な資料集もないわけではない。しかしながら、『ニュースの誕生』〔木下直之・吉見俊哉編、一九九九〕の共同研究のなかで、錦絵の発行の制度的な枠組みである「改印」を有するものも多いことが指摘され、そこからあるていど発行年月が推定できることが明確に意識されるようになった。その様式変遷の先行研究である『錦絵の改印の考証』〔石井研堂、一九三二〕を参照しつつ、年月がわかるものが増えた。

私が新聞錦絵の始まりを「明治七年七月」としたのも、東京日日新聞錦絵の「第一号」「第三号」「百十一号」「五百十二号」「七百二十三号」「七百二十六号」「七百四十二号」等の画面に見える改印を「戌七」と解したことにもとづく。ただし改印の篆書くずしの文字は同じ月表示でも表記が異なる複数があり、さらに解釈も複数ありうる。実際に、同じ印を「戌十」と読み「明治七年十月」と解する立場もある。その場

と大きく異なっていた。色あざやかなカラーの図版によって、できごとのイメージを作り出す視覚的な複製技術こそ、新聞錦絵の新しさだったからだ。当時すでに「新聞」「新聞紙」の名で登場していた新しい印刷物メディアの影響を受け、それが伝え始めていた世間の事件や話題のできごとを、いささかどぎつい色あいで「絵解き」してみせた。すでに近世末に時事流行のいち早い伝達に向けて、(4)一歩踏み出していた錦絵という多色木版印刷文化が、そうした視覚的な翻訳と想像の基盤を提供した。

映像の力を、生産者側もまた深く認識していたと思われる。そのことは、『東京日日新聞大錦』(図4-2)という予告宣伝のための発行物からもわかる。「写真」に迫る「新図」によって流行をうがち、義士貞婦孝子や凶徒悪党毒婦の賞罰を、また開化の世間のうわさを「画たれバ」と、錦絵の絵の「丹青」すなわち彩色の力を自ら強調しているからである。(5)

新聞とはなにか——速報性をめぐって

新聞がやがて生み出す情報世界の新しさをどうとらえるか。それは、この新聞錦絵をどう読み解くかの基本ともなる論点である。(6)「速報性と定期性を持ったニュース・メディア」(7)の意味から、全体をくくる総称として「錦絵新聞」の語の妥当性を強く主張する立場もあるが、報道の世界における新聞中心主義との距離のとりかたが不十分である。むしろ多くの新聞錦絵の制作者や享受者にとって、速報かどうかの価値も、事実か否かの判断も、たぶん二の次にしてよいような論点であった。速報の「速さ」や誤報の「間違い」をあたりまえには論じえないような情報空間のなかでの現象であったからである。その歴史的位相を、概念それ自体のなかに方法的に取りこみ、観察にくりいれることなしに、このメディアが社会という空間で組織した力を再発見することはできない。

合は八月の改印がもっとも古く、八月創刊ということになるけれども、私自身は話題の選びかた等々も考えあわせて、七月説に立つ。

(2)「大錦」は錦絵としてはもっともよく使われた判型、大奉書を半分にした大きさでタテ約四三センチ×ヨコ約二九センチの大判のものをいう。赤のインパクトの強い外枠は、画面を切り取り、完結させる機能を果たした。画工の偶然の工夫であったかもしれないが、一面では写真という新しい技術における画面上の縁どりとも、なんらかの関係を論じられるかもしれない。

(3)この新聞をささえる天使は、一八七六(明治九)年四月に新築竣工した、擬洋風建築の旧開智学校校舎の正面の校名をささえるプレートに引用されている。新しさを感じさせたのであろう。

(4)「あわて絵」と呼ばれる時事錦絵などがこれにあたる。安政大地震のあとに発行された諸職業の盛衰を風刺する錦絵や、天保の改革を化け物にこと寄せて評した国芳の錦絵(その先駆的な研究として『天保改革鬼譚』[石井研堂、一九二六]がある)などにも、時事性が包含されている。

(5)開版予告の「東京日日新聞大錦」は次のような文を掲げている。「知見を拡充し開化を進むるは新聞に若くはなし。その有益なるは更に嘴を容るべからずと。投書の論の始めにかける定例(おさだまり)の文章(もんく)により。童蒙婦女に勧懲の道を教ゆる一助にと。思い付きたる版元が家居に近き源治店に。名誉は轟(ひびき)し国芳翁が。門弟中の一恵斎芳幾大人は

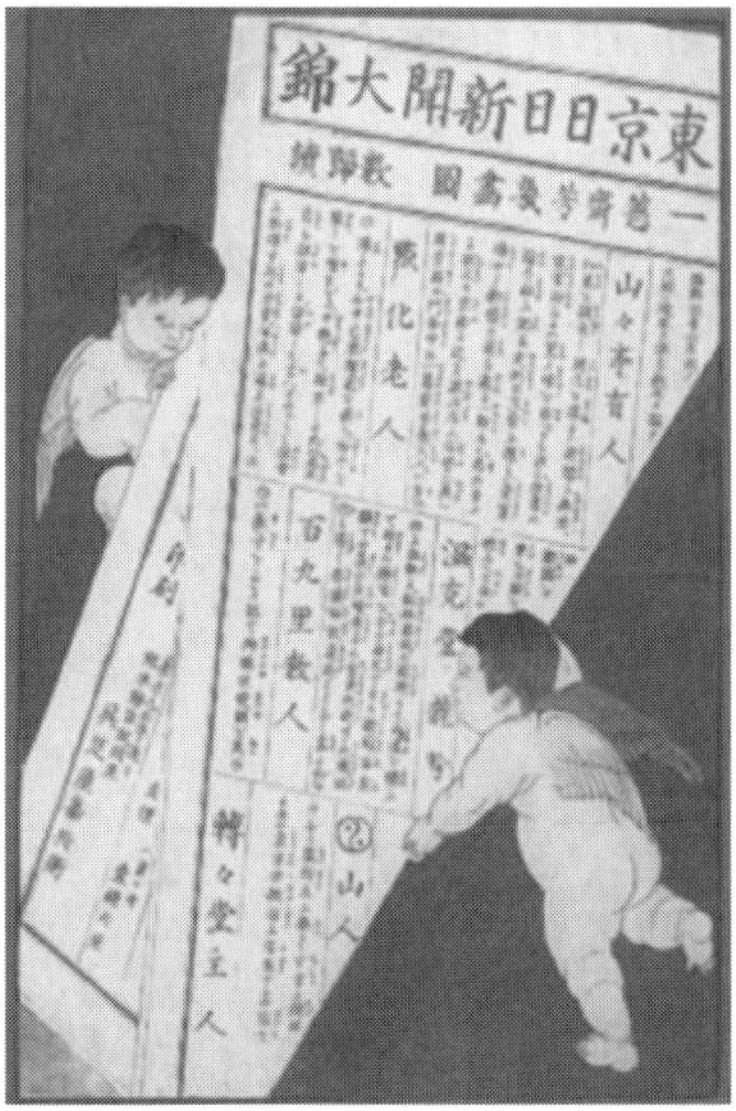

図4-2　東京日日新聞大錦

図4-3a　東京日日新聞第一号（明治七年七月）

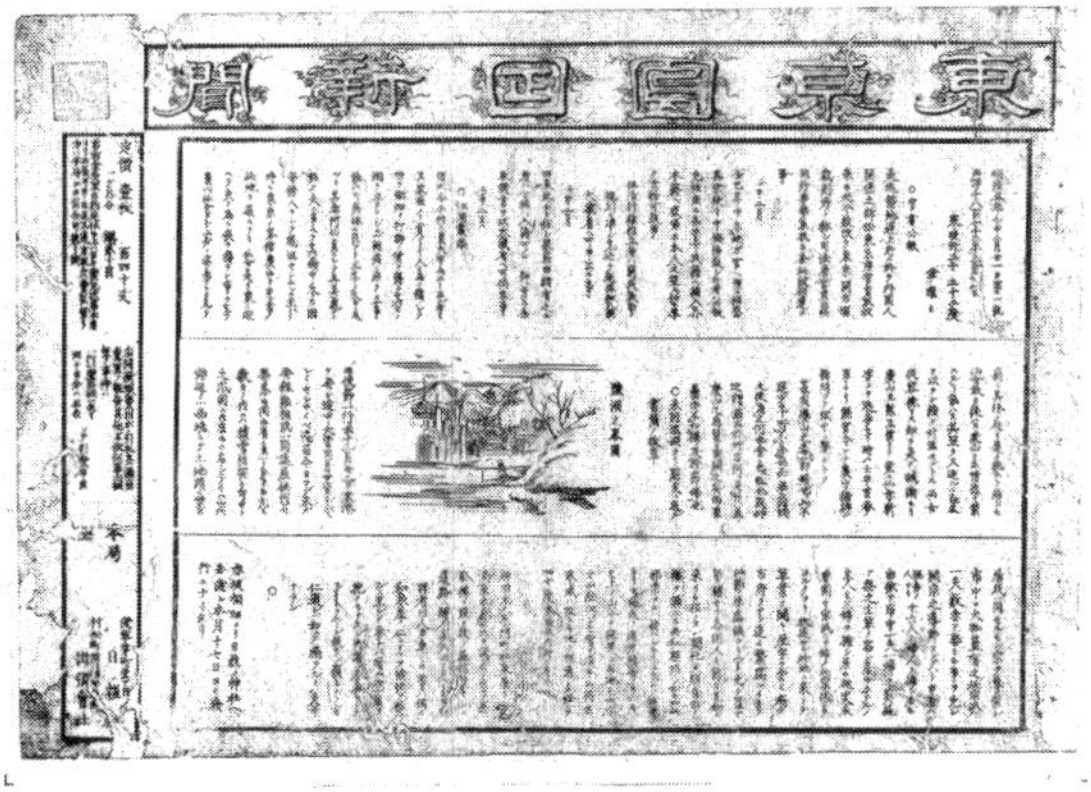

図4-3b　東京日日新聞第一号（明治五年三月二九日発行）

多端により。壬申已禾（このかた）揮毫を断ち。妙手を廃（すて）しを惜しみしに。中絶（ひさしぶり）にて採出したれば。先生自ら拙劣（つたな）しと。謙遜（ひげ）して言へど中々に往昔（むかし）に弥増す巧みの丹青。写真にせまる花走（りゅうこう）の。新図を穿ち旧弊を洗ふて日毎に組換（うえかえ）る。神速（はやき）を競ふ昨日の椿事の運転より。今日発兌（うりいだ）す日々新聞。各府県下の義士貞婦。孝子の賞典凶徒の天誅。開化を導く巷談街説。遺漏（もらす）ことなく画たれば数号をかさねて御購求（もとめ）愛顧をと冀（ねが）ふと蔵梓主（はんもと）に換て寸言と陳述（のぶ）る者は東京木挽坊に寄寓する隠士」［木下直之・吉見俊哉編、一九九九：一〇五］

（6）歴史社会学的な分析においては、さまざまな概念すなわちことばの誕生それ自体が、メディアの歴史的な重層が作り上げる情報空間のなかで観察され、実証的に解明されなければならない現象である。アルチュセールやブルデューがその方法論において指摘している通り、時代にしばられた常識的で直感的な説明の無自覚な還流を批判し続ける「認識論的な切断」の明確な戦略なしに、概念そのものの歴史性を対象化するのはむずかしい。

（7）『大阪の錦絵新聞』［土屋礼子、一九九五：一九］。別な論考でも、土屋は「迅速で定期的なニュース媒体であった」と論じている。大阪の錦絵新聞は「少なくとも週刊から日刊に近い定期性と速報性を持っていた」とし、そうした「報道的性格」が東京の錦絵新聞にもあったと思われる［木下直之・吉見俊哉編、一九九九：一〇三］という立場から、その新聞としての特質を強調する。

たとえばニュースの語義に「New＝新しい」の形容が深く刻みこまれているとして、それはなにゆえに新しいのか。そこが問われなければならない。

速報性を所与の特質として論ずるまえに、もういちどわれわれは速報がなぜ社会的に速報として認識され、価値をもつのかという枠組み自体から考えてみる必要がある。新聞錦絵という忘れられたメディアは、そうした根源的な問題を日本の新聞発達史の認識[8]につきつけるのである。もちろん新聞錦絵の一部には、情報伝達の観点から速さを評価できるような特質を備えていた可能性もあるだろう。しかしながら、ここであえて問題にしたいのは、その速さはいかに認知されたのかであり、またそこで認知された速度は、その社会においてどのような意味をになったのかである。

もうすこし踏みこんでいえば、その速さが果たしていま対象として考察しようとしているメディアのシステムの成立の帰結であり、あるいはそのシステムに内在する支配的な特質であったのかどうか。それらが自覚的に論じられ、実証的にたしかめられないかぎり、自明化してしまった報道中心主義の「新聞」観の、外に立って見ることはできない。かわら版が生み出していた情報世界と、「現代」につながっていく新聞の時空との、断絶も連続も明らかにはならないだろう。

ひとは新聞の速さと正確さにつねに価値をおいているという、どこか本質論にまでとどく仮定は、いったん深くカッコにくくっておいたほうがいい。人間はいつも、より早くに知りたいと願い、より正確な事実を求めているとの前提は、われわれの社会のひとつの思いこみである。むしろ速さよりも強烈さや奇妙さを、正確さよりも面白さや興奮を望む欲望が、いくつものメディアを現実に育ててきたのではなかったか。

『東京日日新聞第一号』（図4-3a）という題名で描かれている、無頼僧の貞女殺しが、二年も

（8）一九二〇年代にかたちをなしはじめる日本の新聞史研究は、かわら版を疑似「号外」として新聞の前史に位置づけ、新聞錦絵を多色刷りの疑似新聞もしくは亜種の新聞として、創世期のエピソードにとどめる。この視点自体が、新聞中心主義的な歴史記述を、自明の前提としていた感がある。

前の新聞に載った話題であった事実などは、速報性などという関心が、この錦絵化の中心にはすえられていなかったことをものがたっていると私は考える。[9] その画面でまず目にとまるのは、振り上げられた出刃包丁の血糊であり、まさにとどめを刺されんとして足で押さえつけられている女の苦悶の姿態である。さらにこの新聞錦絵は、やがて辻文という別な絵草紙屋から再発行されるが、[10] 具足屋が版そのものを権利ごと売り渡したに違いない。時期は不明だが、大手の辻文としてもまだ売れると見たから版を買って版元名を彫り換え、増し刷りしたのであって、こうした商品としてのありかたは、システムとしての新聞にではなく、まさに理念型としての錦絵の文化に属している。[11]

また『東京日日新聞第六八九号』（図4-5）が描いている戊辰戦争も七年前の戦の光景であって、五ヵ月前に行われた七回忌法要そのものではなかった。なぜか。

最近のできごとを伝えることに眼目がおかれていなかったからである。

というよりむしろ、色あざやかにどぎつい血の赤を使って、まるで芝居の一場面のように描くということ自体が重視されたからだ。その描写こそが、単色の文字だけであった新聞の情報世界とは異なる、新聞錦絵の想像力ともいうべきものを作り出したからである。

新聞とはなにか――定期性をめぐって

ニュースに速さの価値を生み出したのは、あるいは循環論のように聞こえるかもしれないが、じつは新聞という新しいメディアであった。

われわれが生きている近代の情報空間に、なぜ、より新しい情報にはより大きな意味や価値があるという直線的な時間感覚が生まれたのか。「時間」を想像する枠組みそれ自体が大きく変化したからである。その時間の直線性に向かう変容に、諸メディアはどう作用したのか。

(9) もともとの記事は、一八七二年三月二九日（明治五年二月二一日）発行の『東京日日新聞』第一号に載せられた「江湖叢談」にある。世のうわさの集録という意味であろう。記事によれば、信州のこの貞女殺害逃走の事件が起こったのは初春のことで、官憲はくだんの無法な僧を「捕縛し鞠問（きくもん）して獄中に繋しとぞ」とある。あるいは、この無頼僧も東京日日新聞第三号が取り上げ、「毒婦もの」というジャンルを実録読み物において作り上げた原田絹と同じく、獄門に処せられたものか。

(10) 辻文が版を買ったとおぼしきものは、「第一号」だけではない。『ニュースの誕生』に掲載されている小野秀雄コレクションのリストを見ると、数点の辻文版が確認されている。図4-4は、『東京日日新聞第八二二号』の二つの絵草紙屋の発行元表示［木下直之・吉見俊哉編、一九九九：二二四］で、ここだけ入木（埋木）をして、彫り変えたことがわかる。

図4-4 版元の改刻

(11) 新聞錦絵か錦絵新聞かという用語の選択は、呼称としての総称の違いではなく、概念設定の基本に関わる問題を含みこんでいる。この対象

図4-5 戊辰戦争(東京日日新聞第六八九号)

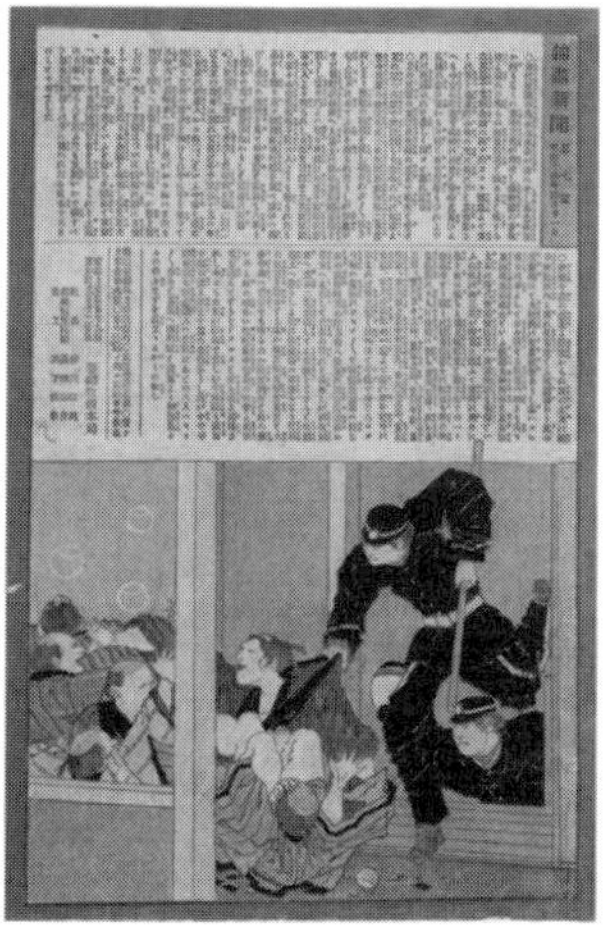
図4-6 錦画新聞第七号(明治一四年四月二〇日)

図4-7 夜嵐お絹(東京日日新聞第三号)

図4-8 亡妻の幽霊(郵便報知新聞第五二七号)

は錦絵なのか、新聞なのかの認識、その二つの概念の関係を理解するための理論枠組みを問わざるをえないからである。地域差もあって、先行した東京では発行にしても販売にしても錦絵文化のなかで受容されているが、流行の商品として後を追った大阪では、同じく新しい新聞との交じり具合が強かったかもしれない。当時の人びとがどう認識していたかも重要な論点だが、なかなかはっきりとは浮かびあがってこない。しかし『読売新聞』の紙面からは、一八七五(明治八)年頃は「錦絵」と理解していることがうかがえる。たとえば「大坂日日新聞といふ錦絵」の記事不都合による差し止めのあと休刊してしまったことを評して、新聞ならば出したらよかろうにと注文をつけていること[読売新聞、一八七五年六月一五日]や、「此ほど出来ました新聞図解といふ錦画」[同前、八月四日]は美しく仕上がっていると宣伝し、投書にも「当時専ら流行する諸新聞一枚刷の錦画」[同前、一二月二七日]という表現が見られるからである。

そうしてみると、あたりまえのように見えてそれほど深く論じなおされなかった定期性も、あらためて問いなおすべき論点であることがわかる。時間はまた、人間の認識の枠組みとしても作用する。新たな時間の枠組みの創出という論点をなおざりにした既存の「錦絵新聞」研究は、不十分で説得的でない。

メディアとしての新聞という視点が必要である。

メディアとしては、ひとつひとつのメッセージの伝達の速度すなわち「速報性」などよりも、情報生産の制度としての「定期性」のほうがはるかに重大な論点であると、私は思う。伝えるにふさわしい記事がたとえなかったとしても、毎日定期的に刊行する。その制度性が、システムとしての速報性をささえる基礎となる。(12) この仕組みにこそ、新聞という新しいメディアのもつ近代性の根源があったと考えるからである。つまり新聞は、一日一日を配達によって刻む社会的な時計のような、あるいは世界時計としてのカレンダーのような存在となっていくのである。活字で組まれてはいるものの、個人の手書きの日記にも比せられる、社会的な日誌記録の位置をやがて確立していくのも、まさにこの特質のうえに成り立つ。初期新聞のじつに多様な形態にもかかわらず、その機能の原型は「ジャーナリズム」の語源ともなった「日刊」という新聞の刊行物の形態それ自体にすでに内在していた。

初期新聞の活版テクノロジーへの不思議なまでのこだわりは、隣接する官報をも含め、〈木版の時間〉とは異なる〈活版の時間〉ともいうべきものの新しさの直観と深く共振しているのではないかと思う。そのような観点から考えるならば、錦絵である新聞錦絵のメディア性は〈木版の時間〉に属する。「日毎に組換る」「活版器械の運転」の「神速を競ふ」新聞と、その基本において明らかに異質である。

比較的短いあいだに、大量に多くの号が発行されている事実から、直接に定期性と継続性が

(12) その一例が、空白を含む新聞紙面である。現代の新聞であれば、文字で埋めつくさずにはすまない(それゆえに「埋草」という空白を埋めるための雑文を指す概念ができた)ところ、空白そのままでも刊行するのは、むしろ毎日の定期発行のほうに価値があったからである。

あったはずだと論じる向きもある。なるほど大阪方面での通常の発行形態だという通し番号の号数はシリーズとしての発行の有力な証拠[13]だが、多数の新聞錦絵の発行それ自体は、商品としての好調を物語るものにすぎず、定期性を直接に証言するものではない。むしろ先行する新聞そのものが毎日発行され、できごとの情報もどんどんと新しく生産されていた。そのことを考えあわせるなら、一見定期性や継続性に見えてしまう大量の発行の事実それ自体が、日刊新聞を追いかけて面白そうなものを絵にしていった熱中の、単純な疑似相関にすぎないかもしれないのである。

たしかに具足屋の『東京日日新聞』錦絵にしても、最初の商品開発から半年後の明治八（一八七五）年一月や二月になると、かつてのような新聞の古い号ではなく同月や前月発行の新聞をネタにすることが多くなる。しかしながら、それを速報性の高まりと評価するのは、いささか表層的にすぎるだろう。また論理にも無視できない飛躍がある。近い時期からの素材の探しやすさに流れたのだという、速報の意識を媒介しない状況要因から説明できてしまう部分も大きいからである。ましてや新聞錦絵がそれなりに有望なジャンルとして確立したあとの『錦画百事新聞』や活字と結びついた『錦画新聞』（図4-6）のような一部の事例[14]をもって、定期性が新聞錦絵という一群の印刷物全体を貫く特質であったかのように主張することは、理論的にも実態的にも無理がある。

もういちど丹念に、新聞というテクノロジーの形式が、錦絵という木版印刷文化をどのように活性化したかが問われなければならない。そのさいに、「おもちゃ絵[15]」とくくられて軽視されることが多い小型版の『東京日々新話』や『新聞画解』、さらには『しん板しんぶんづくし』『新聞絵解づくし』の並べたて、あるいは振り出しから上がりへという道行きの階層性を有する「双六」という形態への自由自在の引用もまた、視野に収めておきたいと思う[16]。

（13）ここで新聞錦絵の「号数」のように見える表記の意味について、前提とすべき知識をあらためて確認しておく必要があるだろう。新聞錦絵の標題にあらわれる「第一号」「第七八九号」の表記は、新聞錦絵自体の号数ではなく、素材とした新聞の号数である。つまりその記事が載っている新聞を指しているのであって、それゆえ同じ号数を掲げながら違う内容をもつ新聞錦絵が存在する。すなわち、書誌的にはこれを逐次刊行物の「号数」としてとらえるのは間違いで、いわばこの号数までも含めて標題と位置づけるべきものである。嚆矢となった『東京日日新聞』や『郵便報知新聞』の新聞錦絵の号数は、そう理解すべきものである。ところが、一部に逐次刊行物の号数に近い連続値を継続的に振っている事例がある。しかしながら、これも継続性の証拠とはなるが定期性までをも含意するかはあやしく、むしろ新聞錦絵という存在形態のジャンルとしての定着をものがたる。

（14）大阪で発行された『錦画百事新聞』は一九〇号ほど続き「途中百十四号から右半分が錦絵、左半分が活字印刷された記事という体裁になり、日刊化された。広告によれば、一枚八厘、一ヶ月十八銭で、希望者には個別配達も行われた」［木下直之・吉見俊哉編、一九九九：一二三］ものだという。

（15）「おもちゃ絵」と呼ばれている錦絵のさまざまなジャンルについては、『江戸明治「おもちゃ絵」』［上野晴朗・前川久太郎、一九七六］や、『江戸の遊び絵』［稲垣進一編、一九八八］、『立版古：江戸・浪花透視立体紙景色』［ＩＮＡＸ編、一九九三］、『江戸の判じ絵：これを判じてごろうじろ』［岩崎均史、二〇〇四］などが紹介している。

錦絵の時間／写真の時間

〈錦絵の時間〉ともいうべき視覚的想像の可能性も、活版／木版の生産様式上の対照とは別な水準を含む。その論点も、新聞錦絵の特質としてつけ加えておこう。

そのとき直接に対照すべきは、技術的にはさらに新しい地層を形成していく〈写真の時間〉である。

新聞錦絵が好んで描いたのは、写真では撮ることのできない、事件の「決定的瞬間」であった。いうまでもなく写真は、殺人という事件そのものを写すことはできない。それは今日のテレビでもまったく同じ種類の不可能である。豊田商事会長刺殺事件(17)のような偶然の、犯行現場への異常な近接の例外的な中継映像にしても、せいぜいが建物の外側から、野次馬と同じ目線を共有できるだけである。現場の臨場感はあるかもしれないが、どうやっても事後的であり、直接的に見る経験を提供してはいない。その意味で新聞錦絵は、今日の写真雑誌の待ち伏せスクープ写真のぼやけた暗闇の赤外線映像よりもはるかに鮮明で劇的な現場のイメージを提供した。錦絵であればこそ、想像上の目撃経験を、直覚的なものとして世に配布することができる。リアリティを提供したのは、まさに写真ではなく、錦絵だったのである。

ここでも事実通りであるかどうかなど、二の次である。

そして「絵解き」としての錦絵化は、視覚的な構図取りをじつに自由に選択でき、物語の時間を意のままに構成できる。

たとえば『東京日日新聞第三号』(図4-7)では、役者と通じて、旦那をネズミ捕りの毒薬で殺した妾、お絹を話題にする。もともとの新聞記事は「捨札ノ写」だから、つまりさらし首の刑に処せられたお絹のかたわらに立てられた、人名や罪状を記した札の中味であるとなっている。絵柄だけであれば、捨札が立てられた梟首刑の現場を描くのも、また旦那の毒殺の瞬間を

(16) こうしたジャンルに属する実物は、『ニュースの誕生』[木下直之・吉見俊哉編、一九九九]に例示的ながら掲載されている。

(17) 一九八五年六月一八日、豊田商事の会長の自宅マンションに詰めかけていた報道陣の目の前で起こった刺殺事件である。豊田商事は、純金の取引をよそおったペーパー商法で、高齢者から金をだましとる詐欺で告発されていた。

描くのも、それなりにショッキングであっただろう。けれども、ここでは別なものがたりの場面が選ばれる。殺意が生まれたに違いない姦通の夏の、しどけない逢瀬が描かれる。そしてその背景に殺鼠の毒薬売り[18]を配することで、読者をすでに知られた殺人劇の序幕へと誘っている。『郵便報知新聞第五二七号』(図4‐8)は、遊里通いの止まない男のところに亡き妻の幽霊があらわれて怨みごとをいい立て、泣いている子どもに乳をあたえたという。心霊写真の技術でもなければ撮れない話題を、絵師は怪談芝居の一場面のようにくっきりと描いている[19]。

新聞錦絵は、視覚化された物語である。

しかも一枚刷で、一場面だけが切り取られる。

だから、その一面に物語のエッセンスが完結して凝縮されている。歌舞伎でいえば「見栄」を切る、力のこもった静止の一場面である。そこに文字もまた木版の自在さで、背景としてべったりと張りつき、状況を説明し意味をふくらませる文章として作用した。融合する文字テクストの説明力をも借りて、この物語をめぐる視覚的な想像力が立ち上がっている点を見落としてはなるまい。

このできごとを軸にした絵とテクストとの融合は、今日の新聞の原点としての当時の日刊新聞の紙面にはない、明らかに新しい経験だったのである。

(18) 画面の左後ろに配置された、旗を担いだ男は、岩見銀山ねずみ捕りの薬売りである。「猫いらず」とも呼ばれた、代表的な毒薬で、ヒ素を含む化合物として鉱石から作られた。

(19) もともとの新聞記事も、新聞が伝えるべき話題なのかどうかに、疑念を持たなかったわけではないらしい。「世に幽霊は無きものと言へど、これは慥かなる人の聞きしに疑ひなければ、録してここに異伝に備ふ」と記事を結んでいる[郵便報知新聞、一八七四年一二月六日]。

第5章　戦争錦絵——想像されたできごととしての戦争

一〇〇年前の風景というテーマをめぐって、戦争というできごとにまつわる「風景」について、すこし考えてみたい。

明治一七（一八八四）年生まれの西洋史学者の大類伸《のぶる》は、「私の少年時代の一つの楽しみは、外出したとき、絵草紙屋の店頭に立つことであった[1]」と書いている。これが書かれた昭和の時代にはすでに、絵草紙屋という存在そのものがなくなってしまっていたが、明治も中頃まではというと、町家のあるところには必ず絵草紙を売る店があったのだそうだ。いまの都市の生活感覚で考えるなら、すでに少なくなってしまった地方の「書店」というより、イギリスの「ニュースエージェント」のような複合的な業態で、いまでいえばコンビニエンスストアに近い感覚であろうか。店頭には、三枚続きの錦絵や一枚刷、石版刷、絵本雑誌の類を並べてあり、「その店先に立って私たちはいつまでも、絵を眺めて悦んでいた」と回想している。

ここで小学校帰りの大類少年が絵草紙屋の店頭で心を奪われた錦絵は、今日の美術史研究が研究や収集の対象にするような、春信、写楽、北斎、広重等々の浮世絵ではない。戦争を描いた錦絵である。

（1）大類伸「錦絵と戦争画」「東京朝日新聞、一九三四年三月二一日-二三日」。大類は西洋史学者で、城郭の歴史にも業績がある。ここで論じられた戦争画の変遷も興味深く、「日清戦争の頃が絵草紙屋の全盛時代」で「絵ハガキの流行と活動写真の出現」が絵草紙の趣味を一掃していったと説く。その画期を日露戦争の頃に見ている。

当時を知る人びとの回想から証言をひろってみよう。

大類よりも一世代上になるが、明治五（一八七二）年生まれの島崎藤村が小説『春』(2)のなかで、「富士見町の通りまで行くと、絵草紙屋の前には、男女が集まって、血なまぐさい戦争画を争って見ていた」と描写したのは、藤村自身の日露戦争当時の見聞にもとづくものであろう。同世代の田山花袋が『東京の三十年』(3)という半生記で回想するように、日清戦争の当時すでに店先には「松崎大尉戦死の状態だの、喇叭を口に当てて斃れた喇叭卒だのの石版画がこてこてと色彩強く並べて」あったのである。開戦直後の新聞も、「日清の事変起りてより、都下の絵草紙屋は大いに忙しく新絵出版を競って恰も戦場の如くなるが、現に出版せるもの凡そ二十五種にして、摺り立つや否や売捌きは争って之を持ち去る(4)」とその盛況を伝え、町の様子はというと「昨今絵草紙屋には日清戦争の錦絵が並べあるより、何れの店頭も見物人山の如し(5)」とある。

この「戦争錦絵」のジャンルは、先行した「新聞錦絵」の発明を受け継ぎ、その形式を発展させるかたちで成立したものであろう。明治一〇（一八七七）年の西南戦争の時期に、この内戦のうわさを主題にして商品として生み出され、日清戦争の時代にいわば確立したものであると、私は考えている。

新聞錦絵から戦争錦絵へ

新聞錦絵は前章で論じたように、明治七（一八七四）年に鮮烈な紅つぶしの枠つきで登場した新聞記事の多色木版による絵解きである。殺人やら心中、毒婦悪漢貞女孝子の美談醜聞を、色あざやかに描いて流行の一ジャンルとなった。図5-2に掲げたのは、その一枚だが、どす黒い中心部分とあざやかな赤とを重ねあわせてリアルに血のりを表現していて、なかなかに「血なまぐさい」印刷物である。紅つぶし枠の赤だけでなく、殺人の現場の血の赤が、この錦絵の

（2）島崎藤村『春』〔東京朝日新聞、一九〇八年四月七日-八月一九日連載〕。当該号は一〇四回〔東京朝日新聞、七月一九日〕で、左に挙げた挿絵がある。まさに三枚続きの錦絵を前に、観衆がそれに見入っているありさまが描かれている。

図5-1 島崎藤村『春』の挿絵

（3）『東京の三十年』〔田山花袋、一九一七→一九八一：五七〕

（4）〔読売新聞、一八九四年八月九日〕。「豊島、牙山激戦の図、松崎大尉勇戦の図のみにて少なくとも百番は店頭に顕るるならん」と競って出されたことがわかる。向島や牛込あたりに住まう摺師の職人も毎年、団扇の制作が終わると地方へ出稼ぎにいくのを常としていたが、この年は手間賃が幾倍にもなって、ほくほく顔だと報じている。

（5）〔都新聞、一八九四年八月一八日〕。加えて記事は、見物人たちが多く集まり、また「口をアーンと開き、あるいは伸びあがりして気を取られているをつけこみ」、スリどもが仕事をする

センセーショナルな印象をふちどっている。新聞の題号を前面に打ち出したため、新聞社が発行したもののように誤解している向きもあるが、東京や大阪の絵草紙屋が、時代の新しい商品として熱中して売り出したものであって、錦絵文化の現代への対応形態のひとつであった。

新聞錦絵の基本的な形式は、大錦の大きさの紙のうえに、記事と絵とをまとめた一枚刷である。物によってはこれを三枚続きにして、芝居絵と同じようにワイドな視角を構成しているものも生まれた。とりわけ新聞錦絵の流行の後期になってから散見されるという印象がある。当然ながら、値段もまた三枚続きのほうが高かったのであろう。新聞を土台にした現代的な錦絵のジャンルとして確立したあとに、かつての二枚続き三枚続きの芝居絵の伝統を思い出しながら高級化させた一形態だったのかもしれないと思う。

いま残っている西南戦争の錦絵（図5-3）を見ると、草創期の新聞錦絵より明らかに三枚続きの割合が高いのだが、偶然ではないだろう。実際に絵師の想像力からすれば、三枚をあわせた画面は、自由度が高い。風景を芝居の舞台の大道具のように描き出すのに必要な視角であり、いくつかの話題の事実を盛りこむに必要な広さであった。西南戦争錦絵もまた、新聞で知った遠隔地の戦争情報を絵解きしたという点で、新聞錦絵の延長である。陸軍大礼服をまとって髭顔もいかめしい西郷隆盛や、盛装美人がなぎなたを揮って官軍と渡りあっている巴御前の現代版のような壮烈な光景が描かれている。こうした画面は、近世の末期に確立していた武者絵の勇壮を引き継ぐという以上に、見たこともない戦地を空想する素材として、既存の教養が動員されていると見るべきだろう。明治三（一八七〇）年生まれで、西南戦争の前の年に小学校に入った人類学者の鳥居龍蔵にとっても、「西南戦争の戦争絵」は印象深く、回想に「徳島では新町橋筋の猩々紅という店でこれを外に出して売っていたが、この戦争絵は大阪物が多かった。そのうち貞信が描いた『有《あり》のその儘《まま》』という題で毎号出版する絵を、新版ごとに買った[6]」と

はこのときとばかり跋扈し、時計やタバコ入れ、懐中ものを取られる被害が多くなっていると説く。

図5-2 新聞錦絵

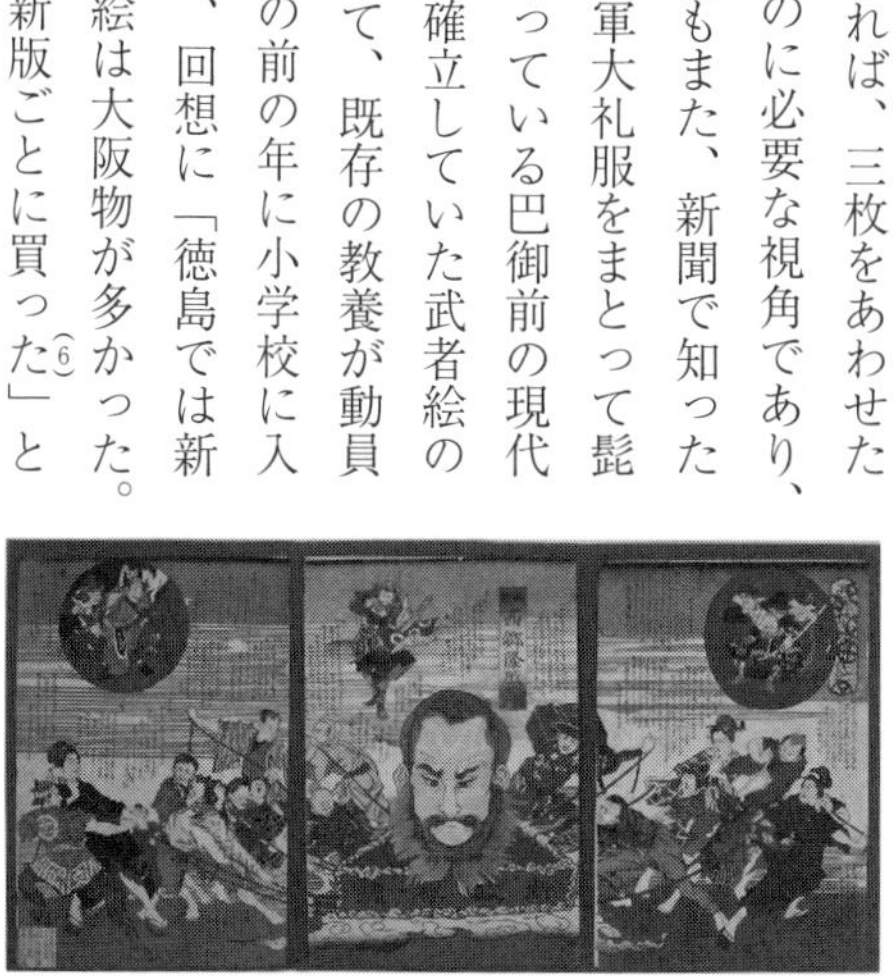

図5-3 西南戦争で出された錦絵「西郷星地落人民之口」（一八七七年一〇月三日）

ある。

錦絵を別に「江戸絵」と称したように、多色木版の色あざやかなこの印刷物は、首都東京のみやげものであり、都会発の流行りものでもあった。

おもしろいのは幼き日の鳥居龍蔵が証言する通り、たとえば徳島県の地方都市においても、またあとで引用する生方敏郎の故郷の群馬県の山のなかの小さな町でも、たいして時をおかずに戦争絵を目にすることができた。その事実は、この印刷物のもつメディア性を雄弁に物語っている。

都会田舎を問わず、流通の発達にとっても、戦争という話題の力は有効だったと思う。災害以上に、ある意味で耳目をそばだたせる話題であったからだ。しかも徳島の中心市街地に住んでいた鳥居龍蔵少年が細かく記述している通り、「三枚続きのものは店先に紐を張り渡し、それへ竹木の割れ目でとめて[7]」つるして見せていたのだから、店先での立ち見のただ見に向かっても、じっくりと開かれていた。その点は、あるいは「街頭テレビ」のような広場での公共的な享受を連想してもかまわない。日清戦争から日露戦争の時代にかけての戦争錦絵もまた、このようなかたちで開かれた店先につるされていたのである。

光景として描かれたもの／見えたもの

描かれた画面は、戦争の相手国を卑小に印象づける方向性を有していた。そのことに、大衆向けの戦時商品としての性格を読み取るべきであろうか。

生方敏郎は、明治一五（一八八二）年に群馬県の沼田に生まれ、日清戦争当時、高等小学校二年（現在の小学校六年生にあたる）であった。生方は店先のあざやかな錦絵が教えてくれる「戦争の光景」に、すこし違和感を感じている。それが、これまで父母や学校から習った漢文古典の偉

(6)『ある老学徒の手記』〔鳥居龍蔵、一九五三：一三〕

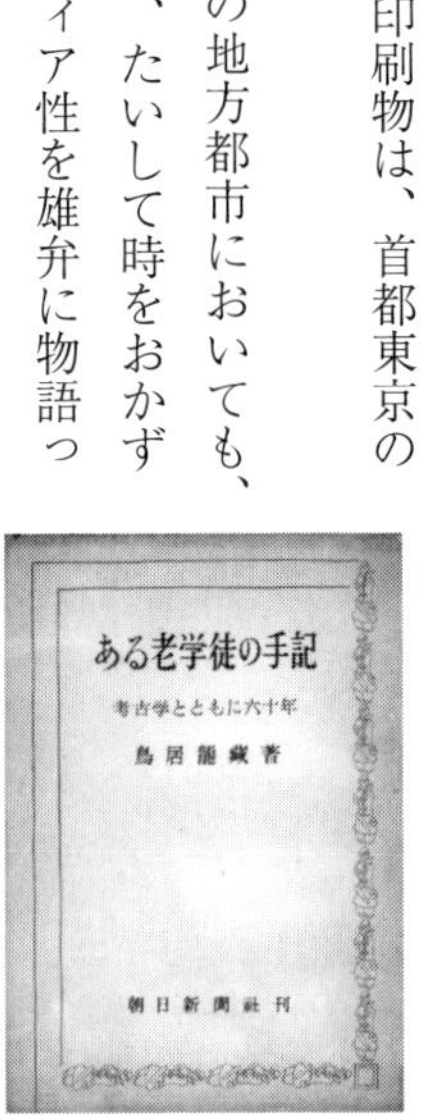

(7)『ある老学徒の手記』〔鳥居龍蔵、一九五三：九〕

人の逸話や、祭りの山車の関羽人形等から漠然と感じていた親しみと、ずいぶんと乖離していたからである。

日本軍は勇ましく突喊《とっかん》している。一人も敵に背《うし》ろを見せるものはない。支那兵は皆逃げている。後ろを向きながら逃げるもあり、豚尾を日本軍に掴まれて逃げるにも逃げられず、掌を合わせて拝んでいるのもある。服装も私が家の座敷の屛風で見た唐人のように上品でもなければ、和藤内の芝居で見た支那兵のように勇ましくもない。また顔つきも夏祭の山車人形の張飛や関羽や項羽のように、または肉襦袢の九紋龍史進のように、豪傑らしいのは、一人も見えない。何れも袖の長い鈍間《のろま》そうな服を着、その服の腹部には円が描かれ、中に「葉」とか「左」とかいう字が書いてあり、履は大きく重たそうで、おまけに片足は逃げる拍子に脱げてしまってるのもある。日本の地雷火にかけられた支那兵は、大勢高い空中に大口を開き手を拡げて仰向きにはね上げられて描いてある。(8)

もちろん、これは小学生としての証言ではない。生方が成長したあと、大正時代の終わりに書いた『明治大正見聞史』のなかでの回想である。だから小学生にしてはいささか冷静すぎる疑問を、割り引いて受け取る必要があるかもしれない。だが、こう理屈づけてうまくは表現できなかったにせよ、なんとはなしに戦争報道のうさんくささを感じ取っていたのだとすれば、双葉より芳しいジャーナリストの魂である。

おもしろいことに日清戦争の戦争錦絵の一部には、従軍の画家それ自身が、ジャーナリストの役割を担うかのように描きこまれている。(9)

「成歓襲撃和軍大捷之図」(図5-4)はそのひとつで、陸上戦の火ぶたを切った成歓《ソンファン》の戦いの場

(8)『明治大正見聞史』[生方敏郎、一九二六→一九七八：四〇-四一]

(9)ジャーナリストとしての従軍記者については、一八七四(明治七)年の台湾出兵のときに台湾に渡った『東京日日新聞』の岸田吟香が嚆矢とされる。一八七七(明治一〇)年の西南戦争では、多くの新聞が記者を派遣しているが、小林清親が後に描いた福地桜痴の戦地実況の錦絵(「教導立志基」の一枚で一八八五年に版行された)がよく知られている。

面を想像したものである。右画面に新聞の特派員とともに、特派画家である久保田米僊と金僊とが画板を首にかけて登場している。もちろんこれは現実の風景というより、戦争の実際を描いているということを表象するための小道具である。

もうすこし正確にいうと、画家の描きこみそれ自体が、当時の新聞が伝えていた情報そのものに対する絵解きであった。画家を派遣すること自体が、新聞社の新しい試みだったからだ。明治二一（一八八八）年の磐梯山噴火の時、[10]『東京朝日新聞』は画家の山本芳翠を特派員として派遣したことを、社告に出して宣伝している。[11]それによると、磐梯山噴火について罹災の実況を知らんがため、すでに社員を特派して取材させているが、「読者をして尚一層、適切に同地の実況を知り、その惨状を想見せしめん」と「精細なる真図[12]」を「実景写生」させ、新聞の「附録として刊行」（図5-6）するため、画家を送ったとある。

日清戦争においても、新聞が「同地の実況を知り、その惨状を想見せしめん」と、画家の派遣をセールスポイントとして強調していたのは間違いないだろう。図5-4の画面に登場する久保田米遷は、『国民新聞』の特派画家として従軍し、平壌戦における原田重吉の玄武門一番乗りの絵を描く。帰国したとき、天皇のいる広島の大本営に呼ばれ、画家として見た戦地の景況を話している。

戦争報道写真以前のこと

もちろんすでに写真の技術は知られていたが、新聞に関していえば、戦争報道写真時代の夜明け前であった。

当時の写真機を戦争の現場にもちこむためには、陸軍参謀本部の陸地測量部のような組織的な正統性か、旧津和野藩主の家を継いだ亀井茲明《これあき》伯爵のような財力と人間関係とを必要とした

(10) 磐梯山噴火でもいくつもの錦絵が時事報道的な役割を担わされて版行されている。図5-5はそのひとつである。

(11) 社告として出したのは、噴火一週間後の七月二二日であるが、まったく同じ社告を二四日にも掲載している。続けての社告［朝日新聞、一八八八年七月二九日］に、「彫刻落成せしを以て、来る八月一日発兌の本紙に附録として刊行す」とある。

ほぼ一年後の熊本地震の際に、同じく合田清・山本芳翠に依頼して写真を模刻した「精細なる真図」を付録とする（図5-7）にあたり「去年彼の磐梯山潰裂の際に刊行して御高評を蒙りし附録の例により」と書いている［東京朝日新聞、一八八九年八月三一日］ので、現場を見せてくれるかのように思えた絵付録が話題になったことはたしかであろう。

(12) この「真図」あるいは「精密完全の一大真図」という表現はなんどかくりかえされているが、どこかで「写真」ということばを意識したものだろう。現場の実況を知り、その惨状を想見させるために、「欧風画を以て有名なる彼の生巧館主山本芳翠氏に委託し、親しく実地に就きてその実況を撮影または写生し、極めて精細極めて確実なる一大真図となし、かつ同館の欧風彫刻家合田清氏にこれが彫刻を請ひ附録として刊行する」［朝日新聞、一八八八年七月二二日］とある。

図5-4 水野年方「成歓襲撃和軍大捷之図」[c1894]（成歓・牙山の戦いは7.28-29）

図 5-5 小林幾英「岩代国磐梯山噴火の図」［1888. 7.20］

図 5-6 山本芳翠・合田清「磐梯山噴火真図」［東京朝日新聞 , 1888.8.1］

のであろう。日清戦争から一〇年の後の日露戦争になると、絵はがきを含めて新聞にも本格的な写真の応用時代が始まる。しかし日清戦争の語られかたはまだ、錦絵の視覚ともいうべきものが主流であった。人びとが写真に漠然と期待していたリアリティの写実力と、戦争として思い描くことができた具体的な図柄との落差が、あまりに大きかったからである。

亀井が残した『日清戦争従軍写真帖』には、興味深い一枚の写真（図5-8）が残されている。それはほぼ二カ月前の、城壁をよじ登って突入した戦闘の状況を、再現してもらって撮影したものである。写真はなるほど現実を精細に写す複製技術だが、殺人や戦闘のその瞬間をとらえることはむずかしい。偶然の幸運にまかせる以外にはない。これに対して、錦絵はその決定的瞬間を想像で自由に描き出して、まるで見てきたかのように並べて見せることができる（図5-9）。新聞錦絵や戦争錦絵が広く受け入れられたのも、その想像力を代行したからである。

つまり当時の読書力すなわちリテラシーの現状から考えて、四角張った文字からだけでは想像することがむずかしかったであろう出来事の現場を、絵師の描く錦絵が代わりに目のあたりに見せてくれた。小林清親が描いた海中に沈みつつある戦艦のありさま（図5-10）など、たぶん今日の写真家でもこんな場面に遭遇することはまったく不可能である。特撮でも駆使しなければ、見せることができない。

人びともまた、この錦絵によって初めて「海戦」という事態を想像してみることを知ったのではあるまいか(13)。

描かれた絵は想像力を発明し、理解を方向づける、それゆえの危険がある。

絵草紙屋の店先で

まだ小学生だった生方敏郎の違和感を、すでに青年ジャーナリストとして活躍していた明治

(13) もちろん、そのフィクション性にまったく気づいていなかったわけではない。新聞は軍人からの意見として、「海陸戦争の絵草紙」の自由奔放を批判している。「近来絵草紙屋の店頭、特に往来の注目をひくは戦争の絵にて、いずれの店頭にも黒山のごとく群衆せり。しかるにその描き方、一として真を得たるものなく、ことに海戦にいたりては実に抱腹に堪へざるものあり。たとえば近衛士官が軍艦の甲板より小銃を放ち、または水雷艇に沢山の砲丸を載せあるなどは、奇中の奇といふべし。もちろん絵草紙なればあえて咎むるに及ばざるも、婦女童幼智育上のため画工たるもの少しく心して可なり、と某軍人は語れり」［東京朝日新聞、一八九四年九月八日］。

ラフカディオ・ハーンも『心：日本の内面生活の暗示と影響』で「戦記類は写真石版や木版の挿絵を入れた週刊、あるいは月刊のかたちで購読者に頒布されたが、こういうものは外国の観戦記者が戦争の終局についてまだ何の予測もこころみないよほどまえから、全国に売れわたっていた」［ハーン、一九七七：九三］と述べたあと、「戦勝の報がはいるたびに、新しい色刷りの絵双紙が刷られて、それがどっと売り出される。おそまつな、いかにも安っぽい絵で、たいていは画工の想像そのまま絵組みにしたものであるが、お祭り好きな大衆を元気づけるには、持ってこいの絵であった」［同前：九四］と論じている。後述の荒畑寒村の回想とも関わるが、「そのうちに戦争のもようをあまねく世に知らせる芝居が、圧倒的にはやりだしてきた」［同前：九四］とも述べる。

図 5-7 山本芳翠・合田清「熊本県下飽田郡高橋町市街震災被害真図」［東京朝日新聞 , 1889.9.1］

図 5-8 亀井茲明撮影・金州城西隅塁壁登攀の再現写真（1895.1.3）［亀井茲明 , 1992: 109］

図 5-9「明治 27（1894）年 11 月 6 日金州城攻撃」の戦争錦絵

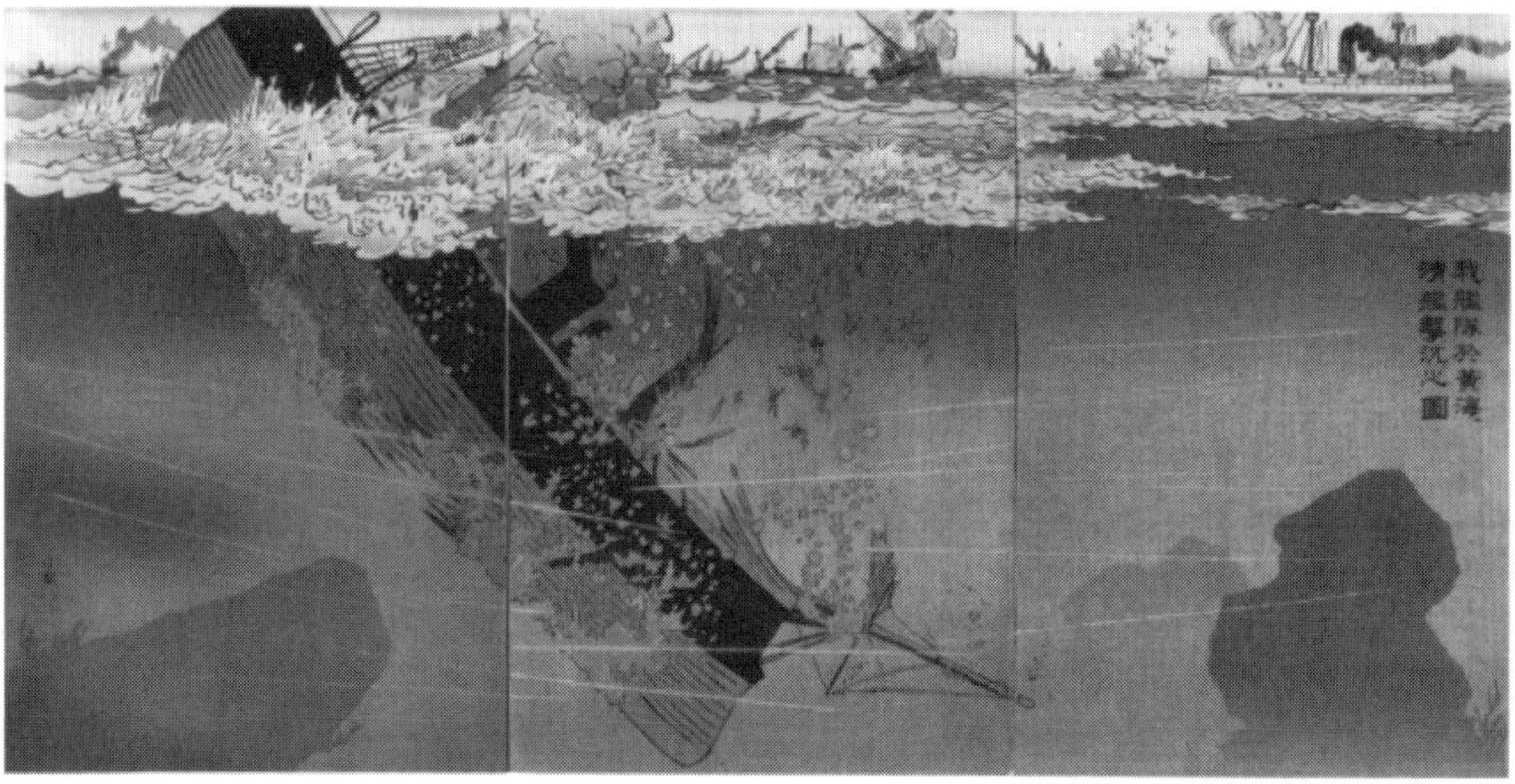

図 5-10 清艦撃沈之図（清親）

四（一八七二）年生まれの横山源之助は、もっと明晰に分析している。曰く、絵草紙屋の店先こそ、「現今社会の風潮」、普通の民衆の思想や嗜好を観察するのに絶妙の場である、と。(14)

明治二八（一八九五）年の五月、横山がぶらぶらと小川町あたりの絵草紙屋に立ち寄ると、いつものように「風雪を侵して我軍隊偵察の図」とか、「牛荘《にゅうちゃん》夜戦大激闘の図」「春帆楼両全権談判の図」といった戦争錦絵が店先につるされて飾られている。横山はそこで、路上を行く人びとが立ち止まってそれらを見ながら語りあい、つぶやいているのを聴く。

「牛荘の戦争《いくさ》と来ちゃ盛んなもんだ」と職人がしゃべり出す。「オオ怖い事、敵《むこう》の国はあれ程ひどい事するの、お母様」と十四五の娘が問う。すると「あれは皆んな御国のためにこの様な目にお会いなされたの」と母親が答える。一方で「李鴻章メ、生意気な面《つら》して居やがる畜生ッ」と酒屋の小僧がいうかと思うと、書生らしき男が弁護士風の羽織の紳士に「李鴻章はやはり東洋の豪傑だよ」と話しかける。

（14）「絵草紙屋の前」『下層社会探訪集』［横山源之助、一九九〇：五二‐五五］。「余はあえて東京生活社会の全体を知り得べしとは曰わじ、しかれどもたしかに現今社会の風潮の幾分は絵草子屋の前において観察し得らるべしと信ず。特に東京生活社会の民人が嗜味、理想意向を観んとするにおいて最も便多きを覚ゆるなり。けだしこれ店頭に掲げらる、絵画によりて個を発表しおれりというの意味にあらず、路上往来せる幾多の民人スト絵草子屋に寄り、時々刷行せらる、絵を見て評判し合う談話のうちにすなわち民人の思想を表白せるものありという事なり」［同前：五二］。

いろいろな感想をもつ人びとが絵草紙屋の店先に来ては去っていくなかで、横山が注目するのは、店先で出会ったらしい二人の職人の会話と乱暴な身振りである。「どうだい馬鹿らしいじゃねえか、金州を返しちまうんだとよ」という。聞いた男は知らなかったらしく、びっくり仰天する。「お前《めい》はその事知らねえのか、号外号外遣ってあるくのがその事なんだ」。「フムそうしたことになったのか」。「そうしたことになッたのかもねえもんだ」とぷんぷん怒りながら、店先に飾ってあった「両全権大臣対談の図」に唾をペッと吐きかける。さあ今度は絵草紙屋が飛び出してきて「派出所に届ける、乱暴にも程がある」とがなり立て始めたあたりで、横山は後難を避けて店をあとにしている(15)。

一歩引いてみれば滑稽にすら見える、同じような興奮を、明治二〇(一八八七)年生まれの荒畑寒村は壮士芝居の現場で見ている。

> 壮士芝居の日清戦争劇には、かならず在留支那人と日本人の妻との哀別離苦、または故国に帰る支那人の父親と出征する日本人の息子との、義理と人情の相剋煩悶のひと幕があって、その愁嘆場に袖をしぼった見物はまた、戦争の場面では支那兵に扮した役者に落花生のからや蜜柑の皮などを投げつけるので、なかには支那兵の役者が憤慨して舞台から見物と喧嘩をすることもあった(16)。

しかし、この短絡的で感情的な行動にしてもなお、歴史に閉じこめられた理解しがたい別な文化と考えることはできない。テレビで別の国のニュース映像に興奮し、あるいは画面のなかで強弁する政治家の像をまえにして「なにを言っているんだ」と食ってかかり、だれも聞いていないのに「どうしようもない」と独りごとする行為と、それほど離れているともいえない(17)。

(15)「絵草紙屋の前」[横山源之助、一九九〇:五三-五四]

(16)『ひとすじの道』[荒畑寒村、一九五四:四一-四二]

(17)さらにもうひとつ「パノラマ」や「油絵」の展示も、衆庶の観覧に供せられた[読売新聞、一八九四年八月二三日]。

想像された戦争

戦争錦絵によって構築された想像力は、色刷りの英雄物語であり、武勇の武者絵の再興であり、勲功の悲劇や美談に強く結びつけられた、国家的かつ国民的なものであったという事実はたしかだろう。

しかしながら、そうした想像力の混入を、特定の視覚メディアの欠点ゆえの、未発達の映像技術ゆえの昔話だとする認識はまったく不十分である。この一〇〇年におよぶ視覚メディアの発達を、想像の風景から事実の風景へ、空想の報道から科学の報道へという単純すぎる図式で割り切ろうとしているのは、ごく一部の古典的な新聞史研究者だけであろう。たぶんそうではなく、われわれは徹頭徹尾、想像力が作用する領域の内側を生きていて、その拘束力からは容易に逃れさることができない。

そして今日の報道が作り上げている「戦争」もまた、さまざまな「現実」認識の断片を縦横に織りこんで想像され説明され続けているものであることにおいて、かつての錦絵や再現の写真が表象しているものと構造的に異なってはいない。想像によって織り上げられているがゆえにこそ、圧倒的なリアリティを生み出してしまっているのである。

そのリアリティを解体し、ひとつの選択肢にしかすぎないものにまで脱構築するためには、おそらくは流布している説明に注意深く抵抗し、切断する力が必要である。それもまた想像力としか呼びようがない。想像力とは、いまだないものを夢見て探り出す力である。

第6章　絵はがき——視覚メディアのなかの人類学

ふたつの絵はがきから——異民族の発見

いまここに二種類の絵はがきがある。

ひとつは『南洋館紀念絵葉書』という袋入りのセットで、六枚の写真絵はがきが入っていた。ボルネオのダヤク族とパプアニューギニアの部族の風俗を写している。このなかから、ダヤク族(1)の三枚をご覧にいれる。(図6-1〜3)

もうひとつは、『世界人種風俗大観』(図6-4)という、箱入り五〇枚組のものである。五〇枚を使って、いろいろな民族の風貌や生活、風習が絵はがき化されている。アフリカ、ニューギニアもあれば、ベルギー領コンゴ、インドシナ半島、アメリカ大陸、トルコ、ポルトガルなど、じつに広範囲にわたる。

残念ながら手元の絵はがきだけの観察から、わかることは少ない。たとえばこれがいつ発行され、どんな意図で売り出されたものか。絵はがき自身は必ずしも雄弁には語らない。なぜこうした民族がひとつのセットのなかに同居しているのかも、不明確なままである。わずかに五〇枚組の絵はがきが「MADE IN JAPAN SEIKAIDO TOKYO」という印刷文字を有することから、日本での発行であるらしいことがわかるていどである。

(1)「ダヤク Dayak」は、イスラム化し「マレー人」を名のるようになる前の、ボルネオ島の先住諸民族の総称である。焼畑陸稲耕作の農耕民と採集狩猟民を含む。二〇世紀初頭まで首狩りの習俗を有し、首級を保管する堂を村にもっていたという。

図 6-2 首祭ノ整装

図 6-1 蛮族ノ人首保管ノ光景

図 6-3 格闘

図 6-6 6-2 と同じ原版の絵はがき

図 6-5 絵はがきの袋

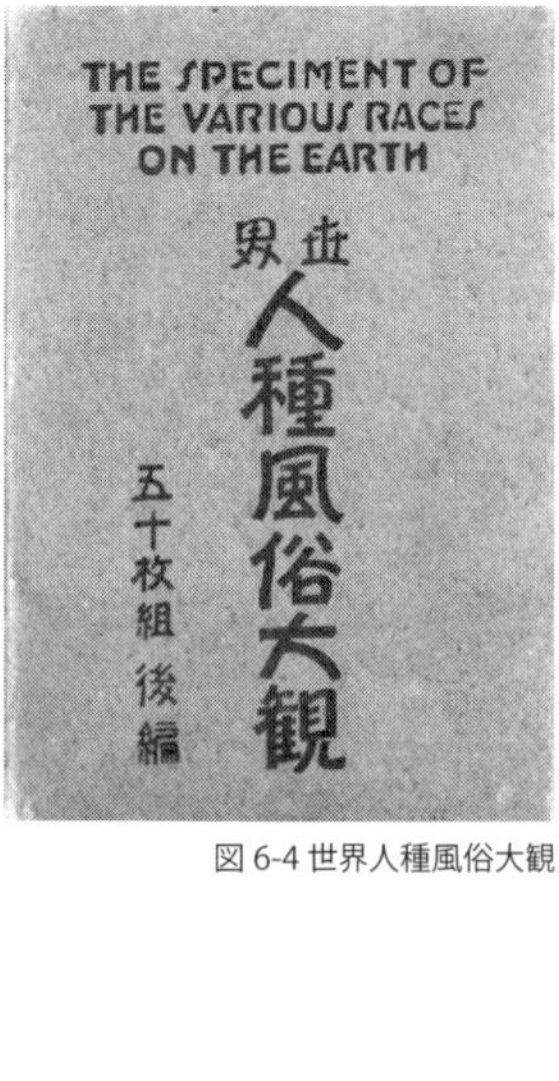

図 6-4 世界人種風俗大観

しかし想像力を働かせて、読みとれるできごとがないわけではない。

たとえば、その一。図版に挙げた三枚の構成は明らかに、あるていど世に知られていたであろう、野蛮なる「首狩り族」という観念を強くなぞっている。(2) 袋（図6-5）にはさらに「池田氏苦心撮影セシモノ」という文字があるのだが、その貴重さとめずらしさを強調しているととらえるべきだろう。この「苦心」は実際には、たとえばカメラの前でポーズしてもらうことの苦心であったかもしれない。しかし絵はがきの購入者はそう思わなかったであろう。「苦心」の語に、危険冒険の匂いをかぎとったはずである。おそらく、これらの重なりあいは首狩り族の野蛮なる奇習という、ステレオタイプ化した認識の普及にも力を貸した。

その二。袋に「南洋館紀念絵葉書」とあるのも、ひとつの手がかりである。この南洋館とはなにか。おそらく博覧会というたいへん近代的なイベントを考えていい。そして袋に押されている記念の印から、それが一九一四（大正三）年の東京大正博覧会(3)であったことがわかる。その展示館のおみやげとして、販売されていたのであろう。絵はがきの場合、しばしば記念にと押されたスタンプや消印が、その出自や流通を証明してくれることも多い。

その三。南洋館の記念絵はがきの袋のなかに残っていた六枚は、完璧なセットではないと思う。絵はがきは、紙の取り都合から、八枚一組で印刷されることが多いからである。もちろんこれは推定にすぎないけれども、そうだとすれば残りの二枚はどうなったか。おそらく東京大正博覧会を見物に出かけ、南洋館に入館して記念のセットを買った人物が、観覧の感慨を記すなりして旧知に送ったのではないだろうか。(4) 多くの場合、絵はがきはそのようにして旅と結びついて使われた。一方において使われずに、旅先が増えていく記念としてコレクションされるという「使用法」も多かったと思われる。

その四。図6-2に掲げた絵はがきは、じつは同じものが五〇枚組のほうにもある（図6-6）。

(2) 鳥居龍蔵は世界の諸人種を解説した『人種誌』に「だやーく（Dyaks）」の項を設け「彼らは尚盛んに人の首を集むる風あり。これがために大いに首狩り行はる。されど彼らは他の馬来よりも、美麗に体を装飾し、また文身をなす風あり」［鳥居龍蔵、一九〇二：八二］と書いた。

(3) 東京大正博覧会は、東京府の主催で一九一四（大正三）年三月二〇日から七月三一日まで、上野公園を第一会場、不忍池を第二会場として開催された。第二会場と第一会場を結ぶエスカレーターは日本初の設備として話題になった。

(4) 南洋館を写した絵はがき（図6-7）も、御徒町の神谷成山堂から出ている。観覧の感慨は、さまざまであっただろう。与謝野寛は「南洋館」と題する詩で、そこで感じた幻滅をうたっている［与謝野寛、一九一四］。「緑の褪めた／砂と塵挨だらけの／水気のない／いぢけた、倭（ひく）い椰子の木立／木伊乃（みいら）にした、動かない天狗猿／死んだ、みすぼらしい、ちつぽけな鰐／くすんだ、黄土とCHOCOLAT の色をした／廉物の、摸造の爪哇（ジャワ）更紗／まだ一度も生血を嘗めず／魂の入らぬ／ひよろ長い毒矢の数々／え？ これが大正博覧会の南洋館？／最初の二つの室を観て歩いて／おれは思はずおれの子供等に言つた／「こんなぢやない！ こんなぢやない！ 南洋は！」」。

顔などの修正（レタッチメント）で、すこし別人の印象をあたえるけれども、首をつるしたその姿は同じ原版から起こされたものに違いない。異なる民族や生活文化の発見は、いわばひとつの「事件」であった。こうした事実は、絵はがきが複製技術文化であり、複製を通じてのイメージの流布に関わっていたことをもういちど思い出させてくれる。

旅先で書くということ――人類学的経験の底辺

> 日頃心がけている人類学研究においては、諸人種の容貌体格風俗などの写真絵画が入用で、つねにその蒐集に意を用いていましたが、どうも思うように行きませんでした。しかるに『絵はがき』の流行以来、在外知人から参考となるべきものを続々と送ってくれるのでまことに好都合であります。『絵はがき』の効能はいろいろ有りましょうが、私の利益を感じておる事のもっとも深いのは、この点であります。[5]

人類学者坪井正五郎は、『絵葉書趣味』というアンソロジー（図6-8）で二〇世紀初頭における絵はがきの効用をそんなふうに述べている。当時の日本では、世界中のさまざまな民族の体型を知ったり、その生活風俗を見ることそれ自体が、今日ほどに容易ではなかったであろう。それは交通の問題であり、カメラ普及の問題であった。素朴な有用感は、そうした時代に位置づけたうえで、感じなおすべきものだ。

しかし、われわれが生きているのは、すでに一世紀以上もあとの世界である。絵はがきへのとらえかたも、異なった強調を必要とする。今日の観点から見て、絵はがきというメディアは、どのような問題を人類学的実践に提起しているのだろうか。

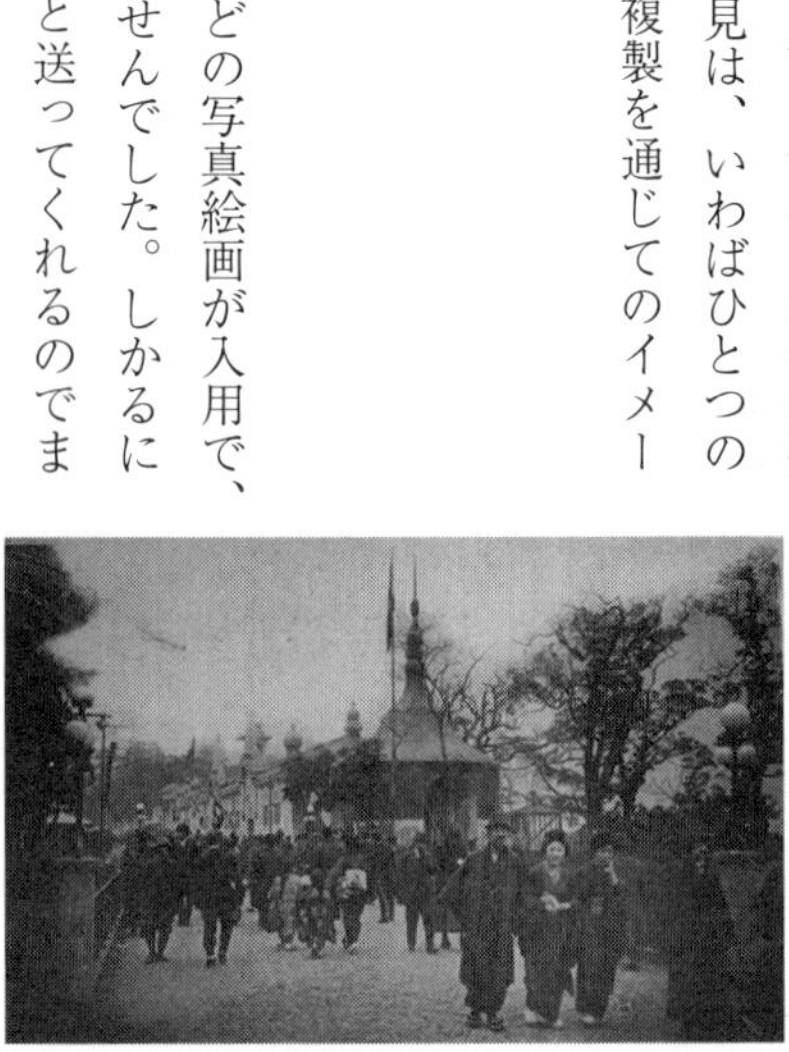

図6-7 南洋館

（5）坪井正五郎「葉書についての葉書だより」［日本葉書会、一九〇六：一七二］。『絵葉書趣味』は、日本葉書会が一九〇四（明治三七）年に創刊した雑誌『ハガキ文学』に寄せられた、絵はがきをめぐるエッセーを収録したアンソロジーである。

図6-8『絵葉書趣味』

第一に、旅先で絵はがきを書く経験は、人類学という学問の根源と呼応する契機をもつ。すなわち、この学問が異文化を旅し書き記す経験から生まれてきたことと、重ねあわせて考察されるべき行動である。

旅先で書くことの歴史において、人類学的認識構築の歴史の発掘を試みるならば、その一方の源流は、登山などをも含む秘境の探検や、大航海時代の見聞録の世界につながる。そして、流れ出していく川下は、大衆化した絵はがきの記述や、鉄道やパック旅行が生み出す旅先の日記や感想メモ、今日であればブログやインスタグラムに向かって拡がっている。理論的認識の高さばかりでなく、底辺をなす経験の拡がりをとらえることは、学の変動期において重要であろう。絵はがきは、旅の見聞や感慨を書くことを大衆的な規模で組織した、歴史的なメディアであった。(6)

絵はがきを書くという経験は、鉄道が組織し、やがて飛行機へと接続した、旅行の産業化ともいってよい変容とも深く結びついている。

現地に行ってさまざまな風物に触れ、美しい風光やめずらしい事物の絵はがきを選び、買う。そして旅先の見聞や出来事を感じたままに書き、故郷や旧知の人に向けたメッセージとして送る。一見あたりまえのことのように思えるささいな行動ではあるが、それ自体が、じつは大衆化されミニチュア化された、比較と発見の人類学的な実践である。

いま絵はがきに写し出された観光地「名所」の存立の、複合的で個別的で、どこか普遍的で興味深い歴史に深く立ち入るわけにはいかない。しかし名所が、ただ自然の風光の美しさばかりでなく、かなり以前から「名」によって立つイマジネールな場所であったことを忘れてはならない。

そこには、すでに起源も明らかでない伝説がふりつもり、多くの歌が詠まれ、また引用され、

(6)『風景の生産・風景の解放』[佐藤健二、一九九四]

意味づけられた言説が分厚く堆積していた。であればこそ、そこに臨み、歴史的教養のフィルターを通しながら歌を詠んだり、感慨を記したりすることそれ自体が、旅の実質を構成しえたのである。

気ままな旅の文筆を、人類学という学問の調査実践と重ねるのは、乱暴だという批判もありうるだろう。たしかに芭蕉は、レヴィ＝ストロースではなかった。しかし菅江真澄を再発掘した柳田国男の旅は、のちに民俗学と呼ばれるようになる学問を育まなかっただろうか。そしてマリノフスキーの日記(7)は、彼の人類学的分析をささえた矛盾に満ちた感情の裏側を雄弁に物語ってはいないか。

やがて鉄道が発達し、そのことによって大衆の簡便なる移動が可能になった。

そこにおいて観光という概念が本格的に誕生し、旅の文化のなかで絵はがきが生産され消費される領域が拡大する。異なる風俗や文化に触れて、驚くこと自体が、人類学への第一歩だとするならば、それを書き記した絵はがきは、やはり小さな人類学的体験だった。経験において構成されるかもしれない同一性を論ずるまえに、エスノグラフィの分厚さと、旅先の記述の質の違いを、アプリオリに自明な区別のように位置づけてしまうと、見失われるものが多くなるかもしれない。学問／日常、あるいは科学／文学の理念的で観念的な対立こそ、今日もういちど再検討されていい分断の壁である。

そうして問われるべきは、イデオロギーとしての文学と科学の違いの有無ではなく、大衆化というメカニズムの現場的・日常的な内実である。

書かれたものの行方——フィールドワークのなかの近代

第二に、絵はがきの経験は、郵便という近代起源の世界大のシステムと結びついて初めて生

(7)『マリノフスキー日記』[Malinowski, 1967＝一九八七]

み出された。そのことは、われわれのフィールドワークが世界大のシステムと無関係ではないということを、たいへん象徴的なかたちで、明確に見せてくれている。

つまり「はがき」というシステムがあればこそ、そこで考えたこと、書いたことが、故郷や本国の知人につながってゆく。そのシステムの自覚化は、人類学や社会学が無意識であったにせよ、科学の名のもとに問わなかった[8]、われわれはだれに向かって書き、書いたものはどこへ行くのかという論点を照らし出す。フィールドワークに行ってきて、そこでの認識をもち帰って論文にしたり、エスノグラフィにまとめたりする。その経験の蓄積が、民族学という学問を成立させたわけだが、その記述の運動は明らかに世界史的な近代の「システム」のなかに位置づけられる実践であった。

絵はがきは、郵便という国家を単位とする世界大のシステムを前提として、宛名さえ書けばそこにとどく、ある制度への信頼のなかで現象している。現象していると同時に、これは見るもの／見られるもの／書くもの／そしてそれを読むものというふうな関係において、先進国中心の世界システムというものの形成を、非常にクリアにものがたり、問題提起しているのだとも論じられる論点を含む。しかし人類学が、そのような調査（観察）されるもの／調査（観察）するもの／記述する（書く）もの／そしてそれを解読したり、読んで楽しんだりするものとの関係を、考える営為に豊かであったとはいえないだろう。その記述の運動はけっきょくのところ「帝国主義の娘」（レヴィ＝ストロース）であったとする歴史的な要約が、現在の実践の可能性においてもなお超えがたい限界なのかどうかを含めて、もういちど検討されねばならない。

第三に考えられていいのが、絵はがきが写真の最初の流布形態であったということである。もうすこし正確にいうと、写真と印刷とが出会って、視覚の側面における複製文化の実質を最初に作り上げたメディアだった。

（8）このことを深く問うたのが、一九八〇年代後半からの「ライティング・カルチャー」の問題提起であった。

もちろん複製文化という概念の意味は、慎重に構築していかなければならない。しかし、複製技術を人類学とは関わりない近代の技術の領域へと追いやり封じこめてしまう思考は、徹底的に克服しなければならないだろう。

とりわけ絵はがきが提示したのは、視覚に関わる複製であった。歌を詠んだだけの旅となにが異なり、文字だけの旅行記や探訪録となにが変わったか。「百聞は一見にしかず」と、われわれはいかにも無邪気にいう。一見の手段の写真は、百聞を組織した「ことば」による伝達に、直接的で実感的な提示をもちこむ結果となった。異民族の習俗や文化を、まず視覚による直感的な理解に翻訳したからである。

もちろん、ひとり写真だけが革命的であったとするのは、不当なる誇張である。

先行する旅行記のなかでも、すでに銅版画の挿絵や石版画の図解が、人類学的対象のイメージを作り上げてきてもいた。銅版画もまた複製技術である。そうした図版の複製力を借りて、百科全書的な認識の運動が成立してくる歴史も忘れてはならないだろう。しかしながら写真の普及が生み出した、詳細な描写の迫力は、イメージにおける新しい段階の直接性を組織したに違いない(9)。

そしてわれわれは、行ったこともない土地の生活を、まずクローズアップで切り取って見てしまう経験を手に入れたのである。大衆化した絵はがきは、その点において現代のメディア経験につながる、ある一定の視覚のみの分離した経験を生産する装置だったのである。

解読の課題――絵はがきの歴史人類学へ

一方において「絵はがき」的なステレオタイプを、いわゆる「観光人類学」がどういうかたちで乗りこえることができるかが問われている。乗りこえということばも、また慎重に組み立

(9) 新光社から刊行されていた『世界知識』という雑誌の増刊『世界風俗写真大観』〔仲摩照久編、一九三二〕(図6-9a、b)の一冊など、こうした視覚的な好奇心のあらわれである。

図6-9a『世界風俗写真大観』

図6-9b 同(裏表紙)

(10) 夥しく発行された関東大震災の絵はがきが、どのように売られていたか。その一端について、北原糸子編の『関東大震災：写真集』〔北原糸子編、二〇一〇〕に書いたことがある。

震災後二カ月半頃の光景として、『アサヒグラフ』が紹介している、一銭蒸気の渡し船の絵ハガキ売りの風俗はおもしろい。「こみあいますところ、進行中おそれ入ります。さて御紹介

てていかなければならない。絵はがき化以前の場所や現象を探して歩くという、いわば秘境奥地主義は、乗りこえではなく問題の回避にすぎない。また視覚におけるオリエンタリズムというイデオロギー暴露もまた、しばしば批判に自閉してしまって、具体的な実践に着地しようとしない。ナイーブな秘境願望でもなく、居丈高なオリエンタリズム批判でもない第三の道はどのように可能か。

絵はがきのテクスト分析と、生態の分析という、地道な対象化の作業を組織しなければならない。

絵はがきもまた時代のメディアであると同時に、ひとつの歴史記録であり、証言である。そのメディアとしての効果や、運び伝えた内容をとらえるためにも、テクストとしての画面分析もさることながら、モノとしての絵はがきの生産―流通―消費の仕組みを、その社会のなかで細かく描いてみる研究が必要になる。どのように作られ、だれによって売られ、だれが買い、そしてどんなふうに使われているのかのモノグラフである。これはそれ自体が、ひとつの文化のアルケオロジーに属する分析である。メディアとしての絵はがきは、日本近代の歴史空間のなかですら、まだ正確に測定されつくしてはいない。

たとえば、大量に発行されたと思われる「関東大震災」の絵はがきはどのように生産され消費されたか。[10]

その解明には、他のメディアの記録からの測量も必要となる。同時代の新聞雑誌などの写真や論述を検討してゆくと、おぼろげながら写された状況が浮かび上がるかもしれない。『CAMERA』という雑誌には、地方から救護のためにきた青年団員たちが、首にカメラをぶらさげて写して歩いているとの証言がある。[11] しばしばヒューマニズムの美談に塗りこめられがちな災害ボランティアのなかの、震災見物の心性が興味深い。『CAMERA』の編集にあたっ

いたしますは、われわれ市民としてぜひとも忘れることのできない、大正は十二年九月一日午前十一時五十八分東京大震災の実況お写真であります。みなさんがたぜひともみ仏の御供養御記念として、かつまた永遠の御記念として御賛成を願います。最初はおそれおおくも宮城前の大亀裂から、つぎは有楽町のサンギャク、いずれもこのうえが震災前で、下が震災後になっておりますから、どなたにもわかりやすくなっとります。版は上等版のコロタイプ、写真はこれ以上鮮明にはできません。これを不鮮明というかたはありますまい。つぎはこのたびの大震災とともに六百有余名の屍の山を築いたというのがこの新吉原であります。つぎは日本一の娯楽場とうたわれました浅草の活動写真街もあわれ、一場の夢と化し、松竹の御園座の焼跡を残したのみで影も形もありません。浅草名物十二階は、このたびの大震災とともに倒壊し、あまつさえ工兵隊をもって影も形もありません。これはのちのちまでも唯一の御記念として御賛成を願います。ハイ、少々おまちください」〔『アサヒグラフ』一九二三年一一月二一日号〕。

絵はがきでかなり儲けたという光村印刷所の経営者・光村利藻の伝記には、罹災して家を失い職を失った人びとが、露店で仕入れた絵はがきを売っていたことなどが書かれている〔増田信之、一九六四：三四八‐三四九〕。

(11) 写真家の三宅克己は雑誌『CAMERA』の大震災写真号で、地方から野次馬のように集まってきて、安物のパールカメラを携帯して見物にまわっている青年たちをしばしば見かけたと書き、「かくの如き輩こそ、暴利商人火事場泥坊にも増した不埒漢として、大いに懲戒すべき者」〔三宅克己、一九二三：五一四‐五一五〕と感じている。

た人物は、「そういう輩はけしからん」といいながら、いかに自分たちにとって魅力的な新しい被写体があらわれたかを論じていたりする。[12] こうした欲望が、震災絵はがきの原版を生み出していたことは大いに考えられる。

好奇心が、写真という道具を使いながら、うろうろと動き回る。ちょうどツーリズムのなかの旅客とほぼ相同の関心のなかで、絵はがきという商品が誕生した。そうしたメカニズムの具体的な連関を踏まえることなしに、乗りこえを組織することはできないだろう。そして雑誌『CAMERA』(図6-10)の証言は、カメラをもった男が避難民に袋だたきにあったといううわさ話を記録している。[13] 実際それに近い現象は存在したし、顕在化しないまでも、多くの人びとが被災者という以上に視線の暴力を感じた事実を見落としてはなるまい。それは一面において、人類学や社会学における調査者／被調査者関係にもつながる、見る／見られるという関係の問題を提起している。

しかしこれを、調査するもの個人の倫理や配慮の問題だけに単純に還元してはならないだろう。

たとえば、一九九五年の阪神・淡路大震災においても、報道され広く写された場所に、同情が集中し義援金が集まるという事実があった。現代の社会においては、利害も倫理も、複雑な網の目のなかで作動せざるをえない。であればこそ学問的な営為において問われるべきはむしろ、対象の生態を描写し、構造を分析するわれわれの記述の運動を、あるかたちでささえることの意義を自覚するとともに、同時に包囲している社会・歴史的な制約や抑圧そのものを意識化し克服すること、すなわち乗りこえなのである。

あまりに普遍的で概略的な問題提起かもしれない。

それはまだ絵はがきの歴史人類学が、マニフェスト以上の高い達成を組織していない現状に

図6-10『CAMERA』一九二三年一〇月号

(12)「新しいジャンル」[鵜澤四丁、一九二三:五一八-五二〇]。同じ意味の発見を、三宅克己もまた「写真の図題は、震災よりも火災の跡に多い。今までは夢にも見ることのできなかった新しい材題が、いたるところに現出する」[三宅克己、一九二三:五一四]と述べている。

(13)「天災勃発」[三宅克己、一九二三:五〇八]。

あるからだ。普遍の細密なる描きなおしは、具体に対する研究の蓄積の厚みに依存する。ありうべき「観光人類学」の可能性からしても、絵はがき研究はいまだ未開発の分野であり、挑戦者を待つフロンティアなのである。

第7章　観光の誕生——絵はがきからの暗示

通説としてよく言及されるところによると、観光ということばの登場は一九世紀のなかばだとされている。一八五五(安政二)年にオランダ国王から徳川幕府に贈られた木造蒸気船の軍艦「観光丸」の命名が最初の用例で、『易経』の「観国之光」という語句に由来する、という(1)。

しかし中国の古典にさかのぼる文字のやや厳めしい組みあわせと、近代のいわゆるツーリズムを満たしている気分とのあいだには、同じ文字記号を用いながらも、ほとんど「こじつけ」といっていいくらいの距離があった。風光見物の行楽気分を直接に指ししめす今日の語義は、せいぜい一九一〇年代前後からのもので、周易に由来する釈義よりも、外国から旅行者とともにもたらされたsightseeingという気分に重なる。sightが眺めや光景で、seeingは観ることだから、ほとんど直訳としてもいいような重なりである。その意味ではむしろ福沢諭吉の『西洋事情』での用例(2)のほうが、いま使われている語感に近い。

支配者が文物や制度を視察して国の威光を観るという抽象的な理念よりも、外国や地方からの旅行者・遊覧者の増加の実態のほうが、新しいことばを必要としていたのかもしれない。一九一八(大正七)年に刊行された実業之日本社の新語辞典『新しい言葉の字引』には、「観光団」の語が載せられていて(3)、次のような解説がある。

(1)「観光丸」に語源を求める通説が参照しているのは、多くの場合、鉄道省で働いていた井上萬寿蔵の『観光読本』[井上萬寿蔵、一九四〇](図7-1)である。ちなみに『日本国語大辞典』には、一六・一七世紀の用例が載っているが、いずれも漢籍由来の威光を観るというような意味で、いわゆるsightseeingの見物遊覧とは異なっている。

図7-1『観光読本』

(2)福沢諭吉は『西洋事情』[一八六六-七〇]の初編で、自分のヨーロッパ旅行はあまり長いものではなかったので「一時の観光」にすぎず、「詳らかに彼の国の事情を探索する」ものではなかったと述べている。

(3)参照したのは、一九二一年一〇月発行の訂正増補第五〇版である。

観光団　視察・調査など特別の目的を持たず、単にその地の風光を見物するために出かける団体。ハワイの同胞で日本に来るのが母国観光団、地方人の東京見物が東京観光団。

海外への移住者やその子弟がビジネス以外の目的で日本見物に帰ってくる、それを「母国観光団来る」などと、新聞でもしきりに報道したとの証言もある。(4) さらに戦間期には欧米諸国のツーリズムにあと押しされた豪華な客船や世界周遊クルーザーなどが、日本に寄港する。そのような旅行者の渡航目的は、いうまでもなくsightseeingであった。

桑原武夫は「大正時代には観光という言葉はなかった。名所見物といったが、それも盛んとはいえなかった(5)」と述べている。ことば自体がなかったという桑原の個人的な認定にそのまま寄りかかるわけにはいかないが、記憶に刻みこまれるほどには使われておらず、自身も使った覚えがないことは、証言として貴重である。桑原は一九一九(大正八)年の中学生の頃、友人と奈良見物を試みたが、どこを見るべきかを教えてくれる観光の案内書は学校の図書館には一冊もなく、日曜日なのに唐招提寺や西大寺の境内にはいずれも人っ子ひとりいなかった、という。実際見物すべきほとんどは古跡神社仏閣の名所だけであったが、観光は産業化以前の段階にあった。

これに対して、観光の語が世間で広く使われるきっかけとなったのが、一九三〇(昭和五)年の「国際観光局」の創設である。(6) 国際観光局は、外国人客の誘致を目的とした関係施設や組織の連絡統一のための行政組織で、鉄道省におかれた。翌年に組織されたという国際観光協会は、そのための事業を資金的にささえ、広告などを行う財団法人で、国際観光局のなかに事務所が設けられた。そして、地方にも観光協会などの団体が生まれ、観光の語が日本社会に広まっていったのである。(7)

(4)『観光読本』[井上萬寿蔵、一九四〇：一二]

(5)「大正五十年」[桑原武夫、一九八〇：三一四]

(6) 同時代の新語辞典は、次のように記している。「観光局　正確に云へば「国際観光局」、頭の善い江木鉄相の考案になるもので、ドシドシ外国から観光客を招いてフンダンに金を使はせようと云ふ「国際的牛太」である。日本の名物は富士山に桜にゲイシャだ。一億円ぐらゐは落して行つてくれ。頼む」『モダン語漫画辞典』[中山由五郎編、一九三一](ただし参照したのは一九三二年一月発行の改訂版)。「牛太」は「牛」「牛太郎」「妓夫太郎」「妓夫」ともいった職業のことで、遊女屋の使用人としての客引きを指した。悪所の客引きへのなぞらえは、いささかシニカルな解説である。

(7)[ジャパン・ツーリスト・ビューロー、一九三一：五一七-五三九]

世界の認識における「目の優越」

sightseeingという英語にも共通するところだが、「観」にせよ「光」にせよ、その文字表象は「目」の働きを基本とする。ことばに寄りそってみると、見ることそのものが意味の中心をかたち作っていて、見ての楽しみが強く刻印されている。そして、五感のなかでの視覚の優越こそ、一九世紀末から二〇世紀にかけて増大した、旅行者大衆の身体のありようを鋭く特徴づける論点であった。

先に挙げた桑原武夫のエッセーは、大正が始まって五〇年ほどのあいだに観光が普及し定着したことが踏まえられている。そして、そのこと自体がまさに視覚経験の優越をものがたり、一九六〇年代当時の日本の「大衆社会」の特質につながっていることを指摘している。一例として挙げているのが、「あの飲食店のショーウィンドーの食べ物見本」である。あの細工物の食品模型（食品サンプル、図7-2）を俗悪と嫌悪する人もいれば、合理的と高く評価する人もいるのだが、「震災のころに生まれ、しだいに精巧化されつつ今日も決して衰えない」[8]。

食品模型[9]はかつてロウ（蠟）の細工物であり、今日では樹脂を素材に作られている。カラー写真印刷のメニューが普及する以前の時代の外食において、大きな役割を果たした。なじみのない土地で、勝手がわからないままに食堂に入ろうとする人びと、すなわち旅人としての観光客に対して、食べるもののイメージを直覚的に伝え、選択を補佐する情報媒体であった。すなわち、日常的な知識をもたない、不特定多数の、未知の消費者のための「食事」がターゲットである。それを重要な契機とするような、観光の市場が切り開かれたことをものがたっている。

社会学者ジンメルが、拡張する近代の交通は視覚的印象の役割を増大させていると見抜き、目の優越を都市の本質として定式化したのは、おそろしく大胆だが卓見であったと思う。大都市は、未知の人びとと出会う機会は多いのに、その声に耳を傾ける経験は少ない。むしろこと

(8)「大正五十年」［桑原武夫、一九八〇：三二二］

(9) 食品見本については、野瀬泰申の『眼で食べる日本人』［野瀬泰申、二〇〇二］が徹底した調査を行っている。それによると、今日のサンプルケースの源流となったのが、一九二三（大正一二）年一一月一日にオープンした白木屋日本橋本店仮店舗の食堂であったという。

図7-2 食品サンプル

ばを交わさないままに、人びとを見ることが増えざるをえない、そうした一方向的なコミュニケーションの断片を寄せあつめて、都市の経験と精神生活が成立している。そうして工業化し巨大化し大衆化した都市こそが、観光客という名の旅行者の生産地であると同時に消費地であった。

空間としての都市は、観光文化分析に不可欠の論点だが、ここではこれ以上は深入りしない。しかしながら、ここで述べたような「目の優越」が、文化の調査研究に落としている影についてては、あらためて自覚化しておく必要があろう。

それは上述のようなコミュニケーションの一方向性と深く関わっている。目は表面的でおおざっぱな全体を印象で把握するには便利だが、他方でまたその強い印象に人はまどわされ、だまされもしやすい。一言も土地通用のことばがわからない、通りすがりの旅人が、かえって大胆な解説者になり、まるで本質を見抜いたかのような断定をくだすのは、じつは彼らが「耳で疑う」(10)までの身体的な採集力をもっていないからだという。そのような方法論的反省の大切さを、私は柳田国男という民俗学者の著作から学んだ。

目の採集や耳の採集を組織化したフィールドワークの有効性は、まさしく目の疑いだけでなく、耳の疑問の裏打ちがあって初めて、ひとつの方法となる。都市は、その有効性の保証をあたえないままに、ひとを未知なるものと日常的にすれ違う経験の場に放りこむ。

メディアとしての「絵はがき」

具体的であるかのようなよそおいであらわれる、目の直観的な解説力が問題である。それに依存し、その楽しみに耽溺してはならないというとき、その方法的教訓を検討していい素材として「絵はがき」がある。

(10) もともとの柳田国男の文章は『民間伝承論』という方法論の著作にあらわれるもので、「とにかく目はよくいぶかるが、見なおしてまたよく自ら解説する。すなわち短期の観察者にはもっとも大切な武器であるとともに、幾分かそそっかしい推断者にするきらいがある。いわゆる観光団の一土語も解せぬ者が、もどって大胆な批評家となるなどは、いわば耳で疑うまでの能力がないおかげであった」[柳田国男、一九三四→一九九八：三七]。この示唆にもとづいて、『読書空間の近代』の社会調査実践の解説図における「感覚論的秩序」が設定された[佐藤健二、一九八七：二五四‐二七三]。

絵はがきは、どこか代わり映えのしない、さえない観光みやげとなってしまっているかもしれない。この小物が、しかし日本では日露戦争の戦勝記念とともに、一大ブームになったことは忘れられている。このブームは、各地の町場に絵葉書屋を生み出した。災害や事件を写した時事絵はがきや、全国版のスターを誕生させた美人絵はがきなど、グラフ雑誌やスターのブロマイドに近いジャンルを生み出していく。諸ジャンルを興亡させながら、やがて観光地と結びついた名所絵はがきだけが生き残っていく。鉄道網の発達のようなマクロな構造変動や、万年筆の普及に象徴される日常生活空間での変容などを下敷きにした、その忘れられたメディアの歴史的な多面性については別に論じたことがある[11]。

ここでは、風景の発見あるいは生産という現象との結びつき、さらにはすでに述べてきたような目の優越の態度の拡大再生産において、絵はがきの果たした歴史的・社会的な役割の一端を、三つだけ簡単に論じておきたい。

(11)『風景の生産・風景の解放』[佐藤健二、一九九四]、[SATO 2002]など。また万年筆の普及との関連については、本書の第9章でも論じている。

風景の景観化

第一は、絵はがきが促進した「風景」の視覚化、すなわち「景観」化である。

かつての名所旧跡は、歌の文芸や古典の故事と結びつき、それを引用する教養が話題にするものたちの経験に奥行きをあたえていた。しかし風景が、写真に切り取られるようになって、そこに固定され提示された視覚的な印象だけが突出するようになった。しかも、写真はまるでそこに立って、現実を見ているかのような先取りのバーチャルな感覚をあたえてくれた。

民俗学という新たな日常文化研究の創設者が『明治大正史 世相篇』の「風光推移」で指摘したのも、そうした視覚の中心化の背後で進んだ変容の忘却である。あるいは環境認識の身体論的な空洞化といってもいい。

風景はもと今日の食物と同じように、色や形のあとに味というものをもっていたのみか、さらにはこれに伴うて、いろいろの香りと音響の、忘れがたいものをそなえていたのである。それを一枚の平たく静かなるものにする技芸が起こって、まずその中から飛び動くものが消え去った。それでも昔の画には法則のように、必ず画中の人があり、もしくは花鳥という配合の約束の如きものがあったのだが、後にはそれさえも無用のもののように認められることになった。個々の感覚を他と切り離して、別々に働かせることは修養の要ることであった。俗人にはおそらく無声の詩を想像することが難かった。そのためにわれわれの環境に対する喜悦満足は、名もない空漠たるひとつの気持ちとなり、それがこの頃のようにいくつか欠けたものを生じて、はじめてあれはなんだったのかと尋ねなければならぬようになったのである。(12)

ここでいう「一枚の平たく静かなるもの」は、さしあたりは花鳥風月の絵画であっただろうけれど、今日であれば写真という、光景の複製技術を考えるべきであろう。音や香りを失った平たい写真で、その二次元の画面のかぎりでの視覚的な迫力を競うようになって、風景はいかにも「絵はがき」の決まりきった配置と山水景物の主題に低迷していく。そして、人びとの観光意識と風景観に、定型の鋳型（図7-3）を嵌めていく。

複製という増殖力

第二に、絵はがきが印刷物としてもった力にも、精細な描写で人びとを驚かせた写真の力ともども、注目が必要である。印刷の高い複製力において、名所の観光地化をまさしく大衆的に推し進める役割を果たしたからである。

(12)『明治大正史 世相篇』〔柳田国男、一九三一→一九九八：四三六〕。すこしこの引用には、演習の資料として取り上げる際の解説が必要かもしれない。いくつか注目すべき論点を指摘しておこう。

第一に、最初の文の眼目は、風景が視覚的なものに限定されていなかったという指摘である。すなわち色やかたち以外にも、耳でとらえる音、鼻で嗅ぐ匂い、あるいは味わいというような五感の総体で認識するような全体性を有していたことが押さえられている。

第二に「平たく静かなるもの」が画面を意味するとともに、音を失って固定的な存在になっていることはいいとして、「飛び動くもの」が消え去ったという指摘に、風景が山岳河川の遠景に引き寄せられて、近景の動物たちを含みこんだ環境から引き離され、距離をもって眺めるものになってしまった事実を考えるべきであろう。

第三に、個々の感覚を切り離して個別に働かせることは、身体的な習練を要することだという洞察は鋭い。のちのマクルーハンのメディア論・身体論を思い起こさせる。つまり、普通のひとにとって歌は耳にひびき心をゆらすものであって、ただ黙って読んで感動する「詩」など想像しにくかったのだという。逆に写真やサイレント映画のように視覚だけを独立させ、電話のように声だけで相手と会話することが、独自の環境世界の構築であることを指摘している。

であればこそ第四に、われわれの環境に対する認識すなわち「喜悦満足」に、どこかことばでとらえられない隙間が生まれたのではないか。なにか明確には指ししめすことがむずかしいながら、欠けたもの・思い出せないものが生み出されてしまったのではないか、という問題提起

このメディアは、まだ行ったことのない場所に対する想像力に、写真に切りとられた美しさをあたえた。と同時に、「新日本八景」を投票で選ぼうとする新聞社の試みに典型的に見られるように、(13)風景をある抽象性においてランクづけ、その優劣を競うようにして、新しい有名性を生み出していった。そして名高いところである「名所」を追いかける観光客を呼び寄せたのである。

そうして生み出された無数の観光客は、一方において全国的に名の通った「観光地」という特異な突出を形成する大きな資源となった。と同時に他方で、彼らの移動の便宜を下ざさえした鉄道という新しい道は、近隣の交通によってつながっていた無数の峠を草が閉ざすにまかせ、地方のかたすみに数多くあった、特に写すべきものもない市や湊や町場の小さな賑わいを衰弱させていった。

旅する主体の記憶の媒体として

第三に、この小さな画面は、旅した人びととの記憶の媒体であった。

絵はがきを書いて出す行為は、必ずしも特定の人に伝えたいメッセージが存在することを前提としていない。むしろ、絵はがきをささえているのはまさしく「用件のなさ」である。それゆえにこそ、旅先からはがきを送ることそれ自体が意味をもつにいたった。すなわち、その地の風景の絵はがきを買い、また旧知のだれかに出すことそれ自体が、観光客として旅先にあるとの気分を生み出し、自分が観光を体験した証として思いを「思い出」に刻みこむことを意味したのである。(14)

図7-4の「股のぞき」の絵はがきは、おもしろい論点を提出してくれる。

天橋立と結びつけられたこの「身ぶり」が、さていつ頃に形成され、いつ定式化したのか。

が鋭くつきつけられるのである。

図7-3 定型的な「逆さ富士」

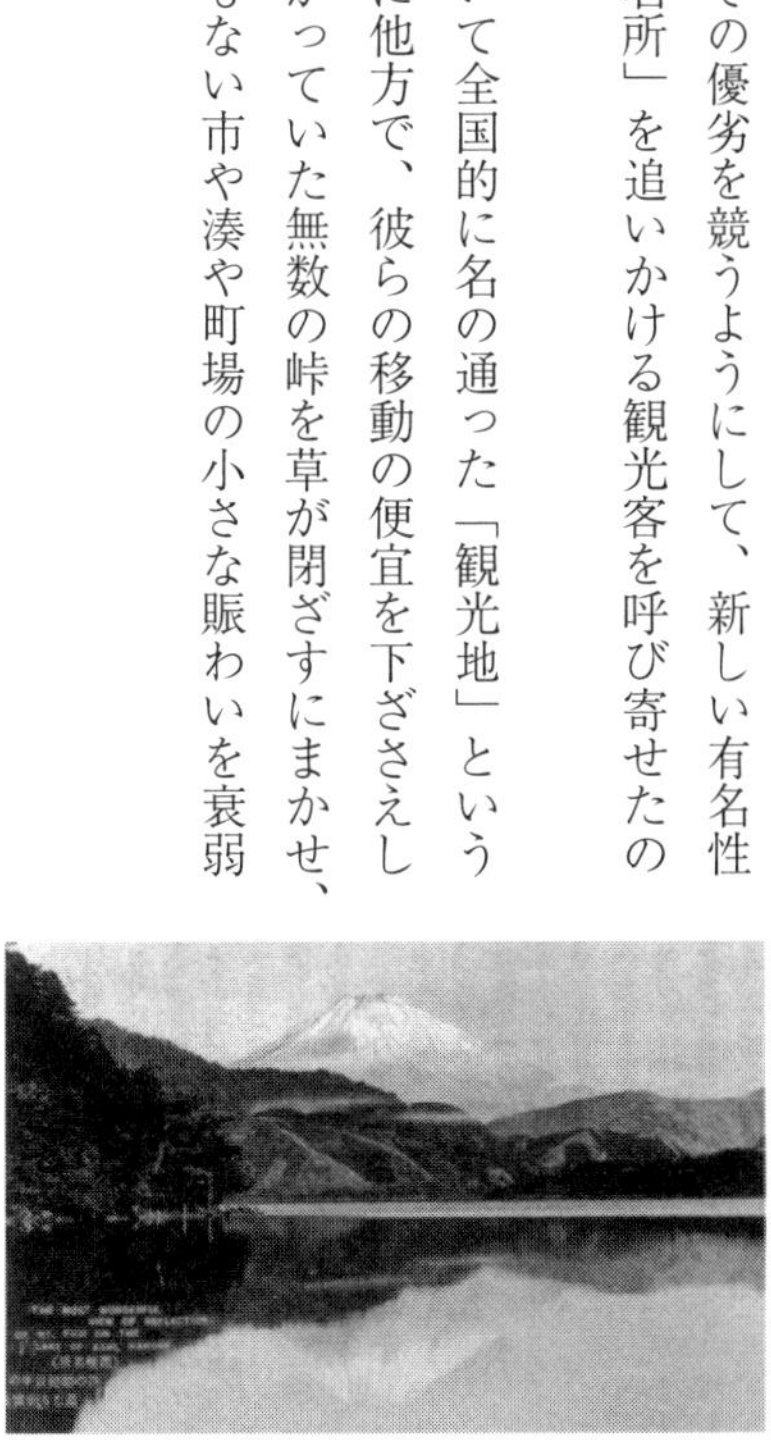

(13) 読者の人気投票によって景勝地を選ぶ新しい試みとして、日本八景のイベントがあった。一九二七(昭和二)年の、この美人コンテストのような名所選択のイベントについては、白幡洋三郎[一九九二]が詳細に論じている。

(14) そしてやがて、この絵はがきにこめられた機能は、大衆化したカメラの普及に置き換えられ、今日のスマホの文化へと接続していく。その意味では、絵はがきを購入することと、自らを風景のなかに写しこむこととは、そう思われている以上につながっている。

その起源と変容とを探った研究の有無は寡聞にして知らない。しかしながらこの身ぶりは、名称である「天にかかる橋」の所以を、上下を逆転させることで身体的かつ通俗的に理解し解説する工夫であった。つまり身体的な「絵解き」であった。そして同時にまた、そこに訪れた観光客の観光、すなわち見たという経験を通じて「来た」という事実を確証する儀式でもあったのである。

絵はがきを買い、出すこともまた、消費社会における観光の儀式ととらえることができるだろう。そして写真印刷の産業化が、その儀式的慣習を大衆化した。であればこそ、やがてカメラがさらに大衆化していくと、この観光の事実を記憶に刻みこむ儀式は、その風景のなかに自分たちを写しこむプライベートな「記念写真」へと変化していくのである。

視覚の優越という観光文化の論点は、じつに多くの側面からの分析を必要とするだろう。複製技術や市場の生成、さらには鉄道から読み書き能力のありようにおよぶ、絵はがき文化の興廃は期せずして、この資源に孕まれるであろう論点の豊かな拡がりを暗示している。

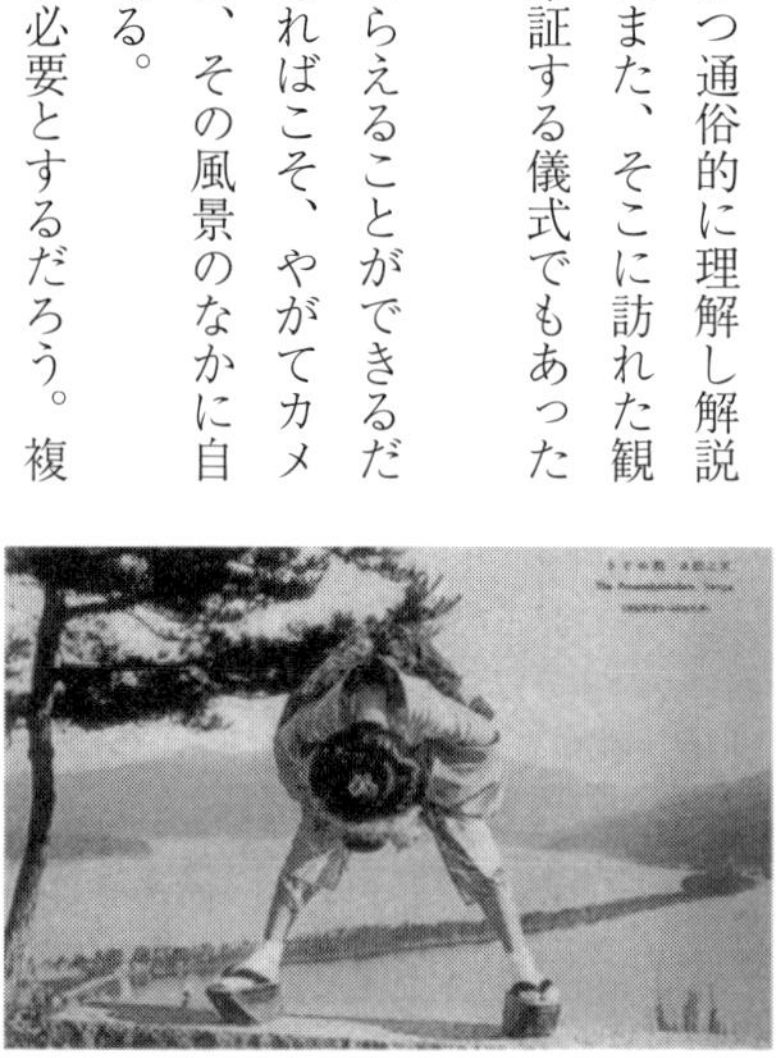

図7-4 股のぞきの絵はがき

第8章　新聞文学——新聞と文学との出会い

いまはもうだれも使わないだろうけれど、「新聞文学」という概念があった。

一九三〇年前後の円本時代に生み出され、その企図を共有する時間もあたえられないままに、戦後には「記録文学」という同じく一九三〇年代に新語であったことば(1)の影にかくれ、さらに外来語の「ルポルタージュ」「ノンフィクション」「ドキュメンタリー」ということばの下に埋もれてしまった。代わって流布したカタカナ語のほうも、よく耳にはするものの、さて文学を論ずるのに必要かというと、あまり積極的には利用されないままに放り出されている。便宜的なジャンルをあらわすものとして、ライターや出版業界の周辺で使われただけで、文学史に切りこむ力をもつようには、鍛え上げられなかったからである。

「戦争と文学」特集のなかで「新聞」を論じてほしいというテーマを投げかけられて、この打ち捨てられた領域を思いだした。新聞というメディア・テクノロジーへのまなざしと、文学とはなにかという問いが、このことばのなかでどう出会ったのか。この概念が占めようとした位置と、そこに潜在していた戦略の可能性についてあらためて論じることは、新聞に代わってインターネットなど新しいメディアが生まれつつある時期だからこそ、意味があろう。

(1)『モダン用語辞典』〔喜多壮一郎監修、一九三〇〕(図8-1)に「一切の歴史的事実にもとづいての文学である。徳永直の『太陽のない町』鹿地亘の『動員』等は即ち記録文学である」との語義解説がある。

図8-1 中扉デザイン

神崎清は『明治記録文学集』の解題で、「記録文学は、比較的耳あたらしいことばである。起源をたどってみると、外国から輸入された概念で、ドキュメンタル・リテラチュアの訳語である」〔神崎清、一九六二：三九一〕と述べている。

新しい文体

「新聞文学」の文字が多くの人の目に触れたのは、黒と翠と黄土の羽根をもつ鳥と花を配し、朱色の直線の交差が美しい表紙の、改造社版『現代日本文学全集』[2]によってである。杉浦非水の装幀（図8-2）だった。だれの発想によるものか、ここにいささか意外な題名の『新聞文学集』の一冊が加えられた。

巻頭の無署名の「総序」は、近代文学史を考えるとき、「新聞文学」を避けて通ることはできない、とその意義を高く掲げ、次のようにいう。

> ジャアナリズムといふと、とかく純正文学から異端視され、文学の領域から取り放される傾向があるが、それは、新聞及び文学に対する、正当な認識であるとは云ひ得ない。[3]

総序の筆者がここで使っている「ジャアナリズム」は、この一冊に収録された新聞文学の領域とほぼ重ねあわせており、あるいは、その生成の現場としてとらえているように思える。しかし、異端視されている世間での芳しくない語感をもちこまないように、とりあえず「新聞」プラス「文学」という目に新しい語彙を工夫したのだろう。その切断は、戦術として正しい。

それでは、いかなる方向へと転換させたかったのか。

書かれた通りを解釈するなら、総序が願ったのは、文学の側の寛容というような消極的なものではなかった。ジャーナリズムの作品もまた、広い意味でなら文学ととらえ、全集に含めてみてもいいというていどの譲歩ではない。むしろ新聞が生んだ新種の文章と文体こそが、日本文学史の構築に欠かせないと主張していく。すなわち、つきつめていけば文学概念そのものの変革に関わる積極性である。「日本文学の様式に及ぼした偉大な革命[4]」であったとまでいう。

(2) この改造社の全集は「円本」の嚆矢といわれるもので、震災後の不況のなかから構想され、企画発表当初の一九二六（大正一五）年一一月の予約募集内容見本では「本巻三七冊、別巻一冊」であった。この企画の大あたりは改造社を倒産の危機から救い、最終的には全六三冊にまで増巻されて、一九三一（昭和六）年に完結した。紀田順一郎は、この全集には「文学概念のパラダイム変換」［紀田順一郎、一九九二：一四］をねらう意図が編集にあった、と論じている。当時の現状はというと、明治以降の日本近代文学は、近世以前の古典文学や輸入翻訳の西洋文学に比して一段低いものとみなされがちであった。こうした風潮に対し、明治・大正における日本近代の文学者に光をあてただけでなく、「少年文学」「宗教文学」「歴史・家庭小説」「社会文学」「戦争文学」「新興文学」「新興芸術派文学」など、文学の範囲をおどろくほど拡げたからである。

図8-2『現代日本文学全集』

(3)「総序」『新聞文学集』［山本三生、一九三一：二］

(4)「総序」［山本三生、一九三一：二］

すなわち新聞・雑誌は、維新前後の日本の文章の「欧文」「漢文」「和文」が錯綜する混乱期から抜け出して、現在という時と向かいあう「新文章の王国」を作り上げた。「それは、記述と評論の二つの世界に君臨して、思想の表現と、描写の自由精神において、未だかつて求め得られない新生命を、広く当時の文学、思想界に吹き込んだ画期的な業績であつた」(5)がゆえに、この一巻は編まれたとある。「記述と評論」の区別、「思想の表現」とは異なる役割をもつ「描写の自由精神」というあたりが、キーワードであろうか。そのとき「新聞文学」とは、文章の世界、すなわち書く文化にもたらされた新しい様式であった。

この新聞文学の規定は、存外に意欲的である。

新聞に発表された文学作品でも、新聞記者が書いた小説や創作でもない。新聞というメディアが生み出した言語表現の様式そのものにおいて、その理念を成り立たせようとしているからである。いいかえれば、新聞という社会的な言語技術の形式そのものを、「文学」に変革を生み出し、新たな形態を基礎づけるものとしてとらえようというのだから、この企図それ自体が新たな文学史の構築である。

しかし、この一冊に集められた作品が、実際にこのような理念を具体化してくれているかというと、残念ながらそうはなっていない。その点で、理念と達成とのあいだには、見過ごせないへだたりと断絶がある。

たぶんこれは円本時代の幕開けでもある、この改造社版『現代日本文学全集』自体の編集方針の歴史的な限界とも深く関連していよう。どこかで文学のパラダイム変換を意識しつつも、現実的には巻構成の基本を、作家という主体に中心をおいて編集していかざるをえなかったからである。そのためにけっきょくのところ、この一冊は新聞を文筆活動の舞台とした新聞人たちの文章集成に終わってしまった。いかなる意味でこれらが文学なのかも、前面に押し出して

(5)「総序」(山本三生、一九三一：二)。結果として、古澤滋、栗本鋤雲、福地桜痴、犬養毅、西園寺公望、原敬、陸羯南、朝比奈知泉、田口鼎軒、西村天囚、黒岩涙香、池辺三山、山路愛山、渋川玄耳、鳥谷部春汀、大庭柯公、杉村楚人冠、福本日南の一八名の文章が収められた。

語られていない。記録し報道することと、批判し論評することとの二つをつなげる、文体・様式の形成を、独自の主題として浮かび上がらせることはできなかったのである。

ジャーナリズムと文学

だが、新聞人そのものを文学の主体ととらえ、光をあてること自体が、じつは常識を踏み出した、それなりの力仕事だったことにも正当な評価が必要である。

「総序」が当然のように「新聞」「ジャアナリズム」の対立項を「純正文学」と表現しているのを見ると、「文学」ということばの位置が気になる。このときの「文学」は今日の「文化」以上に非政治化され、純粋で高尚な文化・芸術の正統としての地位を、当時のアカデミズムと出版市場のなかですでに確立していたことがわかる。

同時代に同じような立場から「新聞文学」[6]を論じた長谷川如是閑は、高級文化として制度化された「文学」に対して「ジャーナリズム」の語感がもつ劣位とうさんくささについて、次のように描写している。すなわち、ジャーナリズムは、その記述に「学問的精確を欠く」ことはもちろん、庶民の常識的な「正しい認識からも掛け離れ」、「芸術的精錬から遠い」ばかりか、センセーショナルで「不健全の昂奮性を伴つた態度」であるとしか見られていない。だから「ジャーナリスト的の学者は、堕落学者といはれ、芸術家のジャーナリスト的なるものは、俗流文士と貶される」[7]と。

ジャーナリズムと文学をこのように対比させる常識には、じつはすでに近代社会に生まれていた数多くの対立・分割が動員されている。すなわち、政治と文学の断絶、市場経済と芸術文化の分業、大衆とエリートの乖離、あるいは拡散と集中、運動と学問、現実と理想の区別などなど。いずれもの分割線が、すでに社会のさまざまな局面で実感され、再生産される慣習《ハビトゥス》であ

(6)「新聞文学」(『岩波講座 日本文学』第四巻)[長谷川如是閑、一九三三]。岩波書店が大学での講義になぞらえて、一定のテーマや学問領域での問題を、さまざまな専門の著者に分冊形式で論じてもらい、全体として体系的にその領域を概観する「講座もの」を商品化したのは、一九二〇年代の末からである。『岩波講座 日本文学』は、一九三一年六月から一九三三年四月まででほとんどの予定書目を刊行するが、この編纂刊行事業が副産物として、文学のアカデミックな研究の雑誌『文学』(一九三三年四月-二〇一六年一一・一二月)を生み出したことは記憶されていい。

(7)「新聞文学」[長谷川如是閑、一九三三:七]

った。ジャーナリズムと文学の対立は、一見すると一枚岩同士のように単純に見えて、実際はこのような微細な対立の積分として成り立っている。

だからこそ、もしも新聞文学の概念が成立したとすれば、それは、芸術的価値に自閉してしまった文学と同時に、イエロー・ジャーナリズム化しつつある新聞の双方を批判するものになったように思える。そのとき、新聞文学の中心にすえられるべきは、超然とした純「文学」とも、「新聞屋《ぶんや》」のセンセーショナリズムとも異質な、事実のもつ公共性と向かいあう文体であり、その文体を通じて社会を観察し記述する主体の洞察力であったはずである。

その意味で、理念としての新聞文学は、戦後の『岩波講座 日本文学史』において杉浦民平が「記録文学」として確立しようとしたジャンルの先駆である。[8] もちろん、記録文学論そのものが十分に育ったのかどうかについて、私自身は専門的に論ずるだけの知識がない。しかし、ノンフィクションという現代のことばと、文学という中心の位置を占める概念のあいだには、あまり見つめられることがない、それゆえに重要なものとはけっして考えられることがない距離が、いまなおあるように思う。

(8)「記録文学の歴史とその現状」(『岩波講座 日本文学史』・第一二巻)[杉浦明平、一九五八]

想像を共有させるテクノロジー

記録文学にせよ、新聞文学にせよ、その内実を十分に展開させるためには、新聞というメディアの考察が不可欠である。新聞が歴史的に媒介した情報の生産共有システムの形成史をたどり、その構造的な特質を踏まえる必要がある。

今日のわれわれが、報道機関をしばっている当然の責務と思うような、事実に対する誠実さ(そのための直接観察の重視、裏づけ取材による検証など)を、新聞がその言説生産システムの中心にすえるようになるまでには、それなりの年月が必要であった。西洋近代においても、同様である。

戯作者の筆力を利用して毎日刊行へと離陸した近代日本の新聞が、いつ頃から、いかなるかたちで今日のシステムへと制度化されていくのか。興味深い問題である。早くは小野秀雄の『日本新聞発達史』[9]に始まり、微に入り細にわたって展開してきた新聞史研究にまかせよう。ただ、ここでは日本だけでなく、世界的に見ても、一九二〇年代には新聞システムが近代の情報空間形成に果たした役割が、自覚的に対象化され始めたということを確認しておきたい。新聞システムが、それ自体が形成してきた歴史の厚みにおいて、論じられ始めたのである。

そのなかで、新聞には第一に、事実を報道し、社会的に共有するシステムとしての意義・役割があたえられた。「社会の木鐸」や「文明の先導者」等々の、新聞に対する独立したエージェントすなわち行為者の形容はこの時代の認識に由来している。

と同時に第二に、新聞がもつ、リアリティを作り出し共有させてしまうシステムとしての力もまた、一九二〇年代には強く意識され始める。たとえばウォルター・リップマンが『世論』[10]で提出した「疑似環境」概念は、その力のもつ危うさについての早い時期の警告であった。これまた詳しくは論じられないが、この疑似環境論はときどき誤解されるように「疑似」だから悪いというような、単純な論難でも否定でもなかった。それゆえ、真実を自由に報道すれば問題は基本的に解決する、などという浅薄な結論をここから引き出すのは誤りである。むしろ人びとが獲得するようになった「想像力」を問題にした点で、ベネディクト・アンダーソンの、すでに古典となった『想像の共同体』[11]を先取りするものでもある。

アンダーソンは「新聞が印刷の翌日には古紙になってしまう」という発行システムの定着それ自体が、世界共通のカレンダーの内在化を生み出していくことを、次のように述べる。すなわち、新聞を読むということ自体が「異常なマス・セレモニー」であり、「虚構としての新聞を人々がほとんどまったく同時に消費(「想像」)するという儀式を創り出した」のである。この

(9)『日本新聞発達史』[小野秀雄、一九二二]。これに時代的に先行するものとしては、石井研堂の起源の考証([石井研堂、一八九一][石井研堂、一九〇八])や『本邦新聞史』[朝倉亀三、一九一一]などがあるが、本格的な研究は宮武外骨が主任を務めた明治新聞雑誌文庫(一九二七年創設)の収集・蓄積や、『明治文化全集 第一七巻 新聞篇』[吉野作造ほか、一九二八]の刊行を含む、明治文化研究会の下ざさえのもとで展開してくる。

(10)『世論』[Lippmann, 1922＝一九八七]

(11)『増補 想像の共同体』[Anderson, 1991＝一九九七]

「沈黙の聖餐式（コミュニオン）」に参加するものはみな、自分の行っているセレモニーが、数千あるいは数百万の、その存在については揺るぎない確信をもっていても、それでは一体それがどんな人びとであるかについてはまったく知らない人びとによって、同時に、同じように行われていることを知っている。それが毎日毎朝、くりかえされる。新聞はこの想像の共同体に流れる時間を支配する「世俗的な歴史時計[12]」となる。情報の新しさも、速さも、じつはこのような想像上の世界時計を共有し、つねに参照することなしには、確かさをもたない。新聞という紙製の時計針こそが、ひとつの言語の内側に、空間として表象される社会の想像を成り立たせる仕組みだった。

リップマンが「疑似環境」ということばで、注目したのも、同じく想像の共有空間の生成である。もちろん、時間の枠組みだけではない。さまざまな個別情報も伝達され、共有される。しかしながらむしろ、いうならば基本となるフレームからの共有をインストールするシステムであると見るところに、近代新聞という印刷物の力をとらえる新しさがある。「新聞文学」という概念に挿入すべき「新聞」は、そのような力能をもつメディアだったのである。同様に、制度化された近代新聞システムが生みだした自明性のうえに無自覚に乗ってしまった論理が、いかにメディアとしての新聞それ自体の認識において不徹底なものを生み出してしまうかを、以前に「新聞錦絵とは何か[13]」で論じたことがある。

(12)『増補 想像の共同体』[Anderson, 1991＝一九九七：六二]

(13)『幕末明治ニュース事始め』[木下直之・北原糸子編、二〇〇一]に載せたもので、本書の第4章の素材となった。

戦争文学と「反戦」

一九三〇年代になると、新聞報道システムのもつ宣伝の力が、国家から注目され利用されていく。そして第二次世界大戦という「総力戦」の全域化の時代をはさんで、戦後には国民の総動員を生み出したメディアとして、その力能と責任とが問われるようになった。「戦争と文学」

というこの特集の主題がくりかえし問われ、国家と個人、武と文、死と生をめぐるさまざまな問題が論じられるようになる。

専門の文学研究者ではないので、あるいは的はずれの印象かもしれないが、「戦争文学」ということばに、すぐ「反戦文学」を考えてしまう人びとは多いのではないか。そう思うのは、いわゆる「戦後」的な枠組みが、私の印象にもインストールされているからであろう。もちろん、反戦の批判的なまなざしが、戦争の外に立とうとする意志において、戦争の認識と対象化とを押し進めてきたことは事実である。熱烈な共鳴や支持が、まさにその態度ゆえに失いがちな冷静な観察のための距離を、無自覚ではあれ、反戦は最初から担保しえた。

しかし、反戦の立場に立てば、正確な観察が保証されるというわけではない。

とりわけ飛行機等の兵器の技術革新などによって前線と銃後との区別が消滅し、国民国家システムの定着によって軍事と政治・経済・教育とが連続する「総力戦[14]」下において、それに無関係な人間活動はまったくなくなるほどに「戦争」概念は社会のあらゆる実践に全域化していく。そのとき、反戦は、「全体戦争」概念の大きさ見えにくさと同じだけの困難を抱えこむ。すなわち、原理的で理念的なだけの反対意志の表明では、不明瞭で不十分にならざるをえないほどに、戦争がすべてを巻きこんでいく。だから戦争という事態がしめす具体性に近づき、正確に観察し、記述を社会的に共有することを通じてしか、反戦という認識が立ち上がらないことに気づく。

だとするならば、そこで成立する戦争文学は、すでに論じてきた新聞文学の課題と内在的に呼応し、記録文学の一部分を構成することになろう。

制度としての戦争

(14)「総力戦」の概念は、ドイツの軍人政治家ルーデンドルフの一九三〇年代の著作で打ち出されるが、戦争と政治との連続性や、絶対戦争としての殲滅戦の強調は、一世紀前のクラウゼヴィッツの戦争論にまでさかのぼる。しかしながら、このプロイセンの将軍の時代には、戦争を「政治の延長」としてとらえる見かたが新しいと見られるほどに、戦時と平時とは現実的に分離していた。しかし第一次世界大戦から第二次世界大戦にかけての戦車や飛行機の発達など、戦争の工業化ともいうべき生産力の革命が事態を大きく変えていく。経済力だけでなく、人的資源をめぐる教育力までもが、戦力と認識され、それゆえに攻撃の対象となる。のちに触れる山田風太郎『戦中派不戦日記』を含め、戦時下の文人や庶民の日記をみると、飛行機によって可能になった「空襲」が、いかに「前線と銃後の区別の消滅」を認識させたか、また戦争の視覚化であり、総力戦概念の現実化であったかがわかる。

おそらく戦争文学論もまた、記録文学論の挑戦者が悩んだように「残念なことに、われわれの国では、文学のひとつのジャンルとしてまだ十分に確立されていない」「どんな領野をもっているかすら、はっきりしていない(15)」と書き始めざるをえないだろう。第二次世界大戦後の反戦文学や『世紀の遺書』(16)『戦没農民兵士の手紙』(17)あたりまでは、いまの理解でも許容されようが、西南戦争から日露戦争にいたるまで盛んに出された戦争錦絵(18)までを含めるとなると、やはり枠組みから再検討する必要がある。さらにおなじみの『太平記』や『平家物語』にまでもつなげるべきだとなると、もっと大がかりになろう。

新聞を論ずるコンテクストで取り上げるべきは、戦争もまた報道されるべきイベントであったという事実である。そして近代社会においては、オリンピックと同じように、多くの人びとの関心や情動が集中する焦点を、作り上げる仕組みとして作用したという点である。

戦争は世界的に見ても、新聞に重要な多くのコンテンツ(内容)を供給し、そのことを通じて、まなざしや関心を集中させるシステムを、国民社会に成立させた。しかしながら新聞という仕組みが成立したうえで、その通路を報道の内容が流れていったのではない。その関係は、逆転も含め、もっとはるかに相互的である。戦争という国民的な「イベント」の想像が、多くの人びとのまなざしが交差する焦点を生み出し、新聞というメディアが広汎に受容される条件を生み出していったという経路も見落としてはならないからである。

(15)「記録文学の歴史とその現状」[杉浦明平、一九五八:三]

(16)『世紀の遺書』[巣鴨遺書編纂会、一九五三]

(17)『戦没農民兵士の手紙』[岩手県農民文化懇談会、一九六一]

(18) 本書第5章参照。

他者の死の容認

戦争という主題をここでの「制度」の議論に挿入するとき、ただ国民国家の制度的形成や、総動員体制の構築という、支配統合の論点だけでは決定的に足りない。忘れてならないのは、死の論点である。

すなわち戦争は、他者の死を容認する制度である。
戦争は、戦闘や空襲などを通じて、他者を殺すことを正当化し、自らのそれを含む死を受容すべきものとして強制する。その意味で、戦争は死を強制的に再配分する制度である。統合総動員の仕組みに熱中してきた国民国家論と、その枠組みに強い影響を受けた文学研究は、この死の再配分という、宗教とも隣接しうるシステムの作用をどう論じてきたのだろうか。
いいかえれば、死をめぐるこうした制度性を有する想像が、いかにして規範として成立したのか。無数の人びとが、それをどのように、またなぜ受容したのか。そのメカニズムには、すぐにアンケート型の調査に頼ろうとする社会学が、なかなか切りこめていない領域がある。しかし文学として書かれ、語られた言説は、そこに光をあて、あるいはそこでなにかを記録しているのではないか。

山田風太郎『戦中派不戦日記』[19]は、その点でユニークな戦争文学であり記録文学である。たとえば昭和二〇年三月一〇日、東京大空襲の夜が明けた日の、「凄惨言語に絶す」ありさまを淡々と記す。友と大学へ行く途上で会った罹災民の群れは延々と、しかもみな目の周囲だけが「どす赤い」。「泣いているんだろう」と思ったけれども、あとから煙にやられた結果であることに突然気づく。「自分たちはこの夜、地平線に燃える溶鉱炉のような炎を見た。しかし、ただ真っ赤な、めらめらと空をなめる光景を見たばかりで、その恐るべき熱気と黒煙は、直接の感覚として受けなかった[20]」ことに思いをいたす。

目だけに布を巻いてよろめいている老人、不思議にも避難所できゃっきゃっと笑いあっている少女たち、盗人みたいに石炭を前掛けにつかみ入れる老婆、「きゃつらを一人でも多く殺す研究をしよう」と考え始めている自分、冗談をいいながら通りすぎる中学生、山田風太郎は空襲のあとに見かけたさまざまな人びとを書く。なにごとも運だと語りあう、電車のなかの人び

(19)『戦中派不戦日記』〔山田風太郎、一九七一→一九七三〕

図8-3『戦中派不戦日記』

(20)『戦中派不戦日記』の三月一〇日の項〔山田風太郎、一九七一：四七-四八〕

との虚無と変な明るさから目をそらすと、ぼんやりと路傍に座りこんだ二人連れの女の一人が「ねえ……また、きっといいこともあるよ」とつぶやいている。[21]

風太郎の日記が記した風景のなかの人びとは、断片的でありながら、どこかで戦争と名づけるべき制度・システムがもたらした効果の、たしかな一部分を見すえている。

(21)『戦中派不戦日記』[山田風太郎、一九七一：四八‐五二]

内戦と難民の時代へ

『戦中派不戦日記』はもし、これがインターネットで公開されていれば、今日でいう「ブログ」[22](ウェブ日誌)として、あるいは多くの読者を引きつけたかもしれない。

あらためて英語辞書を調べてみると、「ジャーナリズム」という一九世紀生まれの新語の幹となったのは、一六世紀から使われていた「ジャーナル」であり、それは「一日の記録」という意味であった。つまりは日記である。このことばをめぐる歴史的事実は、日記こそがジャーナリズムすなわち新聞文学の原点であり、インターネット時代の最先端である、というような脳天気な短絡をそのまま正当化しない、と私は思う。われわれが向かいあっているのは、もっと深い困難である。すでに述べたような意味での、事実のもつ公共性と向かいあう文体や、それを通じて観察し記述する主体の洞察力が、立ち上がりがたく、また共有されにくい苦境である。

(22)ブログがもつメディアとしての可能性と限界は重要な論点だとは思うが、それについて、残念ながら私自身は新聞ほどに把握してはいない。

近代において、戦争の主体は国家であり、現実の行為者である個人は、その巨大な枠組みのなかでの悲劇と栄光とに翻弄された。沖浦和光の『幻の漂泊民・サンカ』の解説に、二〇世紀が「戦争と国民の世紀」であったとしたら、二一世紀は「内戦(テロリズム)と難民の世紀」として幕を開けた、と書いたことがある。[23]この種のスローガン的な図式化は好みではないが、もしそこにメディア論の風味を加えるなら、「報道の世紀」から「流言の世紀」への構造転換を指

(23)佐藤健二「解説・難民の世紀に」[沖浦和光、二〇〇四：三八三‐三九二]

摘してもいい。いうまでもなく、そこでの主張は、かつての新聞は立派な報道機関だったが、いまの報道はうわさ話のようにいいかげんだというような、高飛車な決めつけではない。新聞それ自体が流言を媒介した事実ならば、高見順の『敗戦日記』(24)などからも、無数に指摘できる。むしろ重要なのは、検証された事実の報道だと思っていた情報が、国家という想像の共同体が媒介した流言にしかすぎないかもしれない。そうしたことが、明らかな疑問となった時代において、読む主体としての読者の側が向かいあうべき、対象認識の基本枠組みの変化である。『戦中派不戦日記』は、自分自身以外はだれにも開かれていない孤独な日記として、書かれてから二五年経って初めて、印刷物として人びとの目に触れた。もしこれが「ブログ」として展開したら、どのような作品になったかについては、インターネット世界のリテラシーに乏しく、ブログを運営した経験がまったくない私の想像力を超えている。しかし、ここもまた新聞文学とは異なる意味においてではあれ、文学の「場」たりうることは疑えないだろう。

　そこにおいて、記録と批評とがどのように組みあわせられ、どう語りかける文体が発明されるのか。その観察と分析も、研究者に残された課題なのだと思う。

(24) たとえば、『敗戦日記』〔高見順、一九八一〕の四月二三日の項に、東京では爆弾よけに「らっきょうだけで飯を食う」ことが流行っているという話が出てきているが、これが『東京朝日新聞』の三月三一日に掲載された「防弾らっきょう」というコラムの記事と、直接かどうかは別として、どこかでつながっていることは明らかである。それ以外にも、立川の飛行機工場が空襲にやられて死者の棺桶を作るために井の頭公園の杉がみな切り倒されてしまった（二月二五日の項）とか、金魚を拝むと爆弾が除けられるために瀬戸物の金魚が売られている（四月二三日の項）など、世間話として流布していた流言を見つけることができる。

第9章　万年筆を考える——筆記用具の離陸

筆記史のなかの万年筆

「書く」とは、紙などのうえに文字を記すことである。もうすこし正確にいうと、石や木や皮や紙等々のなんらかの表面を有する素材に、線でかたちを作り意味を有する記号を残す、すべての筆記の即物的な実践を包含する。

日本語の「書く」が爪などを立てて表面をこする「掻く」と同じ語源を有し、英語のwriteもscribeも「硬いもので物の表面を削る」が原義であるのは、たぶん偶然ではない。その表面にあらわされた記号が、字(letter／character)であり、文(text)である。だから筆記は、表面を構成する「書かれる」材料と、線を記すための「書く」道具との二つからなる。亀甲や獣骨に小刀、石に鏨《たがね》、粘土板に尖筆、羊皮紙に羽根ペン、木簡や紙に筆墨、黒板に白墨など、記され書かれる「素材」と記し書く「筆記具」の組みあわせが、筆記の多様な歴史をささえてきた。そして丸善の広告(1)が、ペンの歴史の進化の最先端に万年筆をおいているのは、まさにその筆記具としての新しさを強調するためである。

ここで問題にする万年筆は、いかなる特質をもつ筆記具か。

先行する筆／墨／硯／水滴の東洋伝統の文房具や、ペン軸／ペン先／液体インク／インク壺

(1) なお丸善の広告において、万年筆が登場するのは、八木佐吉によれば一八八四(明治一七)年頃の引札で、その二年前のチラシにはない「舶来万年筆 数種」「万年筆用インキ」の文字がある、という[八木佐吉、一九八三：二三-二四]。このとき万年筆と呼ばれたのは、針ペン先のスタイログラフィックペンであったらしい。明治二〇年代後半に、ウォーターマンのファウンテンペンが輸入されてきたとき、これを「ペン付き万年筆」と呼んで、針ペン式のものと区別していた。ペン先付きが普及し、立場が逆転して「万年筆」といえば、それを指すようになるのは、日露戦争後だという。

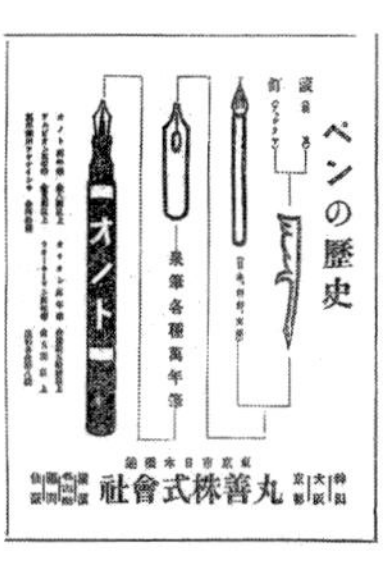

図9-1 ペンの歴史[東京朝日新聞、一九一二年三月五日]

といった西洋伝統のステーショナリー（stationery）と異なるのは、この万年筆という筆記具がもつにいたった自動器械としての複合的な性格である。「紙」という薄くて軽い材料の表面に対して書くことは共通しているが、「インク」という化学的な染料を自身の軸に内蔵し、「ペン先」から継続的に送り出す器官の実装が特徴的である。

内田魯庵が万年筆の本質を「永久に銹びもせず磨りもせぬ金ペンを具して、その軸部に多量のインキを蓄積し得る装置[2]」に見たのはまことに正しい。それによって、携帯可能（ウエアラブル）な筆記具の普及と大衆化とが生み出され、硯やインク壺を備え、筆をおき、ペンを立てた書斎の机から「書くこと」が離陸した。とりわけアルファベットとは異なる日本字を書くのに適切なペン先の「やわらかさ」（一四金）と、インクにさびず摩滅しない「強さ」（イリジウム合金）、インクの吸入／貯留／分泌のさまざまな仕掛けが工夫のしどころであった、という。

万年筆の開発と輸入

西洋における万年筆の歴史は、一九世紀初頭のイギリスでのバルブ式針形ペンの発明に始まる。しかし、やがて毛細管の作用によるインクの導出や、金ペン先の工夫、イリジウムの溶接、エボナイト加工の軸などの工夫を組みあわせて、今日実用の万年筆の商品としての基本形が完成したのは、一九世紀末のアメリカであった。

この製品化は各国に万年筆製造の手工業を発達せしめるきっかけとなった。

日本の万年筆の歴史は、丸善が一八八〇（明治一三）年にStylographic Penを取り寄せたこと、一八八四（明治一七）年の輸入販売などが、その始まりと指摘されている。明治二〇年代の丸善の洋書目録や時価月報には、洋書から図版を引用した「舶来万年筆」の広告がある。針式ではないペン先のついたFountain Penの導入は、一八九五（明治二八）年のウォーターマンが最初で

図9-2 丸善『万年筆の印象と図解カタログ』表紙

（2）『万年筆の印象と図解カタログ』〔丸善編、一九一二：三七〕。この一冊は、魯庵がプロデューサーとして関わった印象的な宣伝本で、PR誌の『学鐙』（創刊時は『学の燈』でのち『学燈』、明治三六年から『学鐙』と名を改めた）の人脈を活かし、万年筆をめぐって夏目漱石にエッセーを書かせ、北原白秋の詩、馬場孤蝶の談義を載せ、諸家の万年筆での筆蹟を図版として盛りこんでいる。

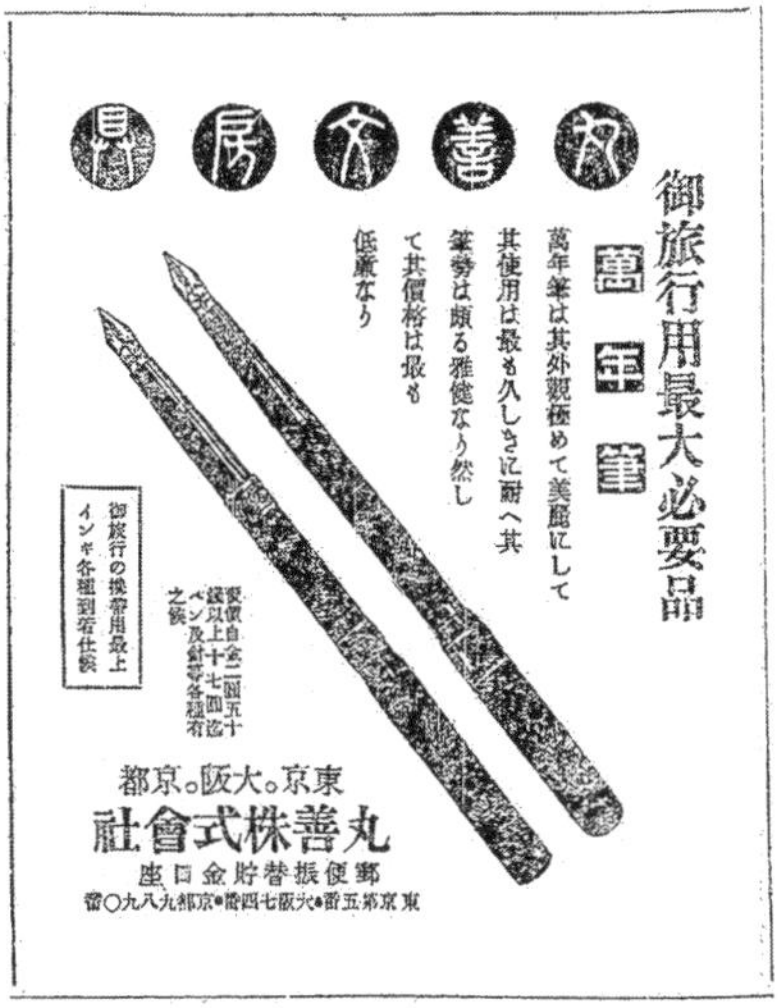

図9-4 東京朝日新聞、1908年3月7日

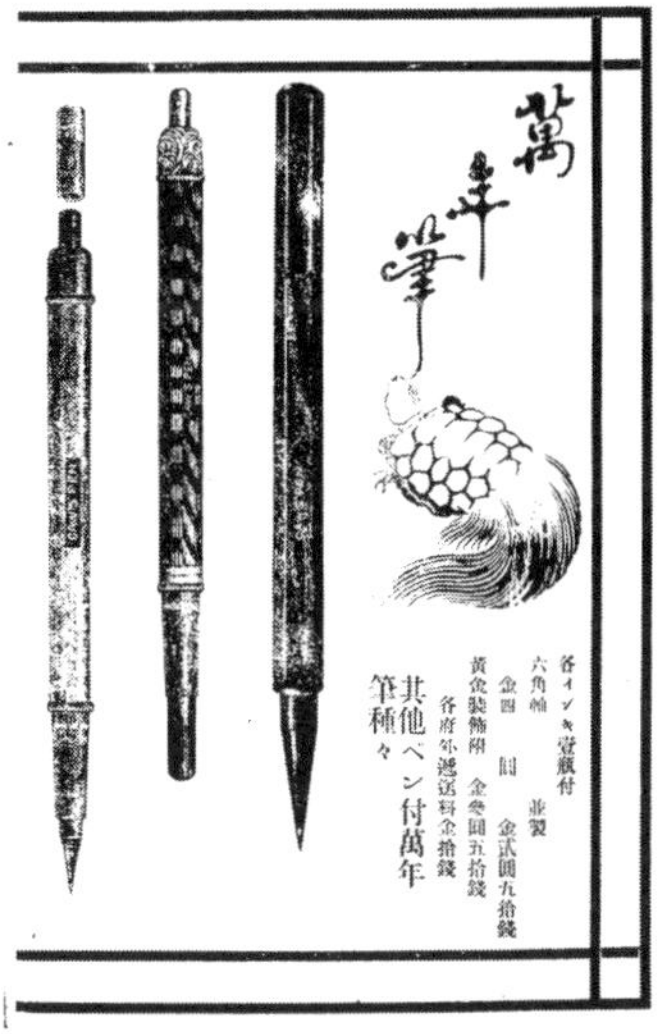

図9-3 丸善『学の燈』第2号：2

図9-5 模造品注意
読売新聞、1913年5月17日
粗製の模造品に注意を喚起しているのだが、万年筆をこれも新しい文明の産物である自動車に擬しているのはおもしろいレトリックである。

図9-6 模造品注意
東京朝日新聞、1912年12月10日

ある。のちに丸善が宣伝に力を入れていくオノトやオリオンは、明治四〇年代に盛んに輸入されていく。

内田魯庵は明治一〇年代から明治二五、六年までを「万年筆の揺籃時代」とし、続く独り立ち実用の時代は、日清戦争以後に始まると論じている。

機械漉きの洋紙が増えたこと、すなわち会社の帳簿、学生のノート、主婦の日記、手帳、手紙などの日常に多く用いられるようになったことも、洋式筆記具の発展の環境を作っただろう。しだいにペン文字が毛筆字に取って代わっていく。

万年筆は明治三〇年頃から需要が増加し、日露戦争の出征者や従軍者、さらにその後に増加していく旅行者が、その携帯の便利を実感したことが追い風になって普及した。明治末から大正時代を通じての丸善の新聞広告も、商品としてのイメージを押し上げ、万年筆の市場を開拓していく先駆けとなった。商品としての市場が拡大していくにつれ、模造の粗悪品がまぎれこむことにもなった（図9・5・6）。

国産万年筆の工業化

明治三〇年代に積み重なっていく国産万年筆製作の試みが、輸入部品を利用しつつのブリコラージュ（器用仕事・寄せ集めの創作）であったことを見落としてはならない(3)。

国産化がペン先よりもエボナイト軸において先行したのは、日本にロクロ製作の技術があり、旋盤職工の鍛錬があったからである。そもそも万年筆工業には、部品のさまざまな製造工程が分業化しているという特質がある。いいかえれば、軸製造を中心に小規模の家内工業の集合態として展開しうる特質をもっていた。金ペン先も一九〇九（明治四二）年には、国内博覧会で銅賞を得る品質のものが作り出された。それでも新聞は万年筆について「金ペンもこの頃製造し

(3) 一九三三（昭和八）年に大阪府がまとめた『本邦万年筆の生産輸出現況及将来』という報告書によると、「明治三十七年頃に至り、金ペン付エボナイトの万年筆が初めて東京で製作せられたが、その氏名は何分元祖と称するものが多くて、正確なところは知る由もない」［大阪府立貿易館、一九三三：二］と、その歴史が回顧されている。ここからも、だれか一人の発明というわけではなかったことがわかる。

始めたから、やうやく全部日本で拵へられる道理ではあるけれど、到底安心して使用するほどのものではないとは心細い(4)」と意地悪くながめている。

続く第一次世界大戦は、材料や製品の輸入困難から、さらに国内生産が発達する契機ともなった。大正末に農商務省工務局がまとめた調査では「本邦製万年筆ハ其ノ品質欧米品ニ劣レルモ、価格低廉且ツ実用ニ於テ何等差支ナキヲ以テ其ノ需要増加セリ(5)」という状況にいたる。同じ頃のペン習字教科書も「日本における万年筆製作は実にすばらしい勢い(6)」で、みなが買っているのも大部分は日本製だと思う、と述べているので、いわゆる戦間期に国産化が進むのであろう。昭和に入ると製造業者も増えていく。一九三二(昭和七)年に東京市が行った工業調査では、東京府下の万年筆業者の数が五四五にのぼり、イギリスへのエボナイト万年筆、インドや南米へのセルロイド万年筆の輸出もまた、盛んになったことが記されている(7)。

万年筆の普及には、大手企業による代理店制度などの流通システムの整備や、販売代理店に対する講習会(8)、デパート文具部の出現など(9)、関連業界のさまざまな工夫が大きな役割を果たしたことも見落とせない。

毛筆字とペン字

万年筆以前の時代に、戸外でものを書く便宜をささえたのは「矢立」であった。

武士が矢を入れる箙《えびら》の下の抽出しに入れた小さな硯を「矢立の硯」と称したことに由来する。小抽出しのなかの筆と硯とは、手柄を立てたものに感状を書いてあたえるための装備だった。のちの携帯用の筆記具も、同じ「矢立」の名で呼ばれた。筆を入れる収納部と墨壺からなり、墨壺にはもぐさや綿などを入れて墨汁をしみこませてあった。近世には大名矢立、町人矢立、札差矢立など、いろいろな意匠のものがあらわれたという。明治にはすでに骨董品となりつつ

(4) [東京朝日新聞、一九一四年九月二〇日]

(5)『主要工業概覧 第四部雑工業』[農商務省工務局、一九二二：一三一]

(6)『ペン習字の意義及練習法教授法』[黒柳勲、一九二四：三一七]

(7)『問屋制工業調査(第一輯)』[東京市商工課、一九三三：二〇〇]

(8) [時事新報経済部編、一九三六：二二一-二二三]

(9)『本邦文房具/紙製品業界の展望』[野口茂樹、一九三八]は、『通俗文具発達史』の著者でもある業界誌の記者が、大阪における斯界の発展をまとめたもので、そこに「デパート文具部の出現」の章が設けられている。一〇年前に比べて、最近のデパート(百貨店)の隆盛は今昔の感にたえない、という。とりわけ呉服・服飾雑貨を主としていた初期の業態から、「何でもある」の大衆化に向かい、学用品を主として玩具部の末席にあった文具売場が拡大して、市中の文房具専門店と対抗し、脅威をあたえうるまでに発展したと説く。その理由に「デパート文具部の出現とともに、市内問屋業者、製造家の百貨店への無統制な納入競争が、百貨店文具部をして異常な好条件を獲得せしめ」たことを挙げている[同前：三〇-三六]。

あったが、行商人や八百屋市場などでは、かなりあとの時代まで使っていたという証言もある。(10)

昭和の初めの通俗理科教育書の著者が、一八年も前にさかのぼる自分の師範学校学生時代のエピソードを回顧している。

学生だった著者は仲間とつれだって丸善で万年筆を買い、教室での筆記に意気揚々と使っていたら、教師から呼び出された。教員ですら万年筆を所持していないものがいるのに、学生にはぜいたくだと叱られ、自分たちの若い頃は矢立で書いたものだとお説教された、という。(11)

このお説教がなされたのは、計算してみると、明治末か大正初年である。

すでに同じ頃の丸善のカタログに、夏目漱石が「とにかく高価な割にはたいへん需用の多いものになりつつあるのは、争ふべからざる事実」(12)と書いているのだから、矢立のお説教はどう聞こえたか。個々人の経験は世代の問題だが変化の速度が速いので、ずいぶん時代がかって滑稽に受け止められたのだろう。もちろん矢立が絶滅したわけではない。ある人が紅葉狩りに出かけてふと浮かんだ句を万年筆で書きとめようとしたところ、同行した宗匠から「そんなものをお持ちか、わしはなにが嫌いといってそれ以上に嫌いなものはない」と苦い顔をされ、せっかくの大金をはたいた万年筆が使えなくなった。そんな話が大正時代のエッセーにある。(13)この俳句の宗匠は、芭蕉の『奥の細道』冒頭の「矢立始め」の語を意識していたに違いない。

同じ頃の新聞に毛筆字をめぐる、すこし奇妙な話が載っている。(14)護憲運動で名を馳せた犬養木堂は逓信大臣時代、未知のひとから手紙を寄せられても、礼儀として必ず自分で返事を書いた。そこにつけこんで、木堂の筆蹟ほしさに用もなく書簡を寄せるものが多くあった。困っていたところにカリフォルニアの在外日本人会から万年筆を贈られ、それを機に一切の返事を万年筆で書くことにした。手軽にすませられるのでやれやれと思っていると、よほどずうずうしいのが「筆で書きなおしてもらいたい」といってきたという。

(10)『東京朝日新聞』一九二四年八月二七日

(11)『少年少女面白い理科物語』［柚木卯馬、一九三二：九三］

(12) 夏目漱石「余と万年筆」『万年筆の印象と図解カタログ』［丸善編、一九一二：二］

(13)『漫画風流』［前川千帆、一九一九：一〇］

(14)『東京朝日新聞』一九一八年一一月九日

(15)『読売新聞』一九一八年六月一日

(16)『東京朝日新聞』一九二四年七月一三日

しかし毛筆はその活躍の範囲、用いる機会が明らかに限定されていく。細かい文字を多く書く実用の領域では、鉛筆やペンの便利が広く受容されていたからである。それゆえ新聞記事も「万年筆の実用的価値はいまさら言ふまでもなく、いかなる階級の人といへども殆どこれを使用せざるものなき有様である」(15)と述べ、ある小学校校長が新聞投書に「万年筆万能の世の中になつて毛筆はほとんど顧みられない」(16)と嘆くのも世の自然な流れであった。

いま正確な出典をまったく思い出せないのだが、明治の終わりか大正時代に入って万年筆が世にあふれつつあることを取り上げて、このまま進むとすれば、呉服屋の番頭や手代たちも万年筆文字の領収書を書き始めるだろう、と皮肉っぽく嘆いた古い雑誌のコラムを読んだ記憶がある。一九五〇年代生まれの私には、呉服屋の領収書が毛筆文字であったこと自体が驚きなのだが、これには書類の正統性の問題が深くからんでいる。インクで書かれたペン字は、近代の日本において長いあいだ、正式な書類の文字とは見なされていなかったからである。

公文書に「洋製ノ墨汁(インキ)」を用いてはならない、という太政官達第二九号が出されたのは早く、一八七六(明治九)年三月一五日であった。(17)これが閣令によって廃止されたのが一九〇八(明治四一)年一二月七日、丸善は五日後の一二日にさっそく次のような広告(図9-7)を『読売新聞』、『東京朝日新聞』などに出し「万年筆の時代」を宣言した。

しかし、その一〇年のちの『市町村雑誌』に載った司法次官からの通牒は、なおまだ地方の役場においては、インキでの届出が正式なものとして受理されなかった事実を伝えている(図9-8)。すなわち、外国在留の日本人が送ってきた戸籍に関する「届」の書面が、インキで書いてあるから無効だと、市町村長が往々にして受理せずに送り返してしまう例があるという。高島米峰は丸善のパンフレットに意気揚々と、いまや悠長な「毛筆の国民」より忙しい「ペンの国民」へと進化し、さらには「インキ壺にお百度を踏む煩はしさ」を脱却し「万年筆流行の

(17)『法令全書 明治九年』(内閣官報局、一八九〇:二九二)。ただし「洋文を洋紙に書するは此の限りにあらず」とあるので、英文等におよぶものではなかった。当時、全国で使われていたインクと呼ばれるものの質が粗悪であったためだといわれている。

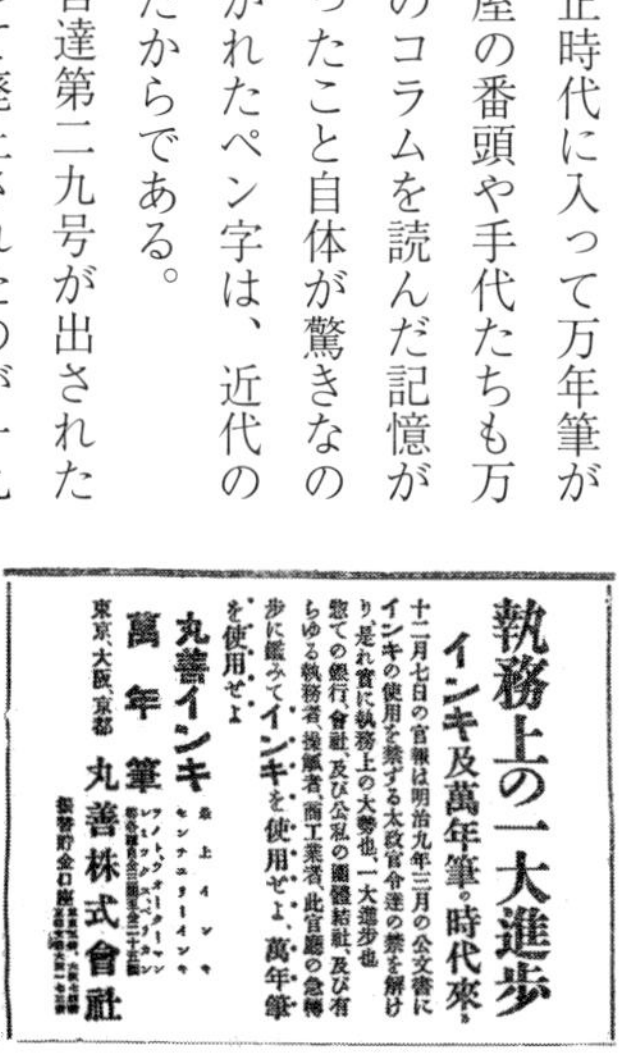
執務上の一大進歩
インキ及萬年筆の時代來。
十二月七日の官報は明治九年三月の公文書にインキの使用を禁ずる太政官令達の禁を解けり、是れ實に執務上の大勢也、一大進歩也
總ての銀行、會社、及び公私の團體結社、及び有らゆる執務者、操觚者、商工業者、此官廳の急轉歩に鑑みてインキを使用せよ、萬年筆を使用せよ
丸善インキ
萬年筆
東京、大阪、京都 丸善株式會社

図9-7〔読売新聞、一九〇八年一二月一二日〕

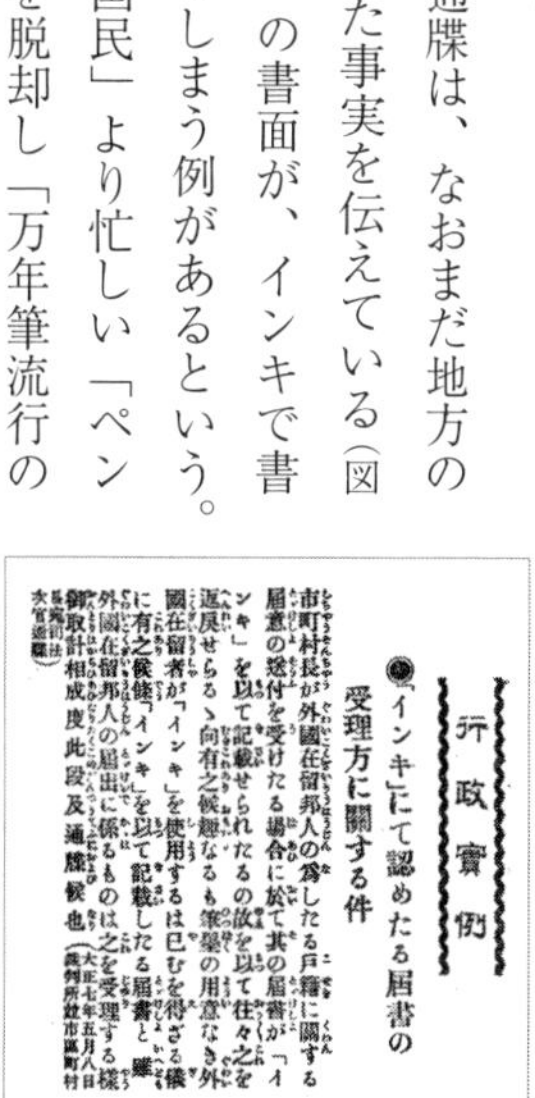
行政實例
●「インキ」にて認めたる屆書の受理方に關する件
市町村長が外國在留邦人の爲したる戸籍に關する屆書の送付を受けたる場合に於て其の屆書が「インキ」を以て記載せられたるの故を以て往々之を返戻せらるゝ向有之候趣なるも筆墨の用意なき外國在留者が「インキ」を使用するは已むを得ざる儀に有之候條「インキ」を以て記載したる屆書と雖外國在留邦人の屆出に係るものは之を受理する樣御取計相成度此段及通牒候也(大正七年五月八日裁判所並市區町村長宛司法次官通牒)

図9-8『市町村雑誌』二九五号〔一九一八年六月:一九〕

現代」にいたったと書いた⒅けれども、書き文字の正式さをめぐる考えかたは、なかなか変わらなかったのである。

丸善の広告

万年筆で書かれた文字が正統性を獲得していくのをささえたのは、なんといってもこの筆記具それ自体の普及だが、広告が果たした役割も大きかった。

明治末から大正にかけての新聞を眺めていると、万年筆の広告に多く出会う。一回登場しただけで紙面からは消える名前も多いが、サンエス、スワン、ラージ、オリバー、コンクリンなどはくりかえし目にする。

なかでも図版がおもしろく、キャッチフレーズにも工夫があって目を引くのが、やはり丸善の広告である。内田魯庵がPR小冊子の『学鐙』に関わり続けたことと無関係ではないだろう。その精華ともいうべき一冊に、作家や詩人や挿絵画家を動員した、有名な『万年筆の印象と図解カタログ』があるが、ここでは新聞の広告から「万年筆の印象」を論じてみたい。

魯庵が入社したのは一九〇一（明治三四）年の九月だが、丸善の万年筆広告の最初は、一八九七（明治三〇）年の『学の燈』第二号に載せられた亀をあしらったもの（図9-3）だというから、魯庵以前である。新聞に「Fountain Pen」の広告を出し始めた初期⒆も、「万年筆」というだけでそれほどには自己主張をしていない（図9-9）。むしろ多様な展開を積極的にしめすようになるのは一九一一（明治四四）年頃からで、大正時代を通じて品質の良さだけを誉め上げるのではない幅広い意味づけの、ときに意外でユニークな表現が宣伝に利用されていく。どのような論点が導入されていくか。

第一に気づくのが、自動車や飛行機などの新しい文明の利器のイメージの利用である。「自

⒅「洟紙と箸とペン」『万年筆の印象と図解カタログ』［丸善編、一九一二：一一］

⒆［東京朝日新聞、一九〇七年一〇月九日］

図9-9 初期の丸善広告［東京朝日新聞、一九〇七年一〇月九日］

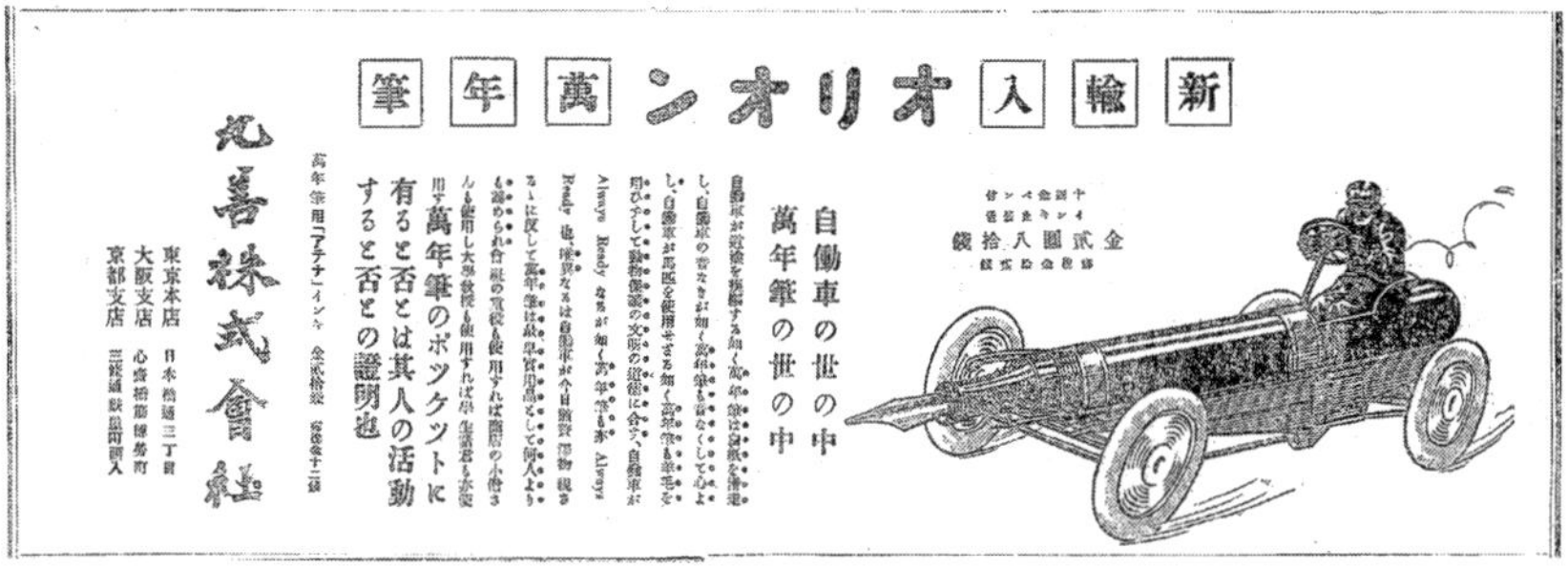

図9-10 東京朝日新聞、1911年9月19日

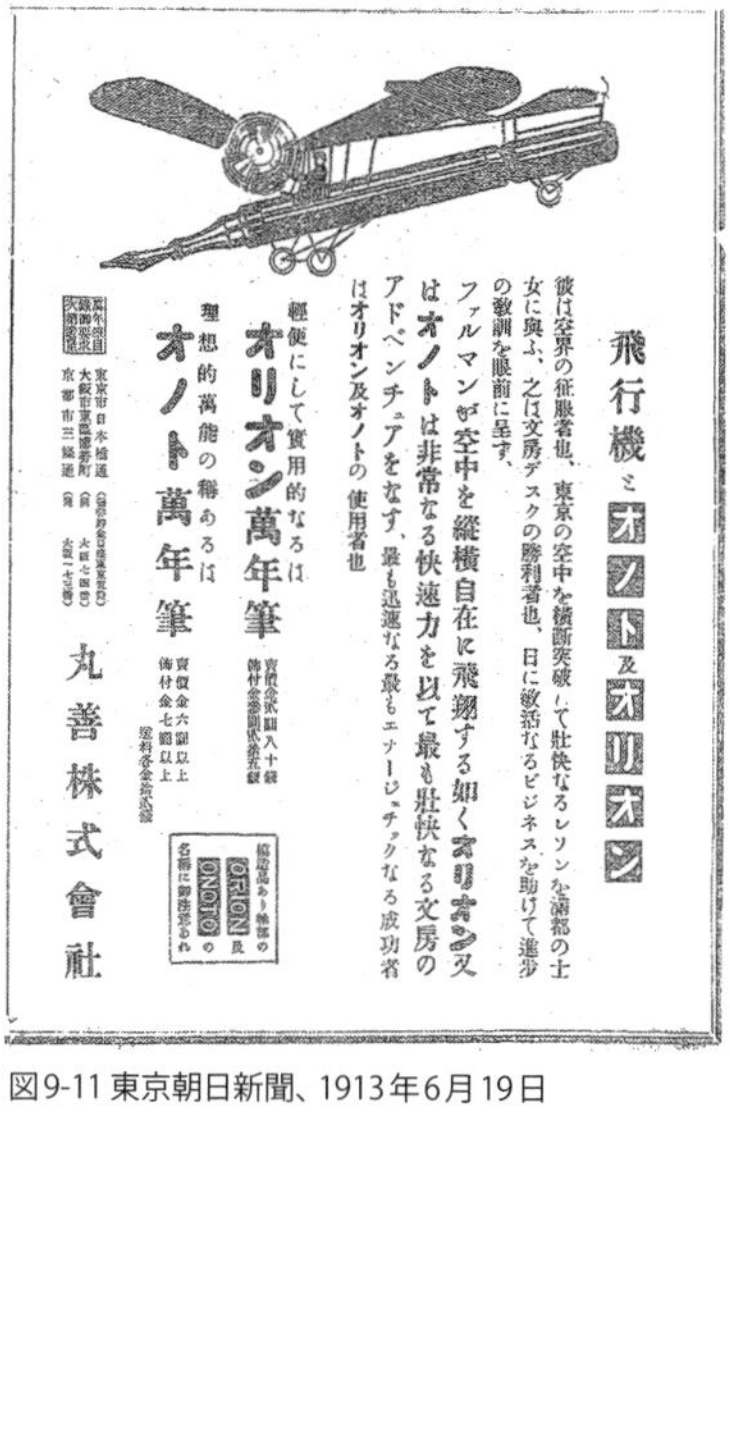

図9-11 東京朝日新聞、1913年6月19日

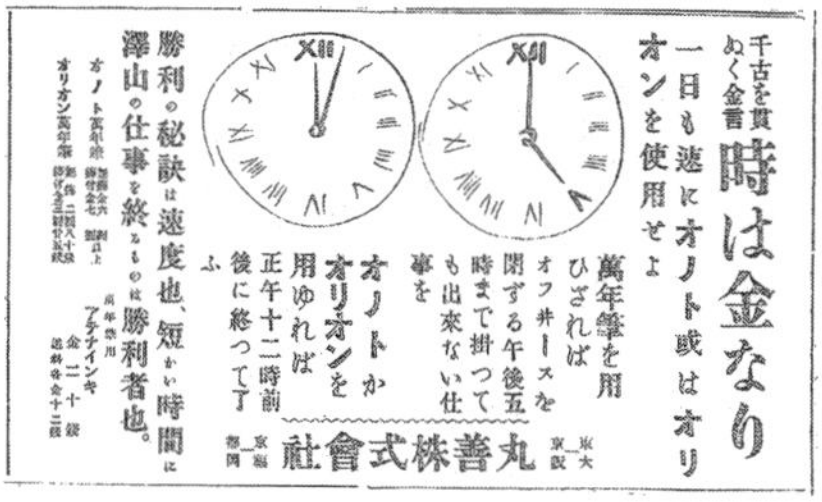

図9-12 東京朝日新聞、1914年11月9日

図9-13 東京朝日新聞、1915年3月14日

動車の世の中／万年筆の世の中」(図9-10)では、万年筆が白紙のうえを「疾駆」する利器であることが強調され、「動物保護の文明の道徳」までがもち出されている。また翌月の広告には(20)「飛行機」が登場して現代的で「最大多数者を満足せしむる」と説き、さらに一九一三年の広告(図9-11)は、飛行機の「非常なる快速力」を万年筆使用の「文房デスクの勝利者(21)」に結びつけている。「オノトを使用すると事務が明るくなる。千燭の電燈で照らすやうに(22)」のコピーは、電気という新しい力を思い起こさせつつ、啓蒙の光の明るさを指ししめしている。

第二に、能率、効率(efficiency)、時間の節約の強調である。「時は金なり」を掲げ、万年筆を用いれば午後五時までかかっても終わらない仕事が、昼には終わっている(図9-12)とまで説き(23)、また「劣等なる万年筆は時の浪費！　優良なるオノトは時の節約！」という対句を掲げる(24)。「万年筆の値は唯僅かに数金が、之に由て増進する能率の値は数千金(25)」という主張が、「Efficiency」(図9-13)という新語とともに投げかけられる(26)。そして「オノト生活」と名づけた能率的で文化的な生活への「改造」が提案されている(図9-14)。

第三に、戸外での便利にも光があてられる。「海に山に船に車に、万年筆を忘るる勿れ(27)」と忠告するのは、「毛筆の手紙は煩はし」かつ「古風」、「鉛筆の葉書は汚なし」かつ「非礼」、「最も簡便にして最も美しくかつ最も現代的なるは万年筆の通信(28)」だからだ、という。時代が旅行と万年筆の二つを結びつけている(図9-15)という、旅先での実用性の強調以外にも、趣味の生活にも役立つと誘う(図9-16)。

第四に、日本の文字への適応も重要なメッセージであった。エジプトの書記を思わせる人物(図9-17)の「六ッのメリット」の第五点である。それを説明するために「筆勢書体」の自由自在を論じ(図9-18)、実際にこんな字が書けると例示していく(29)(図9-19)。

第五に、贈答のシーズンをとらえた広告も特徴的で、万年筆が高価な贈り物としてあったこ

(20)［東京朝日新聞、一九一一年一〇月五日］
(21)［東京朝日新聞、一九一三年六月二九日］
(22)［東京朝日新聞、一九一二年一〇月二四日］
(23)［東京朝日新聞、一九一四年一一月九日］
(24)［東京朝日新聞、一九二〇年七月一日］
(25)［東京朝日新聞、一九一五年四月一四日］
(26)［東京朝日新聞、一九一五年三月一四日］
(27)［東京朝日新聞、一九一二年七月三〇日］
(28)［東京朝日新聞、一九一三年八月三日］
(29)『万年筆の印象と図解カタログ』［丸善編、一九一二：六七］でも、ペン先の軟らかさと自在さを強調して、同じ一本の「ファイン」で書いた四種の字を掲げている。

図9-16 東京朝日新聞、1912年4月8日

図9-14 東京朝日新聞、1921年3月29日

図9-15 東京朝日新聞、1914年7月14日

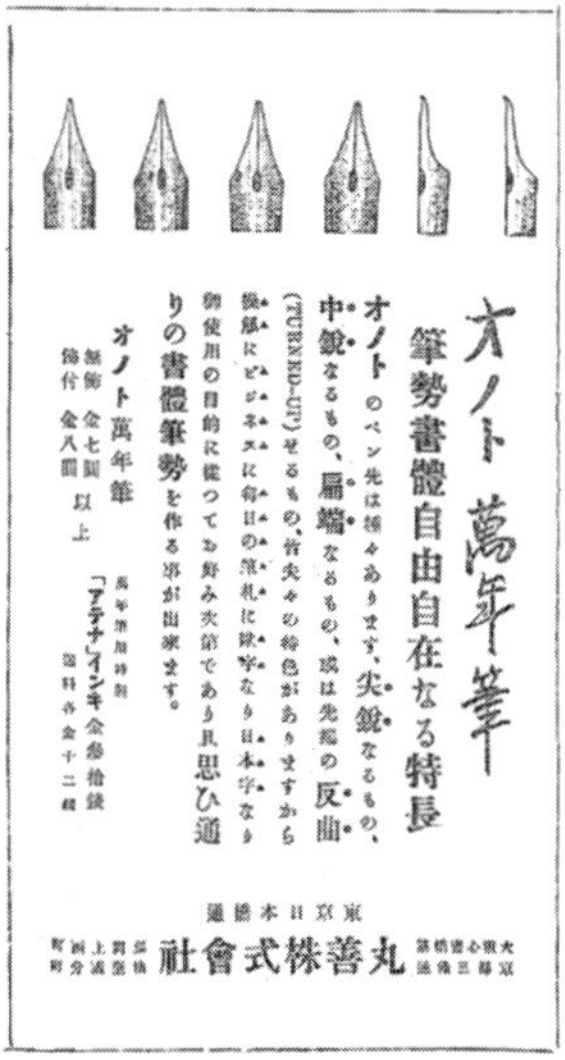

図9-18 東京朝日新聞、1917年10月18日

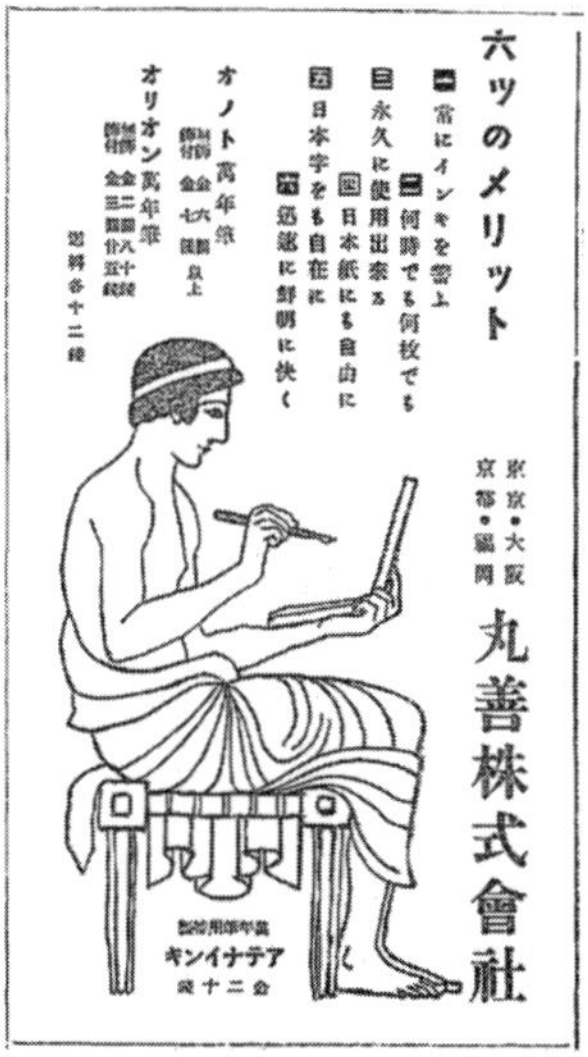

図9-17 東京朝日新聞、1915年2月5日

図9-19 読売新聞、1911年5月21日

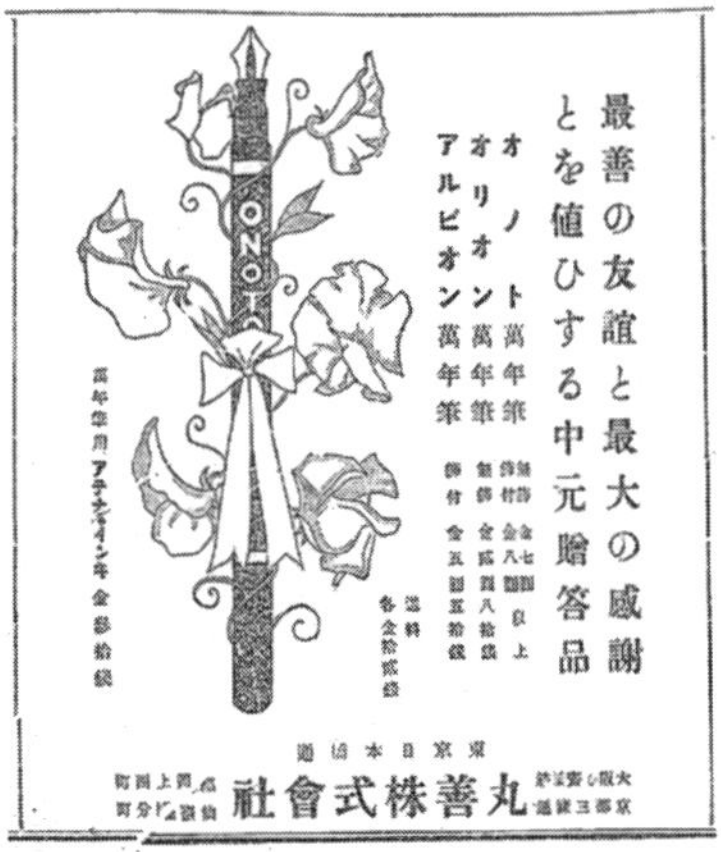

図9-20　東京朝日新聞 1908年7月3日

図9-21 東京朝日新聞 1917年12月15日

図9-22 東京朝日新聞 1912年12月2日

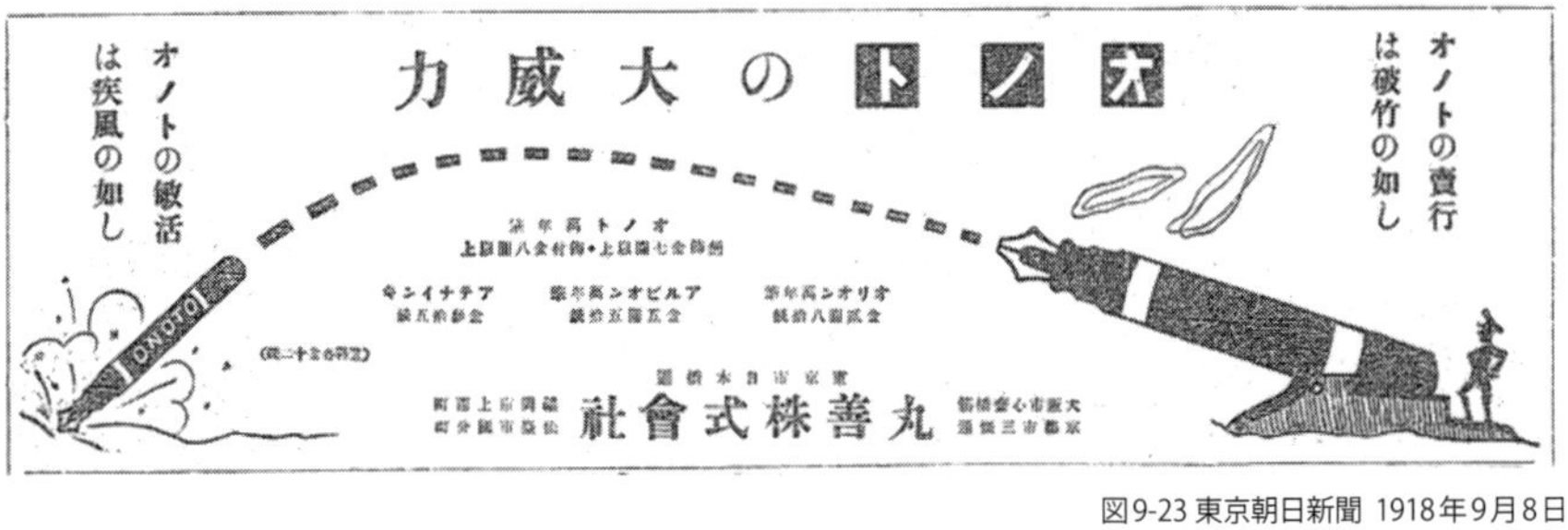

図9-23 東京朝日新聞 1918年9月8日

とをしめしている。お中元（図9-20）もお歳暮も、「最文明的、最進歩的、かつ最実用的なる現代向き御贈答品は丸善に在り[30]」と勧めている。また「新人の寵を独占するオノト[31]」など、新社会人への贈答も視野に入れている。すでにクリスマス（図9-21）を毎年話題にしているのがおもしろい。

第六に、しばしば動員された戦争の比喩も、進歩と競争の時代を感じさせる。そこに勝利というシンボルもからむ。ペンとインク瓶の連合軍を万年筆が打ち破っている絵柄（図9-22）は、まだ第一次世界大戦の戦端が開かれる前だが、「オリオンを取つて突進せよ、オノトを揮つて追撃せよ」と叫び、「ビジネス界の勝利は万年筆の白兵戦なり[32]」と書いたのは戦中である。「世界のもの皆敵あれどオノトには敵なし[33]」といって、その「大威力」（図9-23）を強調している。

丸善人としての魯庵は、晩年の健康がすぐれないときでも「出社して店を歩き廻ったり、事務室の机に座らなければ気が済まないようであった[34]」という。しかし彼が亡くなった一九二九（昭和四）年以降の丸善の広告はどこか定型的で月並みになり、万年筆の文明性を伝道する情熱のようなものを失っていくように感じる。

(30)「東京朝日新聞」一九一一年一二月一六日
(31)「読売新聞」一九二八年九月二三日
(32)「東京朝日新聞」一九一四年九月一三日
(33)「東京朝日新聞」一九一六年三月一日
(34)『丸善百年史』〔丸善編、一九八〇：八二五〕

手紙を書く「個人」、日記を書く「私」

万年筆を使って「書く」という経験は、どのような局面において「伝統的」であり、どのような意味において「革新的」であったのだろうか。

庶民の筆記の歴史において、書簡・はがきを含む「手紙」を書く経験の果たした役割は大きかった。かつての庶民生活において、実用の用語や知識や礼儀作法を学ぶ一群の書物が「往来物」と呼ばれていたのは偶然ではない。往来とは書簡のやりとりの意味で、つまり原型は応答の例文集である。

その前提には、証文などの伝統社会における公式書類が「文書《もんじょ》」、すなわち宛先と差し出し人を明記した手紙の形式を備えていたことがある。かつての社会における書字の教育は、具体的に存在する相手に失礼なく意思を伝える手紙の書きかたの学習と不可分だったのである。近代になって石盤や鉛筆など、新しい筆記具が庶民の文字教育に入ってきたが、実用的な目標は筆で正式な文書が書けることにあった。だから手本としての往来物も、毛筆の文字そのままに刊行されているものが多い。

樋口一葉が一八九六（明治二九）年に博文館の「日用百科全書」の一篇として編んだ『通俗書簡文』は、候文の創作文例集で、花見や暑中見舞いの季節のたよりの他に、物を借りる、過失を謝る、友の不養生をいさめるなどを目的とする文を数多く載せている。序文のみ一葉自身の流麗な筆書き（図9-24）で、本文のほうは活字組み、字をまねて学ぶための手本というより情報としての内容に重心が移動している。おもしろいのは、本文とは別に設けられた上欄で、書簡文の作法の概説や類語いいかえの他、実用の「証書」や官庁への「届」の書きかたが学べるようになっている（図9-25）。文字教育の近代において手紙の書きかたにつけ加わったのは、誕生・結婚・死去に際しての戸籍の届出など公式書類の書きかたで、それは明治の近代を生きていくために必要な教養だった。

一八七一（明治四）年の郵便制度の創設、一八七三（明治六）年の官製はがきの導入以降、手紙は重要な社会的交信の手段となり、遠隔地との通信もより身近なものになっていく。一九〇〇（明治三三）年には私製はがきの制度が作られ、絵はがきという商品の誕生の基礎が整えられる。日露戦争の記念絵はがきの熱狂的なブームを機に、市中に絵はがき屋が激増した。一方に「絵葉書の文字は、普通の筆で書く方が趣味がある」[35]との意見があるかと思うと、他方には「画葉書となるとどうしてもペン書きでなければ調和しない」[36]との美学がある。このあたりは趣味の

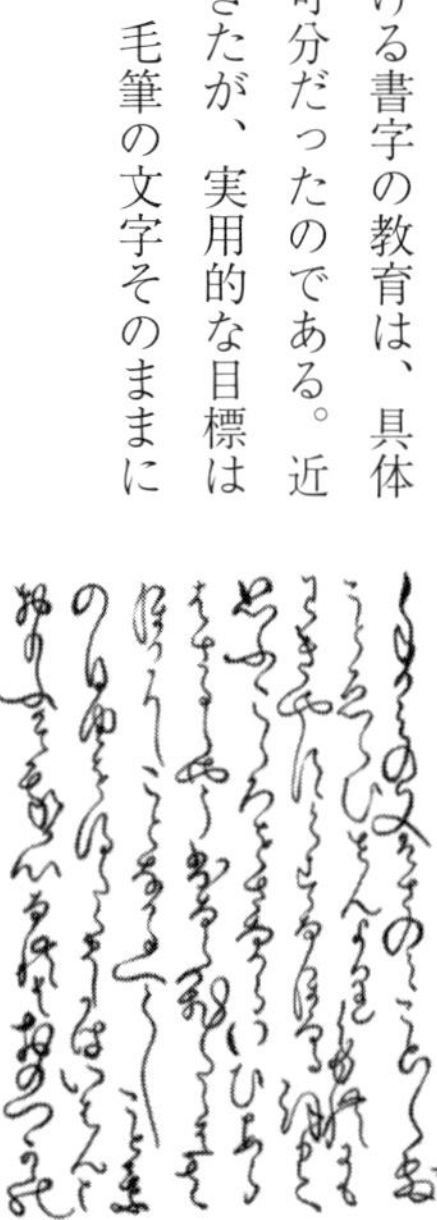

図9-24 樋口一葉の序文

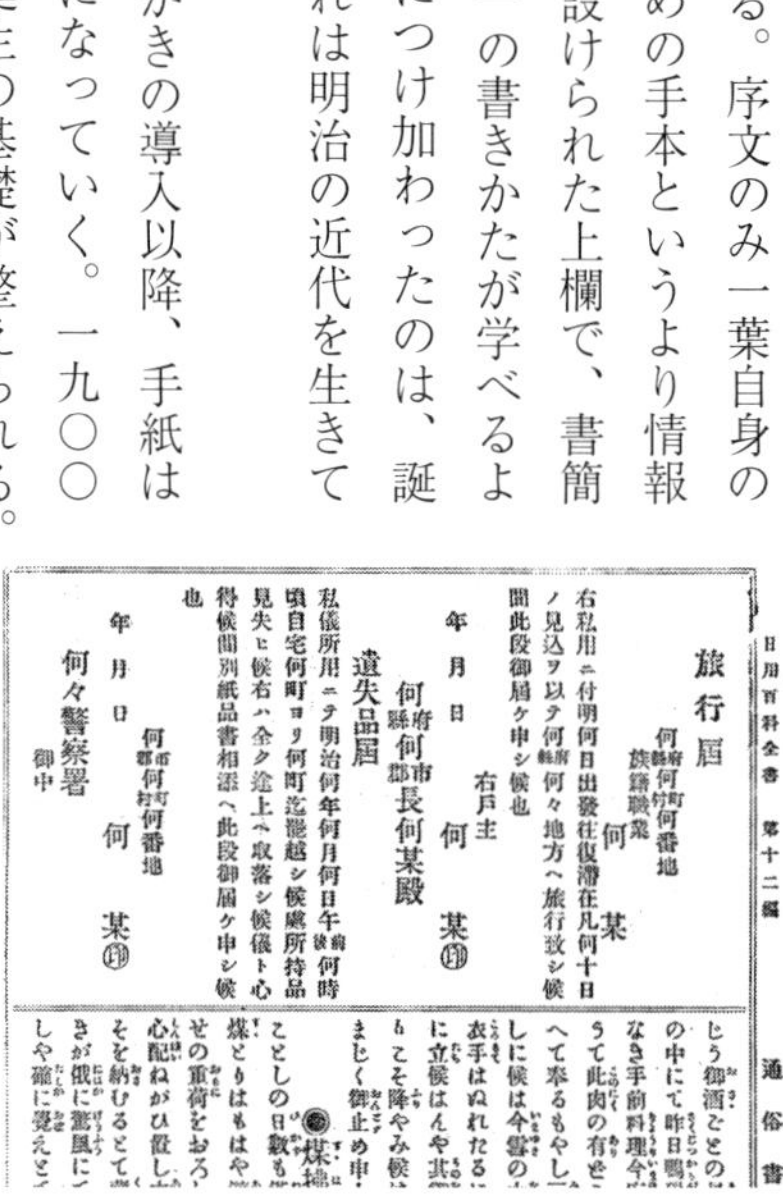

日用百科全書 第十二編

旅行届

何府県何郡何町村何番地
族籍職業
何　某

右私用ニ付明何日出発往復滞在凡何十日ノ見込ヲ以テ何府県何々地方ヘ旅行致シ候間此段御届ケ申シ候也

年　月　日
右戸主
何　某 印

何府県何市郡長何某殿

遺失品届

私儀所用ニテ明治何年何月何日午前後何時頃自宅何町ヨリ何町迄罷越シ候節所持品見失ヒ候右ハ全ク途上ヘ取落シ候儀ト心得候間別紙品書相添ヘ此段御届ケ申シ候也

年　月　日
何市郡何町村何番地
何　某 印

何々警察署
御中

通俗書

図9-25『通俗書簡文』の上欄

(35)『詩的新案 絵はがき使用法』[一九〇五：二一七]

(36)『万年筆の印象と図解カタログ』[丸善編、一九一二：三二]

違いとしても、絵はがきという新しいメディアは二〇世紀に勃興する大衆的な観光文化と結びついていた。絵はがきを書いてだれかに出すこと自体が、カメラ携帯以前の時代の旅先において、旅という時間を実感する行為でもあったことを見落とすべきではない。内田魯庵は明治の末、東京から出されているはがきは「十中七八まではペン書き」になったと述べている。[37] 大正時代になると、幾種類ものペン書きの習字の手本が刊行され、[38] その一冊の構えかたをしめす写真（図9-26）に、万年筆と覚しきものが写っているのがおもしろい。[39]

手紙はまた近代に入って公用の対外的交渉とともに、私信としての性格を強め、親密な情感が交流する私的領域を拡げていった。同じように日記もまた、記録や備忘録としての役立ちかた以上に、自分の心情をあらわす私記としてのイメージがしだいに強められていく。しかしこのプロセスにも、洋紙を使い印刷・製本された商品としてのかたちを持つ日記が、書店や文房具店で手軽に購入できるようになったことが深く作用している。

最初の日記帳は一八七九（明治一二）年に大蔵省印刷局が製作して官吏に配布した『懐中日記』で手帳の大きさ、これとは別に大型の『当用日記』も出されたという。しかし本格的な商品化と普及とは、一八九五（明治二八）年のいわゆる「博文館日記」からである。羽仁もと子考案の『主婦日記』（一九〇七-）など特徴的な工夫がなされたものなどを含め、大正時代から昭和一〇年代には、じつにさまざまな出版社から多様な日記帳が刊行された。[40] こうした日記が、いかなる筆記具でつづられていたのかの解明は、これからの課題である。

ひとつだけ、書くことに関わってあらわれる「個人」という、もうひとつの文学的・社会学的課題を提起しておきたい。

手帳も日記も、さらには手紙も、内面という精神性を有する近代個人を考察するうえで重要な研究素材であると同時に、その誕生を媒介するメディアでもあった。新しい筆記具としての

(37)『万年筆の印象と図解カタログ』〔丸善編、一九一二：三二〕

(38)『万年筆新書翰』〔尾上柴舟、一九一三〕など。

図9-26 ペンの構えかた〔相澤春洋編、一九二三：口絵〕

(39)『ペン習字 青年手紙之文』〔相沢春洋編、一九二三〕、『ペン習字実用日用文』〔富田岳鳳、一九二三〕、『ペン青年新はがき文』〔室高岳堂、一九二五〕など。

(40)『日記をつづるということ』〔西川祐子、二〇〇九〕

万年筆は、この個人の生成のプロセスにどう関わることになったのか。それもまだ明確には測量されていない。大正時代のペン習字の教本は、「ペンは人にはなるべく使はせぬがよい。人が使ふと癖が附いて書きにくうなるものである」[41]と述べた。ことに子どもが危険で、彼らはつねに鉛筆の癖で下に押しつけて書き、ペンの腰を折ってしまうと述べているところを見ると、この忠告それ自体は即物的で実際的なものである。しかしながら、ここで暗示されている書く主体の「個性」と結びついた万年筆という論点は、「手」あるいは筆蹟や能力の固有性とともに、たとえば私有の感覚、公の感覚、財の感覚、排他性の感覚、誇示の感覚など、存外におもしろい奥行きをもっているようにも思うのである。

(41)『ペン習字の意義及練習法教授法』［一九二四：三二］

記録する／フィールドノート

調査研究者たちは、どんなふうにこの筆記具を使ったのだろうか。石井研堂が『明治事物起原』につながる起源の探究を発表し始めたのは、明治二〇年代であった。

その最初は一八九一（明治二四）年に、自分が編集した仲間内の雑誌『こしき嚢』（図9-27）の第一号に載せた「近世庶物雑考の内 売氷水の考」である。第二号で「断髪の考」、第三号—第五号で「新聞紙の考」、第六号に「洋風結婚式」、第七号に「電信、国立銀行その他」を取り上げている。そこから「事物起源」の一冊となるまで、じつに十数年にわたって博捜と丹精が凝らされたことは驚嘆に値する。しかも橋南堂の第一版［一九〇八］では満足できずに、さらに春陽堂の第二版［一九二六］、第三版［一九四四］とそれぞれ一八年をついやして二度の改訂がなされ、文字量にして当初のおよそ九倍にもなるほどに増補された。石井研堂のこの浩瀚な一冊は、でき上がった幅広さと細部にわたる知識の蓄積においてばかり評価される傾向がある。しかしながら、その本質は倦むことを知らない考証家の分厚い手帳であり、調査する主体とともに成長

図9-27 石井民司編輯・発行『こしき嚢』第一号表紙

する「フィールドノート」であったととらえるのが正しい(42)。「万年筆の始」の項目は明治の第一版にはなく、大正の第二版に初めてあらわれる。丸善の月報が参照され、それをめぐる内田魯庵への聞き書きがあって手がたいが、それ以上に興味深いのが、そこに記された研堂自身の万年筆体験である。

曰く「予のはじめてウォーターマン氏万年筆を購得せしは、明治三九年八月の一三日、その値の五円四〇銭（当時一等白米一斗に付き一円八〇銭）なりしことまで、幸いに妻の記したる古き出入帳の上に見えたり(43)」という。以来「日夕ほとんど身辺を離さず」、家ではもちろん、旅先にも忘れずにともなって「年々幾十万字を書きたるや、測り知るべからず」という活躍、それゆえに軸の色はあせて、飾りの線は人差し指のあたるところだけ磨滅し、「尖端の白金さへ偏べりして」、太い文字しか書けなくなった。にもかかわらず愛用はとどまらず、軸に残された自分の指あとをじっと見つめながら考えを練り、原稿用紙に向かいあったときもあった、という。しかるに大正一二年の大震災の際に、上野駅にカバンを預けておいたがために、他の旅行用具もろとも劫火に焼かれてしまった。「今ここに万年筆の項を草するに臨み、かの老蒼の影なお眼底に彷彿し、懐裡に往来してやまず。よつて私事ながらせめてもの心やりに、ここに書き記してその齢を留む」と、生き別れた万年筆に思いを馳せ、座右にあって研究をささえてくれた功労を追悼している。

万年筆が著述家や新聞記者たちにとりわけ愛されたのは、取材や調べものといった仕事が、ペンとインク壺を備えたオフィスの空間では完結せず、書くことが戸外にあふれざるをえなかったからであろう。その点で新聞の万年筆の広告が「学者(44)」や「操觚者(45)」にふさわしいと薦めているのは、理由のないことではない。

しかし原稿の清書以上に、こうした取材や調査のプロセスが語られることは少ない。書く主

(42) 石井研堂の『明治事物起原』のフィールドノート的な性格については、『歴史社会学の作法』［佐藤健二、二〇〇一］で論じたことがある。

(43)『明治事物起原』第二版［石井研堂、一九二六：七六七］

(44)［東京朝日新聞、一九〇八年五月一六日］

(45)［読売新聞、一九〇八年一二月一二日］

体にとってあまりに身近で私的な、ときに試行錯誤を含む途上の舞台裏の領域でしかないからであろう。ましてやそこでの使われた筆記具がなんであったかに、自覚的に光があてられることはまれである。

野外で書くという実践は、矢立の時代からどのように進化し、変容していったのだろうか。断片的な観察でしかないが、近年、柳田国男が大学生の頃に使っていたと覚しき手帖が瀬川清子旧蔵資料から見つかった(46)。島崎藤村の「椰子の実」の詩に霊感をあたえたという、伊良湖岬滞在での見聞が記されているので、明治三一年前後のものではないかと推定されるのだが、そのかなりの部分がじつは鉛筆書きである。色鉛筆の文字もある。途中にペン書きが続くが、万年筆のものであるかは確定しにくく、その整い具合は机をまえにして書いたものかとも思う。少ないながら毛筆も混じっている。まだ万年筆の夜明け前の時代だったのである。

民俗学において今日のいわゆる質問紙調査（Questionnaire Survey）に近い組織的なデータ収集が始まったのは、一九三四（昭和九）年頃からである。携行しうる『郷土生活研究採集手帖(47)』が作られ、民間伝承の会の同人たちが盛んに村の採訪を行っている。この記録はまだ筆記の観点から本格的には分析されていないが、万年筆書きと覚しきものも明らかに多く混じっている。宮本常一など昭和の村を歩いた民俗学者たちも万年筆を愛用した。

万年筆という筆記具が、机やペンが備えつけられていない場所、すなわち野外の現場において書く自由をあたえたことはたしかであるが、一方で万年筆を締め出す場所も生まれた。振ることによる、インクの飛散が問題だった。

一九一六（大正五）年一〇月二〇日の新聞は、開催されていた文展で起こったある事件を報じている(48)。二七日の朝、会場係の女性が日本画室の屏風に「黒インキの滴りが十点も附着」しているのを発見した。現場の検分から「たぶん見物人のだれかが目録に印づけるため、何心なく

(46) 鹿角市立先人顕彰館に所蔵されている瀬川清子旧蔵資料から発見されたもので、岡田照子の手によって『柳田国男の手帖「明治三十年伊勢海ノ資料」』〔岡田照子・刀根卓代編、二〇一六〕として公刊されている。

(47) 日本学術振興会の経費援助を受けて計画されたいわゆる「山村調査」のために作られた一〇〇項目の調査手帖で、質問の項目のあとに記入できるスペースが設けられている。

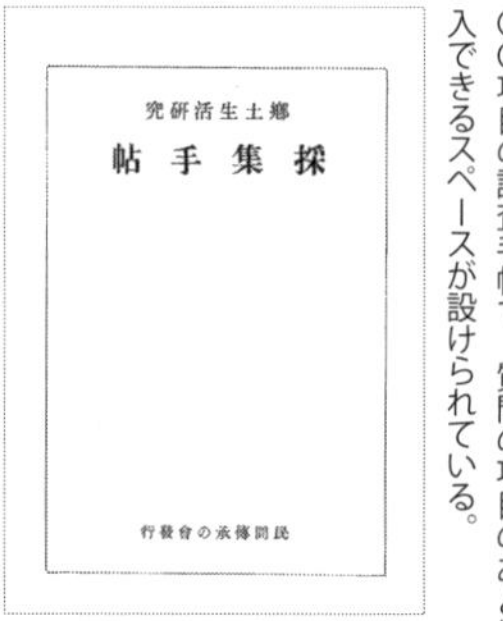

(48) 「文展出品の屏風汚さる／吉岡村上両氏の作品にインキの汚染／会場に柵を繞らし万年筆使用を禁ずる」〔東京朝日新聞、一九一六年一〇月三〇日〕

出の悪い万年筆を振ったもの」らしいことがわかった。それ以後、各室に「万年筆の使用を禁ず」という張り紙が貼られ、主催者は「万年筆使用を禁じなかつた不注意」を責められた。今日も史料館や文書館や図書館に残る万年筆使用禁止も、こうした携帯可能な筆記具の普及とともに明確化されたものであった。

万年筆を民俗学が取り上げる意義と可能性

最後に、万年筆を素材に描かれる「歴史」は、いくつかの意味で、民俗学が追求してきた特質を内蔵したものにならざるをえないだろうという論点に触れておきたい。そこにおいて「現代科学」としての民俗学が要請される。

それなら、万年筆はいかなる意味において、民俗学を必要とするのか。

ひとつは、輸入史に還元できない創造性を有することである。なるほどその起源のひとつは、外国での発明である。しかし忘れられがちな、もうひとつの起源を見落としてはならない。それは日本で生み出された文化としての固有性であり、そのありようが明確に描かれる必要がある。

すぐに思いつくだけでも、いくつもの論点がある。

たとえば、日本の複雑な文字への対応である。アルファベットの欧文とは異なる「とめ／はね／はらい」を書くのに、いかなるペン先の改良が必要であったか。あるいは、蒔絵万年筆の工芸的な展開がある。これもまた、新たな融合であり発明であった。

もちろん、一部の万年筆の値段を異様に押し上げた、平蒔絵や研ぎ出し象眼の軸は、日本での創造である。しかし、たいへん高級で高価な装飾工芸であるがゆえに、民俗学が扱うべきでないという意見もありうるが、逆にその対象設定の平板な平民性や非市場性へのこだわり自体が、まさに現代において不要な限定を生み出していないか、再検討されなければならない。そこにただよう違和感は、ひょっとしたら本百姓農民を常民概念の中心にすえることで対象を郷党社会にかぎり、都市などで本格的に展開した諸職人の生態を正面から扱ってこなかった、従来の方法意識の遺制かもしれないのである。

むしろ、万年筆の国産化という現象自体をたんねんに掘り起こし、それを可能にした構造的な条件を考察する必要がある。

それは自営の小工場や零細企業が新たな製品生産で競争し、すみわけながらも、全体を拡大してきた市場にささえられたひとつの文化だった。実際この商品の生産プロセスは、職人の分業システムをうまく組みあわせている(図9-28)。すなわち、ペン先や軸やキャップ等の部品生産と組み立てとを組織化することで、多数の製造企業を生みだした(図9-29)。その意味では、この生産が組織した関係自体が「村」を思わせる。ただロクロ技術の共通において、木地師の挽物とつながっているだけではないのである。だとしたら、この小さな商品の調査研究は、村のフィールドワークである。

つまり二つ目の論点になるが、万年筆の受容に見られる豊かな地方性や、文化の多様性に注目するのも、民俗学としての使命ではないか。

おそらくなのだけれども、国民国家単位で均質なる「万年筆の日本史」を描いても、あまりおもしろいものにはならない予感がする。普及や流通の局面で生みだされたさまざまな文化を含めずに、一般的で概括的な歴史を論ずるなら、今日の大メーカーを中心とした社史の合成にとどまってしまう。もちろん、有力で有名な企業の登場と大量生産の産業化は、新たな段階を開いたものとして無視してはならない。しかし日本での展開が、いわゆる流通の局面において、地方の拠点となりうる有力な専門文具店を形成しえたことも特徴的で、それは無数の外まわり

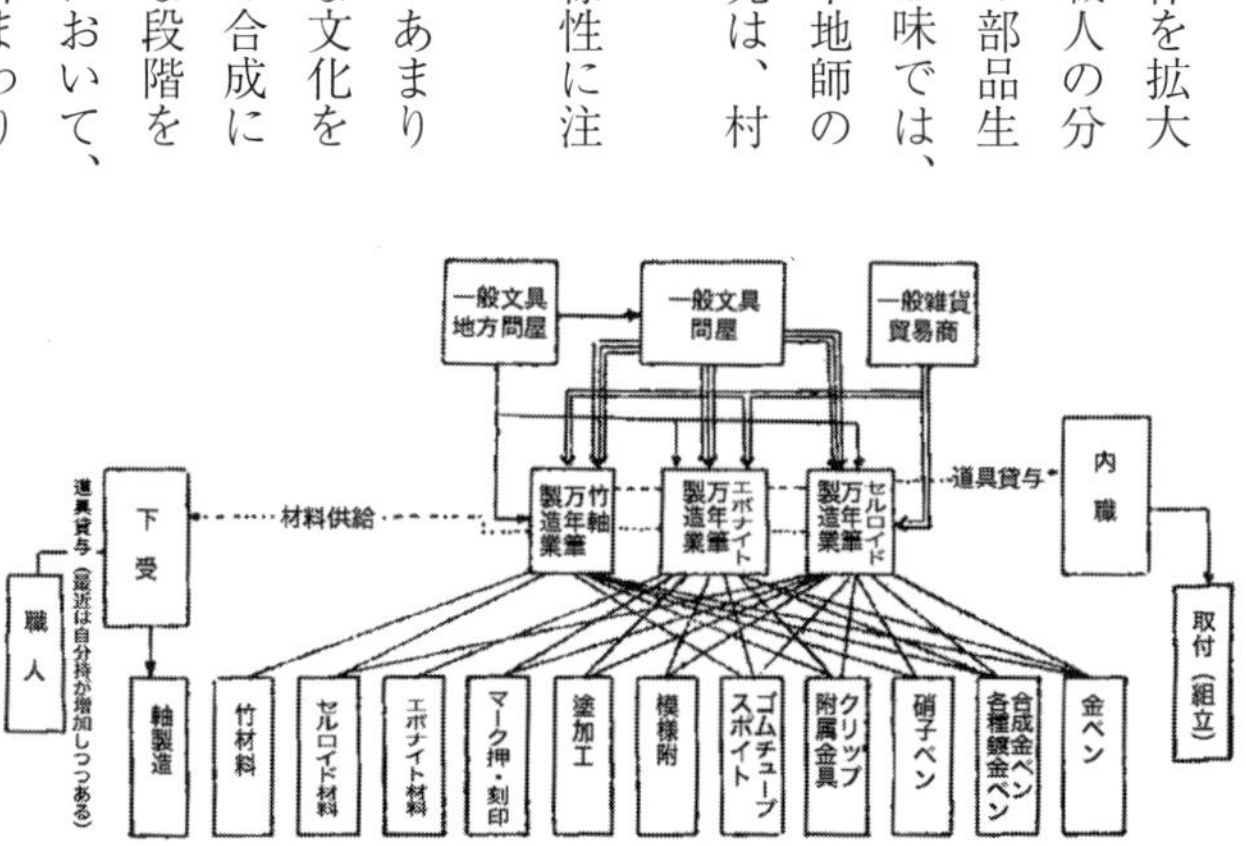

図9-28 万年筆の生産体制［東京市商工課、一九三二：一八九］

の営業者たちによって生み出された大量生産を受け止める仕組みでもあった。また一方で、縁日の露店でも売られていた。その固有の存在意義も解明されなければならない。

地方専門店が成り立ちえた条件のひとつとして、万年筆が独自の機構をもつ道具であって、調整や修理を含め、販売店と顧客との長いつきあいが必要であったことがある。いいかえると、ある意味での「未完成」性ゆえの可塑性が指摘できるのである。

であればこそ、個人の個性との多様な結びつきもまた一方に生まれる。

かつてある民俗学者は、個人の意識が確立していないとされる日本人の生活において、なぜ箸やごはん茶碗や湯飲みなどに個人専有の「ワタクシ」性が観察しうるのかを問うたことがある[49]。万年筆において観察しうる所有の個人性は、たぶんこうした食器が表象するメカニズムとはかなり異なるものだろう。しかしながら身体性に根ざし、自分なりの書き味を育てていける道具としての未完成性は、万年筆が表象する個人性の基礎条件のひとつでもあろう。さらに比較的高価な商品のプレゼントとしての性格が、ネーム入れなどの記念のサービスを生み出したこととも無関係な文化ではない[50]。

三つ目に、こうした筆記具は生活の実態に即してみるならば、近代社会のひとつの時代の「民具」ともいうべき存在である。

万年筆は、学校や軍隊や官公庁での使用を推進力に民衆の日常生活に普及し、筆記具が備えつけられていないところで「書くこと」を可能にしていった。そのことも、この文化のひとつの特質として、民俗学が観察し記録すべき世相である。モノそれ自体のメディア的な特質の分析に民俗学は必ずしも自覚的ではなかったが、これまで論じてきた「米」や「イモ」[51]と同じように、一国の境界を超えた拡がりにおいて重層するシステムの作用を予感させる。

『読書空間の近代』あるいは『ケータイ化する日本語』の著者としては、道具であり商品であ

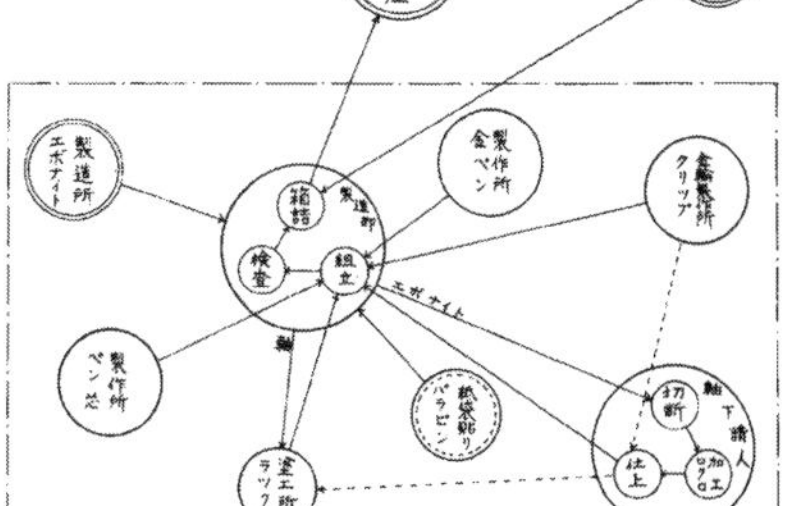

図9-29　万年筆製造の小企業〔東京市社会局、一九三七〕

(49)『民俗のこころ』〔高取正男、一九七二〕

(50)万年筆への名入れの方法や字体についてまとめた『ネーム彫刻法』〔加藤浪夫、一九三五〕などという書籍も出版されている。

(51)『稲を選んだ日本人』〔坪井洋文、一九八二〕、『イモと日本人』〔坪井洋文、一九七九〕など。

るこの物体が、ことばを書き記す技術（テクノロジー）であり、その近代的な革新であったことがなにによりも気にかかる。ある意味でもっとも小さく軽く、身につけることができる書字の「自動器械」の始まりであったからだ。矢立は筆と墨壺とをコンパクトに収納する道具にすぎなかったが、万年筆はインク内蔵の仕組みと流出制御の機構を備えた独立の機械であり、器官といってよい自立性をもって身体に実装される。メディア（媒体）としての筆記具の技術革新にささえられて、筆記具を携帯する生活が国民規模で生み出され、やがてボールペンの大衆化などの次の新しい時代を切り開いていく。酒の飲みようの変遷(52)と同じく、文字の書きようにもまた、道具と身体と場と必要と欲望などが複雑にからみあう変容の歴史がある。ここを読み解くためにこそ、生活のフィールドにおける万年筆の生態の分析が必要なのである。

これは歴史社会学の課題であると同時に、民俗学の課題でもある。

(52)「酒の飲みようの変遷」『木綿以前の事』[柳田国男、一九三九]

第10章　フィールドワークとしての遠足――北村大沢楽隊

文化人類学や社会学などと同じく、文化資源学でもフィールドワークや観察から学ぶことは多い。直接に見てみて、現地に行ってみて、感じたり考えたりすることは、うまく反芻しさえすれば、間違いなく貴重な素材となる。

二〇〇〇年の創設以降、文化資源学研究室の教員たちはさまざまな見学旅行を、積み重ねてきた。日帰りから二泊三日ていどのスケジュールで自由に企画し、気軽に実施していた。私が参加して思いがけずいろいろを学んだ記憶があるものだけでも、木下直之さんが企画した富山動物園や台湾（二二八紀念館、慈湖紀念雕塑公園など）、軍艦島、小林真理さんの信濃大町、中村雄祐さんの横浜の水路など、多様である。ここで取り上げてみたいのは、文化資源学でずっと一緒に教えてきた渡辺裕さんが二〇一〇年に企画した[1]、宮城県石巻市の郊外に位置する村の運動会の見学旅行である。

運動会の楽隊を見にいく

当時のメールをひっくり返してみると、このゼミ旅行はかなり直前になって企画されたことがわかる。一〇日ほどまえに渡辺裕さんがその年に出していた演習（「ブラスバンドのグローバルヒ

（1）ふりかえってみると、この遠足の二〇一〇年五月は、東日本大震災のほぼ一年前であった。もちろん石巻市にはなんの予感もなく、日和山から見下ろす市街は、それぞれの家の家屋の三角が鱗のようにひしめく繁華の地であった。三〇〇年以上も前、芭蕉は『奥の細道』に「人家地をあらそひて竈の煙立ちつづけたり」と記した。川の中州に見えた岡田劇場には、一年後に全面改装する予定だとのお知らせがあった。しかし、改装の完成後数日たたずして、津浪で跡形もなく失われてしまったと聞く。

ストリー」)に関わっている大学院生から呼びかけがあり、五月二一日に渡辺さんが担当している授業と関連づけて、宮城県石巻市の北村小学校の運動会を見学に行きませんか、という。お目あては、その運動会に登場する「北村大沢楽隊」という老人たちのバンドである。[2] 学生が書いた誘いのメールを引用しておこう。

この音楽隊は「ジンタ」という大衆音楽を演奏するお年寄りばかりのバンドです。ジンタとは、明治時代に西洋から入ってきた軍楽隊の音楽が、民間の楽団によって大衆化されていったもので、ちんどんやの音楽の源流でもあります。(中略)西洋起源のブラスバンドが各地の文化と混交して土俗化していった例などを取り上げながら、非西洋圏の文化の「西洋化」「近代化」の問題を考えるのがこのゼミの趣旨ですが、日本にあるその例を実際に行って見てみよう!というのが今回の見学旅行の趣旨です。そして今回はなんと!この分野の専門家で一昨年に『国家と音楽』でサントリー学芸賞を受賞された奥中康人さんが「案内人」を務めてくださるそうです。
というわけで、普段授業に出ている方もそうでない方も、途中で出られなくなった方もかなりめずらしい機会なので、ぜひ渡辺先生と一緒に宮城まで旅しませんか?

ちょうどこの日程にかぶる前日に、東北大学での所用があり、しかも翌日からはすこし時間の余裕があった。石巻ならばついでに寄ってみようと、参加することにした。きっかけは、いつもそんなふうに偶然の縁である場合も多い。もちろん、現実の実態を見るという経験は、さまざまな視点と思いつきとをあたえてくれる。フィールドワークというには、いささか準備が不十分ではあったが、この見学旅行もその意味でおもしろかった。

(2) すでに日本音楽学会では興味深いものと取り上げられていて、二〇〇七年五月には支部横断企画として「シンポジウム・村のブラスバンド　近代の音楽文化:北村大沢楽隊の八〇年」がなされている。この企画代表者の奥中康人さんは、今回の見学旅行でも案内人を務めてくれた。

図10-1 北村大沢楽隊

運動会のための準備が整った北村小学校の校庭についたのは、朝早くである。文化資源学の学生たちは、本部テントのまわりで競技の様子を見学し、楽隊の写真などを撮り、指導の渡辺教授に解説してもらっていた。そうこうしているうちに、生徒たちの徒競走が始まって、お目あての楽隊が演奏し始めた。

生徒たちがスタートしてトラックを力走しているあいだずっと、北村大沢楽隊は音楽を生で演奏し続けている。本部の手伝いをしていたお母さんたちの話を聞くと「楽隊もだんだん調子があがってきたね。今日の朝の最初は、どうなることかと思った。なんだか息が切れちゃっている感じで、音もちょっと外れていたし、今年が最後かしらと心配しちゃった」ということを、笑いながら話しあっている。

「今日はなんでいらしたのですか、こんな田舎に」とめずらしそうに問われたので、楽隊を見にきたというと、「ごくろうさまです。あの音楽隊は有名なのですか。そういえばテレビが来たこともあるって聞いたことがある」という。幾人かは、この小学校に自分も通ったことがある、村のOBらしい(3)。「音楽隊は私たちの子どもの頃にもあった。あんまり気にしなかったけど」。別のお母さんが「私の頃はみんなレコードだったわ」といい始めたのに、反論するというふうもなく「途中から復活したんじゃないの」という母親もいて、この音楽隊に関して、あまりたしかな由来が共有されているわけではなさそうである(4)。

土地のおばあさんの話を聞く

すこし校庭をまわって、反対側の芝生のほうから見てみることにした。運動会を見にきたのか、世間話をしているおばあさんたちがいた。話しかけたら、「あんたは先生かね。そうかね、違うの。運動会を見にいらしたのか」と、いろいろ答えて教えてくれた。

(3) 知らぬ顔で聞き耳を立てていたら、土地で育った母親たちの話題も聞こえてきた。「緑の組のリレーの最初のひと、やばいよ。あれは、○○の同級生じゃないの」。この「やばい」は、どうも「かっこいい」という意味らしい。小学校のうちは母親たちも父親たちも運動会に関わるのだそうだが、中学校になるとあまり関係がなくなるという。「クラスでも北村の子は二、三人になってしまうし」という。

(4) 途中からの復活の説を唱えた母親は、「あのひとたちも若い頃は自分の仕事もあっただろうし。引退後にまた始めたのかもしれない」という印象からの推測だった。あるいは他の小学校の事例が混じっての会話だったのかもしれない。「お膝元の北村小学校の運動会には、楽団創設以来八〇年以上にわたって欠かさず出演してきた」[渡辺裕、二〇一三：一四五]との証言もある。毎年の活動ではあったが、かつての子どもたちには意識されず、注目されないままに続いていた、と考えるのが正しいのかもしれない。

断片的で雑然としたものだが、そのときのメモを、そのまま引用しておく。(5)

・テントに書いてある名前、あれは部落ごとのものだ。北村というのは「字」の名前だ。八つの部落がある。大番所、小崎、俵庭、箱清水、朝日、大沢等々。いまは八つの地区を二つずつまとめて、四つの支部にしている。人数が少なくなったから。

・去年からの先生は本当に熱心で、まあ元気がいい。校長によっても違う。自分の小学生の頃の校長は、斎藤荘次郎というえらい先生だった。この学校の向こうのほうに住んでいた。この人はいろいろなことをした人で、長く校長をしていた。運動会の歌を作ったひとで、他にも旭山小唄も作った。これも運動会でやる。

・音楽隊は、私らが子どもの頃もやっていた。もっと多かったような気がする。七人くらいいた。広渕のほうの運動会にも来ていた。他のところの学校でもやっていた。ずっとやっている。あの人たちは、もう八〇歳だろう。

・昔からこの場所に小学校があった。(6)松の木も、あれも古い。プールはなかった。あれは新しく作ったもの。校庭の銀杏の木のあるところに、奉安殿があって、あっち側の「正門」から入って、礼をしてから教室に行った。この校舎は新しい。この前の地震(7)で倒壊して、立て直した。県知事や議員が視察に来て、全面建て直しを約束した。前の校舎は木造で、みんな壊れてしまった。一年ばかりは仮のプレハブ校舎だった。この校舎になったのは、五年前だ。

・ずいぶんと生徒が少なくなった（全校生徒は七九人）。今年の一年生は九人ばかりだ。来年も、△△のところと誰のところと、八人くらいしかいない。なかなか上の学校に行ったあと、ここに帰ってこない。うちのところも四〇になるのに、嫁が来ない。農家の

(5) 話をしてくれた二人のおばあさんは、ともに八〇歳くらいの年恰好。一人は北村の出身でこの小学校を卒業したひと、もう一人は一九三三年（昭和八）生まれで、広渕から嫁に来たのだと言っていた。ほとんどは、北村出身のおばあさんが話していたことのメモである。

(6) この情報は、本当は正確ではない。明治三〇年代前半まで、北村の軽井沢という場所にあり、その後表沢の現在地に移った。もちろん昭和初年生まれのおばあさんの記憶のなかでは、昔から同じ場所と理解されているのも不思議ではない。

(7) 二〇〇三（平成一五）年の宮城県北部地震のことであろう。

(8) 奥中康人さんは、この北村大沢楽隊の研究を二〇〇五年秋頃から進め、現地をしばしば訪れるとともに、関連する文献資料も丹念に収集し、ファイルに整理していた。この楽譜のもともとの出典は『信念に基づく郷土教育施設』［斎藤荘次郎、一九三〇：一四二］である。本格的なフ

若い者は、みんな結婚ができない。このあたりは農家が多い。

・ドライブインのところには、モンゴルから来た旦那さんがいて、娘はここの土地の子だが、そこの子どもが来年は小学校に入る。ドルジ？という。元気な子だ。さっき走った。紅組と白組は、部落で分けている。ちょうど釣り合いがとれるように。それでも子どもたちは、本当に少なくなった。

・明日が市議会の選挙だ。今回は五人落ちる。三九人出ているが、議員になれるのは三四人だ。石巻も広くなったから、他の部落の人はわからない。いまの車は、誰だ。普段なら、行って手をふってやるけど。

小学校の運動会は地方において特にそうだが、学校行事という以上に村の一種の祭りである。部落対抗の競技会の色彩もあるらしい。子どもが減少していること、農村での結婚がむずかしいこと、国際化が進んでいることなども、日本の地域社会に共通する現実である。たまたま通りがかった選挙の街頭宣伝車に話がおよんだが、あるいはこれも村の運動会の見物感覚にもとづくものかもしれない。

郷土教育という補助線

さて、おばあさんたちの話にあらわれた、かつての校長の「斎藤荘次郎」という人物は、この運動会に生き残った音楽隊と小学校との関わりを考えるに際しては、かなりおもしろいポイントになりそうな予感がした。

案内人の奥中康人さんが校庭で見せてくれた「北村運動会のうた」という楽譜のコピー[8]に「斎藤荘次郎作歌」とあったのも、ひとつの手がかりだった。前後のページには、「北村名所巡

ィールドワークに調査対象や対象地の予習は不可欠だと思うが、私個人の経験では、現地で関連する資料を読むのも存外に示唆的なので、昼飯を食べながら見せてもらった。

図10-2 調査風景

この見学旅行のあと、渡辺さんと奥中さんと私とで、メール上で簡単な「調査報告」を出しあう機会があり、それも調査体験以上におもしろかった。奥中さんからは「わたしが数年がかりでだんだん、ようやく理解できるようになったことを、たった数時間で調査してしまう佐藤先生に敬服しました。これまで活字でしか存じ上げていなかった佐藤先生のイメージが変わりました（笑）」と言われたのだが、評価はありがたいものの、半分くらいは買いかぶりである。私がそれなりの理解や見通しを得ていたとしたら、それは卓越した調査能力があるからではなく、むしろ奥中さんのような現地の知識に通じ、経験を積み重ねてきたインフォーマントが、鍵になる重要な情報を集約し、教えてくれていたからである。

り」「卒業式のうた」「伊東七十郎」[9]「旭山」「校歌」「青年団団歌」といったさまざまな曲が、「郷土唱歌」というくくりで挙げられていて、みな斎藤が作詞している。

あらためて一九三〇（昭和五）年にまとめられた『信念に基づく我が郷土教育施設』（以下、『我が郷土教育施設』と略す）という斎藤荘次郎の著書を調べてみた。この人物が当時高唱されていた「郷土教育」[10]に深く共鳴していることも印象深いが、一九一四（大正三）年に自分が北村尋常高等小学校に赴任して以来のさまざまな教育活動や社会活動を、自らの信念にもとづく郷土教育の実践として強く意味づけていることがわかる。[11]おばあさんが「いろいろなことをした人」といっていたことの内実が、この本を読むとすこし明らかになる。

たとえば同じ校庭でスピーカーから流れてきた運動会の来賓紹介に、「北村報恩会」の役員という肩書のひとが混じっていて、「報恩会」というめずらしい響きの組織名が耳にひっかかった。

これは一九二四（大正一三）年に、当時の皇太子の御成婚を記念して組織された貯金事業に由来する。教育基金など村の公共的な財産を作るために「村民の冠婚葬祭等に対し、応分の寄付を申し受けることとし、奨学事業を行うことができるまで、元金に手をつけぬ仕組み」[12]として、斎藤校長が率先したものであったという。他に全校児童に毎月一銭ずつ寄付させて四月一日にまとめて郵便局に出す「奉仕百年貯金」などものちに加えられたらしい。現在の組織や活動がどんなものかは聞かなかったが、かつての校長が創設した感恩報謝の公共性涵養の運動が、そのまま八〇年以上、名前として残っているのがおもしろい。この「報恩」はこの校長ひとりだけの理念ではなく、同村の前谷地に土着し、近代になって酒造業や貸金・穀物貸付等で財を成した九代目斎藤善右衛門[13]が、私財を投じて育英・学術研究助成事業を行う「斎藤報恩会」を設立した動きとも共鳴するものであっただろう。

（9）伊東七十郎（重孝）は、寛文年間のいわゆる「伊達騒動」という仙台藩伊達家の御家騒動において、主家横領を企てた後見役を討とうとしたが失敗して刑死した人物。しかし藩政専横が正され、後見役一派が処分されたあとに、忠烈の士として復権された。伊東七十郎は北村の生まれで、村の「バテレン欠所屋敷」と呼ばれた荒れさびれた屋敷跡が生家といわれていた。斎藤荘次郎は郷土の偉人として興味を持ち、研究して一書［斎藤荘次郎、一九一八］をまとめている。

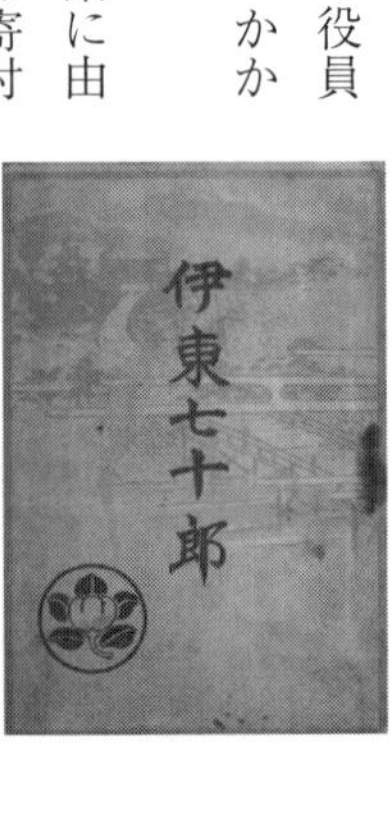
図10-3　伊東七十郎

（10）あらためておもしろく思うのは、斎藤の郷土教育や郷土研究の議論には、同時代の柳田国男らの試みがまるで言及されていないことである。「郷土教育の沿革」という節で触れられているのは、ルソー、ペスタロッチ、クリスティアン・ザルツマン、カール・リッター、ポール・ベルグマンという教育学者たちの地理・歴史教育の主張で、日本における思潮はまったくなにも論じられていない［斎藤荘次郎、一九三〇：一九-二二］。その意味で、自分が学び、自分が行ってきたことのうえに、郷土教育という思潮の受容がある。このことは一九三〇年代における郷土教育の流行が、画一的でも統合的でもなかっ

もういちど『我が郷土教育施設』にもどってみると、「唱歌科」の音楽教育において、「唱歌教授の地方化」が唱えられ、「郷土唱歌」とは農村にあって「音楽に親しみを持たない児童をして郷土的色彩の濃厚な唱歌を歌わせることに依って、彼らが平常看過している事物に対して温かみと親しみとを覚えつつ口ずさむ」ためのもので、「郷土への深い愛着心を培い、郷土人としての自覚を促す(14)」方便と位置づけられている。

地域の名所紹介の地誌のような唱歌も、運動会や入学・卒業式のときの校歌も、青年団の団歌も、郷土の偉人の所行を讃える歌も、郷土教育という一点においてつながっている。作詞という局面で唱歌教育が推し進められたのは、音楽教育というよりも、修身・国語・国史の教育の地方化という要素が強いからかもしれない(15)。これは斎藤が得意とする領域、あるいは資質との関係でもあろう。

民謡旭山から／旭山小唄／旭山音頭

もうひとつ、おばあさんの話には校長が「旭山小唄」を作ったと出てくる。一方でいまも運動会で踊られている「旭山音頭(16)」というのがあって、これとどう関連するのか。同じ地域の同じ地名で小唄と音頭の両方があるというケースはめずらしいという指摘もあり、また『我が郷土教育施設』には民謡として「旭山から」が載せられているものの、小唄にも音頭にも言及がない。

手元のいくつかの資料を検討してみた。まず「旭山小唄」として『旭山物語』に載せられているものがある(17)。「子供に、青年に、村人に、どうにかして、何としてでも、村を愛させたい。旭山になじませたい、親しませたい」と考えた斎藤荘次郎は民謡の研究にとりかかり、生まれたのが「旭山小唄」なのだそうで、一九一七(大正六)年の作として次の四行を挙げている。

たことをものがたっている。

(11)北村小学校の裏の入口の門近くで見かけた石碑には、斎藤荘次郎が郷土教育の推進者として顕彰されていた。残念ながら写真を撮ってこなかったので、いつ建立された石碑なのかを確認することができず、きちんとしたメモもない。このあたり、フィールドワークとしてはていねいさに欠けていたと反省する。

(12)『旭山物語』〔菅原翠、一九六二：四九〕

(13)前谷地にある斎藤善右衛門の屋敷は、斎藤氏庭園として公開されており、この見学旅行でも立ち寄って、邸内にある宝ヶ峰縄文記念館などを視察した。

(14)『我が郷土教育施設』〔斎藤荘次郎、一九三〇：一三五‐一三六〕

(15)ちなみに「北村小学校々歌は、大正五年に初めて先生が作詞したもので、作曲は我が国学校唱歌の恩人田村虎蔵氏であった。当時学校で指導する唱歌は、すべて文部省の検定を受けなければならなかつたから、この校歌も同十年十二月一日になつてようやく認可された。終戦後歌詞の一部が改訂されて、現在のものになり、小・中学校の校歌となつた」〔菅原翠、一九六二：二九〕。校庭で奥中さんが見せてくれた『我が郷土教育施設』所載の歌詞の三番「忠と孝とに身を一筋に　義勇奉公唯我が希望（のぞみ）　深く聖勅（みのり）を畏（かしこ）み奉（まつ）り　無比の歴史に光を添へん」が、第二次世界大戦後は「広き世界に道義を示し　国の文化の香りも高く　平和の旗をかざして進み　我等日本の光りをまさん」〔菅原翠、一九六二：三〇〕となる。変

①旭山から北上見れば　山と川との夫婦連れ
②旭山から汽笛を聞けば　君を松山鹿島台
③旭山から松島見れば　霞む松島帆が走る
④旭山から篦岳見れば　昔なつかし作祭り

七・七・七・五のいわゆる都々逸あるいは甚句で、どこかで新民謡とも重なるものだろう(18)。よく見ると、この①は『我が郷土教育施設』所載の民謡「旭山から」の六連目、②は七連目、④は九連目の前半である。ということは、「旭山小唄」は後年になって「旭山音頭」と呼ばれるものの一部分である、と理解できる。唄の詞すなわち「文句」の増殖法とすれば、それほど不思議ではない形式と理解しておいたほうがいいのだろう。

おもしろいのは、この自在さが「小唄」か「音頭」かの名づけにとどまらずに、曲のありかたそのものにもあてはまるらしいところである。

『旭山物語』によると、「旭山小唄」は「始めはきまつたふしがなく、安来節で、おけさ節で(中略)思い思いになんでも節で唄った(19)」と説明されていて、自由につけ替えられる「替え歌」というか音頭取りのアレンジに近いかたちで歌われていたらしい。のちに後藤桃水の作曲で「民謡旭山」が歌われるようになった、と書かれているので、そのあたりで曲の体裁を整えていくらしい。「小唄」の段階では、連ごとに都々逸として文句が作り足されていき、後半のお囃子は音頭のかたちを整えられたところでつけられたものであろう。

旭山の観光開発

「旭山音頭」の楽曲以上に掘り下げるべきは、「旭山」である。

わったともいえるし、変わらないともいえるところを、どう評価するか。

(16)「民謡旭山」の踊り方について、『霊峰旭山』[斎藤荘次郎、一九三九]が図示している。

図10-4a

図10-4b

図10-4c

旭山は北村にある、なだらかな山容の海抜一七四メートルの低い山だが、斎藤荘次郎にとっては「只の山」ではなく、郷土のありがたさを象徴するものであった。『旭山物語』は次のような斎藤のことばを紹介している。

図10-5 旭山遠望

> 旭山は実に吾々郷土人の進むべき目標を示されている。旭山に登ると輝かしい希望が湧き、不平不満は消え失せる。旭山は本当に吾々の精神生活上にもありがたい山である。北村の人はこの尊い宝を忘れてはならぬ。(20)

自らの号を「旭峯」とまでしている斎藤の郷土教育のひとつの焦点が、一九三〇年前後以降に本格化した旭山の開発にあったのは偶然ではない。

一九三九（昭和一四）年一月の奥付をもつ『霊峰旭山』(21)という六〇ページ内外のパンフレットの自序には、「旭山はだんだん世に知られるやうになり精神的観光地として徒歩旅行地として老若男女を問はず旭山に登山する人が非常に多くなつた」とある。

観光という論点からいうと、『旭山物語』で述べられている一九三〇（昭和五）年七月に河北新報

(17)『旭山物語』［菅原翠、一九六二：二八］

(18)そのような感覚も動員されている一方で、大正五・七年頃には「生徒や青年に唄わせるものとして」、作詞者作曲者の整った「深谷の郷の鎮護（しずめ）とて」という「旭山」という唱歌［斎藤荘次郎、一九三〇：一三九］を作り、同じ頃に「北村小学校校歌」も作っている。また『赤い鳥』が牽引した「童謡」ブームとも関わっていて、大正一一年三月一九日の日曜日に「旭山で童謡会を催した」［菅原翠、一九六二：三二］とあり、そこに仙台で活躍していた童謡運動の人たちを呼んで、斎藤自身が作ったものではないらしいが「高い山 旭山」［同前：二五六］というような童謡も生まれているあたりは、なんとも近代と前近代の身体感覚とが入り交じっていて興味深い。

(19)『旭山物語』［菅原翠、一九六二：二八］

(20)『旭山物語』［菅原翠、一九六二：二五・二六］

(21)この小冊子は『旭山物語』によれば、一九三九（昭和一四）年に高松宮から「有栖川厚生資金賞（銀製花瓶）」を下賜されたのを記念して、『旭山写真帖』（未見）という記録とともに作成されたものらしい［菅原翠、一九六二：一五六］。

社が発表した「東北十景選出の投票計画」は、観光地化というプロセスを考えるときに無視できない。これは白幡洋三郎が「日本八景の誕生」(22)で論じた、鉄道会社と新聞社の共催での投票による名勝の決定という、新しいタイプの先行イベントをまねたものに違いない。話題づくりとしてだけでなく、郷土の人たちの動員という点からも有効であったことはいうまでもない。郷土のはがき投票競争が過熱化したあげく、当初の「十景」では収まらずに、けっきょく「東北二十五勝」という名勝に選ばれることになるという、この落ち着きかたのプロセスも驚くほどよく似ている。『河北新報』あたりをすこし丹念に調べれば、「風景の生産」のケーススタディができそうに思う。

旭山の開発が、観光といういわば外向きの市場価値の追求だけでなく、郷土教育という精神的な側面をもっていたことは、「偉人」「うた」「観音堂」「植樹」などをつなげて考えるうえで重要であろう。これを「霊峰」ととらえること自体がシンボリックで、『霊峰旭山』というパンフレットに「旭山開発略年表」というのが載っている。このなかの「大同二年」の坂上田村麻呂の記事はお決まりの神話として、論じてみておもしろそうなのは以下である。

明治五年三月　旭山神社奉祀（↓しかしこれは昭和の神社新築落成からの遡及か?）
明治四〇年　忠魂碑建立（↓日露戦争後の地方改良運動との絡みも）
大正二年四月　旭山に桜を植え、爾後年々小学校卒業児童記念植樹す（↓シンボルの桜）

このあたりから、たぶん斎藤荘次郎主導の「開発」が積み重なっていき、一九二九（昭和四）年一〇月の「郷賢祠堂（郷土の先覚者を祀る）」の建立、一九三〇（昭和五）年八月の「東北二十五勝」の推薦、一九三五（昭和一〇）年の「仙台鉄道局のハイキングコースに指定」と続く。そのあた

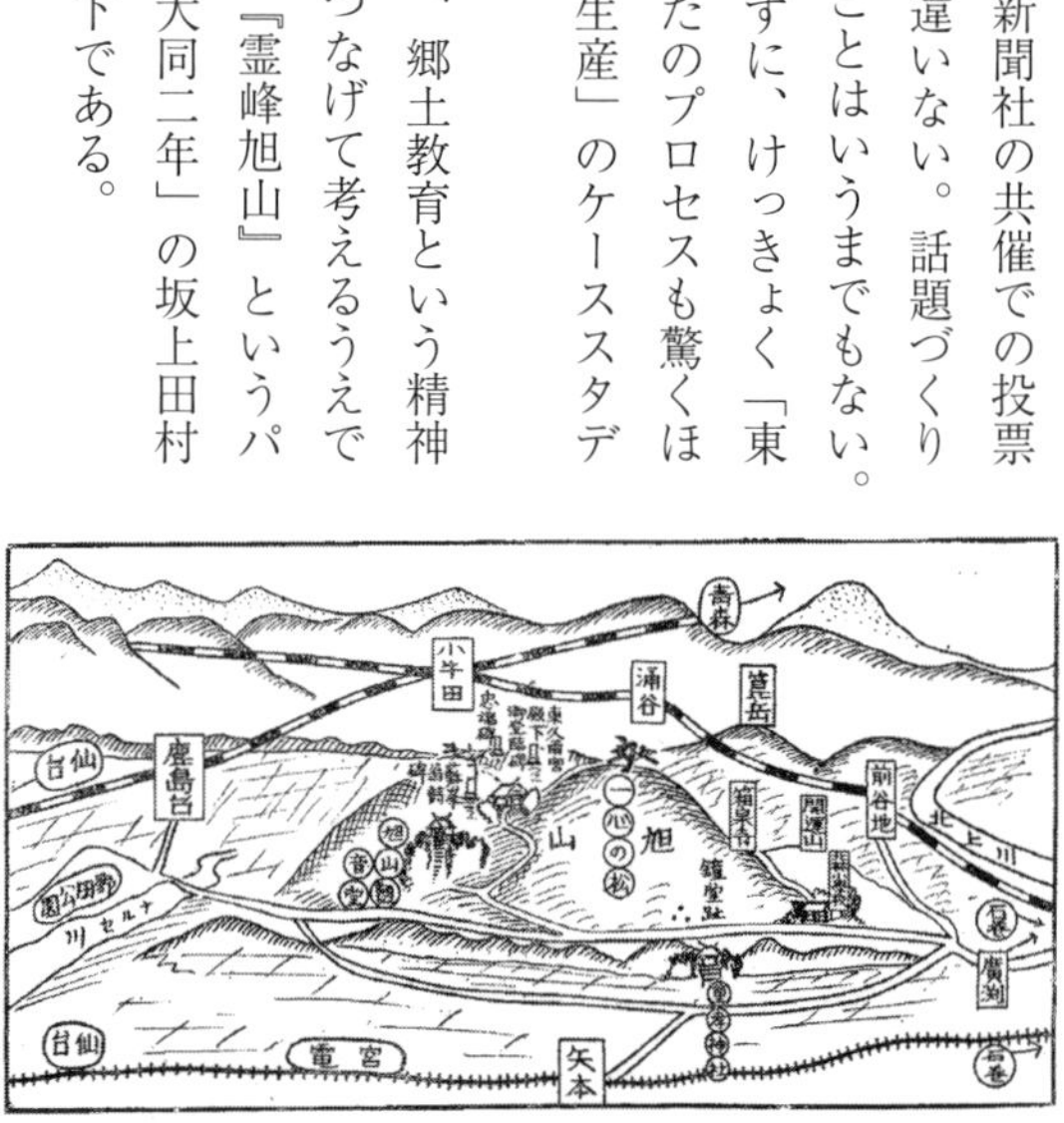

図10-6 旭山案内図

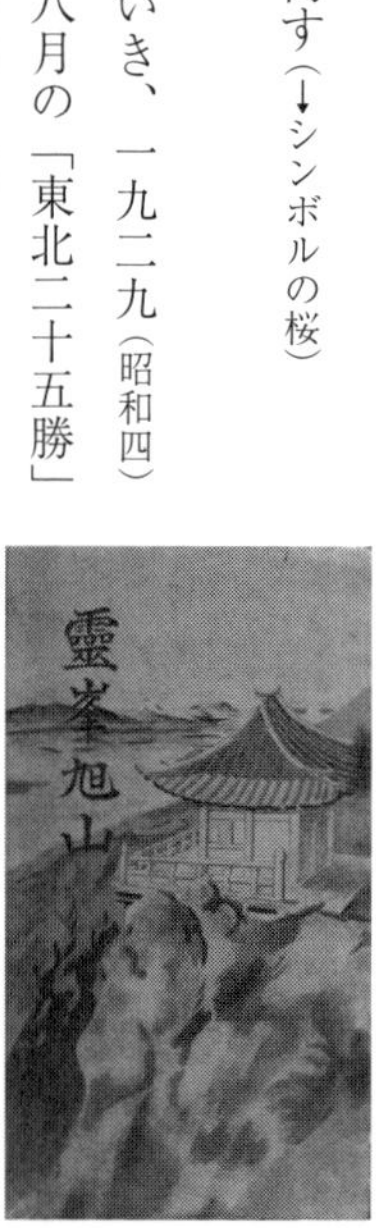

図10-7 霊峰旭山

りから展開して一九三八（昭和一三）年に落成する「旭山観音堂」が、どうも固有の話題性をもってつながっていくように思う。そして一九三一（昭和六）年に自動車が登れるような参道の改修が行われ、一九三九（昭和一四）年に「旭山観光道路落成（県より半額補助し）旭山登山口面目一新す」とあるような、インフラの整備も結びついて「観光地」化が目指され、一九四〇（昭和一五）年に「第二号県立公園」に指定されたことも、開発の観点からは見落とせない。

現地で直観的に話題にしたのは、「旭山」という場所の意味も、すでに見えにくくなってしまった公共性のありようと結びつけることが可能ではないかという想像であった。ひょっとして、入会やら、薪山としての共有地の記憶がある場所なのではないかとも思った。その予想を積極的に裏づける資料は、まだ見かけていない。

しかしながら『旭山物語』に「土地の古老」が「俺らの若い自分は、本当の草苅り山で[23]」といい、「お盆の花コ（桔梗・女郎花）取り」「子供等の鈴虫取り、アケビ取り、茸取り」「お神楽見」を行ったというあたりが、すこし暗示しているともいえる。また「ノガケ山[24]」という表現も出てくるので、野遊びで使われていた場所であることはたしかかもしれない。しかしながら、すでに近代のひとの記憶のなかからはリアリティをもってはたどれない領域なのかもしれない。

楽隊の演奏とラッパの響き

最後に楽隊の音楽についても、気づいたことをメモしておく。

郷土教育運動の一環として、各地で編纂された「郷土読本」というテキストがある。斎藤荘次郎も「北村郷土読本」を編纂しているというが、未見である。たまたま参照した『石巻郷土読本[25]』に、今回の主題に関わる「楽隊」が出てくる記事が二つある。

ひとつは「日和山」という石巻の名所についての一節で、「おぢいさん。此処は花見頃にな

(22) 白幡洋三郎「日本八景の誕生」〔白幡洋三郎、一九九二〕

(23)『旭山物語』〔菅原翠、一九六二：四〕

(24)『旭山物語』〔菅原翠、一九六二：二六〕

(25)『石巻郷土読本』〔石巻尋常高等小学校編、一九三九〕

るとお花のトンネルのやうになるんですよ。その下を大勢の見物人や、楽隊を先に立てた仮装行列なんか通つてとても賑やかです[26]」とある。なるほど季節の祭りともいうべき花見と楽隊の組みあわせが、理由の説明はむずかしいが華やかにつりあっている。

もうひとつは、これも地域の年中行事のひとつだという「川開き」の記事である。「三隻のボートを曳いた汽船は、楽隊の音勇しく川上に上つてゆく」とある。ボートを競争のスタート地点の川上へ引いていくのだろう。楽隊の音いさましくというあたりに、盛り上げようという雰囲気がただよう。「それに和して両岸から起る万歳のどよめき。「赤勝て！」「白勝て！」「青勝て！」の声援に、ボートの選手は手を振り、帽子を振って応へてゐる[27]」という描写もにぎやかである。記事によると、この川開きは、仮装行列は出る、山車は出る一大イベントで、町や通りを小旗と「葺花」で飾る祭りのようなものだったらしい。小学校の児童たちが走っている最中に楽隊が演奏しているのを、なにか学校にふさわしくないように感じた向きもあったが、結構、地域のイベントとしては、前提となっている賑やかしの雰囲気があるのかもしれない。

さて、同じ本のなかで「ラッパ」への言及も二カ所気づいた。それがすこしばかり、楽隊の音楽と異なる状況で奏されているのがおもしろい。イベントとその空間を満たす音楽との関係を暗示しているからである。

ひとつは、冒頭の「我らが学校」での国旗掲揚のシーンで、校舎前の国旗掲揚塔に掲げられる大きな国旗に関わる。「この大国旗は毎日朝会の際ラッパの吹奏する荘厳な君が代と共に掲げられるもので、我等は一斉にこれを仰ぎ見て、皇国の繁栄と校運の隆昌とを祈るのである[28]」。もう一カ所は鳥屋神社という、式内社のひとつで郷土の村社でもあり、かなり学校と深く関わっているらしい神社の記事である。「高等科の児童が入学の初に修学の方針を定めて宣誓をするのも、亦バスケツトボール、バレイボール等の伝達式を行ふのも、皆当社の神前である。

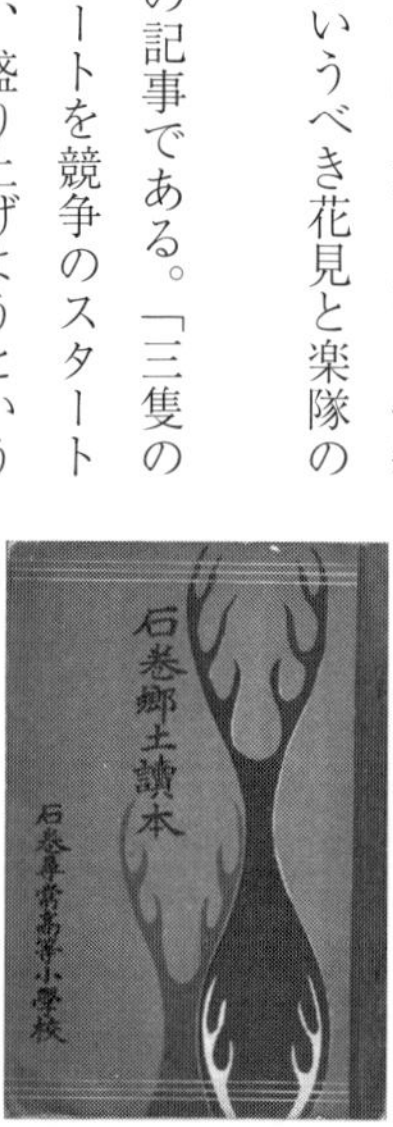

図10-8『石巻郷土読本』

(26)『石巻郷土読本』［石巻尋常高等小学校編、一九三九：八］

(27)『石巻郷土読本』［石巻尋常高等小学校編、一九三九：四一］

(28)『石巻郷土読本』［石巻尋常高等小学校編、一九三九：一］

あの荘重な「国の鎮」の喇叭の音に一同が襟を正して額いたことは、いつまでも忘れることが出来ないであらう」[29]。

ここからだけ論ずるのは危険だが、昭和一〇年の郷土読本において、ラッパは明らかに儀式的に使われて、国旗掲揚や表彰伝達の整然とした列のまえに響いている。それに対し、楽隊は祝祭的で競争的で、乱雑ながら騒がしく盛り上げているように見える。ラッパについては、日清戦争の木口小平の神話を含めて、いろいろと考えてみる論点があるだろう。そことの比較において、クラリネットやサキソフォンやドラムなどのいくつかの楽器の集合体である楽隊の位置もまたあるていど指ししめされそうに思う。「仮装行列」の「仮装」の華やかさは花見の文化のひとつとして、絵はがきなどに残されているけれども、じつは「行列」という人びとの集いかたも無視できない論点かもしれない。

もちろん、音楽の演奏形態だけを切り離して論ずるわけにもいくまい。

ジンタの定着と残存とを論ずるのであれば、たとえば「ちんどん屋」を必要とした、商業地域や「大売り出し」あるいは映画をはじめとする娯楽産業などの、東北の都市的な展開はどのようなものであったのだろうかを押さえる必要があるだろう。音楽隊あるいは楽隊の活動の場を考えるうえで、「運動会」などの地域イベントとの関係だけにしぼってしまうのはやや狭く、近隣の都市の商業地域の発展などと結びつけた「広告」という文化産業の展開が、重要な補助線になりそうには思う。

いずれにせよ、このノートは未完成であり、ある見学旅行の反省メモである。

やや乱暴な言いかただが、五〇年くらいのあいだは（すなわち一世代から二世代交代の時間ていどは）、ある個性的な出会いによって、たまたまできあがった活動が、それをささえるシステムの変容や衰弱があったとしても、現象として残りうることはめずらしくない。これが一〇〇年を超え

(29)『石巻郷土読本』［石巻尋常高等小学校編、一九三九：五八］

図10-9『大沢楽隊誌』

て、残り続けていくためには、後進のリクルートなど担い手の再生産を含む構造の再組織化、すなわちシステムの更新が必要になり、意味づけの再規定が要請されざるをえない。それゆえ、個性に焦点をあわせててつながりを掘り起こし、意味や機能を考えてみることと、事例をささえる構造を解読することとは、まったく別々の作業ではない。

北村大沢楽隊に関しても、また斎藤荘次郎の郷土教育に関しても、その個性をきちんとていねいに押さえつつ、その背後に作用している構造をどう描きなおすかと取り組むところから、論文が始まるように思う。

第11章　実業――渋沢栄一と渋沢敬三

まず日本近代における「実業」ということばが、いかなる意味の特質を有する語であったのか。その位相を探るところから始めよう。

「理財」「経済」「政治」も、同じく明治において新しい意味あいをもって使われるようになった理念であった[(1)]。それらの動きとの相関もあってじつは複雑なのだが、確認すべきは幕末維新期から明治大正の言説空間のなかでの「実業」の位置である。この概念は、どのような意味の動きをもつものとして耳に響いたのか。このことばの位相は、「職業」や「産業」など近代社会を鳥瞰する基本的なことばの生成とも深く関わっている、と私は考えている。

いまこのことばが背負わされている時代の制約や、見失われた可能性を考えるうえでも、その語誌をたどってみる価値はあるだろう。

「じつぎょう」と「じつごう」

「実業」という熟語は「実業界」「実業家」「実業教育」など、名詞の複合語の中核を占める。明治日本の新語で、開化の新しい時代の「産業化 industrialization」を象徴する流行語であった。明治近代における産業化の進展は、あえて異を唱える必要もない明白な歴史事実である。

(1) 東京大学法文理三学部が一八八一（明治一四）年に刊行した『哲学字彙』では、Political economy およびEconomicsの訳語として「理財学」、Politics の訳語に「政治学」が挙げられている。ただし凡例にあたる緒言での分野分類では、「理財学」はそのまま使われているが、政治学は「政理学」、今日では法学とか法律学とされる分野を「法理学」と表示している。社会学にいたっては「世態学」である。economicsの訳語は「理財」が主流で、これが「経世済民」の略と考えられていた「経済」に落ちつくのは、明治も後期になってからであった。

それゆえ、このことばそれ自体もまた、近代に新しく発明されたものに違いないと、私自身も思いこんでいた。

　ところが国語辞典の類を引くと、意外なことに気づく。

　この熟語には、忘れられた意味がある。現代の非宗教者のだれもがすでに知らない、中世的な意味が刻みこまれていた。「実業」という二つの漢字の同じ文字並びのままで、「じつごう」と読む。旧仮名では「じつがふ」となって、かつて「じつげふ」とルビが振られ、われわれが「じつぎょう」と発音する、今日使い慣れている単語とは、まったく断絶した用いられかたをしていた。

『日本国語大辞典』によれば、「実業《じつごう》」は仏教語である。「身(身体)・口(言語)・意(心)で善悪などの行為を実際にすること」を意味し、また成された「その行為」それ自体を指すと説明されている。実際に活動し現実に行為するとの実践性に力点がおかれてはいるが、仏教でいう梵語のkarman、すなわち「業《ごう》」の考えを基礎にし、業因業果、応報の世界観を現実世界に敷衍したところに成立している[2]。

　同じ辞書で挙げられている用例に「実業正覚の阿弥陀仏、天眼天耳の通を以て、我が云ふ事をよく聞かれよ」という歌舞伎台本の台詞がある。ここからは、このことばが一九世紀初頭には信仰教理の領域にとどまらず、さらに世俗的で大衆的なレトリックのなかに拡がっていたことが示唆される。すなわち、近世の後期には民間の日常に仏教由来のこの因果の思想が普及し、「実業」という漢字の並びも、「業」の教えの通俗化のなかで理解されていたようである。今日広く一般に参照されている国語辞典の『広辞苑』には、「実際に苦楽の果を招くところの善悪の業」と、その古い意味での「実業《じつごう》」が説明してある。仏教のいう宿命的な因果応報、すなわち輪廻や、善因善果、悪因悪果の循環を意味の中核にすえている。

(2) 用例として一三世紀前半に成立した『正法眼蔵』の「実業の凡夫、いかでかに自在あらん」という文章や、一四世紀半ばの『神道集』の「神道の実業を以て神明の名を得る」という用例が掲げられている。応迹も応化も、当時の仏教の世界観に関わることばで、仏や菩薩などが衆生を救うために神や人間に姿を変えてあらわれるという現象を指す。いわゆる「本地垂迹」「神仏習合」にもとづく宗教思想であり、そこで使われている実業は、すでに定めとしてある「業」の教理を、現実の、実際の、と強めているだけのようにも思える。

漢字表記を共有しながらも、明治の新語である「実業《じつぎょう》」は、まったく異なる世界観を有している。その点には、あらためて注目が必要だろう。新しい実業のカテゴリーは、こうした仏教的通俗知識において保たれている閉じられた因果連関とは、ほとんど無関係といっていいほどに断絶している。

異国語として出会ったbusinessの訳語、代替として形成されてきた経緯ゆえであろう。仏教における「業」の果てしない輪廻が暗示する閉鎖的で宿命的な循環の理法から離れ、どこか変化に開かれている。この社会的能動性は、「職業」の自由に託され、進化の変容や殖利の追求も許容されている。仏教的な世界認識の切断あるいは意味の逆転とすらいいうるような、新しい志向性をもって使われていることがわかる。

当時においてどこまで明確に比較され意識されていたかは不明だが、いま並べて考えてみると、因果にしばられて分相応の位置づけに閉じた循環の宗教的受動性と、開かれた経済活動に向かっていく社会的能動性との違いがきわ立つ。

ビジネス教育における学知と経験

それでは、この能動的で開かれた意味は、どのように定着していったか。

『日本国語大辞典』が用例として挙げた、新しい意味での「実業」の初出例は、一八七八（明治一一）年一二月に刊行された久米邦武の『米欧回覧実記』（図11-1）である。原典にあたってみると、第一編第六巻の一八七一（明治四）年の大晦日の項で、ソルトレークの「モルガン商学校」を訪ね、その学校の仕組みを述べた記録に、この「実業」の語が出てくる。

此学校ニテハ諸色ノ取引、張簿ノ附控ヘヨリ（即記簿法《ブックキーピング》）、貨物運動ノ理ヲ教ユル所ナリ。

図11-1『米欧回覧実記』

進業ノ後ハ学費ノ内ヨリ財本百弗ヲアタヘテ、之ヲ実地ニ経験セシム。是ヨリ生業ニツキテ、家産ヲ興スモノモ多シトナリ。然レトモ学知《タオリック》ハ経験《プラチカル》ヲ経テ後チ始テ実業ヲ仕覚エルモノナレバ、往々実地ニ臨ミ、顚覆シテ財本ヲ失フニ至ルモノモアリ。如此キモ共財本ヲ追徴スルコトナシ。共資金ハ拠金積金ヨリ出スト云。(3)（傍点引用者）

この「モルガン商学校」は、ビジネス教育に強い関心をもっていたユタ州の教育者J・H・モルガンによって、一八六七年に設立されたMorgan Commercial Collegeのことであろう。この学校の存続は七年と短く、一八七四年には閉じられている。

重ねあわせてみると、使節団はその活動の盛んな時期に訪ね、「学校教育」と「生業」あるいは「職業」とをつなぐ仕組みを知ったことになる。ここでの「実業」ということばは、直接的には取引のある世界、すなわち市場での日々のなりわい、生活をささえる家業職業のありようを指している。しかし同時に、学校教育を通じて得た理論的・理念的な知識にしても、実際に資金を動かす職業の経験へと応用されて初めて役立つとも述べている。そうした枠組みを強調することで、いわば職業をもって生計を立てるという実践的な領域をしめすものとして使われている。

日本でのこうした新しい使われかたが、明治初年から順調に拡がり、自然に普及していったものかどうかはわからない。新聞各社の紙面記事データベースは便利な道具だが、すこし使いかたに注意が必要である。

試みに『読売新聞』の記事検索データベース「ヨミダス歴史館」に「実業」の語を入れると、最初にヒットするのは、一八八〇（明治一三）年四月二一日の記事である。しかし実際の紙面にあたってみると、「実業」はそのままの熟語としては使われていない。一八七五年に開設され

(3)『米欧回覧実記』〔久米邦武編、一八七八：一二六〕

(4) もっとも「会社」の語の歴史的な位相もまた、測定しなおされなければならない。明治初年に福地源一郎の訳で大蔵省から出された『官版 会社弁』〔一八七一〕（図11-2）での「会社」は、銀行bankの訳語であって、後の意味範囲よりもよほど狭い。

た木挽町の「商法講習所」は、この五年間に二〇六名の生徒が入校したが、「其内追々学業も進み銀行其他諸会社などへ傭はれて実地の業に就て居るもの」(傍点引用者)が六〇名あまりもあると聞いた、という記述になっているだけである。同様に『朝日新聞』の記事データベース「聞蔵」で、同じく「実業」の語を入れて検索すると、今度は一八七九(明治一二)年二月二〇日の五代友厚が外国人事業家を饗応したという内容の大阪の記事が、もっとも早いものとして浮かび上がってくる。しかし、これも実際の記事にさかのぼって確認してみると本文では「実業」の文字は使われておらず、内容要約でつけられたタイトルの語句が拾われた可能性が高い。実際の用例が記事のなかに見つけられたのは、一八八二(明治一五)年一一月二三日の文部省関係の報道で、教育諮問会に「農工商其他実業に係る学校の実況及び之が設置を促す計画」(傍点引用者)等について諮問したという内容である。

もちろん、『読売新聞』の一八八〇年における「銀行其他諸会社」の「実地の業」の用例が、今日でいう「実業」の意味を指ししめしていないわけではない。明治一〇年代に「会社」という結社の存在[4]が広く認知されるに連れて、「じつごう」とは異なる「じつぎょう」が、新たな用語としての意味を立ち上げつつあったのであろう。あらためて用例をたどってみると、「実業教育」とりわけ「農業教育」「商業教育」という政策的枠組みづくりの新しい試みのなかで積極的に用いられているのも、このことばの特色として見落とせないことがわかる。

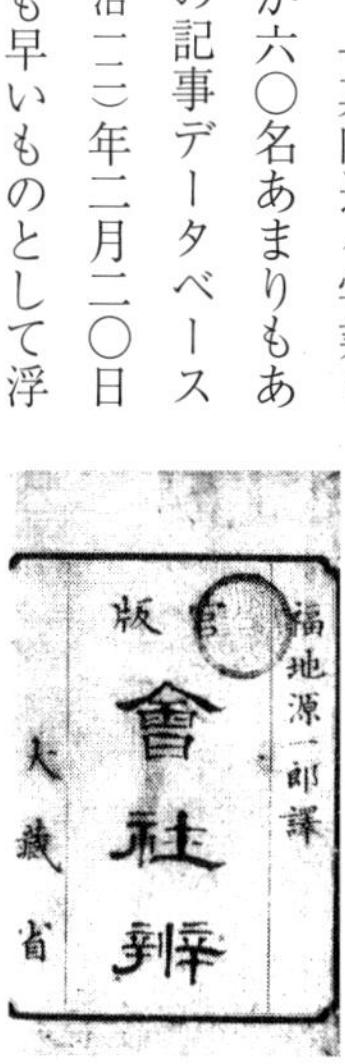

図11-2『官版会社弁』

同時期に渋沢栄一が編述した『官版 立会略則』〔一八七一〕も、同様である。本文で引用した一八七五年の「銀行其他諸会社」は、それよりもすでにすこし拡がっている。しかし、これがcompanyやcorporationあるいはassociationの意味にまで拡がって使われているのかどうかは、慎重な検討が必要である。目についた一例にすぎないが、石井研堂は実業家の聞き書きで「今より十数年前の会社類は、多くは、会社屋といふ一種の紳商、又は官吏上りの者が経営するが常であつて、実業者、殊に当業者の建てた会社といふは無い位であつた。全で素人が経営して、成功を望むは、六ヶしいといはなければならぬ」〔石井研堂、一九〇八:二三〕と述べていて、額面どおりに計算すると一八九〇年代(明治二〇年代半ば)のことである。「会社屋」という表現があったというのはおもしろい。

机上算筆の職業と手足を動かす職業

たしかに同時期の著作物には、すでに新語としての実業ということばを解説しつつ使っている用例がある。同じ一八八〇年の三月に発行されていた望月誠『実地経験 家政妙論』(図11-3)では、次のように「実業」が説明されている。

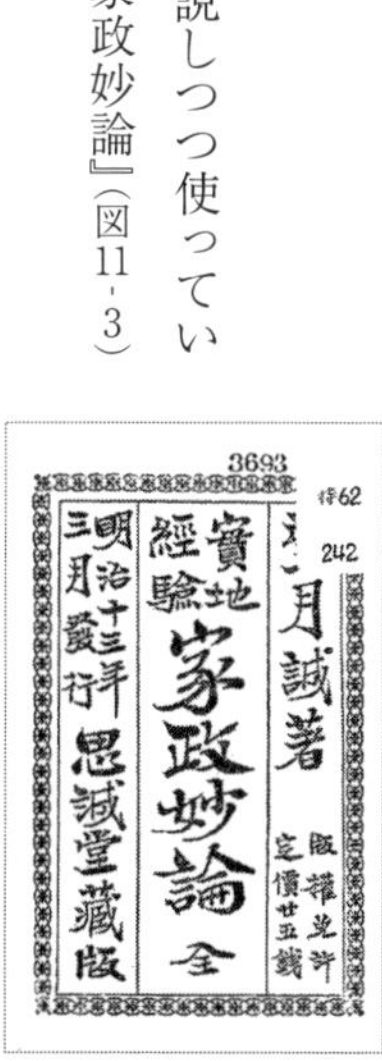

図11-3『実地経験 家政妙論 全』

我邦維新以来の形勢《ありさま》を見るに、人情は独り政事家を以て己が職業と為さんことを望むの一方に傾き、之を他の実業（此に所謂実業とは農工商等の業にして、専ら手足を労動《うごか》すの職業を斥《さ》すなり）を取らん事を欲《ねが》ふものに比するに、常に権衡を平かにせざるに至れり。是全く時運の然らしむる所なりと雖も、一は人の職業に上下の差別《わかち》ありてふ誤認と、官吏社会《かんいんなかま》に入り所謂牛後の地位に居らんには、特に熟練したる技術《わざ》はなくとも、普通の算筆さへ知れば今日の生計上《くらしむき》に欠乏するの憂もなく、且他の職業に比すれば時間の制限もあり定りたる休日もありて身に幾分の間隙《ひま》ありと、一時の苟安《かりそめ》を貪らん事を欲《ねが》ふの妄想とに由りて起る所にして、実に悲嘆すべき風俗なり。(5)

(5)『実地経験 家政妙論 全』〔望月誠、一八八〇：四〕

この用例を参照しつつ、『日本国語大辞典』は「すでにあった「農業」「工業」「商業」などの語をくくる上位語として使われるようになったと考えられる」という判断を添えた。それ以上に、この啓蒙書の著者である望月誠の記述が、「官尊」傾向への「悲嘆」を通じて、このことばにこめられた当時のニュアンスを描き出している点は重要だろう。

すなわち、当時は職業になお身分の観念がからみつき、貴賤上下という意味づけの差異があった。とりわけ、手足を動かす辛苦と机上算筆の安逸とのあいだに、価値の区別があるかのような「誤認」が一般化していた。その尺度のもとで、多くの若者たちが「政事家」すなわち統治に携わる、算筆の職としての「官吏」を目指す。そうした現実の進路選択の、風潮をささえている価値意識と鋭く対立し対抗する位置に、この「実業」が位置づけられている。この格差への批判については、あとでもういちど論じたい。

人間を指す具象性からの離陸

さて、明治初頭の実業の語がもつ現状批判について、その内実の特質を論ずるまえに、もうすこしその前提ともいうべき論点を補足しておこう。

「実業」が、どのようにして農業や工業や商業をくくる「上位語」の位置を占めるにいたったか、その変化のメカニズムである。「実業」の語の内容への注視の反面で見落とされがちではあるが、くくられる「農工商」それ自体の変容にも注意すべきだろう。いわば産業カテゴリーへのゆるやかな移動ともいうべきものが、それぞれの職業の領域に見られるからである。

社会が変わっても、つねにことばの意味が変わるとはいえない。しかしながら、ことばの意味が大きく変わるとき、その背後には、必ず社会や文化の構造の見逃せない変化が潜んでいる。たとえば「農業」の語は、早くも奈良時代の古代の記録にあるという。生活を営む仕事のひとつをあらわすものとして使われていたらしい。修史職にある官吏のまなざしが、家計と生業とを上から把握し、類型化するカテゴリーを必要としたのであろう。しかしながら中世・近世では主として「耕作」を意味し、具体的に農作物を作る人びとの営みに限定される傾向が強かった。やや抽象化された職業・産業としての分類の意味がふたたび前面に浮かび上がってくるのは、やはり明治時代の近代官僚の行政のなかである。

「工業」の語は、『日葡辞書』にすでに記載されているというから、一七世紀初めには使われていたのだろう。しかしながらそこでは、手先の巧みな大工や箱師という「職人」を指すと解されており、今日のように産業としての分類や特質をあらわしてはいない。むしろ、大規模化した製造業や建設業のような、原料加工の局面でのいわゆる第二次産業に意味の中心をおくように変化したのも、おそらく明治一〇年代ではないだろうか。その頃になって初めて、自然の原料に人力で働きかけて製品を作る伝統的な仕事とは異なる、組織的な製造業を中心とする独自の産業のありかたを指ししめすように変わっていく。

「商業」という用語も、商うひとを具体的に指す「あきんど（商人）」に比べて、あまり日常的に必要なことばではなかったらしい。(6) たとえば、辞書に挙げられているのは一八七〇年から七六年のあいだに刊行された仮名垣魯文・総生寛『西洋道中膝栗毛』の「農業等をすることを覚えて村落をなし、その中には品物を製作し商業を営むものも出来て」であって明治初期である。その後の例というと、一八九九（明治三二）年の「商法」の条文までくだる。このことばをめぐっても一九世紀の後半にあらためて必要性が注目されるような、抽象水準の変化があったのではないかと思われる。

以上の各語の語誌を踏まえると、大まかながら、次のようなプロセスを措定することができる。すなわち「農業」「工業」「商業」のそれぞれの用例が、ようやく明治期において、農夫や職人や商人といった人間を指ししめす具象性から離陸し、職業や産業としての類別をある一定の抽象性において指し始めるようになる。それぞれの領域での抽象性をもつ概念としての一般化という変容のうえに、それらを貫く、ある意味での「上位」概念として、新たな「実業」がすえられていった。

だとすれば、そこにおける「実業」の意味の共通性は、特定の職業を指すというだけにはとどまらない。見落とせないのは「実」、すなわち理念ばかりのそらごとではなく、事実の、実際の、実践の、という現実性である。つまり具体的には「手足」すなわち身体を動かす現実の「労働」であり「職業」であることを意味したのである。

1　福沢諭吉における「実業」の思想

ところで、大槻文彦は一八九一年の『言海』の「実業」の解説に「農、工、商ナド実地ニ行

(6)『日本国語大辞典』も、「商人」の類語については八世紀の『日本書紀』から古代・中世を通じて江戸後期までさまざまな用例を挙げているのに、「商業」の用例は少ない。一五世紀半ばの「上杉家文書」のような行政文書における「商業」の用例以外は、一九世紀の用例ばかりである。

フ事業《ナリハヒ》」との基本的な語義に加えて、あえて「学問理論ノ業ナドニ対ス」と注記した。その付加は、個人の解釈というよりは、「実」をめぐって世間に共有されたニュアンスであったととらえるべきであろう。そうした注記の通り、明治二〇年代前後において対立するものとしてとらえられていたのは、「実行」「実地」「実際」ならざるものとしての「学問理論」、要するに精神労働であり知識生産である。

　もちろん、ここでの「なりわい（生業）」として「手足を動かすこと」の強調には、まだ大正期に入ってからのような、労働や資本をめぐってあらわれる階級性[7]はないように思う。しかしながら明治の「実業」には、別なかたちでの身分的な対抗がこめられている。すなわち「数百年来額に汗して衣食するの大義を忘れたる[8]」かつての支配階級の「士族」や、その「士流の子孫」ともいうべき政府の官吏に対する批判と対抗である。士農工商の身分感覚と隣接していた時期だけに、その対抗軸がもっていたリアリティを無視するわけにはいかないだろう。

　一八九三（明治二六）年にまとめられた福沢諭吉の『実業論』（図11-4）をあらためて読むと、いくつかの明確な論理の対立軸が、この著作をささえていることがわかる。それは、ここまで検討してきたようなことばの歴史的特質とも呼応している。以下に抽出する論点は、福沢諭吉の実業振興の新聞での主張にもとづくものである。福沢は「実業」に、理念に裏づけられた「主義」としての力をあたえている。

「精神」の進歩と「実物」の経済

　第一の論点は、無形の「精神」と有形の「実物」との対比である。

　福沢の主張は、明治維新以降の開化という変動の特質の評価に始まる。すなわち、政治・法律・軍制・学問・教育の「無形精神上の進歩」は顕著で、世界に賞賛されるものであった。し

(7) 大正期になると「肉体労働」や「無産階級」という語によって低く、階級性を帯びて、知識生産の労働と相容れないものとして位置づけられるようになる。

(8)『実業論』［福沢諭吉、一八九三：四］

図11-4『実業論』

かしながら、それは「精神上の運動に偏して実物の区域に達するを得ざる」との弱点を有している。つまり「有形実物上の有様」すなわち「実業社会商工の有様」はというと、その現状は旧態依然である。[9]発達進歩がないとはいわないまでも、精神文明における改革の成果には遠く及ばない。そこに「精神の社会と、実物の社会と、進歩の度を共にせざるが為めに生じたる不幸[10]」がある、という。別なことばでいうならば、政治・学術の革命と実業の革命とに大きな格差があり、たがいに協調していないがゆえの問題こそが、今日の実業社会の諸問題の根源にある、というわけである。

ここで福沢は明らかに、制度や規範・理念を中核とした精神文化と対置しつつ、のちに「経済」と呼ばれるようになる行動の領域[11]を指ししめしている。すなわち、さまざまな実物財貨を生産し、分配するという人間の文化である。

しかも法律や政治や学問の精神文化の領域では、広い意味での「官吏」「官員」という主体が、その進化を推し進める有為の人材として生み出され、ポスト不足や就職難が起こるまでに学生たちを引きつけている。その反面で、有形の実物文化である実業社会はかつての俗流卑賤との見られかたが災いして、智慧と志とを有する人物を迎え入れていない。そうした人材不足ゆえに、精神の世界において起こった進歩の革命が、実物の世界においては遅れているのだと説く。

福沢は、実業社会における倫理の欠落や、道理を外れた富の格差こそが、直面しなければならない社会問題だ、という。曰く「虚に乗じて業を営み、手に唾して巨万の富を致したる者少なからず」、「其の資産の大なると、其の人品の賤しきと、誠に不釣合なる」「不徳無智の輩」に「奇利の余地」を残し、「開国以前の旧思想」のままに放置したことこそ、実業社会の「萎靡不振」の根源がある、[12]というのである。

(9)『実業論』[福沢諭吉、一八九三：一‐五]

(10)『実業論』[福沢諭吉、一八九三：九‐一〇]

(11)「経済」というカテゴリーそれ自体の変容にも、注意しておくべきだろう。「経済」はもともと、儒学的な理念の「経世済民」または「経国済民」、つまり国を治めて民を救済する政治的実践と不可分であった。しかしながら、市場の理法や動態を研究する「理財学（経済学）」の必要や応用とともに、政治が権力によって統制しつくせない問題領域として、その秩序の固有性が見いだされてくることになる。

(12)『実業論』[福沢諭吉、一八九三：九‐一二]

不公正がそこにあり、不合理がまかりとおっている。それゆえ実業社会は不当な評価に甘んじ、また十分な発達がない。福沢は、無形の精神文化と有形の実物経済とを対比的に分けて説明したうえで、その相互の無定型な分裂の狭間に生み出された「不規律」「不行届」(13)を改革すべき対象ととらえたのである。

新たなる公共倫理の定立と実業

それゆえ、福沢が「実業革命」(14)を論ずるにあたり依拠している第二の論点は、新たな公共性の構築であった。すなわち社会的な徳義・倫理の新たなる生成であり、すでに無効化し桎梏と化した古い道徳との対比として、第二の対立軸が設定されている。

ここにいう「古い道徳」には、二種類の古さが融合している。ひとつは、かつての「学者士君子」の道徳のまま「勝手次第の空論」を吐く新しい時代の官僚たちの「士人流」(15)であり、もうひとつは封建時代の町人たちの文化である「お店もの」「俗子弟」の商事の駆け引きである。その双方を凝視しているところに、福沢のあなどれない慧眼がある。

やや脇道の事実だが、「経済」という語が流布するプロセスで生み出された、ある種の公私の分裂もまた、福沢の問題設定や危機感と無関係ではないだろう。

「経済」は、もともと国を治め、民を救う政治的な実践の意味あいが強い。それゆえ「抑も男児の事業を為して天下を経済するは、豈に啻《ただ》に政府に立のみに止らんや、書を著して以て一般の人民を救《すくへ》ば其功亦大ならずや(16)」(傍点引用者)というような志をこめて、動詞形でも使われた。しかしながら、「倹約」「節約」「やりくり」といった身近な実践がささえた私的な意味を媒介に、物質的な財貨の効果的な生産・分配・消費に関わる専門知や技術知に重きをおいた用法が中心にすえられていく。それにつれて、今日のような金融や市場交換の領域のみを指す意味あいが

(13)『実業論』[福沢諭吉、一八九三:九-五〇]

(14)『実業論』[福沢諭吉、一八九三:二]

(15)『実業論』[福沢諭吉、一八九三:四八]

(16)丹羽純一郎訳『欧州奇事 花柳春話』第四編[ロウド・リトン、一八七九:四七]

強くなる。

もともとの経世済民の公共性はむしろ背景に退いていく。そして、行為を包含する動詞としてではなく、領域や状態をあらわす名詞として、いささか固定化されていったのではないか。経済と政治とが分裂し、私と公とがさらに深く分離していく。

福沢が新たな社会的徳義の主張や、倫理の形成において突破しようとしたのは、まさにそうした分断の現状でもあっただろう。

「学士」と「軍隊」

おもしろいのは、この新たな公共倫理の形成において、福沢が重要な要因として「教育」と「組織」を挙げている点であり、この啓蒙家の本領をあらわす比喩も生み出されてくる。なるほど「実業は俗事にして、学界と俗界とは趣をことに[17]」するものではないかと、学と俗との二つの関係を隔離と対立においてとらえようとする見かたは、通俗的ではあれ無視できない力をもっていた。それに対して、新しい知識と論理とを学校で学び、海外とも交渉・対抗しうる「書生」「学生」こそが、新たな実業商工の世界に必要だと、福沢は説く。それは、有為の青年が官吏にばかりなろうとしてきた、維新後の立身の現状を批判するものでもあった。

と同時に、商業・工業のいわゆる実業社会が商人や職人の個人的な才覚の世界を乗りこえて、組織と秩序の必要を意識し始めたことを意味する。福沢は、「剣客」と「軍隊」の比喩を印象深く使っている。すなわち、実業社会の発展に必要なる「新商」を喩えていえば、組織としての軍隊に近い。

旧商は剣客の如し。一人の敵に対して闘ひ、隙を窺ふて切込むの細手段は、或は其腕に覚

(17)『実業論』〔福沢諭吉、一八九三：二一〕

えあらん。なれども其技倆を以て、規律正しき軍隊の司令官たらしむ可らず。否な、兵卒にも用ふ可らず。整々の陣、堂々の旗を押立て、、商工の戦場に向ひ、能く之を指揮し、又能く其指揮に従て運動する者は、唯近時の教育を経たる学者あるのみ。我輩は、之に依頼して実業の発達を期する者なり。[18]

ここで期待をかけている「学者」は個人としての教育者ではなく、組織的な教育を受け教養を身につけた大学の卒業生、すなわち学士である。同様に、実業にたずさわるひとに福沢が求めた「人品高尚」「廉恥」[19]の根源もまた、明らかに個人としての道徳や信条ではない。むしろ組織的で制度的な公共の秩序であったのである。

文明の実業法

であればこそ、この『実業論』は「文明の教育を経て其心身を一新したる後進」[20]に期待をかけつつ、「文明の実業法」[21]と称するものの提示で結ばれる。福沢のこの著作は、政府の保護介入政策や規制取締の法律の勝手に焦点をあわせた、官僚批判の大枠が注目されがちである。関税撤廃の自由貿易における自主独立の勇気の鼓舞や、日本流に安んずる思考を廃して西洋諸国に学ぶ姿勢が強調されて、「自由放任主義」「脱亜入欧」のコンテクストで読まれることも多い。しかしながら、その実業論の核はむしろ実学ともいうべきものの「すすめ」であって、「異類別世界」[22]の秩序を理解しようとしない、無知にもとづく「精神上の空論界」[23]の批判にある。

それゆえ「文明の実業法」は、特に変わった教えではないと、その新しい世の常識としての普遍性を強調している。

すなわち、第一は新聞を読むなど知識見聞を広くして時勢の機会を無駄にするなであり、第

(18)『実業論』[福沢諭吉、一八九三：一八]
(19)『実業論』[福沢諭吉、一八九三：二五]
(20)『実業論』[福沢諭吉、一八九三：三九]
(21)『実業論』[福沢諭吉、一八九三：九六]
(22)『実業論』[福沢諭吉、一八九三：三三]
(23)『実業論』[福沢諭吉、一八九三：九一]

二は法律上という以上に徳義において約束を重んずる品位を保つべし、そして第三は事物の秩序を正しく認識してそれを犯すことなく行動せよ、と説いていく[24]。この「事物の秩序」について、福沢は『実業論』の別の箇所で、「清潔を重んずるの一事[25]」に根源すると述べている。

> 清潔の一事は、身に可なり家に可なるのみならず、之を実業に及ぼして自然に其業の秩序を助くるの効力に至りては、さらに大なるものあり。実業者のよろしく注意すべき所なり。すべて清潔の旨を達せんとするには、物の潔不潔を区別して、之を混雑せしむべからず。家にて云へば、食物食器を洗ふ桶にて足を洗ふを許さゞるのみか、足盥と米洗桶とは相隣することも得べからず、（中略）区別の心は即ち秩序の由て生ずる所の本源にして、其秩序は諸工場商店に於いて唯一無二の要用なり。古来今に至るまで職人の仕事場又は大家の商店を支配する者が、しきりに掃除の事を喋々して不潔を許さゞるは、本人は夫れと心付かざるも自から此秩序を重んずるの意に出たることならん[26]。

「正直」の倫理だけでなく、身のまわりの諸物の機能・役割の秩序を守って整然と行動しているかどうかを、「清潔」という衛生的なカテゴリーにおいて評価する。まさしく、近代の啓蒙主義者の「実業」論である。

2　渋沢栄一の活動における「実業」の位置

それでは渋沢栄一にとって、「実業」はいかなる理念を背負わされたカテゴリーであったか。栄一は福沢諭吉の五歳年下ではあるが、明治前期の産業化への変動を共有しつつ生きた同時代

(24)『実業論』[福沢諭吉、一八九三：九四-九五]
(25)『実業論』[福沢諭吉、一八九三：五一]
(26)『実業論』[福沢諭吉、一八九三：五二]

人であった。

基本的な理解の重なりあい

その基本的理解は、福沢の『実業論』と軌を一にするものであった。たとえば、第一の精神と実物（物質）との進化のギャップについて、である。そこにおいて問題が生じていることを、渋沢もまた数多くの演説で、同じように触れている。

今日の実業界は物質は大に進んだが、精神が同じく随伴したかと申すと、或は疑点なきを得ざるの感があります。果して其一方のみ進みて一方が之に伴はぬとしたならば、其間に必ず亀裂を生ぜざるを得ぬのであります。満堂の諸君に於ては、どうぞ未来の物質界を進めると同時に精神界にも注意せられ、両者併せ進むことに御精勤あらんことを呉々も懇願して已まぬのでございます。[27]（「実業界引退に際して」一九一七年）

私は能く例に申しますが、物質の文明を進めて商工業を発達せしめ、各人の富を増す、其富が増すと同時に成べく自分の富を増したいと思ふから、自然と、道徳とか仁義とか云ふやうなものが疎かに成つて、智慧は進むけれども人格は段々に下劣になつて来る。[28]（「日本女性の進むべき道」一九一八年）

「富」や「利」を論ずる領域が広くなるほどに、「道徳」や「仁義」の観念が薄くなり、ほとんど顧みられなくなる。そのことに、社会の危機を論じている同様の発言は数多い。孟子の「奪わずんば厭《あ》かず、上下交々《しょうかこもごも》利を征《と》つて国危し」[29]を引用して、実業の世界におけるエゴイス

(27)『青淵先生演説撰集』［高橋毅一編、一九三七：一八七］

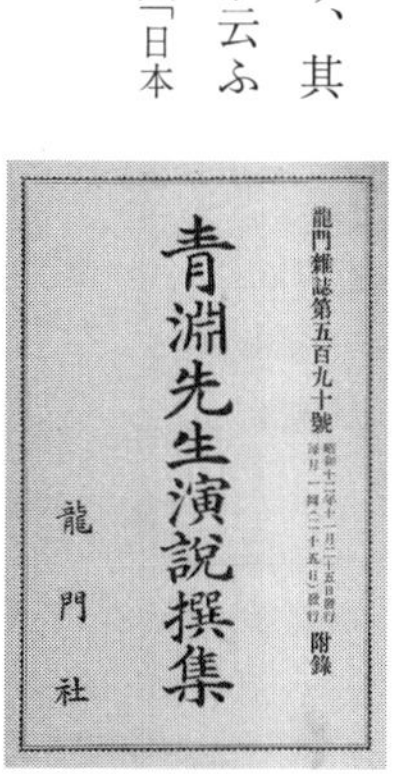

(28)『青淵先生演説撰集』［高橋毅一編、一九三七：二三三］

(29)『青淵先生演説撰集』［高橋毅一編、一九三七：二〇〇］。孟子の梁恵王章句の一節。

ティックな「生産殖利」の進路を憂えているのも、それに由来する。渋沢栄一の主張する「論語と算盤」の実業論、すなわち知行合一の「道徳経済合一説」は、福沢の主張とも、その問題意識の根本において重なりあう。

それゆえ、新たな公共性の構築をめぐる第二の論点も、その基本的な方向性において呼応している。福沢はいつも、「旧来の士族」あるいは「他族の士化したる者」(30)がかぎられた官吏ポストに殺到することを苦々しく語り、新しい世になってなお「士人流」の官吏たちが、経験も知識もないままに「勝手次第の空論」(31)を吐き、時にはそれを実際の法律にまでしてしまうことを苛立たしそうに批判している。同様に渋沢栄一もまた、明治初頭の実業界の停滞を次のように描写している。

> 殊に官尊民卑の風が甚だしく、秀才は悉く官途に就くを以て終生の目的とし、書生連中も悉く官途を志し、従つて実業の事など口にする者もなく、口を開けば天下国家を論じ政治を談ずる有様であつた。さう云ふ訳で勿論実業教育などといふ事はあらう筈もなく、四民平等の大御代となりながら、商工業者は依然として素町人と蔑まれ、官員さんなどには絶対に頭が上がらなかつたものである。(32)

こうした「士」に対する「農工商」の従属、変じて「官」に対する「民」の低さが、そのまま「政治」に対する「経済・社会」の劣位の位置づけへと写像され、対立項として位置づけられてしまっている現状があった。

しかも渋沢の述べるところによれば、「越後屋」や「大丸」といった大店のいわゆる老舗ですら、多少文字の知識があるものを「四角な文字」(33)を知るものとして、なんとなく危険視する

(30)『実業論』〔福沢諭吉、一八九三：一四〕

(31)『実業論』〔福沢諭吉、一八九三：四八〕

(32)『渋沢栄一自叙伝』〔渋沢栄一、一九三七：三七八〕

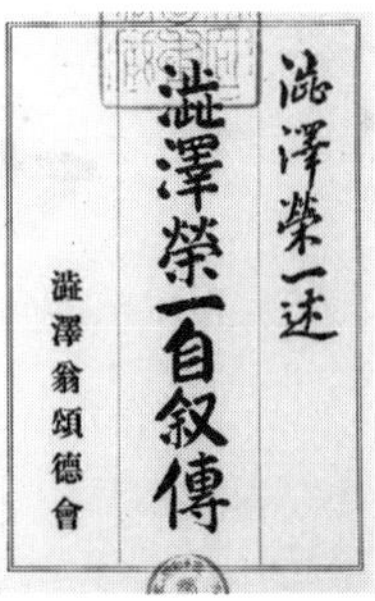

(33)「四角な文字」とは「漢字」を意味し、平仮名は「丸い文字」である。論語の漢文を含めて、漢字が読めるていどの教養を警戒し、商売人にも職人にも必要ないと考えられていた。

ような風潮があり、商工業に従事するもののなかで、読書や修養を奨励する機運はまったくなかったという[34]。しかし、自主独立のためには、その自立をささえる知識と経験とが必要である。身分・階級の差別なく「役人であらうと町人であらうと、互ひに人格を尊重し合はねばならぬ」[35]。この渋沢栄一の平等の信念が、福沢の「人の上に人を作らず」の思想と響きあっていることは、いうまでもない。

実践の重視と「議論」

しかしながら、福沢諭吉と渋沢栄一とのあいだには、どこか本質的なところでずれて見える特質もある。そして両者の実業の印象に差異がありうるとすると、その違いはおそらく主体としての立ち位置に関わると、私は思う。

福沢の実業をめぐる立論は、どこか言説に傾いている。演説と言論の局面で、その正当性を展開する「士君子」の風を有する。それに比して、渋沢の実業をめぐる思想は、言説としての倫理の正統性よりも、実践する主体として経験と知識との統合を重視している。それは渋沢にとって、もうひとつの水準における「官」の「政治」批判であったことは、次のような述懐からもわかる。

> 元来私は、此議論と云ふものは好まない。どうも維新の際にも世間一体に議論に趨る傾きがあつて、先づ第一に政治と云ふことに無闇に人間が傾いた。悪口を言へば猫も杓子も政治々々、イヤ英吉利の制度が宜いとか、イヤ亜米利加の政治が宜いとか、さう云ふやうな議論ばかりで、それで天下を治めると云ふのであるから、日本国中が残らず之になつて仕舞ふ。それで政治の方に出る人ばかりであるから、農とか商人とか工業など、云ふことは、

(34)『渋沢栄一自叙伝』〔渋沢栄一、一九三七：三八〇〕
(35)『渋沢栄一自叙伝』〔渋沢栄一、一九三七：三七八〕

カラもう意気地のないものとなり、幕府が倒れて諸藩の士族が議論の稽古をやつて政治の事に働くのであるから、其幕府を倒した諸藩の中で如何にも立身して働いた者が沢山ある。即ち元勲の伊藤、松方など、云ふのは其種類の人である。斯う云ふ人々が俄に出世して、政治程結構なものはない、一も二も政治と云ふことになりました。（中略）併し憚りながら渋沢は政治のみを以ては国が立つものではないと思ひました。[36]（「農村と地方自治の本領」一九〇八年）

同じ講演のなかで「机上の学問を先きにして、腕、身を修める学問を後にしたから、上面ばかりのものになる」[37]と述べているのも、経験や実践を通じた知の重視を物語るものである。それは「官」の政治としての「学問」の批判でもあった。渋沢栄一は、学問を学校で修めたわけではない自分に仁義道徳を論ずる資格がないと非難されるかもしれないが、実業家として生きてきた自分には自分なりの弁明がある、という。それはすなわち、自分が実践しているという点にあると主張している。

自分は実際に行つて居る積りである。縦令小さくとも行つて居る積りである。即ち不味い料理でも諸君に提供して食べ得られるだけにはなつて居るのであるから、絵に書いた牡丹餅でないと云ふことだけは茲に申し得るのであります。[38]（「人とは何ぞや」一九一七年）

仁義道徳の学問と生産殖利の追求との二つを、相反するところに固定してしまったのは、武士階級を主たる受容者とした朱子学の罪ではないか、と渋沢はいう。そして明治近代においても、読み書きやそろばんの最小限の公教育はともかく受け入れられたが、それ以上の学問知識の追求は無駄で贅沢ではないかという風潮は根強くあった。その背後には、教養・修養の高等

(36)『青淵先生演説撰集』〔高橋毅一編、一九三七：七一-七二〕

(37)『青淵先生演説撰集』〔高橋毅一編、一九三七：七三〕

(38)『青淵先生演説撰集』〔高橋毅一編、一九三七：二〇二〕

教育に対する曲解、すなわち人間をかつての武士のように、無駄に理屈っぽくするだけで無益ではないか、という世間の評価があったのである。

実業学校教育の成否

実際、一八九五（明治二八）年四月に設立された「大日本実業学会」の設立趣意書（図11-5）は、国家富強の根源基礎は農工商の生産力の発達にあり、実業の改良進歩は実業教育の成否にある、と高らかに宣言する。にもかかわらず、わが国の実業社会の現状は、学問の深遠にとまどい、浮わついた言論に迷って、その活躍すべきところを得ず、取り組むべき課題を見失っているのではないかと慨嘆する。

封建の余習は一般人心をして生産に関係なき高尚の学理を加重せしめ、苟くも普通の学問あり教育ある者は往々浮華の言論を好み、着実の生業を厭ひ、治産の要務を後にして空想の習癖に染み、或は衙門の小吏となり、或は市井の無頼となり、或は政治法律の是非を論じて徒に一世を空過するものあり。是に於てか、遂に天下の父兄をして、実業家の子弟に学問教育の必要なしと嗟嘆せしむるに至る。慨然に堪ふ可けんや。(39)

もちろん実業家の子弟に教育をあたえようという官庁の取り組みも、早くからあった(40)。明治一〇年代から始まり、一八八〇（明治一三）年の改正教育令で農学校・商業学校・職工学校が規定され、通則等の制定を通じて、制度としての基準がしめされた。実際に大きく動き始めるのは、一八九三（明治二六）年の井上毅文相就任後で、実業補習学校・徒弟学校・簡易農学校などの規定をさだめて、公立実業学校への補助などを行って、より初歩的な実業教育の充実を図った。そ

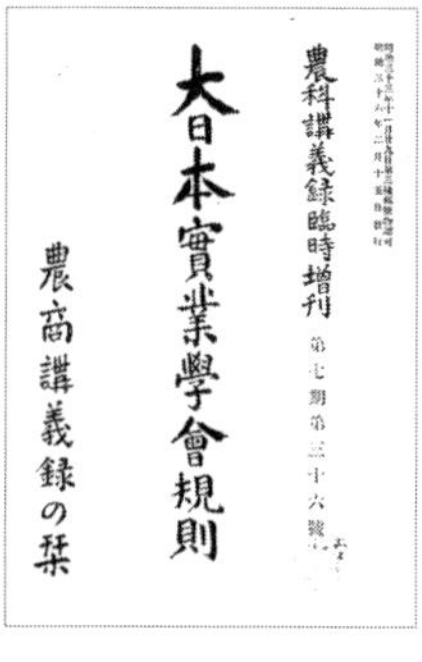

図11-5『大日本実業学会規則』

(39)『大日本実業学会規則』［大日本実業学会、一九〇一：一二］

(40)「実業」という語の浸透も、じつは「実業教育」行政の展開を通じてではなかったかと仮定することも可能である。

して数が増えた実業学校を統一的に規制する実業学校令が制定されたのは、一八九九（明治三二）年であった。

しかし、事態が大きく改善したとはいえないのは、すでに引用した大日本実業学会の設立趣意書にもうかがえるし、一九〇二（明治三五）年発行の内田魯庵の『社会百面相』（図11-6）の「青年実業家」の描写からもわかる。

内田はこの批評的著作の登場人物に、いまの実業界で先輩面で威張っている連中はと見ると、「昔からの素町人」「成り上がりの大山師」「濡手で粟の御用商人」「役人の古手の天下り」ばかりで、ちっとも道徳を重んじない、公共思想が乏しくて、商売でも他を倒すか抜け駆けしか考えず、商売全体を発展させようという考えがない、と語らせる。そうした老人連はしかたがないとして、若いものはどうかというと、これがダメだと次のような意見をいわせている。

> 例へば商業学校、あれが少しも役に立ちませんナ。元来《いつたい》ビジネスは実地に経験を積んで然る後覚えられるもんで、学校の教場で教師の講義《レクチユア》を聞いたつて解るもんぢアない。銀行の取引実務とか手形交換の実習とか云ふものなら昔しの商法講習所位のものを置けば沢山だ。経済学や法律学なら大学で教えている、私立の専門学校もある。実際また商業学校で教へる位の片端を囓つたつて何の役に立つもんですか、無駄な事《こ》つた。此金の足りない中で、殊に経費少ない文部省が這般《こん》な無用の学校に銭を棄てるのは馬鹿げてる。第一貴処《あなた》、困る事には此役に立たない商業学校の卒業生が、学校を出れば一廉な商業家になつた気でゐる。(41)

商法講習所の開設にも深く関わった渋沢栄一自身(42)は、実業の教育において、内田ほどには学校という装置の力を否定してはいなかったであろう。しかしながら、単なる学理としての教育

図11-6『社会百面相』

(41)『社会百面相』〔内田魯庵、一九〇二：二二九〕

(42)『青淵先生六十年史』〔龍門社編、一九〇〇：七七三・八一六〕

ではなく、経験を通じての習熟を尊重していた。あるいは当事者が「事実の上から研究して行かなければならぬ[43]」という実践を重視していたことは間違いない。その点では、内田の皮肉と対立していたわけではない。

(43)『青淵先生演説撰集』[高橋毅一編、一九三七：七二]

当事者としての農民

いささか乱暴な図式化ではあるが、福沢諭吉の実業概念はどことなく有閑の「士族」の性格を帯びていた。それに比して、渋沢栄一の実業観の基礎にあるのは、いわば在地の「農民」としての自立であり、村を公共利益の基盤とした自治であったように思える。

欧米社会の公共性の構築において、宗教としてのキリスト教が果たした大きな役割を感じつつ、渋沢はその役割を日本の宗教には求めなかった。伝統の仏教はというと、彼岸における救済を求め、業の因果のもとで現状を合理化し、我を捨て無や空を説いて俗世を厭う。すでに朱子学に偏ってではあれ知識層に普及し、宗教の彼岸からではなく、あえて此岸の日常にとどまって「怪力乱神」を語らない『論語』の倫理を選択したのも、渋沢の立ち位置をよくあらわしている。

渋沢栄一は後年、自分の身のうえに起こった変化を回想して「カイコの四眠」に似たものであったと述べている。すなわち、第一に農民から浪人になり、第二に浪人から一橋家の役人になり、第三にそこから政府の官吏となり、第四の「終いに元に戻つた[44]」と述べている。第四の時期は、下野したあとの銀行経営をはじめとする実業家としての活動を意味しているが、元にもどったといういいかたは示唆的である。それが土地という労働の場をもつ農民への回帰と均しいこと、すなわち「百姓の子[45]」としての再生をも含意しているからである。

この変容をただ、官／民を対立させ、士／農の単線的で二項対立の、立身出世の尺度でとら

(44)『青淵先生演説撰集』[高橋毅一編、一九三七：一八七]

(45)『青淵先生演説撰集』[高橋毅一編、一九三七：二七三]

えてはならない。むしろ、「農村と地方自治の本領」[46]（一九〇七年、血洗島小学校講演）における村落自治論を踏まえ、「生涯に感銘したる事ども」[47]（一九二〇年、龍門社演説）における父の「非義の義」「非礼の礼」[48]を行ってくれるなという戒めと関連づけて、そうした村のリーダー層とそれをささえる寄合の精神への回帰と位置づけるべきであろう。その道理の教えは、福沢が重視した公共性の秩序とも呼応していて、実際の行いのなかにあらわれてくる倫理である。

(46)『青淵先生演説撰集』〔高橋毅一編、一九三七：五六-七九〕

(47)『青淵先生演説撰集』〔高橋毅一編、一九三七：二六五-二八七〕

(48) ニュアンスの詳細はむしろ原文を参照していただきたい〔『青淵先生演説撰集』〔高橋毅一、一九三七：二七〇-二七五〕〕が、簡単にいえば、道理を踏みはずなという意味で、たとえば親を介抱したいために他人のものを奪う、あるいは人を救いたいために一方の人を酷い目にあわせるというような仕儀は、どこか理屈が立つかのように見えながらも、すなわち非義の義であり非礼の礼だと戒めた。

「村」のなかの自己

渋沢栄一が「村」という組織・組合の形態をどうとらえていたかは、あらためて全面的に論じられてよいことであるが、ここでは一点だけ「実業社会」との関連を指摘しておこう。

栄一が下野して、まず着手したのが銀行業であったことはよく知られている。「実業界」振興のエネルギーを循環させる「大動脈」は「金融機関」であり、その整備なしには「他の一般商工業の発達」を期すことはできない[49]と考えていたからである。しかし、世間はそのようには見てくれていなかった、という。おもしろいのは「其頃洋服を着け時計を下げて居る人の商売と云へば、やがて破産するもの丶如き感を以て居られたのであります[50]」と、栄一自身が述べる世間での実業家に対する不信である。それゆえ銀行融資の便利の説明は、かえって危険なもので、うかうか近づいてはならないとすら受け止められた。預金や小切手や為替金等々の今日ではあたりまえの便宜に対して、「借用証文」はそもそも親兄弟にすら見せないもので、それを世の中に流布させるなど、そんな不作法があるものかと憤るひとも少なくなかった、という。そのような「恥」の感覚のなかに、元来資金を公共化する仕組みである金融に対する無知以上に、むしろ封建時代に染みついた「私」の利益の保全に閉塞した倫理の狭さを、渋沢は見ていたように思う。村の労働の融通であるユイや治水や年中行事の公共性や共有の利益をささえて

(49)『渋沢栄一自叙伝』〔渋沢栄一、一九三七：三八三〕

(50)『青淵先生演説撰集』〔高橋毅一編、一九三七：一八二〕

きた日常の倫理を、なぜ金融という新しい仕組みに結びつけられないのか、と。

東京高等商業学校の実践倫理講座での講話において、栄一は「人」について講じ、人間は自己一人だけで生存するものでなく、また自己だけが満足を得れば、それで本分を尽くしたとはどうしてもいいえない、しかしながら、それは自己をすこしも省みずに働けという「滅私」ではない、と次のように説く。

> 世の中のことは、万人が皆一様に行けるものではない。人に依り自己以外の事に対して尽すことの多い人もあり、少い人もある。それは誰に出来て誰に出来ないと云ふものではない。其の人の地位なり境遇なりに依て、或は知識も大に発達し又其の働きも大きくなるのである。故に根本は自己を満足の位置に置き、それから先は自分を満足せしむると共に、周囲に満足を与へると云ふことは何人にも出来ること、思ひます。而して其の結果は社会の進歩と云ふことになる。即ち自己の発展と共に社会も亦発展して来るのである。若し自己自己と言つて己のみを考へて居たならば、極端に言ふと自己も存立し得ないやうになる。人々相交り相進めて行くと云ふことで、初めて国の富も増し社会の総てが進歩して来ると云ふことは、是は実に争はれない真理であるやうに思はれます。[51]（「人とは何ぞや」一九一七年）

そうした自己と社会とを結ぶ修養の倫理[52]を、村民・農民すなわち「血洗島の渋沢市郎右衛門の倅」として、たゆまず実践してきたという一個人の自覚に、渋沢栄一の「実業」の特質があるように思える。

（51）『青淵先生演説撰集』〔高橋毅一編、一九三七：二〇五‐二〇六〕

（52）この自己と社会との考えかたは、渋沢敬三にも深く受け継がれていると思われる。敬三は「日本人のイヤな面は？」と問われて、「ほんとうの意味のいい欲がないような気がする。つまりほんとうの意味の損を知らないというか、みんなが、目前の直接的個人の損にはなかなか機敏で、つまり自分がどっち側についていたら得だとか損だとか、持っていたものが値が下がったとか上がったとか、火事で焼けたとか、金をスラれたとか、泥棒されたことにはとても敏感なんだ。それが少し集団のものとなると損がボケてしまう、みんなの損ということになるとノンキですね。国家の損失、国民の損失には案外気をつかわない。たとえば、自分の家の前の道路は掃除しても、ゴミは隣りの家の方に寄せておく。自分のところだけ掃く。自分さえよければいいというわけで他人の身になって考える修練が足りない。だから集団的大きな損になるとボケてしまうことが欠陥だね」〔渋沢敬三伝記編纂刊行会、一九八一：一五〇〕と答えている。自分さえよければよいという観念が先に立って、世界全体に対する観念が非常に薄いと批判するなかで、地球儀をしょっちゅう見つめてもらいたいという提言はおもしろい。「なぜ一枚の地図ではなく、地球儀をすすめるかというと、地図では丸いものを拡げる関係上南北両端が非常に大きくなってしまいますが、地球儀ですと地球そのままをみるわけで、シベリヤも小さくなりますし、合衆国もブラジルより小さいことがすぐわかります。ですから、わたしは一枚の地図をみてはいけないとさえ思っているほどで、ぜひ地球儀をみてほしい。そしてわれわれはまず、

3　研究援助の思想と実践としての渋沢敬三への継承

最後に、渋沢栄一の実業をめぐる理想が、じつは孫で民俗学者でもある渋沢敬三にも精神として継承されているという主題に簡単に触れて、本章を閉じたい。

渋沢敬三は山崎種二との対談で、祖父・栄一の事業を偲んで次のように語っている。

> 人の気のつかないノン・ガバメント、ガバメントでできないことを一生懸命やったという人です。官でやる方はどうでも良い。そうでない、それでは出来ないものをオレがやってやるといったような恰好でしたね[53]。

だから東京市の養育院にはずっと関わり続け、死ぬまで栄一は退かなかったのだという。敬三はそうした栄一のノン・ガバメント領域への熱心をまねたわけではないが、民俗学への援助や研究について「世間からあまり可愛がられていない学問を一生懸命お世話しているのですよ[54]」と答えている。渋沢敬三の研究と援助の精神については以前に論じたことがあるので[55]それを参照していただくこととして、ここでは「渋沢青淵翁記念実業博物館」もしくは「日本実業史博物館」の未完成の構想の一部にあらわれている、栄一と敬三の「実業」思想のひとつの接点を取り上げてみたい。

それは、この博物館建設の最初の指針である「一つの提案」に見られる、「近世経済史博物館」の第三室[56]「肖像室」の存在である。その内容は、次のようなものであった。

視野を世界に広げ、正しい世界観を持つことが第一に必要だと思います」[同前：一二四]。

(53)『渋沢敬三 下』[渋沢敬三伝記編纂刊行会、一九八一：九四]

(54)『渋沢敬三 下』[渋沢敬三伝記編纂刊行会、一九八一：九七]

(55)「渋沢敬三とアチック・ミューゼアム」[佐藤健二、一九八七：一二四‐一四八]、「図を考える／図で考える」[佐藤健二、二〇一一：三九四‐四一六]

(56)第一室が渋沢栄一の記念室で、その遺品・写真・絵画・図表などを用いて個人の生涯をトータルに顕彰するもの、第二室が文化・文政の時代から明治末期までの、さまざまな実業の分野における国民の「近世経済史」の変遷および発達過程を一覧するもので、第三室の人物に光をあてた展示とあわせて三つの領域をもつ博物館の構想であった。この全体を当初は「近世経済史博物館」と称したが、第一室の発想は、おそらく還暦のときにまとめられた『青淵先生六

凡そ功績の大小を問はず、又貴賤貧富を問はず、この時代に活躍したる極めて広義な経済人、即ち実業家、産業家、学者、発明家、篤農家等の肖像を、出来得る限り蒐集して、この博物館に陳列したいのであります。是れは畢竟、子孫が祖先への感謝と尊敬を表徴する事にもなりますし、或る意味に於いては経済招魂室とも言ひ得る事とも思ひます(57)。

こうした個人の顕彰を含む経済史・実業史の構想は、前節で触れた栄一の「自己」の尊重と、おそらく響きあう。

「招魂」というと、すぐに靖国神社につながるような武勲の国家的な顕彰と慰霊の儀式性を連想するかもしれない。しかしながら敬三が考えたのは、国家神道のような宗教的顕彰ではなく、個人が生み出した実学の、個人による継承としての慰霊である。すなわち、埋もれた無名の人びとの事績や略伝を展示して「社会教育資料」に供することであった。

それは、どこかで栄一が村の自治の本領を論じて「一の研究所のやうな、例へば倶楽部か何かが無くてはならぬ(58)」と提言したことと対応している。その地方で生きる郷土の人が、目の前の事実をもとに研究していかなければならない。そのためには学校とは別に「学問を研究する場所」がその地域に必要だと栄一は説き、次のように自分が見聞してきたイギリスの例を挙げていた。

総ての町村にあるとは申しませぬが、少し篤志者の居る村とか裕福の村には、学校若くは学校の近所に図書館が設けてある。志ある地方の場所を限つて、それには方法を定めて、いろいろの書物を集めて置いて、農事も工業も総て学理の攻究をすると云ふことである。（中略）是非茲へ村として図書館を御設けになるやうに、又一つの倶楽部体のものを御設け

十年史』〔龍門社編、一九〇〇〕に依拠し、第二室は、その一冊が全五八巻別巻一〇巻の『渋沢栄一伝記資料』〔龍門社、一九四四–一九七一〕の巨大な集成に展開していくことを暗示するものではないかと思う。その意味では『青淵先生六十年史』が「一名、近世実業発達史」という副題を有することも偶然ではない。その「近世」は歴史的時代区分としてのものではなく、「輓近」や「最近」あるいは「現代」に近く、具体的に渋沢栄一の生まれた前後から明治末期にまでいたる近代日本社会の変容をしめしている。そして、第三室は常民が作り出している基礎文化への関心を深くもっていた、渋沢敬三の独創に属するものであろう。

(57)『文化資源の高度活用』〔青木睦編、二〇〇八：三八–三九〕

(58)『青淵先生演説撰集』〔高橋毅一編、一九三七：七六〕

下さるやう希望するのであります。(59)

おそらく敬三が考えていた「経済招魂室」は、もうひとつの形態における「図書館」であり、機能としての研究「倶楽部」であった。

たとえば、自ら序において「人名からは引けない人名辞典」「常民人名辞典」(60)と性格づけた『日本漁民事績略』のような個人の人生の努力の蓄積を空間化したものであり、(61)あるいは『実業之日本』誌に連載した「先学者を野に拾う」(62)の篤農や技術者の事績の発掘をビジュアル化し、展示したものではなかっただろうか。

おそらく、このいまだ実現せぬ図書館・博物館が生み出すのは、自己の教養を利己的・排他的に追求するだけの孤独な利用者ではない。個人としての自己が知識を得て、己の役に立てるだけでなく、社会の発展につながるような自己の発見もまた、ありうべき効用として期待されている。それぞれの発見が公共性を有する交流となり、「倶楽部」の名にふさわしい空間として生まれることを、栄一も敬三も望んでいた。その点において、栄一の実業界への希望と、敬三の学界への応援とは、深く呼応するものだったのである。

(59)『青淵先生演説撰集』〔高橋毅一編、一九三七：七七‐七八〕

(60)『犬歩当棒録』〔渋沢敬三、一九六一：一〇二〕

(61)どのようなかたちでの展示になるかまではしめせないが、広島県の三津で漁師として生き、杜氏としても活躍した進藤松司の『安芸三津漁民手記』〔進藤松司、一九三七〕など、「自己の困苦の体験と知識とから織り上げ」た「真実の意味の漁民生活誌」〔渋沢敬三、一九六一：三〇〕として、この肖像室の一角を占める材料となったに違いない。渋沢の序が書いているように、進藤がじつは少年の日に「実業人」になりたいと思って『実業講習録』という通信教育のテクストを取り、一年ほど続けながらも過激な労働との両立ができずに挫折した人物でもあったことは、印象的である。机上の書冊を通じての学問ではなく、腕と身において修められた知識を、敬三もまた実業史に登録したかったのである。

(62)『渋沢敬三著作集 第5巻 未刊行論文・随想／年譜・総索引』〔渋沢敬三、一九九三：二七八‐三五九〕

第3部　特別講義

第12章　関東大震災における流言蜚語

「死生をめぐる社会学」（二一世紀ＣＯＥプロジェクト「生命の文化・価値をめぐる死生学の構築」、二〇〇六年一〇月一四日開催）というシンポジウムに参加し、コメンテーターとして発言した、その内容を思い起こすところから始めたい。

そのシンポジウムではコーディネーターの武川正吾氏（東京大学）の、社会学から死生学の可能性を考えてみたいという問題提起を受けて、中筋由紀子氏（愛知教育大学）が現代日本の死の文化を、親密圏のなかでの死の受容のしかたの違いに焦点をあわせて比較社会学の立場から論じたあと、副田義也氏（元・筑波大学）は「共産主義と大量死」という刺激的なタイトルのもとでソビエト連邦時代の虐殺を取り上げ、「書かれたマルクス主義」の理想とまったく異なる「行われたマルクス主義」の暗黒面をえぐり出した。大岡頼光氏（中京大学）はスウェーデンの匿名墓地というあまり知られていない題材を提示し、その存在をささえている冥福観や追憶のありようを分析しながら、当該社会における老人介護のエートスに迫ろうとした。

三つの報告は、一見すると主題としてまとまりにくいようにも見えた。しかし、それぞれが提出した論点は示唆的で、どこかで呼応するものを含んでいた。

私も刺激されて、以下に述べる三つの論点を提出した。即席の反応ゆえに、かえって私自身の社会学の基本枠組みに根ざすもののようにも思える。死生学に対する当時の私のパースペクティブという以上に、ここで取り上げようとする素材とも関係が深いので、あらためて簡単にふりかえっておきたい。

意識と行為の区別——死の物質性をめぐって

コメントの第一の論点は、意識の形態と行為の形態の区別である。すなわち、死生の諸問題を論ずるにあたって〈思い〉の領域と〈行い〉の領域とを区別しつつ、考えあわせなければならないという論点である。

この二つの領域は、しばしばずれたり、ねじれたりする。その双方を相互に関連づけながら、丹念に攻めていく必要がある。そうした意図をこめて、この対比を提出した。一方の「思い」は、こころや気持ちのありようである。たとえば「死」の意味づけをめぐって、対象者の信念や信仰、あるいは対象集団をささえている精神の解読が焦点となる。これに対して「行い」は、たとえば「匿名墓地に行く」とか「仏壇を拝む」とか等々、対象者の行動であり実践である。そうした身ぶりやふるまいはときに、慣習として無意識に行われていたりする。だから、なぜそうするのかという意味が、当事者によって語られ、自覚されているとはかぎらない(1)。

死は、できごとすなわち「コト」として、哲学的・倫理学的・宗教学的な観念に関わる、と同時に、じつは身体の物質性に根ざす事実としての動かしがたさをともなう。すなわち「モノ」として、その社会的存在形態が把握され、その意味が問われる側面をもつ。だから、この〈思い〉と〈行い〉という論点は、「死の物質性」という、ややはみ出る別の論点とも密接に関連している。

(1) それゆえ「思い」とつねに重なりあうわけではない、別な対象として読みこまなければならない。いいかえれば、すでに忘れられた意味の存在や、潜在的機能としてのはたらきを読み解く用意が必要となる。この両面作戦は社会学にとっては、デュルケームの社会的事実への接近方法以来、常識とすべき基本的な方法であり、いまなお大切な論点であると思う。

それは死が、その基本において身体の物質性を基盤とすることに由来する。しかも、死は時間をともなう経験としても現象し、存在している。

なるほど死は、その本質だけを切り出せば、決定的で不可逆的な「一瞬」のできごとであるかのようにも見える。しかしながら実際の社会生活においては、一瞬には還元できない時間の重みと厚みをともなっている。闘病にせよ介護にせよ、固有の困難に満たされた一定の時間の継続としてあらわれ、ついには悲嘆や追憶にいたる、多くの人びとの複雑な思いと多様な行いを巻きこむだろう。このけっして短くはない時間それ自体が、人びとの経験・記憶として無視しがたさと動かしがたさを持つ。かけがえのなさを有するといってもいい。であればこそ、われわれの文化における死の現象形態は、まさに「モノのように」存在する事態として分析され、その作用が考察されなければならない。

残された身体すなわち「死体」の扱いは、もっとも直接的な意味でわれわれに、死の無視できない物質性を印象づける。その身体は「儀礼」のかたちを通じて社会的に統制しなければならないほどに、深く痛切な感情を引き起こす。引き起こさずにはいられないものであるがゆえに、さまざまな技術知の共有や、残されたものたちの役割分業等々が要請される。弔問も埋葬も墓碑[2]も仏壇も、そうした技術知のひとつであり、固有の〈思い〉と〈行い〉とをともなって、そこに存在している。

墓地や墓碑にしても、今日では家族のありかたにばかり短絡的に結びつけて論じてしまいがちである。祀り手・守り手が続くことや途絶えることが、現代家族の大きな課題だからである。しかしながら、じつはそうした言説はわれわれの社会が、親密圏と公共圏との境界線をひどく単純化し、分割線として固定化してしまった結果かもしれない。それゆえの視点の狭窄であり、課題の画一化である。もし狭窄以前をひとつの選択肢ととらえなおし、あらためて「墓」の意

(2) かつて「旧人」にカテゴライズされていたネアンデルタール人の化石が、大量の花粉をともなって発掘されたことがある。考古学や人類学の領域では、そのことをもって埋葬において花を供えるという行為の存在を仮定し、葬儀の意識の誕生ととらえた。そこに、人間と動物との区分線を見る議論もある、という。死の儀礼の形成はある意味で、人間の発生そのものにも深く関わる主題である。

味を問うならば、議論のしかたは拡がりにおいて変わるだろう。できごととしての死は、〈私〉に閉じられた親密圏の論理を内破せざるをえないからである。

すなわち〈共〉や〈公〉の関係構築の原基に触れざるをえない。

近代において〈私〉の問題領域に閉じこめられていく傾向が強くなった〈思い〉の論点を、〈行い〉が作り出す場に見えかくれする〈共〉や〈公〉の視点を媒介に、開いていくこともひとつの可能性である。唐突に思われるかもしれないが、本章が近代日本において「虐殺」の悲劇を引き起こした流言という現象を取り上げ、それが発生した近代都市の場の形態に迫ろうとしたのは、それゆえである。そこにあらわれる、上述の〈公〉〈共〉〈私〉の複雑な作用と向かいあう必要を感じたからである。

「非常の死」の特質——構造としての強制力

さて第二のコメントとしたのは、〈非常〉の死、すなわち「常ならざる死」という論点である。これも、本章がこれから論じようとする流言のなかで生まれた悲劇的な死と、ある意味で深く呼応するカテゴリーである。

〈非常〉の死は、文字どおり〈日常〉の死ともいうべき、通常の普通の死の対極に位置する、常ならざるさまざまな死を幅広く指す。

「非業の死」といういいかたとも一部分が重なっているが、このいささか仏教の色あいの濃いことばは、すでにあまりに強く色づけられてしまっている。「業因業果」の観念を下敷きにしているがゆえに、用例でも思いがけない災難での死の無意味さや本意ならざることが強調され、望ましくない状態での死との倫理的な意味あいが前面に押し出される。しかし、私がコメンテーターとして論じたかった「非常」は、そうした「非業」の強い意味づけ以前の拡がりであり、

「常」と対称性を持ちつつも限定的で一元的ではない「非」の拡がりにくくられる特質である。あえて先取りしていうならば、〈日常〉と〈非常〉との特質の対比のなかで、第一のコメントの背後にひそませていた、〈公〉〈共〉〈私〉の重層的な存在形態を問題にしたいと考えた。

やや単純化したいいかただが、「日常の死」はつねに散らばって現象している。いつかは特定できないが、できごととしては必ず親密圏の内側で起こる。家族の生活の場で起こる深刻なできごとではあるものの、全体として見ればたいへんに偶然的で散発的である。徹底して個別的で、それゆえに社会的には散在し、散発的なできごととしか見えない。もちろん親密な他者の死は痛切な体験であり、当事者にとっては、まさに常ならざる悲しみだろう。しかしながら、それをいかにしかたないものとして納得し受容するかも、ふたたび個別的である。主に家族や親族、近隣や職場のネットワークで行われる儀礼等に補助されながら、親密圏を中心とする内側で対処されていく。

これに対して「非常の死」は、そこにはおさまりきらない。そうした個別的で儀礼的な対処からはあふれ出してしまう「わりきれなさ」や、「納得しがたさ」をひとつの特質としているからである。そのやりきれない無意味さは、不可知の偶然や無慈悲な確率に由来するものではない。むしろ戦争や粛清や災害や飢饉による「大量死」に象徴されるように、制度や構造によって規定され強いられたといってもいい強制力を内包しているからである(3)。

強制力を有する構造・制度の代表的なひとつが「戦争」である。

近代社会において国民のものとなった戦争は、死をめぐるメカニズムとして見るならば、死をその成員に強制的に配分し受容させる制度である。

「日常の死」では、親密なる他者の死の「受容」がひとつの課題であったが、「非常の死」の代表である戦争では、それ以前に所与とされる論点がある。

(3) そこに「非常の死」が持つ、死生学の研究対象としての特質がある。その戦略性があるといいなおしてもよい。

親密であるかないかはまったく問われることがない一般性において、まずは敵である他者の死の「容認」と、さらにはその「正当化」が課題となる。つまり、あらかじめある特定の他者の死が容認され、どこかで正当化されなければ、戦争という実践は制度として成立しない。だからこそ、ひるがえって自らの死もまた、リスクとしてであれ、大義としてであれ、逃れられないものとして立ち上がる。他者の死という帰結を容認したと同じく、自己の死もしかたがないものとして自らに受容させる強制力が働く。二〇世紀の戦争において目立つ大量死は、一面では兵器技術等々の破壊力の発展の結果でもあるが、さらに深く掘り下げて考えるならば、それは武力の拡大によってだけ規定されるものではない。他者の死の強制・容認・正当化を生み出すにまで昂進した、近代的個人としての自我の自己中心主義egoismあるいは自文化中心主義ethnocentrismの問題でもある。

「戦争」は、死をめぐる強制力とその意味のなさとがもっとも見えやすい情況の典型的なひとつであるが、警戒すべきただひとつの形態ではない[4]。「非常の死」に孕まれた構造性を有する強制のメカニズムは、災害や飢饉や粛清や革命などにも共通するからである。表面的にはひどく個別的で個人的な死の極致のように見える孤独死も、戦争のなかの大量死と対極にあるとばかりはいえない。現代社会においてそれが人知れず多発するなら、福祉制度の欠落によって強いられた死であり、納得しにくい死であるという点で、「非常の死」と考えることができるからである。

　そうして問うべきはなにか。一方に強制された無意味に蔽われ、あるいは他方においてニセの強い意味づけで満たされてしまった、「非常の死」がある。そうした理解を生み出す構造をいかに描き出し、いかなる方法においてその強制力を解除し、その再生産を変革しうるか。対象の実態に即して、対応の可能性を描き出すことからしか始まらない。本章では、流言のもと

（4）たとえば「人民の敵」として、「悪魔」や「異端」として、「危険分子」として、「ファシスト」として、「異常者」として、その存在が否定される。他者が、そうしたレトリックにおいて排除される。そのヘイトスピーチの実践の背後にも、他者の存在の否認（すなわち本質における死の容認）と正当化とが潜む。

でもたらされた関東大震災の〈非常〉の死を素材にしたいと思っているが、そこに作用している〈公〉〈共〉〈私〉の構造もまた、たぶんこれまで論じられてきた以上に、多層的で複合的である。

他者の死に学ぶ——〈死後の世界〉への想像力

第三の論点として提出したのが、〈死後の世界〉への想像力である。

しかし、これはこの表現で通常そう思われるような、宗教的な他界観念の問題ではない。むしろ徹底して、現世的で未来的なものである。生きている身体の当事者としての「私」がい、な、く、な、っ、た、あ、と、の、社、会、に、つ、い、て、の、想、像、力、という意味だからである。まさにその意味において、われわれの社会は、〈死後の世界〉への透徹した想像力を失いつつあるのではないか。

たとえば死の話題に触れて、「残された家族」といういいかたはよく耳にする。「幼子を残してさぞや心残りであったろう」との同情も、さして違和感のない普通の表現だろう。しかしながら、個人としての「私」の死後における社会との関わりを「家族」や「血族」という特定の人間関係にかぎってイメージしてしまうのは、無意識の制約ではないだろうか[5]。想像力のありかたとして拡がりが不十分であり、不自由だと論じなおす立場がありうることを見落としてはならない。

ここで問いたい「死後の社会（世界）」にも、「家」や「子孫」の観念は含まれるだろう。そのことは否定しないが、そこだけにかぎられないのは、この論点が私という一人称の存在を欠落させながらも持続する、ひとつの社会の未来への想像力だからである。それは同時に、私を超えた関係の拡がりをいかに構想し、あるいは実感し、そこに自分の行為や存在を位置づけるかという点で、じつは社会の原基に関わる問題であり、そこには公共性の源ともいえるものが

（5）これも〈公〉〈共〉〈私〉の問題と深く関わっている。そこで指摘した現代社会における親密圏と公共圏との分割線の単純化とも無関係ではない。

ある。(6)

「記憶の場」という魅力的なカテゴリーのもとで、記念や追悼や顕彰そのもののなかに潜むポリティクスが、歴史学でも政治学でも盛んに論じられつつある。しかしながら、さらに社会学者が問わなければならないのは、意識レベルにかぎられた記憶ではなく、無意識にまで拡がる身体の実践である。そしてわれわれが生きている近代が、他者の死から学ぶ経験が相互に交差しにくく、まさに記憶をともなう場として累積していかない社会となった事実である。(7)だから、われわれが生きている近代の日常を、ひとつの可能態として見なおすところからしか、始まらないだろう。

これまた唐突な結びつけだが、本章は関東大震災下の流言を、異常時の奇妙な人間行動の記録としてではなく、むしろ日常の場に潜んでいる諸要素のエスカレーションとしてあらためて論ずる。そのエスカレーションをささえた構造を明確にすることで、歴史的な悲劇をただただ批判と断罪と啓蒙とに早上がりして終わらせない作品としての構成を模索しているのは、それゆえである。

以下の論述は、内閣府防災が主催する災害の教訓を考える研究会での報告書に載せるために、二〇〇八年二月に提出した論考を、全体にわたって加筆して構成しなおしたものである。(8)以下でも再び論ずるように、事実を押さえること自体になかなか乗りこえがたい困難がともなう主題であるが、できるかぎり当時の現場に寄り添いながら、痛ましくやりきれない「非常の死」の前提を構成することとなった流言のメカニズムについて考えてみることにしたい。

(6) この問題は、ここで深入りすることはできないけれども「死の人称」という論点とも深く関わっている。われわれはいかなる人称において、死を論じているのだろうか。シンポジウムでは、「一人称の死」と「三人称の死」について発言したが、あまりに断片的であり、さらにもちろん親密圏での諸問題を抱えこむ「二人称の死」を忘れていたわけではない。しかしそれを全面的に展開する用意は残念ながら、いまもまだ十分でない。とりあえずここでいう「人称」とは、話し手や相手の位置関係をあらわす文法上のカテゴリーというより、対象を語り考えるときの主体の位置どり、あるいはその問題を引き受ける場のありように関わるカテゴリーであることだけ指摘しておく。

(7) 記念碑や建造物が盛んに建てられる反面で、内実としての記憶は失われやすく、記録もまた埋もれて読みかえされて学ばれることがない。それは教育や啓蒙の仕組みづくりの政策的な問題であるという以上に、一人ひとりの知るという実践のなかに宿る想像力の問題である。

(8) もともとの内閣府の研究会では、災害の流言研究の第一人者であった廣井脩教授（東京大学学際情報学府情報学環）が、関東大震災の流言を担当する予定であったと聞いている。残念ながら進行途上で亡くなられたために、引き継いだ日本近代史の鈴木淳教授（東京大学人文社会系研究科）から該当部分を手伝ってもらえないかということになった。以前に『流言蜚語』［佐藤健二、一九九五］という著書で、関東大震災下での流言についても概括的に論じていたことがあったので、あるていどの準備がないわけではないと思って気軽に引き受けたが、見とおし

1　「流言」を対象化することの困難

関東大震災下での流言は、いつどこから発生し、だれを通じて、どのように伝わっていったのか。

一見すると事実の基本を問うものではあるが、じつは正確に押さえるのはたいへんにむずかしい。伝達プロセスに関わった主体をたんねんにたどり、時点や場所などを確定する、遡及的な調査や広範囲にわたる検証が必要だからである。そして関東大地震という災害の情報空間を満たしていた数多くの流言について、その伝達プロセスを徹底して究明した研究は管見のかぎり、いまのところ部分的で事例的なものにせよまったく存在していない。

おそらく伝達経路の解明はもはや不可能であろう。単一の特定的な流言においても、発生伝達のプロセスに迫りえた研究は、「オルレアンの女性誘拐」や「豊川信用金庫取り付け騒ぎ」などを例外として、(9) ほとんどないのが実情である。ましてや関東大震災のときのような、大規模で多様なバリエーションを含む広範囲の流言現象の場合、その調査研究の困難は伝達経路のあいまいさがおたがいにかけあわせられた、累乗的なものにならざるをえない。しかも、すでに当時を記憶しているものはほとんど生存しておらず、あらためての調査は望むべくもない。

基本的な困難のひとつは、まず「流言」という現象それ自体の、とらえにくさと記録のされにくさにある。なぜ、流言は対象化しにくいのだろうか。

流言の気づきにくさ

第一に、流言は自覚されにくく、また隠蔽されやすい。

自覚されにくさは、流言としての発見が事後性を有することと結びついている。すなわち、

が甘かった。仮説的な解釈を歴史的事実に照らしあわせて論ずるには、あらためて当時の記録や資料にたちかえって加工しなおしてみることが必要となり、安請けあいを後悔した。

(9) 一九六九年五月にフランスの地方都市で起こった女性誘拐・行方不明の流言については、モランの『オルレアンのうわさ』[Morin 1969＝一九八〇] が分析している。一九七三年一二月の豊川信用金庫倒産の流言にもとづく取り付け騒ぎについては、伊藤陽一・小川浩一・榊博文[一九七四a、b]が、その拡大プロセスを論じている。後者は、信用毀損による業務妨害という犯罪であることを疑った警察が捜査したことによって、その伝播経路が詳細にたどられ、女子高校生の雑談から自然に発したことが解明された。

ある情報が流言であることは、事後に初めて明確になる場合が多い。隠蔽されやすさもまた、このような事後性と無縁ではない。伝達プロセスに巻きこまれた当事者は、あとからそれが流言であるとわかったとしても、伝えたことの実際にはあまり触れたがらない。そういう傾向があることと深く関係している。

そもそも現場の人びとの多くは、「流言」を「流言」として明確には意識していない。それゆえに、意識的な「阻止」の観念はもちろんのこと、「伝達」という自覚すらもちにくい。とりわけ大地震は、自然災害とくくられるなかでは台風や大水などの気象現象などと異なり、いつ起こるのかの予測が不可能で、準備や用意の態勢がとりにくい。いったん大きな災害として起こってしまうと、被害は面的に広い範囲におよび、地域全体が非常時の異常な緊張につつまれる。そうした環境においては、現場で「流言」と「情報」とを分けること自体が困難になる。

当時の東京郊外での一例として、千駄ヶ谷に住んでいた和辻哲郎をのちに取り上げて考えてみたいけれども、当時京都に住んでいた土田杏村も『流言』(図12-1)で、同時期の情報環境を次のように回想している。

> これがその流言蜚語かと思ふやうな噂は、震災後はなはだ沢山聞いた。聞くところによると、満州辺では途方もない大きな流言が伝へられて居たさうだ。「関東は海嘯のために全滅し、碓氷峠に昇つて見れば、脚下にその淼々たる海水を望む事が出来る」といふ意味の新聞号外さへ発せられたと聞いたが、それは本当か嘘か、ことによると流言の自乗かもしれない。しかし我々の間にも、丸ビルが倒壊して数千の人間が圧死した噂は、まことしやかに伝へられて居た。東京の実地を見て来ないものの中には、まだそれを本当だと思つて

図12-1 土田杏村『流言』(一九二四)表紙

居るものがある位だから、内地だからと言つて遠い満州のことを、大きな声で笑へたものではない[10]。

(10)『流言』[土田杏村、一九二四：五]

なるほど最終的には、事実と異なる情報(すなわち「誤報」「虚報」)であることが、流言のひとつの重要な標識となるかのように思える。しかし、そうだとしても事実でない情報や誤りを含むことだけで、流言が定義できるわけではない。流言はうそや誤りだけで成り立ってはいない。事実と合致する正しい情報の断片を、実際には豊富に含みこんでいるのである。

その虚実の複合性・融合性ゆえに、情報のどこが誤りであるのかが直覚されにくい。どこの部分に誤りがあるのかが確証されるのは、多くの事実が収集され整理され照合されたあとにならざるをえない。一見簡単そうに見える「流言」の弁別は、情報が流通している現場に、時間的・空間的に近づけば近づくほどむずかしい。そこに、流言という現象の見落とせない特質がある。

普通ならとても信じがたいとされる、そのようなことであっても、それだけでは捨てられることがない。その場で否定し説得するだけの証拠がしめされないならば、不確定の情報として、もたらされた集団にそのままとどまる。つまり未確認の情報である。それは、次にそのまま伝えられたり、どこか別の場所へと流れていったりする可能性を保つことを意味する。その現場ではすでに明確に否定され、いあわせたみんなから棄却されたはずの情報ですら、社会的には消滅しない。内容だけが伝わった別な場所において、評価されていない新しい情報として受け止められていくこともある。もともとの同じ現場ですら、時と状況が変わるにつれて、否定されたはずの情報が復活してまたぞろつぶやかれ、今度は「以前に聞いたことがある」と信憑性を増して受容されてしまうという現象もめずらしくない。

コミュニケーションプロセスにおける異常なほどの増殖・伝播は、流言を性格づけるもうひとつの重要な標識であるが、この現象それ自体がじつは認識されにくい。意外に思われるかもしれないが、増殖や変形の事実も流布が広範囲におよんだことも、あとになって初めて把握され、事後的に認識されることが多い。むしろ話されている現場においては、「みんながそういっている」とか「他からも聞いたことがある」という状況それ自体が、その時点ではかえって、伝聞を信頼してよい証しであるかのように受け止められてしまう。異常なまでの増殖という現象が、そうした方向に機能することも忘れてはなるまい。

あとから事実と異なることがわかり、流言であったことが明らかになることも多い。しかしながら、あとから明らかになったとしても、「慌てた」とか「混乱した」という一般的な「逸話」にとどまりがちである。なぜ混乱と誤りとが生み出されたのか、そうした経緯の分析には発展せずに終わってしまうことも、残念ながら自然な傾向である。多くの場合、「異常」であったとの認識に封じこめられ、あえて掘り下げられることもなく敬遠されてしまう。

実際、震災直後の流言が飛び交った危機的な状況は急速に遠のき、情報環境はまったく変わってしまった。そのことについて前出の土田杏村は、震災後二カ月でしかない頃なのに「五年か十年の日月を経過したほどの感じ」[11]があると記した。あの当日は深刻に心配し、肌で恐怖すら感じた、それがあまりに遠く信じられない世界のように感じられた奇異さをふりかえっている。また雑誌挿絵画家の田中比左良は、その渦中において住民たちの「精神は緊張の度を通り越して逆上の域に達し」ていたが、「われ人ともに突拍子もない脱線振りだつたので、思ひ出す毎に苦笑を禁じ得ない」[12]とつぶやき、逆上がさめてまったく他人ごととなり、われながら笑うしかない状態にいたったことを記録している。

だから事実が明らかになりにくいのは、単純な責任逃れのためばかりではない。体験者自身

(11)『流言』[土田杏村、一九二四:四]

(12)「竹槍さわぎ」[田中比左良、一九二三:二一八]

の体験であるにもかかわらず、その情報にふりまわされたことが信じられないと感じられてしまう、それほどのリアリティの距離感が生まれてしまうからである。それゆえに、その情報環境そのものの現実は明らかにされることがなく、すぎ去ったこととして封印されてしまう傾向が生まれがちなのである。

流言の抑えにくさ

第二に、流言は抑えにくく、統制しにくい。

流言は、権力をもって取り締まる側にも、その把握や対処において大きな困難をつきつける。そもそも単に聞いたり伝えたりした情報を、「聞いた」あるいは「伝えた」という事実それ自体において取り締まるのは、法の技術的運用としてもむずかしい。たしかに大震災当時の取り締まりをささえた法的な枠組みとして、今日の軽犯罪にあたる比較的軽微な犯罪を取り締まる警察犯処罰令第二条第一六項(13)がすでにあり、あらためて九月七日に出された治安維持のための緊急勅令(14)が「流言浮説取締令」として加えられた。しかしながらあとから急いで出された勅令が、効果を有するものだったのかは疑わしい。

結果として見て、この勅令は大地震直後の流言の増殖や過激化そのものを、有効に取り締まる実践を生み出さなかった。法文にある「目的を以て」の一語は、騒擾行為や謀略の意図性を裁くうえで重要な限定の文言ではあるけれども、その意思の存在の証明を要する。すなわち他方において「流言伝播の事実のみ」に注目して取り締まろうとすれば「当時都下の住民何人がこれを為さざるものあらんや」(15)といわれてしまう状況と向かいあわざるをえない。この法は、そうした圧倒的な量的事実に対処し、混乱の事態に鋭く切りこみうるものではなかった。

実際に、この緊急勅令の発布は当時の情報環境においては警察による取り締まりの安心より

(13)「人を誑惑せしむべき流言浮説又は虚報を為したる者」は三〇日未満の拘留又は二〇円未満の科料。

(14)「人心を惑乱するの目的を以て流言浮説を為したる者」は一〇年以下の懲役もしくは禁固または三千円以下の罰金。

(15)『大正大震火災誌』[警視庁編、一九二五:五八〇-五八二]

も、とばっちりの心配を引き起こすものであった。つまり、なんらかの情報を自分なりに伝えようとする人びとに「心配の種子を植ゑつける形となつた」[16]という当時の証言もある。「震災の範囲と程度とはまだまつたく不明」という状況であり、「肉親知己朋友の安危ことごとく定かならず」というなか「片言隻語の通信」であってもおたがいに告げあうことで不安をまぎらせていたのに、「もしその告げた話がすつかり間違つたものでであつたなら、どんな係り合いから流言浮説令を適用せられないものでも無い[17]」というような心配が生み出されたからである。

現実の取り締まりの一端を、土田は次のように語っている。

翌八日の新聞は、その流言令を適用せられたる不幸なる人々の氏名を公表した。物貰ひ三名、商店の小僧五名、荷馬車挽き二名、老婆二名。翌々九日の新聞が憎む可き流言浮説の徒として検挙せられたる人名を記すところは次の如くである。甲某、商店小僧。乙某、俥夫。乙某女、子守女。丁某、洗濯夫。翌々日十日の発表次の如し。俥夫甲某、乙某。印刷職工丙某。荷馬車挽き丁某直ちに拘留。ただし拘留せられて主人の無い荷馬車と馬とが、その場でどう処置せられたかは新聞に記されて居ない[18]。

新聞は、土田の観察によれば一〇名ていどの適用例しか報じなかった。新聞メディアの表面にあらわれたものだけで即断するのは危険だが、関東大震災下の流言の現象としての大きさに比して、ごく部分的で些末なものであったらしいことがうかがわれる。そしてさらに震災二カ月後の時点において、それにしてもあの時不幸にも法令で検挙された「某甲、某乙、某丙」はどうなったのだろうかを問い、「世間には今何の風評も無いのである[19]」と書く。

(16)『流言』〔土田杏村、一九二四：一〕

(17)『流言』〔土田杏村、一九二四：一-二〕

(18)『流言』〔土田杏村、一九二四：二〕

(19)『流言』〔土田杏村、一九二四：四〕

関東大震災の流言もまた、意図的な謀略を裁く「治安維持」の法の枠組みからはずれた、意図せざる効果や相互の誤解や誤読が重なりあったところで、急激に成長していった[20]。動機・目的といった個人の意思にもとづく邪悪や犯罪を統制し裁く、近代法を前提とした行政権力が、抑えにくさや統制しにくさを抱えこまざるをえないのも、そこに由来している。

流言のたどりにくさ

第三に、流言はたどりにくく、とらえにくい。

関東大震災の流言は、東京というもっとも都市化された地域を中心に昂進し、激化した。つまりもっとも人口が密集し、人口構成の異質性の高い地域において、大きくかつ深刻な問題となった。後に分析するように、短時間のあいだに広範囲でその流布が観察され、見かたによっては不安や差別にふちどられた民衆意識にもとづく、「同時多発」的ともとらえられるような展開をしめした。

ただし、安易に「同時多発」という解釈に落としこみ、ブラックボックスのなかで自然発生したかのようなイメージを設定するのは、考察としても対策としても中途半端である。新聞のようなマスメディアが機能不全におちいっていたとしても、目をもち耳を有し口を備えた避難民たちが、現実には重要な情報の伝達者となった。さらに救援者や警察や軍隊といった人の移動もまた、それ自体が、このような情報空間においての伝達媒体(メディア)であったといってよいだろう。それゆえ、情報はかなり多重に、混乱しつつも多方面に伝えられていた可能性が高い。

しかしながら都市化された空間においては、すぐに「氏名不詳」のだれかから聞いたというかたちで、伝達プロセスを追いかけることができないまま行き止まる。このような要素もまた、

(20) あえて近代法の枠組みの限界を先回りして論ずることになるが、流言は政治的な企図をもって意図的に流されるデマ(デマゴギーを略して作られた日本語。事実に反する煽動的な宣伝)と異なる。流言のメカニズムを政治的な騒擾や私益誘導のために流される「デマ」の機能とまったく重ねてとらえるのは、不十分である。むしろ日常的にもしばしばくりかえされている誤解や誤読の、いわば集合的なエスカレーションである。であればこそ、その政治性を批判するためには、流布者・伝達者の単純な意図探しや、背後にある陰謀に短絡させるのではなく、日常のなかに深く潜むものに目をこらす作業が必要となる。

大震災下の流言現象の伝達プロセスを探る調査研究を妨げている。そして聞いて信じる側にとって、そうしたかたちでの出所の不明は大きな障害にならない。すなわち実際の都市の日常的な経験と隣接しているがゆえに、情報を疑わしいものとして扱う決定的な条件とならない。

　さらに経緯の解明や原因の究明を目指す調査よりも、流言の取り締まりに重点がおかれがちであった。そうした当時の現場の対応を、一方的に非難するわけにもいかない。警視庁の報告書は「流言の出所ならびにその発展の経路、および事実の内容に就きて厳密なる調査を遂げん」[21]との努力をしたとも書くが、すぐに「流言者に対する取締は流言の調査より更に急務」であるという判断に傾いていく。傷害行為や殺人などと結びついた場合には、検察が告発すべき事件となり、警察の捜査の対象となる。捜査によって、だれがどのように関わったのかのプロセスが明らかになる可能性もまたあるのだが、こうした資料が調書レベルの具体的な記述として、公開されて利用できるケースは少ない[22]。

　また、これらが流言と深く関わっていた場合は、しばしば不特定多数が関わる集合的な事件となり、犯罪捜査として犯人が確定できない場合が生まれるなど、近代法にもとづく理非の裁断に簡単ではない特質を抱えこむ。『大正大震火災誌』[23]の諸警察署の記載にも、だれがだれに伝えたかということの不明確なさまざまな流言への言及がある。犯罪として裁くべきレベルのできごとでも、そこに関わっていたはずの主体を調査することができずに、事実の収集を十分には組織できなかった。そうした困難な状況の証言として、この記録を読むことも可能だろう。

観測記録装置としての官僚制

　関東大震災下の流言研究が、上述のような基本的な困難を抱えこんでいることは否定しがたい。とはいうものの、すでに触れている通り体験者に対するあらためての調査などはすでに不

(21)『大正大震火災誌』〔警視庁編、一九二五：四七八〕

(22)最近の新しい研究として、『都市と暴動の民衆史：東京・1905-1923年』〔藤野裕子、二〇一五〕や、『九月、東京の路上で：1923年関東大震災ジェノサイドの残響』〔加藤直樹、二〇一四〕などがある。

(23)『大正大震火災誌』〔警視庁編、一九二五〕

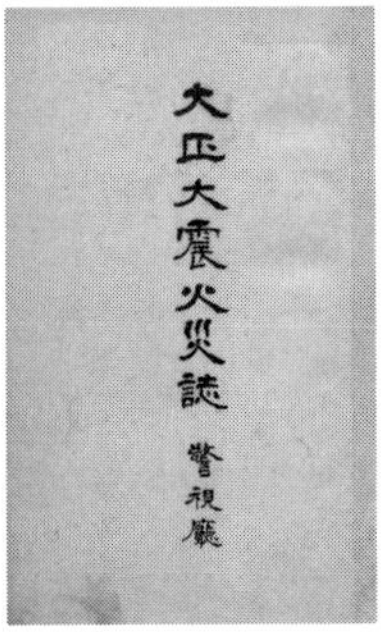

可能であり、残された資料から流言の実態に迫る以外の方法はない。そのさい、官僚組織としての警察が残した記録は、拡がりを有する事実への手がかりとしての一定の有効性をもつ。各地域に配置された警察署という機構が、その連絡や報告のネットワークを通じて、混乱したなかではもっとも広範囲におよぶ情報を組織的に集約し記録しえたからである。

以下の考察において、主として一九二五年七月に刊行された警視庁編『大正大震火災誌』を使い、その全体をひとつの社会的な記録として、突き放して利用しようとするのは、まさにそうした判断にもとづく。

いうまでもなくこの選択は、この資料の情報がもっとも信頼できるということを、自動的には含意しない。またその記載の正しさを、この組織がもつ権威や権力ゆえに一般化して前提におこうとするものでもない。たとえば個々の観測点である警察署のそれぞれが、流言や虐殺に対する態度の点で無視できない違いをも抱えこんでいたことは、想定しうる事実である。そうした個別性が作用しているかもしれない可能性は、方法論的・資料論的な特質のひとつとして視野に入れ、必要であれば具体的な偏りとして考慮されるべきである。

他方で、そうした不均質な個別性が混じっているかもしれないがゆえに、科学的分析に耐えられないと、漠然と決めつけるのは間違いである。あるいは、そもそも警察という装置の本質が国家装置であるがゆえに、資料を信頼できないと一方的に排除するのも偏狭である。むしろ報告の様式などの点では、義務にしばられた警察の手になる記録であればこそ、官僚組織としての一定のフォーマットの共通性を有していた。記録に作用している組織性のそうした仮定は、それほど不合理なものではない。であればこそ、個人の見聞のばらばらな重ねあわせとは異なる、社会の拡がりを有する記録として一定の手がかりとなりうる。その点では警視庁編『大正大震火災誌』は、読みこんで積極的に利用する価値のある資料だと考える。

2　警察に集約された記録から見る流言の実態

資料はただ該当箇所を引用するだけでなく、加工して再構成する必要がある。必要ならば順序を変え、表形式に整理したり、見えかたをコントロールしたりして、その全体を直感的にわかりやすく、かつ相互関係を見つめやすくすることが望ましい。そうした見えかたの加工は、それ自体が分析であり、創造的な研究過程である。

関東大震災下の流言の実態を概観するために、いくつかの表を作成してみた。

表12-1は、『大正大震火災誌』の「概説」が言及している「流言の大要」を表としてリスト化したものである。原資料が生起や認知の「時刻」に言及していることを活かした整理である。この大要の時刻は、事案発生の時刻をわかるかぎりではあるが明示する様式の警察署の報告書類を前提として、初めて把握しえたものであろう。これまでも多くの研究(24)が、この記録をもとに流言の拡大を概観している。

しかし残念なことに、この資料はその発生が観察された「地域」の情報、あるいは情報の「出所」が欠けている。その結果、東京全体がまるでひとつの均質な情報空間であったかのような理解を生み出してしまっている。現実には、流言は比較的狭い範囲での地域社会や、その生活の場に作用している具体的で個別的なコンテクストと深く結びついて立ちあらわれる。それゆえ、位置情報にほとんど気を配っていないまとめかたが気にかかる。つまり、もともとの「概説」のまとめかたは、流言研究の素材を共有する方式としては不十分なものだったといわざるをえない。

そこで、同じ書物に載せられている警察署単位での活動報告の「流言の取締」の記載にもど

(24)「戒厳令ニ関スル研究」〔内務省警保局企画室、一九四二〕や『大震災対策資料』〔警視庁警備部・陸上自衛隊東部方面総監部編、一九六二〕など。

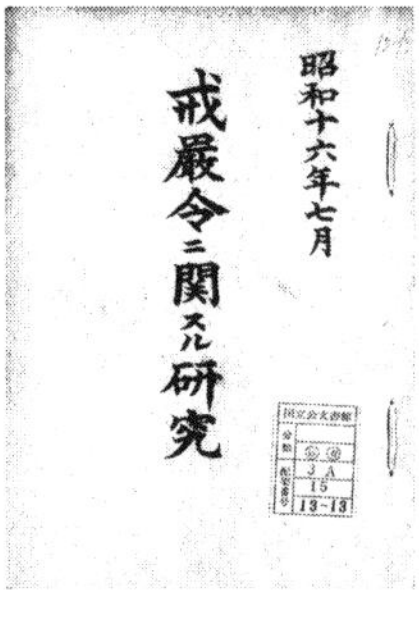
昭和十六年七月
戒厳令ニ関スル研究

表12-1 警視庁編
『大正大震火災誌』が記載する流言の事例（語句全部のそのままの引用ではなく、内容を損ねないていどに略記している）

1日	13時頃 ・富士山に大爆発、今なお噴火中　・東京湾に猛烈な海嘯襲来する ・更に大地震が来襲する 15時頃 ・社会主義者と朝鮮人の放火多し
2日	10時頃 ・「不逞鮮人」の来襲あるべし　・昨夜の火災は「不逞鮮人」の放火または爆弾の投擲 ・朝鮮人中の暴徒が某神社に潜伏　・大本教徒密謀を企て数千名が上京の途上 14時頃 ・市ヶ谷刑務所の解放囚人が郡部に潜伏、夜に放火の企て ・朝鮮人約200名神奈川で殺傷、略奪、放火。東京方面に襲来する ・朝鮮人約3000名多摩川を渉って来襲、住民と闘争中 ・横浜の大火は朝鮮人の放火。略奪、婦女暴行、焼毀。青年団や在郷軍人団が警察と協力して防止 ・横浜方面より朝鮮人数十名ないし数百名、上京の途上 ・横浜方面より襲来の朝鮮人約2000名、銃砲刀剣を携帯し、すでに六郷の鉄橋を渡る ・軍隊は六郷河畔に機関銃を備え、朝鮮人の上京を遮断せんとし、在郷軍人や青年団が応援 ・六郷河畔で軍隊に阻止された朝鮮人は、転じて矢口方面に向かった 15時頃 ・雑司ヶ谷の○○○○は向原○○○○方へ放火しようとし、現場で民衆により逮捕された 16時頃 ・大塚火薬庫襲撃目的の朝鮮人、いままさにその付近に密集せんとする ・朝鮮人原町田に来襲し、青年団と闘争中 ・原町田来襲の朝鮮人200名は、相原片倉村を侵し、農家を掠め婦女殺害 ・朝鮮人200-300名横浜方面より溝の口に入って放火、多摩川二子の渡しを越え、多摩河原に進撃中 ・朝鮮人目黒火薬庫を襲う ・朝鮮人鶴見方面で婦女を殺害 17時頃 ・朝鮮人110余名寺島署管内四ツ木橋付近に集まり、海嘯来ると連呼しつつ凶器で暴行、あるいは放火する者あり ・戸塚方面より多数民衆に追跡された朝鮮人某は、大塚電車終点付近の井戸に毒薬を投入 18時頃 ・朝鮮人予てより暴動の計画ありしが、震火災の突発で予定を変更、用意の爆弾および劇薬物を流用し、帝都全滅を期す。井戸水を飲み、菓子を食べるは危険 ・上野精養軒前の井戸水の変色は毒薬のため。上野公園下の井戸水にも異状。博物館の池水も変色して金魚全滅。 ・上野広小路松坂屋に爆弾2個を投じた朝鮮人2名を逮捕したが、その所持の2枚の紙幣は社会主義者より得たものだった ・上野駅の焼失は朝鮮人2名がビール瓶に容れた石油を注いで放火した結果 ・朝鮮人約200名、品川署管内仙台坂に襲来し、白刃をかざして掠奪を行い、自警団と闘争中 ・朝鮮人約200名、中野署管内雑色方面より代々幡に進撃中 ・代々木上原方面において朝鮮人約60名が暴動 19時頃 ・朝鮮人数百名、亀戸署管内にちん入し暴行中 ・朝鮮人40名、八王子管内七生村より大和田橋に来襲、青年団と闘争中で銃声しきりに聞こえる
3日	01時頃 ・朝鮮人約200名、本所向島方面より大日本紡績株式会社および墨田駅を襲撃 04時頃 ・朝鮮人数百名、本郷湯島方面より上野公園に来襲するので、谷中方面に避難せよ。荷物などは持ち去る必要なく、後日富豪より分配する 10時頃 ・兵士約30名、朝鮮人暴動鎮圧のため月島に赴いた
4日	15時頃 ・朝鮮人、警察署より解放されたならば、速やかにこれを捕らえて殺戮すべし 18時頃 ・朝鮮人、市内の井戸に毒薬を投入 21時頃 ・青年団員が取り押さえて警察署に同行した朝鮮人は、即時釈放された ・上野公園および焼け残り地域内には、警察官に変装した朝鮮人がいるので注意すべし

り、それらを整理して、あらためて表12-2aを作成してみた。つまり表12-2aは、表12-1の構成と同じ方法にしたがったものであるが、資料が載せられている管轄警察署の地域単位の情報を加え、発生認知の時系列に並べかえたものである。性格をはっきりとさせるために時刻が明示されているもののみにかぎり、日付しかわからないものや、「夕」や「未明」あるいは「午後」とあるものは、別な表12-2bにまとめた。ただし個別署の記載で時刻が漏れていても、表12-1に記載されている内容と対応させることで発生時刻が推定できる流言については、その情報をおぎなって該当の時刻に配置してある。

もうひとつ『大正大震火災誌』がまとめた「災害時下殺傷事犯調査表」の並べかえ(表12-3)もまた、エスカレーションの実態をしめす重要な資料となりうる。この記録も、警察署からの報告をその所轄のくくりのまま並べただけの原記載を、あらためて発生認知の時点の時系列の表に作りなおしたものである。もともとの所轄署ごとの配列は、警察という官僚制のなかでの記載の慣習にそった組織文書そのままであり、ここで立ち上げた分析の目的に対して適切とはいいがたい。われわれが鳥瞰して描き出そうとしているのは、流言を包含する情報空間の全体の動きである。それゆえ、時間軸を明確にした再編成と整理は、対象化の方法としても重要である。

この三種類の表データをもとに、関東大震火災における流言の実態を概観してみよう。

流言の発生はいつか

まず流言の発生から終熄に関して、考えてみたい。

流言はいつ発生したのか。

これまでの多くの研究が、九月一日の午後一時頃にすでに流言が起こったとしている。これ

表12-2a『大正大震火災誌』の各警察署からの流言の報告（時刻記載があるもののみ）

1日	14時頃 「海嘯将に来らんとす」（日本橋・久松） 16時頃 「管内に接近せる芝区三田三光町衛生材料廠の火災は将に之と相隣れる陸軍火薬庫に及ばんとす、火薬庫にして若し爆発せむか其一方里は惨害を被るべきを以て速やかに避難せざるべからず」（渋谷） 「鮮人放火の流言管内に起り」（王子） 18時頃 「鮮人襲来の流言初めて管内に伝わり」（芝・愛宕） 「戸塚町字上戸塚に放火せるものあり」（淀橋戸塚） 20時頃 「鮮人暴行の流言管内に伝わりし」（小松川）
2日	05時頃 「強震の再襲あるべし」（小石川・富坂） 10時頃 「士官学校前に「午後1時強震あり、不逞鮮人襲来すべし」との貼紙」（牛込・神楽坂/四谷） 「不逞鮮人等の放火・毒物撒布又は爆弾を所持せり」（牛込・早稲田） 「一名の男本署に来り「昨日下町方面に於ける火災の大部分は不逞鮮人の放火に原因せるものなれば、速に在郷軍人をして其警戒に当らしめよ」と迫りし」（牛込・早稲田） 「今回の火災は鮮人と主義者との放火に基因するものなり」（淀橋） 「鮮人等は市内各所に於て放火せるのみならず、今や郡部に来りて其挙に出でたり」（中野） 11時頃 「早稲田に於て鮮人4名が放火せるを発見せしが其内2名は戸山ヶ原より大久保方面に遁入せり」（淀橋） 12時頃 「海嘯襲来す」（本所・相生） 「不逞鮮人等暴行を為し、或は将に兵器廠を襲撃せんとするの計画あり」（小石川・大塚） 14時頃 「鮮人暴挙の流言伝はりて」（本郷・本富士） 「今回の大火災は概ね不逞鮮人の放火に原因せるものにして、赤坂・青山・深川の諸方面に於ては其現行を取押へたる者多し」（本郷・駒込） 「鮮人は毒薬を井戸に投じたり」（本郷・駒込） 「市ヶ谷刑務所の解放囚人は山の手及び郡部に潜在し、夜に入るを待つて放火の企画あり」（品川大崎） 「東京・横浜方面の火災は主として不逞鮮人の放火に因れり」（府中） 「横浜の大火は不逞鮮人の放火に原因するもの多し、而して彼等は団結して到る所に掠奪を恣にし、婦女を姦し、残存の建物を焼き尽さんとするが如く、暴虐甚してきを以て同市の青年団・在郷軍人等は県警察部と協力して防御中なり、彼等の集団は数十名乃至数百名にして、漸次上京の途に在るものの如く、神奈川・川崎・鶴見等各町村の住民を挙げて警戒に従へり」（品川） 「鮮人約200-300名、或は銃を携へ或は白刃を持して横浜方面より東京に向はんとす」（品川） 「鮮人約2000名は既に六郷の鉄橋を渡れり」（品川） 「軍隊は鮮人の入京を防がんが為に六郷川岸に機関銃を備へ、在郷軍人、青年団員の多数亦出動して之を応援せり」（品川） 「軍隊の為に六郷川に於て沮止せられたる鮮人は、更に矢口・玉川方面に向へり」（品川） 「東京・横浜に於ける火災は概ね鮮人と社会主義者とが共謀して爆弾を投じたる結果なり」（品川） 「牛乳・新聞の配達人、肥料汲取人等が心覚えの為に路次に記し置きたる符号をも、鮮人が放火・殺人又は毒薬の撒布を実行せんが為の目標なりと信じて、益々動揺する」（品川） 14時30分頃 「鮮人の放火団体は、青山方面に襲来すべし」（赤坂・青山） 「再び強震あるべし」（赤坂・青山） 「鮮人暴行の流言新に起る」（日本橋・久松） 「約300名の不逞鮮人南千住方面にて暴行し、今や将に浅草観音堂並に新谷町の焼残地に放火せんとす」（浅草・象潟） 「鮮人数百名横浜方面より東京に向ふの途上、神奈川県鶴見方面に於て暴行を極め、或は毒物を井戸に撒布し、或は放火掠奪を為せり」（大森） 「鮮人約2000余名、世田谷管内に於て暴行を為し、今や将に管内に来らんとす」（渋谷） 「多数の鮮人原町田方面に襲来し、同地の青年団及び在郷軍人等と闘争中なり」（八王子） 「原町田方面より来る鮮人約250名は相原町を侵したる後更に片倉村に入り婦女を殺害せり」（八王子） 「鮮人200余名原町田方面より由木村方面に進撃せんとす」（八王子） 「鮮人約40名七生村より大和田橋附近に来り青年団と闘争を開き、銃声頻に聞ゆ」（八王子）

	16時30分頃 「不逞鮮人等大挙して大崎方面より襲来せんとす」(芝・高輪) 「伝馬町一丁目の某は鮮人なりとの誤解の下に、同2丁目に於て某の為に狙撃せられ、重傷を負ふに至れり」(四谷) 「不逞鮮人約200-300名神奈川県溝の口方面を焼き払ひて既に玉川村二子の渡を越へたり」(世田谷) 17時頃 「不逞鮮人暴挙を企つとの流言」(麻布・六本木) 「不逞鮮人等四ツ木橋附近に集合し、其他の暴行を為さんとす」(寺島) 「東京に於て暴行せる鮮人数百名は更に郡部を焼払ふ目的をもって各所に放火し、将に管内に来らんとす」(府中) 「強震再襲すべし」(青梅) 「小林某は、鮮人と誤解せられ、白金台町に於て群衆の為将に危害を加へられんとするを知り、其鮮人にあらざるを戒諭して之を救護せり」(芝・高輪) 「自動車運転手の訴へに依れば鮮人約200余名神奈川県寺尾山方面に於て殺傷・掠奪・放火等の暴行を行ひ、漸次東京方面に向へるものの如し」(品川大崎) 「鮮人約3000余名既に多摩川に渉り、洗足村及び中延附近に来襲し、今や暴行を為しつつあり」(品川大崎) 「多数鮮人は社会主義者と相提携して八王子市を襲ひ、更に大挙して管内に侵入せんとす」(青梅五日市) 18時頃 「本署員の日比谷公園に出動するや、鮮人暴動の流言しきりに行はれ」(神田・錦町) 「予てより、密謀を蔵せる鮮人等は、今回の震災に乗じて、東京市の全滅を企て、放火又は爆弾に依りて火災を起こさしめ、且毒薬を飲料水、菓子等に混入して、市民の鏖殺を期せり」(下谷・上野) 「上野精養軒前井戸の変色したるは毒物投入の為なり」(下谷・上野) 「博物館の池の水変色して、魚類皆死せり」(下谷・上野) 「上野広小路松坂屋呉服店に爆弾を投じたる鮮人2名を現場に於て逮捕したるに、100円紙幣2枚を所持せり、蓋し社会主義者の給せるものに係る」(下谷・上野) 「松坂屋は、鮮人の投弾に因りて消失せり、上野駅に於ても亦2名の鮮人が麦酒瓶に入れたる石油を濺ぎて放火せるを、駅員に発見さられて撲殺せられたり」(下谷・上野) 「中野署管内字雑色方面より代々幡町方面に向ひて不逞鮮人約200名襲撃中なり」(淀橋) 「代々木上原の方面に於て鮮人約60余名暴動を為しつつあり」(淀橋) 「鮮人数十名拝島村に襲来せり」(青梅) 「鮮人の団体は八王子方面より福生村方面に向へり」(青梅) 「鮮人等爆弾を投じて各所を焼けり」(青梅) 18時30分頃 「品川駅長の警告なりとて「社会主義者と不逞鮮人とは相共謀して井戸に毒薬を投入せり」と伝ふるものあり」(芝・高輪) 19時頃 「鮮人暴挙の流言行はるる」(神田・西神田) 「不逞鮮人等大挙して管内に襲来せんとす」(赤坂・表町) 「鮮人数百名管内に侵入して強盗、強姦、殺戮等暴行至らざる所なし」(亀戸) 「鮮人襲来の流言伝はる」(府中田無分署) 「鮮人300名厩橋方面より押し寄す」(本所・相生) 「鮮人300名は高井戸・和泉村の各方面に襲来して暴動を為せり」(中野) 「不逞鮮人約300余名、既に南千住を襲て、勢力に乗じて将に管内を侵さんとす」(千住) 20時頃 「鮮人数十名門前仲町方面に襲来せり」(深川・西平野) 「鮮人が爆弾に依りて火災を起し、財物を掠め、婦女を辱め、或は毒薬を撒布する等暴虐到らざる所なし」(深川・西平野) 「清澄遊園の魚類の多く斃死せるは鮮人の毒物に因れり」(深川・西平野) 22時頃 「只今鮮人50名襲来す、警戒あれ」(本所・相生)
3日	00時頃 「飲料水中に毒を撒布せり」(本所・向島) 「請地町の油問屋硲文七の倉庫に放火の計画あり」(本所・向島) 01時頃 「鮮人約200名は本所向島方面より大日本紡績会社及び隅田川駅を襲撃せり」(南千住) 03時頃 「避難者の収容所たる大川邸を襲へり」(本所・向島) 「既に寺島署管内大畑方面を掠めて漸次吾妻請地方面より本署の管内へ襲来の途にあり」(本所・向島) 04時頃

	「火災は容易に鎮滅せざるのみならず、多数の鮮人等、本郷湯島方面より将に此地に襲来せんとす、速に谷中方面に避難せよ、家財等は携帯するの要なし、富豪より分配せしめんと。衆之を怪しみたる間に其姿を失ひしが、幾もなく再び凌雲橋方面に現れて、同じ意味の宣伝を為し、遂に警官に逮捕せられしが彼は社会主義者にして、紙幣60円と、巻煙草3個とを所持せり」(下谷・上野) 07-08時頃 「鮮人放火の説漸く管内に喧伝せられ、大塚火薬庫襲撃の計画を為すものありとさへ称するに至る」(小石川・富坂) 10時30分頃 「鮮人等爆弾を携帯して放火・破壊・殺害掠奪等を行ひ、又毒薬を井戸に投ずるものあり」(京橋・月島) 「軍隊約30名、鮮人逮捕の為に武装して管内に来れり」(京橋・月島) 12時頃 「海嘯将に来らんとす」(本所・向島) 13時頃 「地震の原因は富士山の爆発にあり」「東京湾沿岸に大海嘯ありて被害甚し」(小石川・富坂) 「「大本教は今回の地震を予知し、既に其教書中に記せるのみならず、信者等は政府の圧迫を憤り、数千名相携へて上京の途にあり」等の流言起こり」(小石川・富坂) 「「放火人あり注意すべし」「大震は終熄せず、何時及び何時に何回あり。気象台警報」など記せる貼紙を電柱其他に為すものあり」(小石川・富坂) 15時頃 「不逞鮮人等毒薬を水源地に撒布せるが為、断水を為すの已むなきに至りしが、今や之の井戸にも投入し、或は飲食物に混入しつつあり、注意警戒を要す」(小石川・富坂) 18時頃 「不逞の徒各所に於て焼残れる金庫を破壊し、掠奪を行へり」(日本橋・掘留) 18時30分頃 「大本教信者は爆弾を携帯し、数台の自動車に分乗して、将に帝都を襲はんとす」(赤坂・青山)
4日	01時頃 「日本銀行本署請願巡査より「暴徒等将に同行を襲ひて其金庫を破壊せんとすとの風評あり」との報告」(日本橋・掘留) 21時頃 「上野公園内及び焼残地なる、七軒町・茅町方面には、鮮人にして警察官に変装し、避難者を苦しめ居るを以て、警察官なりとて油断すべからず」(下谷・上野) 22時30分頃 「青山南5丁目裏通方面に方り、数箇所より警笛の起ると共に、銃声亦頻りに聞ゆるに至りて、鮮人の襲来と誤認し、一時騒擾を生じたり」(赤坂・青山)
5日	09時頃 「外国駆逐艦東京湾に入港せり」「不審なる多数帆船一・二号地の沿岸に繋留せるあり」「外人一名発動機艇に乗じて一号地沿岸に来たりしが其行動怪しむべし」(京橋・月島)
6日	22時頃 「赤坂の某所に鮮人三人侵入したり」(四谷)

表12-2b『大正大震火災誌』の各警察署からの流言の報告（時刻が不明のもの）

1日	「同日薄暮、自ら本署に来りて保護を求め、或は、署員に依りて検束せる者等を合せて、支那人11名、鮮人4名、内地人5名を収容せり」夕刻（神田・外神田） 「流言蜚語の始めて管内に伝播せらるる」（神田・外神田） 「鮮人は東京市の全滅を期して爆弾を投ぜるのみならず、更に毒薬を使用して殺害を企つ」（巣鴨）
2日	「鮮人放火の流言始めて起る」未明（淀橋・戸塚） 「9月2日午前、士官学校の墻塀に「午後1時強震あり」「不逞鮮人来週すべし」との貼紙を為すものあり」午前（四谷） 「鮮人等は東京全市を焦土たらしめんとし、将に今夜を期して焼残地たる山の手方面の民家に放火せんとす」午後（牛込・早稲田） 「鮮人暴行の蜚語最も盛にして」午後（板橋） 「不逞鮮人等横浜方面より襲来し、或は爆弾を以て放火し、或は毒薬を井戸に投じて殺害を図れり」午後（四谷） 「鮮人暴行の流言始めて管内に伝はる」夕刻（麹町・日比谷） 「同日［2日］の夕刻、帝大教授某理学博士を鮮人と誤認し、明治神宮表参道入口附近に於て、将に危害を加へんとせるを、署員の救護に依り、辛うじて之を免れしめたる」夕刻（赤坂・青山） 「北町5丁目なる某家の押入中に放火せる鮮人ありとの急告に依りて、之を調査せしに、羅紗洋服地布片の焼け残りを発見せり、蓋し、同人が火災時に外出せる折、火気を防がんが為に拾得し来れるものにして、其臭気を嗅ぎたる附近の民衆は、之を出火と速断し、軈て又鮮人の放火なりと誤りたる」夕刻（赤坂・青山） 「鮮人等は爆弾を以て火災を起し、毒薬を井戸に投じて殺害を計れるのみならず、或は財物を掠め、或は婦女を姦する等、暴行甚しきものあり」夕刻（浅草・南元町） 「鮮人襲来」夕刻（本所・相生） 「鮮人が変災に乗じて放火・掠奪・強姦等の暴行を逞くせり」夕刻（本所・向島） 「其夜［2日夜］品川方面より管内に来れる某は、鮮人と誤解せられ、所謂自警団員の包囲する所となり、危急に陥りしかば、署員之を保護せんとしたるに、却て団員の激怒を買ひ、重傷を負ふに至り、遂に武器の使用に依りて、漸く其目的を達せるが如き事変をも生ぜし」夜（芝・愛宕） 「「夜に入るに及び、下谷池ノ端七軒町は既に猛火の襲ふ所なり、今や将に根津八重垣町に於て其威を揮へり、管内は到底全焼を免れざるべし」との流言」夜（本郷・駒込） 「鮮人等は左袖裏に赤布を纏ひ、或は赤線を描けり。警察官や軍人に変装せり。鮮人の婦人は妊婦を装ひ、腹部に爆弾を隠匿せり」夜（本郷・駒込） 「蜚語益々盛にして、放火・爆弾・毒薬等の説、紛々として起こる」（芝・愛宕） 「社会主義者が帝都の混乱に乗じ、電車の車庫を焼毀せんとするの計画あり」（巣鴨） 「2日以降に至りては、毒薬の撒布、爆弾の投擲、殺人、掠奪等あらゆる暴行の状態を伝えたり」（王子） 「鮮人暴行の流言伝わる」（南千住）
3日	「鮮人が放火掠奪或は毒薬を撒布せり」昼（下谷・坂本） 「9月3日の夕、鮮人に対する流言始めて喧伝せらる、即ち「大森・品川又は横浜方面より襲来せるもの2000人に達す」「300人乃至500人の鮮人管内に襲来せんとして今や将に其途上にあり」「管内各所は既に鮮人等潜入して強盗・殺人又は毒薬を井戸に投ずる等の暴行中なり」など」夕刻（麻布・鳥居坂） 「鮮人が暴行を為すの牒符なりとて種々の暗号を記したる紙片を提出し、或は元広尾附近に其牒符を記せるを見たりとて事実を立証するものあり」夜（渋谷） 「管内自衛警戒中の一青年は、不逞鮮人と誤認して通行の同胞を殺害」（麹町・麹町） 「3日に及び其訛伝たりし事実漸次闡明」（麹町・日比谷） 「鮮人が井水に毒物を散布するの疑あり」（神田・錦町） 「3日に至りては、流言益々甚しく、更に「強震再襲すべし」との説を為すものあるに至る」（赤坂・表町） 「便所の掃除人夫が備忘の為に、各路次内等に描ける記号をも、其形状に依りて爆弾の装置、毒薬の撒布、放火、殺人等に関する符徴なるべしとの宣伝」（四谷） 「是日［3日か］、霞ヶ丘の某は、自宅の警戒中、通行者に銃創を負はしめたる事実あり」（四谷） 「3日に至りては、自警団の行動漸く過激となり、戎凶器を携へて所在を横行するに至る」（牛込・神楽坂） 「2日午前10時半頃、30歳前後の婦人は上野公園清水堂に入り手休憩中、洋装肥満の男より恵まれたる餡麺麭を食したるに、忽ち吐血して苦悶せり」（下谷・上野） 「鮮人等毒薬を井戸に投じたり」「中渋谷某の井戸に毒薬を投じたり」（渋谷） 「鮮人の一群が吉祥寺巡査駐在所を襲へり」「八王子方面より300人の鮮人団体将に管内に襲来せんとす」（府中田無分署） 「鮮人等埼玉方面より箱根ヶ﨑村に襲来せり」「東京・横浜・埼玉方面に於ては鮮人の暴行甚しきを極む」（青梅）

4日	「撒水用井水を飲みたる金子栄次郎等5名は之が為に吐瀉せしかば、大学病院に送りて救護すると共に井水を検査したれども異状を見ず」(神田・錦町) 「一ツ橋付近を徘徊せる鮮人申衡鐘なる者の挙動不審なるを認めて取調ぶるに「結義序文」と記載せる物を携帯せるを以て、不敢取之を警視庁に送致せり」(神田・錦町) 「鮮人等新宿方面巡査派出所を襲撃して官服を掠奪着用して暴行を為せり」(牛込・神楽坂) 「大井町方面に於ては鮮人既に管内に入れりとて警鐘を乱打するものあり」(品川) 「品川橋南側に於て鮮人を殺害せりとの報告に接し、直に署員を急行せしめたるに、実は漁師町の一青年の鮮人と誤解せられ、瀕死の重傷を負へりなりし」(品川) 「鮮人を使嗾する者は社会主義者なるべければ其患を除かんには之を膺懲するに若かず」(品川) 「鮮人三軒茶屋に放火せりとの報告に接し、直に之を調査すれば犯人は鮮人にあらずして家僕が主家の物置に放火せるなり」(世田谷) 「鮮人の婦女等毒薬等を携帯して各所の井戸に之を撒布せり」(千住)
5日	「氷川神社方面には、鮮人等暴行を逞くせる事実あり、況や、三軒茶屋附近に於ては、鮮人との闘争既に開始せられたる」(赤坂・青山) 「青山墓地には、夜間密に、鮮人等の潜伏して陰謀を企つるものあり」(赤坂・青山) 「某白米店雇人等が不良青年と気脈を通じ、種々の流言を放てるを発見し、之れを検挙せる」(中野)
6日	「鮮人数十名立川村を侵し、自警団と闘争を開けり」「長沼・多摩の両村に於ても暴行を逞うせり」(府中)
8日	「収容の鮮人は衣食其他を給与して厚く保護を加へ、9月8日に至りて習志野収容所に引渡したり」(神田・西神田) 「鮮人等下広尾橋本子爵邸に放火せり」(渋谷) 「中渋谷某の下婢が陵辱せられたり」(渋谷)
11日	「下渋谷平野某の雇人高橋某鮮人の為に殺さる」(渋谷)

署名	犯罪日時	場所	罪名	事実概要	検挙人員	被害人員	処理顛末
麹町	九月四日正午	麹町区中六番町四六大本教本部附近路上	傷害及暴行	傷害及暴行ヲ加フ	三	一	十月十六日送致
同	九月三日午後二時卅分	同区永田町二ノ一六先ノ路上	殺人	不逞鮮人ト誤信シ日本刀ニテ殺害ス	一	二	九月五日令状執行
三田	九月三日午後九時	芝区日ノ出町七先	殺人	鮮人ヲ隠匿シタリト憤リ日本刀ニテ殺害ス	一	一	九月十二日令状執行
同	九月四日正午	同	殺人	同	一	四	九月十二日令状執行
同	九月三日午後九時頃	東京市河港課芝浦出張所倉庫内	殺人	潜伏シ居タルヲ日本刀ニテ殺害ス	二	一	十月二十日送致
同	九月三日午後十時	同	殺人及横領強盗	被害者ガ就縫シ居タル同倉庫内ニ鮮人一名潜伏シ居タルヲ以テ鮮人ヲ隠匿シタリト稱シ南濱橋ノ縄干ニ縛シ短刀梃棒等ヲ以テ殺害シ及懐中ヨリ金三十五圓ヲ竊取ス	六	一	十月二十日送致
鳥居坂	九月四日午前一時	芝区三田小山町小山橋河中	殺人	被害者カ發作的ニ精神ニ異狀ヲ來シ河中ニ投身自殺ヲ圖リタルモ死ニキレズ下流ニ泳ギ居タルヲ鮮人ト誤信シ河中ニ飛込ミ日本刀ヲ以テ殺害ス	一	一	十月二十五日令状執行
四谷	九月三日午後九時頃	四谷区鹽町三七先	傷害	鮮人ト誤信シ日本刀ヲ以テ傷害ス	一	一	十月二十三日令状執行
駒込	九月四日午後九時頃	本郷区駒込肴町路上	殺人未遂	鮮人ト誤信シ殺害セントシテ重傷ヲ加フ	一三	四	九月十七日令状執行
坂本	九月四日午後十一時頃	下谷区三輪町一一五先路上	殺人	鮮人ト誤信シ日本刀及棍棒等ヲ以テ殺害ス	六	一	十一月四日送致

表12-3a 災害時下殺傷事犯調査表(原表)

表12-3b 2日以降5日までの「災害時下殺傷事犯調査表」の並べかえ一覧

所轄署	日　　時刻	場所	罪名	事実概要	検挙人数	被害人数	処理顛末	原順番	時間順
王子	9月2日 09時	西新井村本木河出川金次郎方外十戸及上尾久	殺人強盗窃盗詐欺	金品掠奪及殺害無銭飲食及窃盗を為す	7	19	10月5日送致	034	001
千住	9月2日 12時	南足立郡花畑村字一近橋附近	殺人未遂	日本刀及棍棒を以て全治二ヶ月を要する重傷を加ふ	2	1	9月7日送致	043	002
寺島	9月2日 17時	吾嬬町	傷害	通行中の被害者を誰何し日本刀にて傷害す	1	1	10月13日令状執行	054	003
大崎	9月2日 17時頃	大崎町桐谷星製薬会社付近	殺人未遂	不逞鮮人と誤信し棍棒玄能鳶口等を以て殴打傷害す	5	4	10月12日令状執行	020	004
大崎	9月2日 17時頃	府下平塚村下蛇窪六九一先路上	傷害	不逞鮮人と誤信し棍棒等を以て殴打傷害す	5	1	10月16日令状執行	022	005
大森	9月2日 17時頃	府下池上村路上	傷害	不逞鮮人と誤信し棍棒を以て傷害す	5	3	送致	024	006
世田谷	9月2日 17時頃	世田谷町太子堂電車軌道内	殺人	猟銃を以て射殺す	1	1	10月19日令状執行	025	007
品川	9月2日 17時30分	品川町南品川三先路上	傷害致死	鮮人と誤信し傷害死に致す	21	1	10月9日令状執行	015	008
大崎	9月2日 17時30分	府下平塚村下蛇窪三三六先路上	傷害	不逞鮮人と誤信し木剣棍棒等を以て殴打傷害す	6	2	10月16日令状執行	019	009
品川	9月2日 18時	被害者主家裏通	殺人未遂	不逞鮮人と誤信し棍棒等を以て乱打傷害す	4	1	10月14日不起訴	017	010
大崎	9月2日 18時	府下平塚村二八八先路上	殺人未遂	不逞鮮人と誤信し鳶口鉞等を以て重傷を負はす	6	1	10月16日令状執行	018	011
大崎	9月2日 18時頃	府下平塚村戸越八四二先路上	傷害	不逞鮮人と誤信し銃剣等にて傷害す	2	1	10月22日令状執行	021	012
大森	9月2日 18時頃	府下池上村路上	傷害	不逞鮮人と誤信し棍棒を以て傷害す	1	8	送致	023	013
府中	9月2日 19時	千歳村烏山	殺人並傷害	鳶口、日本刀、竹槍、棍棒を以て殴打し一名を殺害す	15	17	10月7日より11月25日までに令状執行	075	014
寺島	9月2日 20時	荒川放水路四木橋際	殺人	鉄棒にて撲殺す	1	1	10月10日令状執行	057	015
亀戸	9月2日 20時	府下吾妻町亀戸鉄道ガード際	傷害	樫棒にて臀部を傷害す	1	1	10月5日不起訴	065	016
亀戸	9月2日 20時	吾嬬町小村井一、一五七先	殺人	竹槍を以て殴打死に至らしむ	4	2	10月28日令状執行	073	017
品川	9月2日 20時30分	大井町一、二八五先路上	殺人	不逞鮮人と誤信し日本刀を以て殺害す	1	1	10月13日令状執行	016	018
水上	9月2日 21時	府下小松川町下平井平井橋上河筋	殺人	被害者が糞尿船に依り避難し来れるを鮮人と誤信し帆立棒等を以て撲殺す	5	1	11月5日送致	013	019
亀戸	9月2日 22時	吾嬬町葛西川六一七先	殺人	不逞鮮人なりと誤信し鉄棒にて殴打、即死せしむ	1	1	10月7日令状執行	067	020
亀戸	9月2日 22時	吾嬬町亀戸二七六先	殺人	殺害す	4	1	10月5日令状執行	069	021
亀戸	9月2日 23時	府下亀戸三、二一五先	殺人未遂	水中に溺れたる被害者に猟銃を発射したるも命中不明	1	1	10月7日不起訴	072	022
中野	9月2日 23時頃	府下高井戸村下高井戸路上	傷害	通行中を傷害す	11	1	10月8日送致	026	023
亀戸	9月2日 24時	吾嬬町葛西川八八五先	殺人	鮮人と誤認し殴打死に至らしむ	4	1	10月7日令状執行	068	024
品川	9月2日 -	府下大井町一七三六路上	殺人	鮮人と誤信し日本刀を以て殺害す	1	1	9月15日送致	014	025
寺島	9月3日 00時	南葛飾郡大畑荒川放水路河川堤下	殺人	斬殺撃殺等	7	4	10月10日令状執行	046	026

所轄署	日　時刻	場所	罪名	事実概要	検挙人数	被害人数	処理顛末	原順番	時間順
千住	9月3日 01時20分	千住町大橋北詰に於て	傷害	鮮人と誤認し手拳を以て頭部其他を殴打し全治十日間を要する傷害を加ふ	1	1	10月6日不起訴	045	027
寺島	9月3日 03時	吾嬬町木下放水路側地	殺人	隠れ居たるを日本刀にて斬殺す	1	1	10月28日令状執行	058	028
寺島	9月3日 03時	荒川停留場先	殺人	サーベルにて斬殺す	1	1	10月28日令状執行	059	029
寺島	9月3日 03時	吾嬬町木下放水路側地	殺人	日本刀にて斬殺す	1	1	10月28日令状執行	060	030
寺島	9月3日 未明	吾嬬町木下放水路堤	殺人	匕首を持ち逃げ来るを日本刀を以て斬殺す	1	1	10月17日令状執行	055	031
亀戸	9月3日 05時	吾嬬町亀戸二三九先	傷害	斧を以て頭部に切創を負はす	1	1	10月5日不起訴	066	032
寺島	9月3日 06時	吾嬬町上大畑沿岸	殺人	足部をピストルを以て狙撃したるを他の多数人が死に至らしむ	1	1	10月29日令状執行	061	033
寺島	9月3日 07-12時	府下吾嬬町木下曳舟通	殺人	群衆に打倒され居るを日本刀を以て斬殺す	1	2	10月19日令状執行	050	034
亀戸	9月3日 07時	吾嬬町小村井一、一五七先	殺人	角材竹槍瓦を以て殴打死に至らしむ	6	3	10月29日令状執行	074	035
寺島	9月3日 08時	荒川放水路堤下	殺人	撲殺す	1	1	不起訴	053	036
寺島	9月3日 09時	寺島町玉ノ井	殺人	斬殺又は撲殺す	4	6	10月10日令状執行	052	037
寺島	9月3日 10時	白鬚橋上	殺人	殴打し他の群衆が参加して打ち斬りし後川に投じ死に至らしむ	1	1	不起訴	048	038
寺島	9月3日 11時頃	寺島町玉ノ井	殺人並傷害	玄能を以て殴打し負傷せしめ又死に至らしむ	1	2	10月19日令状執行	051	039
渋谷	9月3日 12時	府下渋谷一七八二先道路	殺人未遂	殺意を以て傷害を加ふ	2	2	11月9日送致	027	040
寺島	9月3日 12時	寺島町玉ノ井	殺人	群衆に乱打され打倒され虫の息となり居るを咽喉及腹を匕首を以て突き刺し死に至らしむ	1	2	10月19日令状執行	049	041
寺島	9月3日 12時	府下寺島町玉ノ井	殺人	杉丸太にて撲殺す	1	1	10月29日令状執行	062	042
寺島	9月3日 13時	府下寺島町玉ノ井	殺人	槍を以て刺殺せるも被告之を否認す	1	1	不起訴	047	043
麹町	9月3日 14時30分	麹町区永田町二ノ一六先の路上	殺人	不逞鮮人と誤信し日本刀にて殺害す	1	2	9月5日令状執行	002	044
亀戸	9月3日 15時	亀戸町遊園地	殺人及殺人未遂	石・棍棒、日本刀にて殺傷す	6	3	10月14日令状執行	064	045
亀戸	9月3日 15時	亀戸町境橋附近	殺人並傷害	巡査が同行中の三名を殺害し巡査に傷害を加ふ	1	4	送致	071	046
千住	9月3日 17時	千住町二ノ八八一先道路	殺人未遂	被害者が鮮人を警察署に同行中之を殺害せんとして斧を以て全治二ヶ月以上を要する重傷を加ふ	3	2	10月10日令状執行	036	047
寺島	9月3日 18時	府下隅田町大倉牛乳点側	傷害	日本刀にて傷害す	1	1	10月10日令状執行	056	048
日本堤	9月3日 19時	浅草区今戸町三五先	傷害	日本刀及棍棒を以て重傷を加ふ	1	1	12月14日送付	012	049
亀戸	9月3日 19時	吾嬬町大畑五一〇先	殺人	棍棒にて殴打殺害す	1	1	10月5日令状執行	070	050
三田	9月3日 21時	芝区日ノ出町七先	殺人	鮮人を隠匿したりと憤り日本刀にて殺害す	1	1	9月12日令状執行	003	051
四谷	9月3日 21時	四谷区塩町三七先	傷害	鮮人と誤信し日本刀を以て傷害す	1	1	10月23日令状執行	008	052
象潟	9月3日 21時	浅草区新谷町一四楽天地飛行館前	殺人	鮮人と誤信し殺害	2	1	10月27日令状執行	011	053

所轄署	日　　時刻	場所	罪名	事実概要	検挙人数	被害人数	処理顛末	原順番	時間順
三田	9月3日　21時頃	東京市河港課芝浦出張所倉庫内	殺人	潜伏し居たるを日本刀にて殺害す	2	1	10月20日送致	005	054
巣鴨	9月3日　21時頃	巣鴨町巣鴨橋際	毀棄傷害	指揮刀木剣竹槍棍棒等を以て傷害を加へ自動車を破壊す	21	2	10月14日令状執行	028	055
千住	9月3日　21時20分	南足立郡西新井村与野に五二先道路	殺人	棍棒猟銃を以て殺害す	2	1	9月7日令状執行	041	056
三田	9月3日　22時	東京市河港課芝浦出張所倉庫内	殺人及び横領強盗	被害者が就寝し居たる同倉庫内に鮮人一人潜伏し居たるを以て、鮮人を隠匿したりと称し、南浜橋の欄干に縛し、短刀棍棒等を以て殺害し及び懐中より金三十五円を奪取す	6	1	10月20日送致	006	057
千住	9月3日　22時	千住町二丁目道路に於て	殺人未遂	日本刀及棍棒を以て全治二ヶ月を要する重傷を加ふ	4	1	9月7日令状執行	042	058
千住	9月3日　22時頃	府下南綾瀬村柳原一六一先道路	殺人	日本刀棍棒を以て殺害す	11	7	9月12日より18日までに令状執行	037	059
亀戸	9月3日　24時	吾妻町請地鉄道線路付近	殺人	鉞及ステッキにて撲殺す	6	2	10月31日令状執行	063	060
鳥居坂	9月4日　01時	芝区三田小山町小山橋河中	殺人	被害者が発作的に精神に異状を来し河中に投身自殺を図りたるも死にきれず下流に泳ぎ居たるを鮮人と誤信し河中に飛込み日本刀を以て殺害す	1	1	10月25日令状執行	007	061
巣鴨	9月4日　01時頃	被害者宅	殺人	不逞鮮人が潜伏し居れりと附近の者が騒ぐや被害者不逞鮮人と誤信して射殺す	1	1	9月7日令状執行	029	062
千住	9月4日　02時	南足立郡江北村鹿浜九三〇先	殺人	鮮人と誤認し棍棒にて殺害す	7	1	10月8日令状執行	044	063
千住	9月4日　08時頃	府下南綾瀬村柳原一四七田甫中	殺人	日本刀棍棒を以て殺害す	2	1	10月12日令状執行	038	064
千住	9月4日　09時30分	南足立郡綾瀬村	殺人	日本刀棍棒を以て殺害す	2	1	—	039	065
王子	9月4日　11時	南千住字通新町巡査派出所付近	殺人	巡査の保護中なる被害者を日本刀を以て殺害す	18	1	10月21日送致	035	066
麹町	9月4日　12時	麹町区中六番町四六大本教本部付近路上	傷害及び暴行	傷害及び暴行を加ふ	3	1	10月16日送致	001	067
三田	9月4日　12時	芝区日ノ出町七先	殺人	鮮人を隠匿したりと憤り日本刀にて殺害す	1	4	9月12日令状執行	004	068
千住	9月4日　13時30分	南足立郡花畑村字一近橋	殺人	日本刀棍棒を以て殺害す	10	5	10月10日、11日令状執行	040	069
巣鴨	9月4日　15時頃	巣鴨中学校前附近	傷害	被害者を鮮人なりと称して日本刀にて上肢に斬りつく	2	1	10月10日令状執行	030	070
駒込	9月4日　21時	本郷区駒込肴町路上	殺人未遂	鮮人と誤信し殺害せんとして重傷を加ふ	13	4	9月17日令状執行	009	071
坂本	9月4日　23時	下谷区三輪町一一五先路上	殺人	鮮人と誤信し日本刀及び棍棒等を以て殺害す	6	1	11月4日送致	010	072
巣鴨	9月4日　24時頃	西巣鴨町字向原三四二六先	傷害	被害者を偽軍人なり又は社会主義者なりと称し、巡査之を偽軍人にあらざることを立証したる為、鳶口其他を以て軍人及巡査に重軽傷を負はしむ	4	2	憲兵隊に移牒令状執行	031	073
王子	9月5日　08-12時	被害者宅	強盗及恐喝	棍棒を以て脅迫し米其他価格百六十六円の物を強奪す	1	3	10月24日送致	033	074
巣鴨	9月5日　19時頃	西巣鴨町池袋一先道路	傷害	酔気に乗じ附近に警戒中の被害者を殴打負傷せしむ	2	2	9月21日送致	032	075

出典：原資料は『大正大震火災誌』（警視庁編、1925）の「災害時下殺傷事犯調査表」pp.591-602

は「概説」の「流言蜚語の初めて管内に流布せられしは、九月一日午後一時頃なりしものの如く」[25]との記述を踏まえたものであろう。ただ個別警察署の報告から見ると、この表12-1の午後一時のケースに対応するものがどれだったかは明らかでなく、どの地域で最初の発生が認知されたのかがわからない。個別署の報告では、日本橋区の久松警察署の午後二時頃に管内で起こったという報告がもっとも早いからである。そうした点で、『大正大震火災誌』の記載のうえでは若干の不整合が存在しているといわざるをえないが、いずれにせよ「午前一一時五八分」の最初の直撃のあと、一時間から二時間足らずのあいだに流言が発生していることはたしかである。

しかし一日の午後の段階は、状況としてそれほど切迫したものではなかったと考えられる。というのも、一日午後四時の事例に関して、渋谷署は「署員をして偵察せしめ全く其憂なきを確めたれば民衆に諭して漸く其意を安んぜしむを得たり」[26]と書いている。また午後六時の愛宕署の場合も、警視庁の命もあって「制・私服の警戒隊員を挙げて、芝園橋・芝公園其他の要所を警戒」したものの、「遂に事無きを以て、同七時これを解除せり」[27]と結んでいるからである。すなわち、一日の日暮れ前の段階では、警察は流言の発生を認知してはいたものの、特に警備を要する危険とはとらえていない。それゆえ警備体制を解除していたりしたのである。

そのあたりの変化の状況を補足するために、各警察署が何時に、その管内で流言の発生を認知したかという記述をあらためて一覧表にしたのが、表12-4のである。ここでは一日当日の内に、八つの警察署管内で流言の発生が認知されていることがわかる。二日の午前中に七つの警察署が加わり、午後になると二八の警察署管内に拡がった。ただし、流言の発生や取り締まりについて個別署の記述では触れていないケース、それゆえに認知していなかったと論じてよい一二の警察署管内でも、表12-3とつきあわせてみると浅草区の日本堤警察署や東京水上警

(25)『大正大震火災誌』[警視庁編、一九二五：四四五]

(26)『大正大震火災誌』[警視庁編、一九二五、一二八四]

(27)『大正大震火災誌』[警視庁編、一九二五：一〇〇〇]

表12-4 各警察署管内における流言発生の認知

1日	14時	日本橋・久松警察署	1	6
	16時	渋谷警察署、王子警察署	2	
	18時	芝・愛宕警察署	1	
	18時40分頃	淀橋警察署戸塚分署	1	
	20時	小松川警察署	1	
	その他	神田・外神田警察署、巣鴨警察署	2	
2日	05時	小石川・富坂警察署	1	7
	10時	牛込・神楽坂警察署、牛込・早稲田警察署、淀橋警察署、中野警察署	3	
	12時	小石川・大塚警察署、本所・相生警察署	2	
	午前	四谷警察署	1	
	午後	板橋警察署	1	28
	14時	本郷・本富士警察署、本郷・駒込警察署、品川警察署大崎分署、府中警察署	4	
	14時25分	品川警察署	1	
	16時	赤坂・青山警察署、浅草・象潟警察署、大森警察署、八王子警察署	4	
	16時30分頃	芝・高輪警察署、世田谷警察署	2	
	夕刻	浅草・南元町警察署、本所・向島警察署、麴町・日比谷警察署	3	
	17時	芝・三田警察署、麻布・六本木警察署、寺島警察署、青梅警察署、青梅警察署五日市分署	5	
	18時	神田・錦町警察署	1	
	19時	神田・西神田警察署、赤坂・表町警察署、亀戸警察署、府中警察署田無分署、千住警察署	5	
	20時	深川・西平野警察署、南千住警察署日暮里分署	2	
	その他	下谷・上野警察署、南千住警察署	2	
3日	10時30分頃	京橋・月島警察署	1	5
	夕刻	麻布・鳥居坂警察署	1	
	18時	日本橋・掘留警察署	1	
	その他	麴町・麴町警察署、下谷・坂本警察署	2	
	流言の記載無し	日本橋・新場橋警察署、京橋・築地警察署、京橋・北紺屋警察署、下谷・谷中警察署、浅草・日本堤警察署、浅草・七軒町警察署、本所・太平警察署、本所・原庭警察署、深川・扇橋警察署、深川・洲崎警察署、東京水上警察署、八王子警察署町田分署	12	
計			62	

察署のように殺傷事犯が検挙され、その「事実概要」からは流言の存在が想定されるものもある。(28)

流言の終熄はいつか

次に、流言はいつ「終熄」したのだろうか。

報告書は「漸く平静に帰するを得たり」「数日にして鎮撫の功を奏したり」「人心漸く安定するを得たり」「其の声を潜むるに至れり」「其跡を絶ちたり」「日ならずして鎮静せり」等々のことばで、各警察署が流言を統制しえたことを語っている。この表現のレトリックの微妙な一致も、警察という組織を貫いている認識枠組みの性格によるのであろう。

多くは時期についてあまり明確に記してはいないものの、五日前後からしばらくのあいだに平穏にもどったと書くものが目立つ（大森、神田錦町、中野、日暮里、八王子、愛宕、三田、月島、赤坂青山、府中、巣鴨など）。他方、「九月中旬」（向島、戸塚、渋谷）、「十月」（世田谷）、「十月初旬」（麴町）などと記しているケースもあり、一部では長く、消えては生まれていた可能性は高い。

ひるがえって表12-1を見ると、記載それ自体が四日の段階で終わっており、また三日や四日の事例として挙げられているものは、たしかに少数となっている。しかしこれも直接に事態の終熄を意味するかとなると、根拠として微妙である。同じ話題がくりかえしもたらされた場合には、あらためては記さなくなるなどの、いわば感度の変化があったかもしれない。この表だけを見ると、五日以降には流言は統制されたのだろうという印象を持っても間違いではないとはいえる。

しかし表12-2の個別署の記述を見ただけでも、三日・四日に入ってからもかなりの流言が認知され、また五日以降も一一日あたりまでは、いくつかの警察署が流言に対応していたこと

(28) たとえば谷中警察署からの報告もないのだが、『関東大震災の治安回顧』には、治安維持令違反者一名の流言についての谷中警察署長による報告が載せられている。つまりここで記載がなかった一二の警察署管内では流言がなかったとも、認知されていなかったとも一概には言いにくい、資料間の矛盾、あるいは記載の欠落があることも指摘しておく。

がわかる。さらに『関東大震災の治安回顧』のような資料には、九月一五日にいたってから流言を理由とする治安維持令違反で谷中署に検挙されたものの報告要旨が載せられている。また地方新聞の記事などをあわせみても、九月五日段階で、流言の一般的な「終熄」が論じられないことは明らかである。

警視庁の概説的な記述が、四日で記載を終え終熄を暗示しているのは、対応策のそれなりの積み重ねを担当者として意識したものであろう。たとえば「三日以来、自警団の取り締まりを励行し」(早稲田、月島、大塚)というような記載に対応する警視庁の個別署宛命令が二日の段階で出され、また内閣告諭が五日に発せられ、さらに流言取り締まりの法令すなわち緊急勅令が七日に出された。大状況としては、広範囲での流布や急激な増殖は、たしかになりをひそめたように感じられたのであろう。しかし現実には、余震のような流言が散発していた可能性は高い。一部の警察署報告が触れているように、一〇月頃になってからようやく、エドガール・モランが『オルレアンのうわさ』でいうところの「潜伏期」のような不活発な状態に入ったのではないか。

流言はどのように流れてきたか

流言増殖のピークは、いつだったのか。

記録全体からは、二日の午後から夜をまたいで三日の明け方にかけてであったことが浮かび上がる。表12-1と表12-2ともに、そのあいだに場所や人数、襲撃方法などの項目を変えた同工異曲の流言が飛び交い、かなり広い範囲で混乱が拡がっていたありさまがうかがえる。この点は、震災後の雑誌等々に載った、さまざまな体験談の記述などとも符合する部分がある。

流言伝播の経路については、どのような見かたが出されているか。

警視庁の『大正大震火災誌』は、あまり伝播経路を明確に論じていない。論じられるだけの分析がなされていなかったとの印象もぬぐいがたい。

すこし踏みこんでいるのは、「戒厳司令部詳報第三巻」〔田崎公司・坂本昇 一九九八〕に収められた「付録（変災当初に発生したる流言蜚語に就て）」という文献である。ここでは、震災下の流言を、

イ　江東方面に属するもの
ロ　東京西部に属するもの
ハ　市内一般に属するもの

の三種に分類して、その「出所原因」について考察するとともに、「要するに江東方面及横浜方面の分は全く独立したる流言と見做すことを得べく、東京西部のものは横浜方面より流布せられたるものと解するを得。而して市内一般に属するものは両者の侵入と、一部警察官の独断的の好意的宣伝とに原因するものと認めらる[(29)]」と論じている。二つの独立した流れがあると指摘したうえで、市内一般における伝播の混合を暗示している。おもしろいのは、一部の警察官が「独断的」で「好意的」な宣伝者すなわち媒体経路として作用したとの指摘である。

吉河光貞は、ずっとあとになってからまとめられたものではあるが、『関東大震災の治安回顧』において、こうした先行する資料での考察を踏まえつつ、東京市内における流言伝播の経路を、

(一)　江東方面に属するもの
(二)　小石川、牛込方面に属するもの
(三)　市内西部に属するもの
(四)　市内一般に属するもの

の四つの系統に分けることができるとした。そのうえで、「震災勃発の当夜横浜市内の一角か

(29)『陸軍関係史料』〔田崎公司・坂本昇編、一九九七：一五九〕

ら発生した流言が、主流となつて伝播し、忽ち東京市内に波及して同市内各地に於ける流言の支流を統合し、怒濤の如き奔流となつて千葉、埼玉、群馬、栃木、茨城各県下へ拡大するに至つたのである。かかる意味において、横浜市内は流言発生の根源地なりと謂ふことが出来る」[30]と断定している。あらためて「小石川、牛込方面に属するもの」を独立に立てた理由は、横浜での流言の種となった立憲労働党（山口正憲）の本部がここにあり、そこに使者がもたらした情報を重視したからだと思われる。その点からも、政治的な治安維持の立場に立ち、横浜からの伝播をとりわけ重視した解釈を提出している。

(30)『関東大震災の治安回顧』〔吉河光貞、一九四九：二五〕

浮かび上がる二つの中心

私はあとで述べるように、そもそも単純な伝播論的な把握だけで、この流言現象を理解するのは不十分であると考えている。しかしながら、当時の戒厳司令部が認識していたように、たしかに「北東」すなわち「江東方面」と、「南西」すなわち「東京西部」「市内西部」とにおいて流言が拡大していた事実は、資料の再整理からも観察でき、あるていど裏づけられると思う。

表12-3に挙げられている殺傷事犯の一覧が、その事実の一端を見せてくれる。「災害時下殺傷事犯調査表」には殺人や傷害事件にまで激化した起訴事案が並んでいる。表12-1や表12-2が映し出している流言空間のなかでも、もっとも痛ましい結果に結びついた事例の集成と考えることができる。他方でこの記録が、場所と時間とについて他よりも詳しい情報を有しているのは、もととなった「調書」の性格からもちこされたものであろう。それゆえ、伝播や増殖に関するやや踏みこんだ解釈を可能にする。

それをもとに位置と時刻的な前後関係とを検討すると、流言の増殖とそのエスカレーション（激化）が、東京市の中心部に拡がる被災焼失地から見て、図12-2にしめすように「北東」と

「南西」の方向で起きていた事実が浮かび上がってくる。

北東とは、千住から寺島町、吾嬬町あたりを指す。表12-3の最初に挙げられている、九月二日の午前九時の「殺人強盗窃盗詐欺」は、王子警察署の報告の事件と対応するものであろう。それによると「尾久町方面に於ける土工親分二十名の如きは、二日以来南足立郡江北村西新井村の農家十四戸より食料品を強奪せるを始め、或は、掠奪・窃盗を為し、あるいは物資配給所を襲撃し、或は殺人を為す等、純然たる暴徒なりしを以て、翌三日直にこれを検挙[31]」とある。

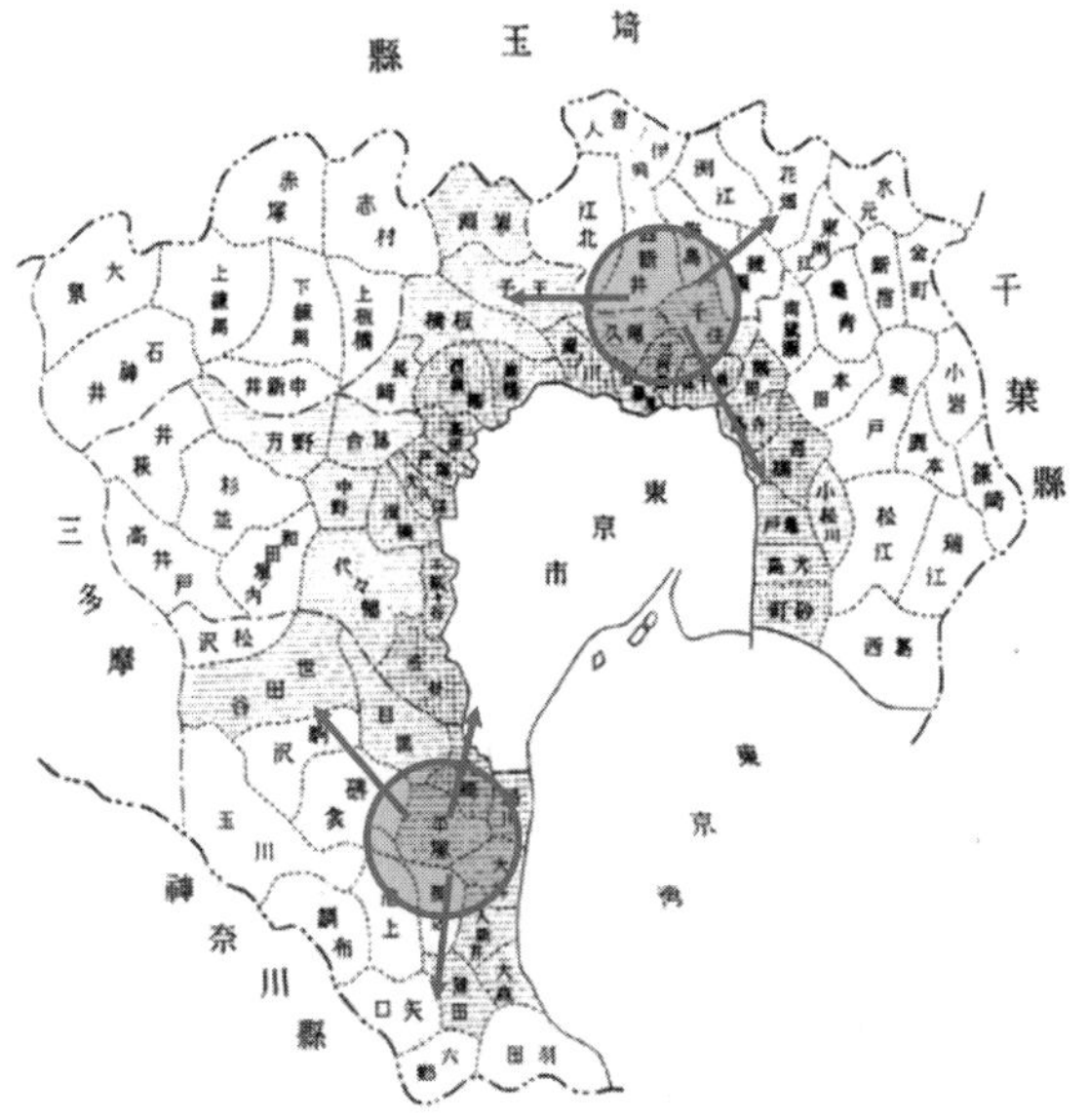

図12-2 流言のエスカレーションの2つの起点（中心）

朝鮮や中国といった民族の要素が関わるものかどうかの記載はまったくないが、「土工親分」という記述からは階級性が、また二〇名の集合行為には暴動の色あいがうかがえる。この比較的早い段階で実際に起こった犯罪行動の風聞や断片的な知識が、東京の北東部で二日夕刻から夜にかけて、数多く起こった「不逞鮮人襲来」の流言のリアリティの下敷きのひとつとして作用した可能性は考えられる。

南西とは、大崎町や平塚村などでの暴行事件と対応する。池

(31)『大正大震火災誌』［警視庁編、一九二五：一三〇〇］

上村や南品川や大井町の「路上」での傷害や殺人事件も、同じ流言空間に属していると考えてよいだろう。表12-3で見ると九月二日午後五時頃から、いくつもの報告があらわれる。

これは、北東部とは違い、被害の大きかった横浜からの避難民などの現実的な媒体の存在が考えられるだろう。表12-2をあわせて、すでに午後二時から二時三〇分頃には、品川署管内で横浜の「放火」や東京に向かう「襲撃」のさまざまなバージョンが語られていることも視野に入れるべきかもしれない。これらの情報がただようなかで、日が暮れていって夜となり、周辺地域での不安がさらに高まっていったという解釈もできるだろう。

流言の時間

夜という時間の意味を、資料からたしかめることもできる。表12-3の殺傷事件にまでいたったケースの記録をすこし加工して、日中（操作的に五時から一七時前までとした）と夜間（一七時から五時前まで）とに分けて発生数を集計してみたのが表12-5である。

すると、やはり夜間における殺傷事件の発生が、日中の時間のほぼ二倍となっていることがわかる。自宅が無事であったひとにとっても、避難生活をしている人びとにとっても、夜は不安が増幅する時間であったと思われる。

先に表12-3に即して、九月二日の夕方近くに大崎署管内でいくつかの事件が認知されていることに触れた。場所としては、平塚村の路上での傷害・殺人未遂事件が四件ほど挙げられている。すでに紹介した田中比左良はこの平塚村の住人であり、『主婦之友』に寄せた「竹槍さわぎ」は短い文章だが、そのあたりを満たしていた雰囲気の証言として読むことができる。すこし紹介しておこう。

「それは九月二日の日暮前の出来事」であったというから、まさしく同じ時刻である。田中は

表 12-5 殺傷事犯の犯行時刻

日時	2日		3日			4日			5日			計
	05 ―	17 ―	00 ―	05 ―	17 ―	00 ―	05 ―	17 ―	00 ―	05 ―	17 ―	
発生件数	2	22	6	15	14	3	7	3	0	1	1	74
	24		35			13			2			
夜間		28			17			3			1	49
昼間	2			15			7			1		25

注：件数総計が表 12-3 と異なるのは、犯行時刻の記載がない 1 件を除いたためである。

その日、町に出て米・麦・味噌・醬油・缶詰その他の兵糧を買いこんで来て、縁側へそれをおろし、ホッと一息ついた。そこで急に「警鐘が乱打」され始めた。みな慌てふためいて、露地に駆けこんで来て、口々に暴徒がそこまで来ている、みな逃げろと叫んでいる。

いまにも露地の角へ血刀ひっ提げた暴徒が現れさうです。しかしまだ半信半疑の心持でゐると、今度はパチパチ銃声が聞えだした。警鐘を無茶苦茶に叩きだした。もはや疑ひの余地が無くなった。(32)

異様な音や張りつめた声があたりを巻きこんで、非常時の雰囲気を作り出している様子がうかがえる。

そこで田中は、女たちにいま買ってきたばかりの食料をもたせて、品川方面へ逃がしたのだという。そうしておいて、自分はとりあえずとどまっていると、男は逃げるなとほうぼうで連呼している。内心はというと逃げたかったが、敵に背を見せるのも「キマリも悪い」との「男の虚栄心」も混じって、田中は意を決して踏みとどまり、附近の草原に集合した。

先づお尻をからげた。手拭で鉢巻をした。一間半程の竹槍を急造した。またたく間に百姓一揆ができ上りました。百姓一揆ならまだしも、いずれを見ても白面細骨の腰弁一揆だから、はなはだ以て頼り少い。しかし指揮者だけは本職で、附近に住む休職陸軍少佐の老いぼれ爺さんであるが、昔取った杵柄で鷹揚迫らない態度で、人々に士魂を注ぎ込んでゐたところは一寸感服した。しかし総勢三十騎足らずである。附近の戸数に較べてこんな筈はないとよくよく調べてみると、独身の者か、でなければ所謂お調子者が多かった。なんにして

(32)「竹槍さわぎ」[田中比左良、一九二三：二八]

も我々の一隊は、この部落の最前線に当るので、正直なところ身の中がうすら寒かった(33)。
けっきょく、「斥候」役のさまざまな報告に緊張したり安心したり、警官の自動車や軍隊の出動に元気を出して、口数が増えたりしていた、という。田中はその風景を自分で漫画に描いている(図12-3)。

興味深いのは、日暮れどきの暴徒襲来のうわさに始まった二日の夜の、不気味な心象風景(34)である。東京がまだ燃え続け、その炎の明るさが遠くに見えていた。そんなふうにふだんと異なる不安な夜であったことも、考慮に入れられてよい。同じ夜について、もっと都心に近い、しかし実態として当時はまさに郊外であった千駄ヶ谷に住んでいた和辻哲郎は、明け方の四時まで安心できなかった(35)と書く。

身内に品川へ逃げろと指示した田中が、その身内を迎えにいった日時は明記されていないが、記載の内容を追っていくと、その日の夜ではなかったはずである。ひょっとすると七日の治安維持令が出されてからだったかもしれない。夜になって田中は兄嫁たちを迎えに品川におもむいたが、「途中到るところ竹槍党に誰何《すいか》されて、命からがら戻つて来ました。品川はまた平塚村以上の騒ぎ」だったと書いている。

のちに触れるように、この暗いなかでの「誰何(36)」という実践が、相互の誤解を増幅させていった。呼び止める側、呼び止められる側を問わず、不安を増大させ、疑いを暴走させるきっかけとなった。人びとはまさに、そうした実践と経験とが重なり合うなかで、相互不信のもとでのコミュニケーションのむずかしさと直面していくことになった。

(33)「竹槍さわぎ」[田中比左良、一九二三：二二八-二二九]

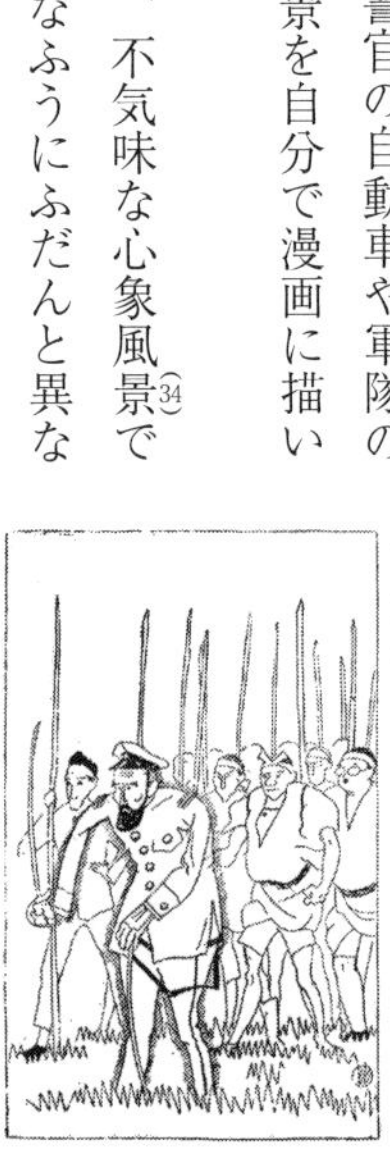

図12-3「竹槍さわぎ」挿絵[田中比佐良、一九二三：二二八]

(34)「日は暮れた。電灯なしのまっくら闇である。ただ東の空のみは今尚ほ炎々と焦げてゐるので、その赤い光が人々の頬や竹槍を照らして、時刻が進むにつれて空気は陰惨を増して行く」[田中比左良、一九二三：二二九]。

(35)「東方の火焔は漸次鎮静し始め、十二時頃には空の赤さがよほどあせて行つた。漸くその頃に、延焼の怖れはもうなからうと思ひ出したのである。しかし煙はまだ依然として立ちのぼつてゐる。全然安心したのは、火の色がどこにも見えなくなった暁方の四時頃である」[和辻哲郎、一九二三：二〇一-二〇二]。

(36)「呼び止めて名前を問いただし、身元を確かめること」を指す。この単語そのものは、辞書類の教えるところによれば、室町時代の古典のなかにも見えるという。しかしながら、庶民の日常のことばのなかに入ってくるのは、明治の軍隊の歩哨や番兵が、門でひとを呼び止めて姓名を問いただすという実践からであろう。

3 流言の増殖と昂進のメカニズム

流言が増殖し昂進したメカニズムについて、表にまとめたものを含め、事例に即してあらためて検討してみたい。

すでに述べているように、この流言現象の全体の特徴は、特定の主体が発したひとつの情報が、特定しうる伝達経路を通じて波のように伝播し、拡大していったものではない。それよりは、複数あるいは多数の主体がからみあい、情報が乱反射しつつ拡大し、一部では統制がとれないほどに過激化した、ととらえるのが正確である。

資料とした警視庁の報告書『大正大震火災誌』自体は、このメカニズムの対象化に失敗している。二〇世紀初頭に日本に輸入された群衆論のパラダイムを下敷きに、流言をとらえたからである。すなわち、非合理かつ異常な事態における、いわゆる「心理的群衆」の「衝動性」「被誘性」「軽信性」等々の観点から流言の本質を論じている。しかしながら、今日の流言研究から考えると、この説明は、理解の方向が単線的であり、水準も不十分である。その後の研究の展開は、情報の特質としての「あいまいさ」の果たす役割を掘り下げて、「単純化」「平均化」「強調」等々の連鎖的変形におけるルールを見つけ出し[37]、あるいは「集合的な問題解決」の主体的な努力において生まれた、意味づけの暴走とでもいうべきメカニズムにおいて、流言の生成と展開のプロセスをとらえているからである[38]。

情報ということばは、今日ではあらゆることがらについての知識や内容を包括する、じつに幅広い一般的な名詞になってしまった。しかしながらその原義は、判断をくだしたり行動を起こしたりするときに、その決定を左右するような、状況に関する重要な知識のことを指した[39]。

(37)『デマの心理学』[Allport & Postman, 1947＝一九五二]など。

(38)『流言と社会』[Shibutani, 1966＝一九八五]など。

(39) 本書第3章を参照。

震災では、災害状況下で避難といった差し迫った切実な問題状況におかれた主体にとって、生存・生活の維持において重要な便宜や状況に関する知識が、後者の意味での意志決定を左右する「情報」として求められたのである。流言現象を、単なる誤報と誤謬の衝動的で受動的な蔓延ととらえるのは、決定的に不十分である。そうではなく、一面において迫り来る状況に前向きに取り組み、眼前の問題を解決しようとする、そうした積極的な主体性のあらわれだったのである。

情報の「空白」

流言増殖のメカニズムを考える場合、第一に踏まえられるべきは、人びとの日常にとって情報の不足あるいは欠乏と感じられる事態が生み出されたことである。

よく知られているように日刊の大新聞社一七社のうち、倒壊を免れたのは東京日日新聞・報知新聞・都新聞の三社のみ、残った新聞社にしても翌日に謄写版などで形式的な号外をわずかに出しえたにすぎなかった。つまり四日に頒布が曲がりなりにも再開されるまでのほぼ三日間は、新聞のまったくの空白状態であった。電話もまた、業務を中心にではあったけれども普及していたものが、突然に通じなくなる。情報の欠乏が不安に結びついていくにあたり、日常的な情報享受をささえていた枠組みが突然に破壊されたことが果たした役割は大きい。そうした枠組みそれ自体の力が、必ずしも意識されていたものではなかった。すなわち毎日の習慣となりつつあった新聞が読めなくなり、電話が通じなくなる。その事態それ自体が「異常」を印象づけ、「非常時」の意識をきわだたせるメッセージであった。

その点では、たとえばメガホンや貼り紙などであれ、代替する別な手段で正しい情報を伝え、あたえさえすれば十分であると単純に割り切ることはできない。流言の基底にある不安は、日常的な枠組みそれ自体が揺るがされ、失われたということそのものが生み出してしまったものだからである。枠組み自体が失われたことが持ってしまう強い意味づけを無視することはできない。

さらに、都市に固有の希薄な人間関係が、独自の意味を生み出す。

巨大な都市において旧町内のつきあいや情報の共有を保つ地域もないわけではなかったが、首都東京は一般に流入者を多く抱え、さまざまな場所に通勤階級のいわゆる「住宅地」を拡げつつあった。大都市の多くの場所において、近隣のつきあいが希薄なものになっていた傾向は否めない。それは近隣ネットワークを通じての情報伝達があまり重要ではなく、頼られていない日常を意味する。震災による情報途絶のもとで、この衰弱した伝達回路が再び活性化した。しかし、その性格はすでに、都市社会の根本において変化していたといわざるをえない。

牛込区南町に住んでいた穂積重遠は、震災前の住宅地の地域においていかに人間関係が希薄なものであったかを、次のように語っている。

> 八五戸ほどの小さな町であつて、住民は割合に変動が少く、随分と古くから引続き住んで居る人が多いのだが、さて同町内の交際といふ様な事は殆ど絶対になかつたのである。商家の多い町ではこんなことはなからうと思ふが、何しろ私の町には商家といつたら米屋さんと洗濯家《ママ》さんが一軒づつあるだけで、他は所謂勤め人が多いのであるから、各家の主人は早出晩帰、家は謂はば各人の寝室に過ぎない様な次第であつた。それ故『向三軒両隣』の交渉のないのは勿論、ことによると隣人の名さへ知らない様な有様、朝夕に街頭で出会つても御辞儀一つするではなし、第一町内の人か否かの見分けが附かなかつたのである。[40]

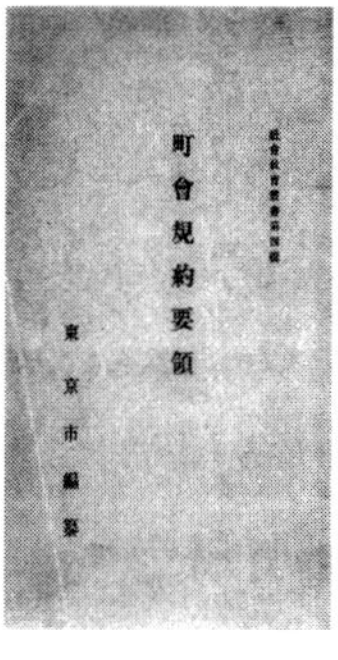

(40)「町会と自治制」[穂積重遠、一九二四：四]

流言とともに治安問題化した「自警団」が、単純な集団主義のあらわれや共同体的結合の噴出などではなく、穂積が指摘しているような、たがいに見知らぬものたちの刹那的な集合という群衆論的な構造を、その基底にもっていることもまた、見落としてはならない。

先に言及した、中心被災地の「北東」(千住、江東方面)と「南西」(品川、大崎方面)にあらわれた二つの流言空間にしても、都市のスプロール的な拡大によって異質性を抱えこんだ地域という点で共通している。「北東」に関しては、中国人・朝鮮人労働者の増加を受け止めた地域であり、また「南西」の大崎町や平塚町は第一次世界大戦中に工場が多く設立され人口が急増した地域でもあった。すなわち、いわば「群衆」化しやすい構造的な要素をもっていたのである。

情報の分断もしくは断片化

そこにも関連するが第二に、上述のような情報の「不足」「欠乏」「空白」と描写される状態に固有の特質がある。

それは、なんの知識も書かれていない「白紙」の状態ではなかった。矛盾する知識がちりばめられた情報空間で、思いこみや先入観や固定観念までもがすでにところどころに書きこまれている。いわゆる白紙とはほど遠く、しかも盛んに重ね書きされていく。むしろ無秩序に加えられていくといっていいような特質をもつ。流言はまさしく、その書きこまれた情報の無秩序さを素材に、立ち上がっていく。

図12-4aおよび図12-4bに掲げられているような、警視庁や戒厳司令部から幾度となく出されたビラなどもまた、この断片的で統合されていない情報空間の無秩序な活性化に力を貸した。流言の統制に関わる指示や、掲示され撤布された警視庁その他からのメッセージをまとめたのが、表12-6である。これらもまた、のちに触れるように内容的に見れば流言の統制に

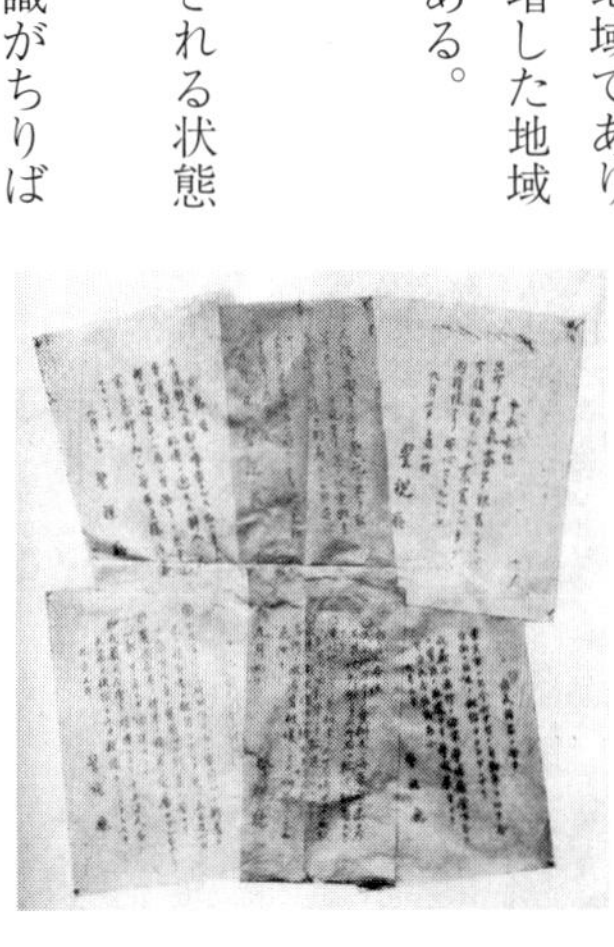

図12-4a「各種の宣伝札1」[警視庁編、一九二五:口絵19]

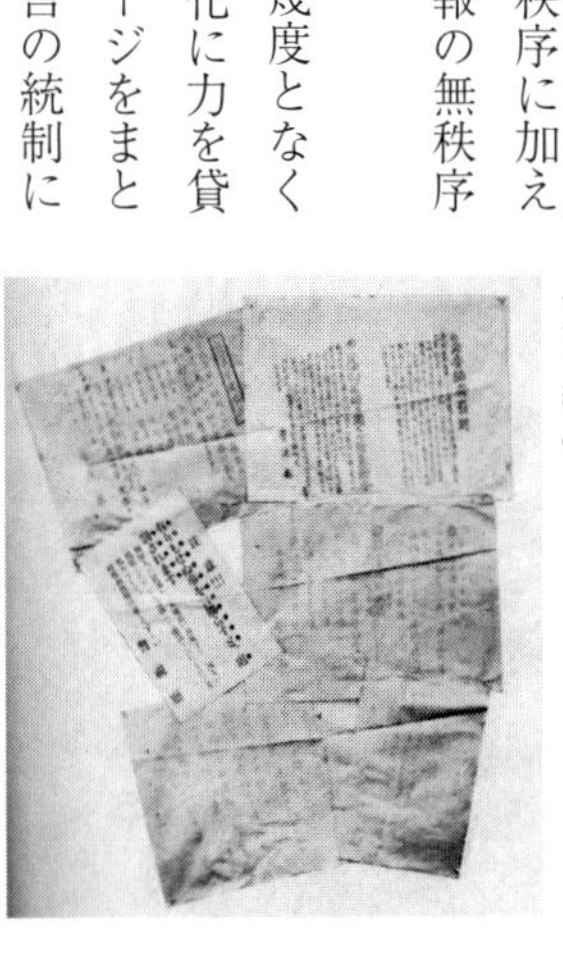

図12-4b「各種の宣伝札2」[警視庁編、一九二五:口絵19]

ある一定の力を発揮したともいえる反面、その流布それ自体が流言を生み出す、いわば「種火」ともなった。もうすこしあとの段階であるが、前出の土田杏村が回想するように、外地を含む各地で発行された諸新聞の号外もまた、同じように流言を生み出す素材となったのである。

三日になってから東京に親類や友人の安否をたしかめようと出かけた和辻哲郎の「地異印象記」に、

辻々のはり札で軍艦四十隻が大阪から五十万石の米を積んで急航する、いふ風な報知をよむと全身に嬉しさの身ぶるひが走つた。しかしかういふ気持の間にも自分の胸を最も激しく、また執拗に煮え返らせたのは同胞の不幸を目指す放火者の噂であつた。(41)

とある。この「はり札」は、わずかな内容のズレはあるけれども、警視庁宣伝隊が配ったものとたしかに対応している。その意味で、ここかしこに伝えられたのは情報だけではなく、全身を動かす身ぶるいでもあったのである。

しかも、この「嬉しさの身ぶるひ」と、後段のうわさに対する激しく煮えかえった思いとは共鳴しあっている。それが和辻という思想家一人だけにかぎった同居ではなかった可能性もまた、読みすごされてはならない。他の多くの被災住民においても、隣接して存在していた。不法行為や無法なふるまいへの義憤もまた、激しい身ぶるいのような身体性を帯びたものであったと考えると、その激しさもまた不安を基礎とし、それと呼応したものだととらえられる。であればこそ、表12-6の九月二日の警視庁各署宛命令の「現に淀橋、大塚等に於て検挙したる向あり」との言明や、九月三日の民衆に配られた宣伝文の「多くは事実相違し」のあいまいな否定の一節などがどう受け止められたかには注意が必要である。全否定ではないのだから、そ

(41)「地異印象記」〔和辻哲郎、一九二三：二〇二-二〇三〕

表 12-6 流言の防止および人心安定のための宣伝

	宣伝文の内容	発信者	備考
9月1日	中央気象台の報告に依れば今後大地震無し、火災は漸次鎮静しつつあり 中央気象台の報告に依れば東京湾内に於て海嘯の虞なき見込	警視庁	謄写版ビラ各5000枚、17時30分
9月1日	新聞記事に就ては人心の不安を増大さるる如き風説は努めて避けられ、是を安定せしむべき各種の事情は努めて速報を期せられ候様、徹底的に御配慮を相願度	内務省警保局懇談書	
9月2日	不逞者取締に関する件 災害時に乗じ放火其他狂暴なる行動に出つるもの無きを保せず、現に淀橋、大塚等に於て検挙したる向あり。就ては此際之等不逞者に対する取締を厳にして警戒上違算なきを期せらるべし	警視庁各署宛命令	17時頃
9月2日	若し不穏の徒あらば署員を沿道に配置して撃滅すべき…… 署員を散乱せしめず、要所に集中して之に備ふべき……	警視庁個別署宛命令	18時過ぎ
9月3日	急告 不逞鮮人の妄動の噂盛なるも、右は多くは事実相違し訛伝に過ぎず、鮮人の大部分は順良なるものに付濫りに之を迫害し、暴行を加ふる等無之様注意せられ度し	警視庁宣伝隊	宣伝文の2、謄写版ビラ、06時頃
9月3日	急告 昨日来一部不逞鮮人のも同ありたるも、今や厳重なる警戒に依り其跡を絶ち鮮人の大部分は順良にして何等凶行を演ずる者無之に付濫りに之を迫害し暴行を加ふる等無之様注意せられ度。又不穏の点ありと認むる場合は速に軍隊警察官に通告せられ度し	警視庁	宣伝ビラ30000枚
9月3日	朝鮮人の妄動に関する風説は虚伝に亙る事極めて多く、非常の災害に依り人心昂奮の際、如斯虚説の伝播は徒に社会不安を増大するものなるを以て、朝鮮人に関する記事は特に慎重に御考慮の上、一切掲載せざる様御配慮相煩度、尚今後如上の記事あるに於ては発売頒布を禁止せらるる趣に候條御注意相成度	警視庁警告書	
9月3日	現在の状況に鑑み、特に左の諸件に注意するを要す。 一、不逞団体蜂起の事実を誇大流言し、却て紛乱を増加するの不利を招かざること 帝都の警備は軍隊及び各自衛団に依り既に安泰に近づきつつあり	関東戒厳司令官告諭	
9月4日	今回の災害に依り最も必要なる物資に付ては計画円満に進行し、既に市民各位に対する配給を着々実行しつつあり、此際最も重大なるは人心の平静を得るにあるを以て不逞鮮人の暴動、強震の再来等の風説に惑ふことなく、軍隊警察に事の真否を質し、平静裡に行動せられんことを望む	警視庁宣伝隊	宣伝文の7
9月5日	9月5日夜より鼠賊の潜入を防ぐ為、警察と軍隊と協力し市内外の各要所に検問所を設け、一々通行人を査問し、厳重なる警戒を加ふることとなりたるを以て、一般民衆は可成夜間は戸外に出でざる様せられたし	警視庁宣伝隊	宣伝文の15
9月5日	関東戒厳司令官令第二号 軍隊の増加に伴ひ、警備完備するに至れり、依って左の事を命令す。 一 自警の為団体若くは個人毎に所要の警戒方法を執りあるものは予め最寄警備隊憲兵又は警察官に届出其指示を受くべし 二 戒厳地域内に於ける通行人に対する誰何、検問は軍隊憲兵及警察官に限り之を行ふものとす 三 軍隊憲兵又は警察官憲より許可あるに非ざれば地方自警団及一般人民は武器又は凶器の携帯を許さず	警視庁宣伝隊	宣伝文の16
9月5日	今次の震災に乗じ一部不逞鮮人の妄動ありとして鮮人に対し頗る不快の感を抱く者ありと聞く。鮮人の所為若し不穏に亙るに於ては速に取締の軍隊又は警察官に通告して其処置に俟つべきものなるに民衆自ら濫りに鮮人に迫害を加ふるが如きことは固より日鮮同化の根本主義に背戻するのみならず又外国に報ぜられて決して好ましきことにあらず	内閣告諭	第2号

9月6日	門柱、板塀等に記せる符合に就て 12a 2ⓟ 1B ⓚ 1m ○ W3 ヶ r u ◎ ⤵ m ⓟ 先日来各所の門柱板塀等に右の如き符合を記しあるを以て鮮人の不正行為の暗号ならむと、一般のもの非常に不安の念を抱き居たるところ、当庁に於て調査の結果右は中央清潔会社の人夫等が得意先の心覚へ及便所所在地の方向、個数等の符合に用ひたるものなること判明せり	警視庁宣伝隊	宣伝文の17
	青年団諸君 未曾有の大災害に際し各位が連日連夜能く警備の任務に服し奮闘努力せられたるは感謝に堪へざる処なり。幸ひ軍隊の出動と警察力の充実とに伴ひ漸く秩序恢復の緒に就くを得たり。且つ鮮人の襲来或は大地震の再来等種々の風評ありしも調査の結果多くは全く根拠なき流言蜚語なること判明したるを以て各位は須らく意を安じて冷静に秩序の維持に助力せられむことを切望して已まず	警視総監告諭	30000枚
	此の拡張は別に新に恐るべき事柄が起つた為ではない。罹災者が次第に此の地方に入り込むに従ひ、色々の虚報流言が行はれ、人心を不安にする事があるのを取締るのと、…… 地方民は決して流言に迷はさるることなく、避難民は地方民に対し不都合の行動を採ることなく、何れも地方官公吏、警察官に信頼して平時の如く落着いて、軍隊の厄介になる様な事をしてはいけない。 二、戒厳を令せられても、直接の取締は警察官が之に任ずるのであることを忘れてはいけない	関東戒厳司令官告諭	飛行機撒布
9月7日	有りもせぬ事を言い触らすと処罰されます 朝鮮人の凶暴や、大地震が再来する、囚人が脱監したなぞと言伝へて処罰されたものは多数あります 時節柄皆様注意して下さい	警視庁宣伝隊	宣伝文の18
	本七日左の緊急勅令が出ました 出版、通信其他何等の方法を以てするを問はず、暴行、騒擾其他生命、財産、身体に危害を及ぼすべき犯罪を扇動し、安寧秩序を紊乱するの目的を以て治安を害する事項を流布し、又は人心を惑乱するの目的を以て、流言浮説を為したるものは十年以下の懲役、若くは禁固、又は三千円以下の罰金に処す。 附則　本令は公布の日より之を施行す	警視庁宣伝隊	宣伝文の19
	◎夜間交通禁止は虚報	関東戒厳司令部情報部	戒厳司令部情報第1号

出典:『大正大震火災誌』警視庁、1923、pp.465-476
『関東大震災の治安回顧』法務府特別審査局、1949
『関東大震災政府陸海軍関係史料 I巻　政府・戒厳令関係史料』日本経済評論社、1997

うした事実もたしかにあったのだと読む不安と、融合していったことも理解できる。

　つまり情報の断絶とは、情報がなにもない「白紙」の空間を誕生させたわけではなかった。

メディアとしての入道雲

　この情報空間には、断片的で一時的で無秩序な知識が、絶えず書きこまれた。その一例としてもうひとつ、同じ和辻のエッセーにおいて、震災時にあらわれた「雲」をめぐる解釈の変化を挙げておきたい。

　写真や絵はがきや挿絵（図12-5a〜e）にも残されている巨大で発達した入道雲は、たしかに人びとの目を引く異様なものであったらしい。その解釈が見知らない他者からあたえられ、一時信じられ、さらに次の解釈が別な見知らない人物からもたらされ、揺れ動く。そのありさまが和辻のエッセーに詳細に記録されているのが興味深い。

　簡単にたどってみよう。

　和辻は最初の大きな揺れのあと、ともかく家族と庭に出て避難し、野宿を覚悟し始めた三度目くらいの余震のあと、「印袢纏の職人風の男」から「大島爆発の噂」を聞く。

> その男に注意されて見ると、南の方に真っ白な入道雲が一際高くムクムクと持ちあがり、それが北東の方に流れて、もう真東の方までちょうど山脈のように続いてゐる。真蒼な空に対照してこの白く輝く雲の峰はいかにも美しかつた。(42)

和辻自身は最初の振動から一五分も経っていないと思っていたので、この短いあいだに大島の噴煙が東京に来るのは不思議だとも思ったけれど、「その時には他にこの雲に対する説明の

(42)「地異印象記」［和辻哲郎、一九二三：一九一］

図 12-5b「震災雲（仮題）」（絵はがき）

図 12-5d「昼見た煙」挿絵［田中比佐良, 1923：192］

図 12-5e「夜見た煙」挿絵［田中比佐良, 1923：192］

図 12-5a「番町三井邸より見たる猛火」（絵はがき）

図 12-5c「山の手より見たる魔の煙」（絵はがき）

仕方が思ひつけなかつた」こともあって、なるほどそのすこしまえに聞いた爆発音も大島の噴火だったのかと考え、一応の納得をする。

ところが「多分二時過であつたか」と思う頃、千駄ヶ谷から東北方にあたるところに、さらに一層大きい入道雲があらわれた。

我々はそれをも爆烟と考へることはできないので、多分それは普通の夕立雲であらうと噂し合つた。やがてその雲の中から雷鳴かとも思はれる轟音が聞こえてくる。(43)

地震が怖くて家に入れないのに、夕立に見舞われてはかなわないなと思って見ていると、一向に動かない。音も雷鳴にしてはうねりが小さく、大島の噴煙だといわれたものと同じようにも見える。大島の噴煙と爆発音だった説明が、こんどは夕立雲と雷鳴で上書きされ、まだいろいろな疑問をともないつつも、それなりの納得を得ていた。

そこにさらに新しい解釈がもたらされる。

自分はまた様子を探りに通りの方へ出た。そこで誰に聞いたか忘れたが、南の方のは目黒の火薬庫の爆発の煙であり、東北の方のは砲兵工廠の爆発の煙であるといふ説明を聞いた。後日になつてこの両者の爆発はいづれも嘘であると解つたが、この時には目黒の火薬庫の爆発をいきなり信じた。それは大島の爆発よりもよほど合理的に思へた。(44)

しかしながら雲に気づいたあとから爆音を聞いたようにも思い、多少腑に落ちないところもあったが、「一時間位はこの説明に満足してゐた」という。

(43)「地異印象記」[和辻哲郎、一九二三：一九七]

(44)「地異印象記」[和辻哲郎、一九二三：一九七―一九八]

三時か四時半頃になって、和辻は鉄道の踏切へ出かけていって、東京のほうからぞろぞろ帰って来る人に区内の様子を聞こうとしている。そこで踏切番の老人から、神田や日比谷の大火、日本橋や浅草、本郷、麴町が燃えていることを聞く。そして「あの雲は火事の煙である」と思い、それが容易ならざる大火であることに初めて愕然とする。しかし、そのときはまだ、この火事が堀をも飛び越え、不燃性の建物をも焼きつくす猛烈なものであることまでは、想像していなかったと書く。

夕方には南方の大きい入道雲が何時の間にか消えて、北東の高い入道雲がやや東方に移りつつますます大きくなつた。さうして日が傾くと共に雲の根が赤くなり始めた。(45)

(45)「地異印象記」〔和辻哲郎、一九二三：一九九〕

夜まで空にそびえ立ち、どこからも見えた雲は、和辻個人のなかでも刻々と解釈を変えた。同じ雲を見上げていた、東京各地の多くの人びとのなかでも、「噴火」「爆発」「放火」等々の説明を根拠づける事実として言及され続けただろう。和辻自身は「南に高く現はれた入道雲がなんであつたのかは、その後いろいろ聞き合はせて見たが、まだはつきり解らない。あれは横浜の煙だつたと云ふ人があるが、或はさうであつたかも知れぬ」と、確たる解明にはたどりつけないまま同時代のエッセーを終えている。

しかし、ここで重要なのは、入道雲発生の本当の原因がなんであったかの解説ではない。その時々において、一時にせよ信じられた説明が供給されたという事実である。震災下の情報環境において次々と、目の前の疑念に対する解説が供給され、あるいはだれかによって発明され、集団に受け入れられた。

それはひとつの「問題解決」であったのである。

関東大地震は、穂積重遠の表現を借りれば「寝室街」に住んでいた住民を「街頭へゆすぶり出し」、隣や向かいの人びとと顔をあわせて「大変ですね、おけがはありませんか」に始まるコミュニケーションの回路を開いた。緊張に満ちた不安感を下敷きにして、ふだんはつきあいのない見知らない人びととのコミュニケーションが始まる。第二次世界大戦の空襲下の日記などでも、空襲警報が鳴ると、見知らぬもの同士がだれからともなく話し始めるという記述が見える[46]が、それは和辻が外の道に出たり、踏切のところに行ったりした行動の周辺にも見られる。情報を求めたという以上に、じつは自ら話すことで不安を紛らしていたとも解釈しうる。

であればこそ、そうしたコミュニケーションは、じつは非常に断片化し、相互に矛盾するような情報を生み出す。そのことによってまた、流言が活性化する素材を供給しているのである。

解釈の生産者たち

第三に、生活拠点を失った避難者たちが多く生み出され、彼らが情報の伝達者となり、媒体となった。そうした人びとの不安に裏打ちされた理解や、知識・情報の不足にもとづく解釈が流言伝達のプロセスに環流した。その情報の乱反射も、災害下の流言を考える場合、無視できない論点である。上述の和辻のケースでは、それほど過激化したものに接続してはいかなかったようにも見えるが、条件しだいでは集合的で狂暴なものにもなりうる。

家屋の崩壊によって、あるいは火災によって、街頭に放り出された人びとの不安が、流言の受容において果たした役割は大きい。鈴木淳『関東大震災』は、当時四四歳で銀行員であった染川春彦(藍泉)の『震災日誌』から、同じ人間が日常時と非常時とでくだす判断の違いについて触れている。すなわち、それなりの知識と教養をもつサラリーマンでも、銀行員として日常の机のまえにいたときの冷静な判断と、露天に座し線路脇に避難した街頭生活を経ての感情に

(46) 山田風太郎の『戦中派不戦日記』だったか、徳川夢声の『無声戦争日記』か、一色次郎の『日本空襲記』あたりで見たのだろうかと思って、探してみたが見つからなかった。あるいは群衆化というメカニズムのなかの、集団としての壁が薄くなるという、心理学の説明の例示で挙げられていたのかもしれない。再確認できなかったが、記憶のまま挙げておく。

まどわされた判断には、明らかな違いがあったことを指摘している(47)。

地震それ自体が予期できなかった信じがたいできごとであったが、火災についても人びとが適切な知識を有していたとはいえない。流言の主題のひとつとなった「放火」と「爆弾」については、民族的な偏見や対立以前に作用している要素もある。すなわち、大規模な火災に関する知識のなさである。先に触れた和辻哲郎は、それまで知っていた火事はせいぜい二時間くらいで鎮火できるものであって、遅くまで消せない火事があるということなど想像すらできなかったと書いている(48)。

また、和辻のエッセーに書かれている深川森下町の女性の話も、おそらくここかしこにあった普通の経験だろう。その女性は一日の最初の地震ではたいした火事を出さなかったので、やれ良かったと思い、出入りの職人がかけつけてきたときには「明日にも屋根屋をよこして貰いたい」などと呑気な話をしたほどだった。ところが「その内に電車通りの向ふから火が出た。火足が早いので、何一つ取り出すひまもなく」逃げることになった、という。

一度鎮火したり、焼け残って安心していたりしたところに、また別のところから火が迫ってきて、今度は焼け落ちてしまう。こうした「もらい火」や「類焼」の状況に対して、だれかが「放火」したからだという説明がなされ、それが「原因」として状況理解にはめこまれていく危険性は、十分に起こりうることとして理解できる。そこではめこまれる実践としての「放火」も、主体としての「だれか」も、新たに起こった事態を説明するものとしてリアリティをもち始める。

「爆弾」という話題の発生と流布も、おそらく「放火」という説明と同じように、大火に対する知識のなさを背景にしている(図12-6)。

延焼のさなかに多くの爆発音がすることなど、ほとんどの人にとってまったく経験していな

(47)『関東大震災』[鈴木淳、二〇〇四：一九一-一九二]

(48)「地異印象記」[和辻哲郎、一九二三：一九一]

図12-6 雲をめぐる解釈の変容

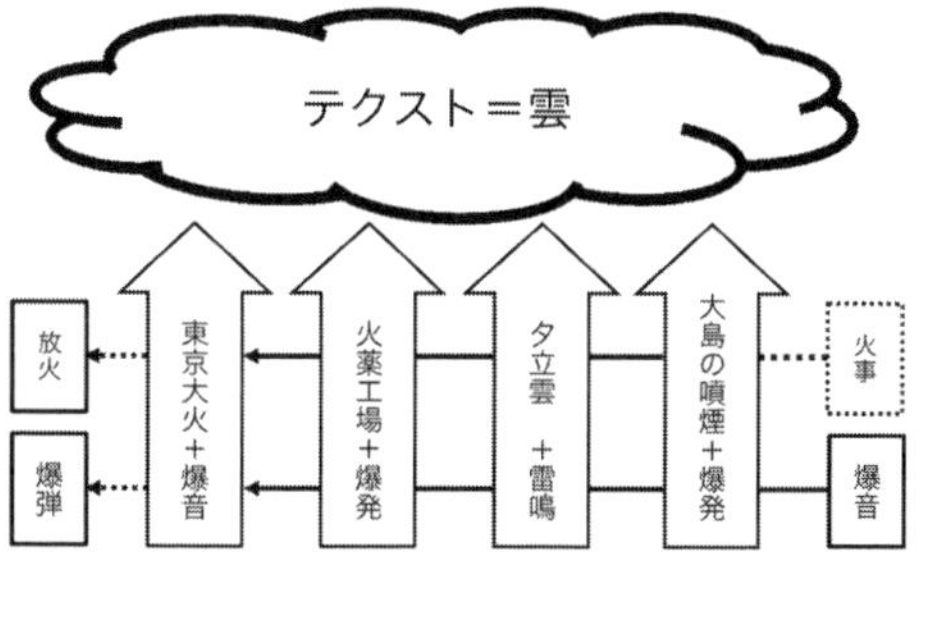

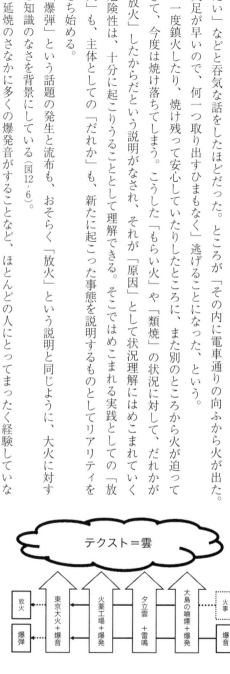

いできごとだった。先に挙げた和辻哲郎は「大砲のような大きい爆音が三度ほど最初に南の方で聞こえた」とき、のちに「高輪御殿」の薬品かなにかの爆発であったらしいと説明していくそれを、そのときはそんな理由などまったく想像できなかったばかりか、むしろ「自分にはそれが何かの合図のように思へた[49]」とまで書いた。そうした思いつきをもしだれかが口にして、聞いた人びとがそうかもしれないと共鳴すれば、一体だれの合図なのかという犯人さがしをめぐって、まるで巨大な陰謀の一部であるかのような、説明作用をもつ流言が立ち上がる。

しかし、想像を絶する大火は、建物のなかだけでなく地下に埋められているガス管を爆発させてしまうほどに凄まじいものであった。工学博士の大島義清は専門家として「筆者の目撃したもので其の近傍の人は爆弾と騒いだものの、実は地下の瓦斯管の爆発であつたものが沢山にある[50]」と証言している。

(49)「地異印象記」〔和辻哲郎、一九二三：一九二〕

(50)『大正震災志』〔内務省社会局編、一九二六：三二四〕

解釈の暴走と増殖

第四に、つまりは聞き手の想像力の過激化、読者の解釈の暴走ともいえるプロセスが、流言にはつきまとう。そのあたりが、問題のあらわれかたを複雑にしている。

これは、第二に触れた論点、すなわちこの情報空間が断片の寄せ集めであること、ときに矛盾するものも含まれていることが密接に関わっている。すなわち、足りない部分や欠落している情報を補うかのように、あるいは「認知的不協和」を軽減して筋道だった解釈を生みだすために、新しい話題がその「空白」に書きこまれていくのである。

その点では、しばしば民主主義的な批判の立論が、暗黙のうちに敵として措定してしまうような権力、たとえば警察や軍などの統制主体だけが、流言のもととなる情報の生産者ではない。むしろ非常事態のなかの生活者や、避難を余儀なくされた民衆もまた、流言の核となる知識を生産していく。

関東大震災のいくつかの記録が奇妙なできごととして証言している「不穏記号」の流言は、この好例である。すなわち、町の路地の塀や、家の門柱などに白墨等で書いてある記号が、襲撃のための暗号であるとして警察に通報された。しかし、実際には、牛乳や新聞の配達人あるいは汲み取り業者の心覚えのための記号で、震災前からあったものだった。すでに存在していた街角の落書きまがいの印が、特別の意味を担う「暗号」となるのには、住民たちの解説が深く関わっている。そこにいて不安を抱え異変に怯える人びとが、普通の日常ではまったく気にも止めなかった事物にあらためて注目してしまい、新しい解釈を生み出した。

この話題について触れている警察署の記録は多い。たとえば品川署の「不安に襲はれたる民衆は、疑心自ら暗鬼を生じて、牛乳・新聞の配達人、肥料汲取人等が心覚えの為に路次に記し置きたる符号をも、鮮人が放火・殺人又は毒薬の撒布を実行せんが為の目標なりと信じて(51)」動揺したとの報告がある。また渋谷署の「同日[三日]の夜に及びては或は「鮮人が暴行を為すの牒符《ママ》なり」とて種々の暗号を記したる紙片を提出し、或は元広尾附近に其牒符を記せるを見たりと事実を立証するものあり」、これも三日のものだが四谷署の「便所の掃除人夫が備忘の為に、各路次内等に描ける記号をも、其形状に依りて爆弾の装置、毒薬の撒布、放火、殺人等に関する符徴《ママ》なるべしとの宣伝」に接したなどの報告に、同じ主題があらわれている。その他、海軍法務局が記録している「朝鮮人関連情報(52)」や、赤羽火薬廠爆薬部から海軍省副官への報告でおそらく町内会からの通報をもとにしたもの(53)、内田良平の見聞などに(54)、このいわば不穏な記号のことが触れられているので、ここかしこでささやかれ生み出されていたものであろう。九月六日に警視庁宣伝隊が「門柱、板塀等に記せる符号に就て」という宣伝文を配布したのは、このタイプの流言に対処するためである。

(51)『大正大震火災誌』[警視庁編、一九二五：一二三]

(52)『海軍関係史料』[田中正敬・逢坂英明編、一九九七：一〇三-一〇四]

(53)『北区史』[北区史編纂調査会編、一九九五：六五〇]、『海軍関係史料』[田中正敬・逢坂英明編、一九九七：一一〇]

(54)『関東大震災と朝鮮人』[姜徳相・琴秉洞編、一九六三]

しかしながら、われわれはこの話を現代社会ではありえないと無視することができるだろうか。たぶん、ばかげたエピソードとして一蹴するわけにはいかない。というのも、図12-7に掲げたマンション自治会の配布物にコピーされたあやしげな情報のように、じつは現代においてもまた、同種の話題が静かな日常の奥でくりかえされている事実があるからである。

歴史をたぐり寄せる

第五の論点として、流言は人びとの潜在意識や無意識の層に抑えこまれているものを浮上させ、ふだんはあまり意識していない歴史をたぐり寄せる。ある意味で「精神分析」的であり、ある意味では「神話」論的でもあるこのような拡がりもまた、単純な誤報としての流言理解から見落とされがちな論点である。

たとえば「井戸」への毒薬の投入という話題は、もちろんライフラインとしての水の確保という切実な実際問題と関わっている。しかし、それほどには遠くない過去に存在した「コレラ」をめぐる記憶や伝承が動員されて、リアリティを増していることも考えられる。実際に井戸水の消毒のために石灰を投入する方法があったが、明治一〇年代には「コレラ流行は医者や警官が井戸に毒薬を入れ、また患者の生き肝を投入したからだ」という流言によって、千葉県の鴨川では医師が殺害される事件が起こった。水道が普及しつつある都市空間において、井戸がどのような位置にあったのかについてはあらためて検証を要する論点だが、井戸の重要性が急に注目されたことは間違いない。

井戸と毒薬という話題の結合は、あるいは消毒の必要という知識の裏返しであったかもしれない。また表12-2aの二日一八時頃に聞知された「井戸の変色」「博物館の池の水の変色」「魚類の死」など、観察された具体的な異変を説明するものとして呼び出された可能性もある。

◆シールによるマーキング例と推測される意味◆

黒	男性　話を聞いてくれない　居留守　防犯対策をしている? など
白	女性　対応がよい　在宅　購入の可能性あり　無防備? など
赤	子供がいる　土日は休み　女性一人暮らしなど
黄	もうひと押しで買う　他社製品を使用　家族で住んでいるなど
金	熟年夫婦　資産あり　留守がちなど
銀	若夫婦　資金的にあまり余裕なし　専業主婦がいるなど
その他	枚数によって訪問回数を示したり、花やキャラクターを張ることもある

◆記号 文字 数字によるマーキング例と推測される意味◆

○	脈あり　購入済みなど	SS	子供がいない夫婦　土日休など
△	もうひと押し　情報不足? など	C	夫婦(Dの場合もあり)　何かのランク?
×	脈なし 近づかない方がよいなど	B	赤ちゃんがいる　何かのランク?
V	訪問済み　断られたなど	918	9時から18時まで留守
SM	一人暮らしの男性	20	20代　20日に訪問?
SW	一人暮らしの女性	ヤ	暴力団関係者? こわい人がいるなど

※使用者によって意味が違うため統一した意味ではなく、違った解釈の場合もある

図12-7　二〇〇三年頃にマンションに配られた資料

災害時の避難所などにおける衛生消毒の必要は、実際に警備当局でも意識していたが、クロール石灰による消毒を計画するに際し、「井水消毒は時節柄鮮人問題と関連し民衆の誤解あるべきを虞れ、宣伝ビラを応用し、町会青年団等の応援に依り出来る限り理解に努めたり」(55)と書いている。

表12-1および表12-2aの事例のなかにあらわれる「大本教」の流言も、ある意味では過去の知識のたぐり寄せである。

和辻哲郎が「大本教は二三年前大地震を予言して幾分我々を不安に陥れたが」(56)と前出のエッセーにおいて書いているように、たぶんこの連想は当時の人びとにとって自然な想起でもあった。教祖のお筆先の解釈から大正一一年にあたる年の「建て替え」すなわちある種の破局と救済を予言した出口王仁三郎の話題は、報道などを通じて社会に拡まっていた。なにもなくその年のその日がすぎれば、この種の予言は忘れられてしまう。しかしながら、共通の知識としては残り、大地震後の会話のなかでふたたび言及され、流言へ内容として流れこむこともありうるだろう。

さらにもっとも近接する過去の知識の引用となるが、私は地震が起こる直前の九月一日朝の『朝日新聞』朝刊(57)なども気にかかる。証明がむずかしいけれども、この流言空間の拡大において、あるいは素材となるものを提供していたのではないかとも思う。図12-8にその現物を引用したが、ここには「怪鮮人」「陰謀団」「水平社員」「騒ぐ」「巡査部長」「女を襲ふ」といった文字が躍っている。とりわけ注目に値するのは、「怪鮮人　三名捕はる　陰謀団の一味か」という後に暴走することとなった流言との関連を疑わせるような字面であり、「元巡査部長　女を襲ふ　被害者十数名」の記事のなかの「偽刑事が頻々と現はれ」という記述である。偽刑事の話題が、次に述べる警察官に変装したという論点と構図として重なっていることが気にか

(55)［自警会、一九二三：六〇］

(56)「地異印象記」［和辻哲郎、一九二三：一八三］

(57)この記事の存在については、すでに『流言蜚語』［佐藤健二、一九九五］でも指摘している。

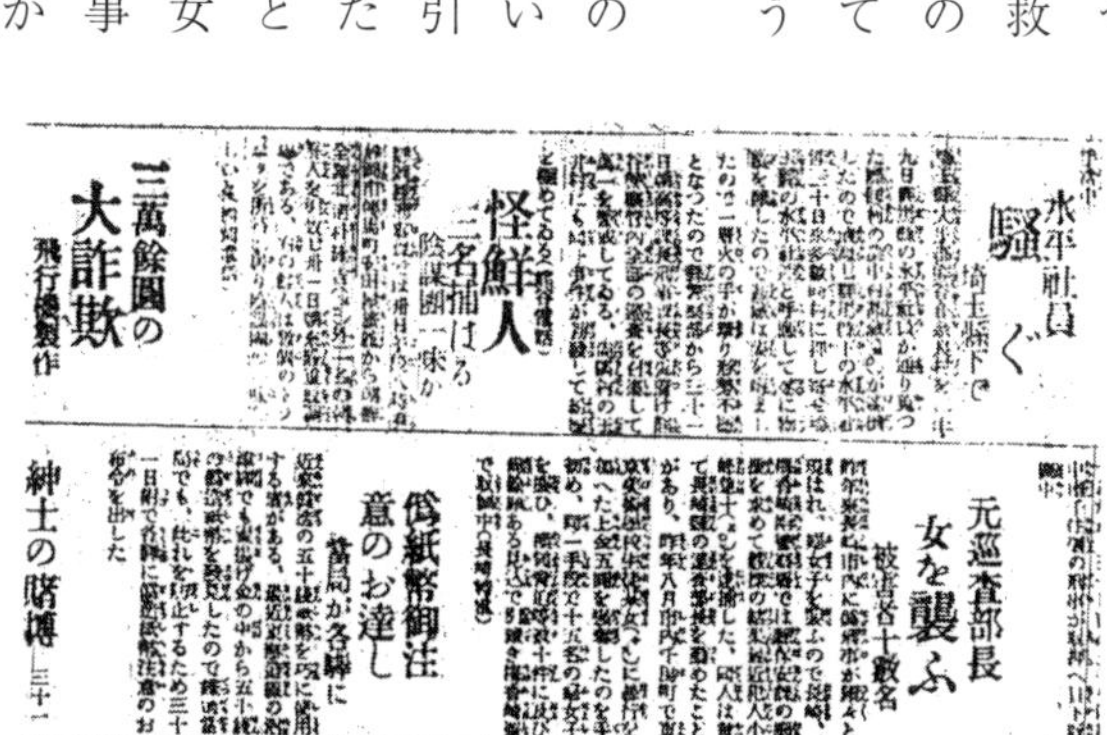
水平社員　騒ぐ

怪鮮人　三名捕はる　陰謀団の一味か

三萬餘圓の大詐欺　飛行機製作

元巡査部長　女を襲ふ　被害者十数名

偽紙幣御注意のお達し

紳士の賭博

図12-8『東京朝日新聞』一九二三年九月一日朝

かる。

もちろん、植民地体制や支配に根ざす歴史的な構造もたどりよせられる。一九七〇年代にフランスの地方都市オルレアンで起こった女性誘拐の話のなかに動員された反ユダヤ人主義のテーマと同じく[58]、「不逞鮮人」「鮮人襲来」という話題が民族差別や対立につながっていることを無視することはできない。しかしながら、オルレアンの女性誘拐のうわさもまた、雑誌記事がある神話的な原型を提示することで活性化し、プロセスとしては女子高校生のおしゃべりにおいて増殖し発展していった。そうしたことを考えると、当時の新聞の三面記事的な報道でいかなるイメージが構築されていたかも今後の調査研究の課題である。また震災が起こる前の最後に目にした、このような「怪鮮人」の文字が、不特定多数の読者に「きっかけ」を提供してしまったことも検討されてよい。

都市の不安

第六に、流言増殖のメカニズムのなかで、都市における相互の異質性が、暴走といってよい反応を生み出してしまった局面にふたたび注目しておこう。それは、「変装」というテーマの流言への導入に象徴的にあらわれている。

表12-1によれば、四日にいたって警察官への変装という話題が流言にあらわれる。表12-2aと対応させてみると、それは二一時頃に下谷上野警察署にもたらされたもので「上野公園内及び焼残地なる、七軒町・茅町方面には、鮮人にして警察官に変装し、避難者を苦しめ居るを以て、警察官なりとて油断すべからず[59]」という流言だった。時刻不明ではあるが、じつはすでに二日の段階で本郷駒込署において「鮮人等は左袖裏に赤布を纏ひ、或は赤線を描けり。警察官は「や?」《ママ》軍人に変装せり[60]」という流言を認知している。「赤布」「赤線」という表象には、

(58)『オルレアンのうわさ』[Morin, 1969＝一九八〇]
(59)『大正大震火災誌』[警視庁編、一九二五：一一一三]
(60)『大正大震火災誌』[警視庁編、一九二五：一〇九九]

社会主義のイメージもかけあわされていると思う。

もちろんこれは表面的には、朝鮮人の謀略や陰謀という主題を強調するものであるが、機能としての作用はそれだけに終わらない。他面において、住民や避難民たちと警察および軍隊との懸隔というか、ある種の不信の関係を暗示する。どこかで住民や避難民たちが抱えている問題を、警察や軍隊といった当局が対応してくれていないという不満が、この流言には影を落としている。警察や軍隊への反感の間接的な表出として見れば、第二次世界大戦中の流言などにも同じタイプを見いだすことができる。

実際に警察官自身が、自警団から「誰何」を受け、身体検査されたりした事例もあった。牛込の神楽坂警察署の報告には、「其日〔四日〕更に「鮮人等新宿方面巡査派出所を襲撃して官服を掠奪着用して暴行を為せり」との流言行はるるや、更に警察官に対しても疑懼の情を懐き、制服巡査を道に要して身体の検索を為すものあり」[61]と記されている。「道に要して」すなわち「人を道に待ち受けて」の語は、まさしく自警団の検問を意味する。

しかし、「変装」という話題の導入は、表面上の内容以上に、もっと悲劇的な方向への事態の展開を押し開いていく。すなわち、これが見知らぬ他者に対して、際限なく懐疑的になりうる回路を開いてしまったからである。対象は軍人や警察官だけにかぎられない。避難民を装った、あるいは日本人の振りをしたといった変形は、さらに容易である。けっきょくのところ、都市空間のあちこちに簇生した自警団の「検問所」において、人びとは際限のない、しかも根源的な猜疑を生み出した。移動する人びとは自分がいかにあやしいものではなく、害をあたえるような存在ではないかを、容易には証明することができないような困難と直面することになった。

たとえば作家の生方敏郎は、四日の朝に自宅の様子を見るため避難先の郊外から市内にもど

(61)『大正大震火災誌』〔警視庁編、一九二五:一〇六八〕

るとき、ここかしこで自警団の検問に捕まった。

近道したいと思い小道に入ると、まもなく道をさえぎって綱をひき、五、六人木刀や槍、日本刀などものものしく持って、自警しているのに引っかかりました。私は問わるるままに自分の住所姓名をつげて、そこは難なく通過しましたが、またその先々に関所があるのです。ようやく自分の家へたどりついて近所の人びととも話し、用をたして、ふたたび郊外へ帰ろうとすると、さっそく自警につかまりました。まだ自分の家を出たばかりです。「あなたはどこへ行きます」「あなたはだれです」何人もが一度にいうので、私もちょっとまごつきました。私がへどもどしてようやく答えて、額の汗をふきながら、よくよく見ると、みな町内の知った人たちですから、「いやあ、きみたちでしたか。えらい権幕で聞かれる、すっかりまごついちゃった」と言うと、なかの一人、荒物屋さんがマジメな顔で「いくらお知り合いのなかでも、きょうは別です[62]」。

(62)『日本の百年5　震災にゆらぐ』[鶴見俊輔ほか編、一九六二：七二]

このケースは「お知り合い」なのにという、ある種の滑稽の指摘で終わったが、警察署の記録からも推察される通り、すれ違いやかけ違いが深刻な敵対に昂進する場合もあった。ことばがうまくしゃべれなかったり、方言が強かったりした人びとが尋問され、あるいは暴行された事例なども少なくなかった。

凶暴化し無法化した自警団と、そうしたエスカレーションを起こさなかった自警団との条件の違いは、これまでの研究において明らかにされてはいないが、本当は重要な課題である。そのなかで、都市のもつ異質な人口集団という特質がどのようにして克服されたか、あるいはまた、されなかったかが問われる必要があろう。

被災者の主体性

最後に深刻な被害や犯罪の問題に結びつかなかったために、警視庁等々の治安部局の報告書にはあらわれていないうわさに触れておきたい。震災の写真を撮っていた新聞社のカメラマンなどが群衆に袋だたきにあったというわさである。マスメディアの報道が発達した今日においてこそ、議論されてよい論点を含んでいる。

写真家の三宅克己は、震災の直後に写真雑誌『CAMERA』(図6-10)に載せた「天災勃発」[63]というエッセーで、「丸の内で避難者の写真を写したものが、大勢に袋擲に遭ふたの見て来た」という友人からのうわさに触れている。また田中純一郎は『日本教育映画発達史』のなかで、日活の「関東大震災実況」という動画の撮影の際、「殺気だった罹災者の中には、ひとの難儀を見世物にするつもりかと喰ってかかる者もあり」[64]という態度に迎えられた事実を引用している。三宅克己自身も各地方から「名を救護に借りて、其実事変の見物に来たやうな心掛の」青年たちが、パールカメラなどを携帯して満員の乗合自動車などに割りこみ「車窓より首を差し延べ、市中を眺めて「アー素敵素敵」とか「愉快愉快これは意外」だとか、聞くにも堪へぬ無遠慮なる方言を敢てする」光景に怒り、こうした輩こそ「暴利商人火事場泥棒にも増した不埒漢として、大いに懲戒す可き者」だと断じている[65]。同様の感情は、和辻哲郎もまた、水筒と写真機を肩にかけて見物気分でいる紳士に「思はず撲りつけてやりたい衝動を感じた」[66]と書いた。

ここには被災当事者としての、主体的で積極的な生活感覚からの「ヤジ馬」批判がある。ただ写すだけのカメラ所有者や、見物するだけの傍観者への怒りである。今日におけるテレビや、さまざまなマスメディアの報道姿勢の批判にも通じる論点が含まれているように思う。

(63)「天災勃発」[三宅克己、一九二三]
(64)『日本教育映画発達史』[田中純一郎、一九七九:五一]
(65)「天災勃発」[三宅克己、一九二三:五一四-五一五]
(66)「地異印象記」[和辻哲郎、一九二三:二〇二]

4　まとめに代えて

関東大震災における流言は、「朝鮮人」という他者の大量死の悲劇的で間違った結果を引き起こしたが、ここで論じえたのは大都市化した東京の周辺で作用したメカニズムを中心として、である。避難民の鉄路や街道に沿った移動にともない、埼玉県や千葉県などの周辺部に情報が拡大して引き起こされた虐殺事件などについては、あるいはつけ加えて論ずるべき別なコンテクストがあるかもしれない。ともあれ、この出来事の悲劇的な結果が、一九三〇年代から一九四〇年代にかけて、軍部や警察に流言管理の重要性という課題を自覚させたことは事実であろう。社会学者の清水幾太郎は一九三七年に『流言蜚語』（図12-9）という著作をまとめるが、その基礎にもおそらく清水の震災体験がおかれている。

私はしかし、最初で論じた困難にもういちどもどることになるが、流言という現象それ自体のなかに、〈私〉の領域をはみ出す〈共〉の水準での問題解決の〈行い〉が織りこまれていることを見逃してはならないと思う。震災後にあらためて注目された、今日でいえばＮＧＯのような性格をもつ町内会も同じであるが、居住点での相互扶助の仕組み作りと経験のなかに、私化し個室化して閉じられつつあった都市の地域社会において、隣近所の空間へとその個室を開いていく公共性構築の力が孕まれていた。今日において問われるべきは、なぜその可能性が〈共〉のもつ拡がりのままに発展していくことができなかったのかである。

ここで明確な回答が用意できているわけではないが、こうした〈共〉の困難は、流言問題への対応としても急がれ、震災後に実用化し、やがてマスメディアの一時代を開いていくラジオでも同じようにあらわれてくる。

図12-9a　清水幾太郎『流言蜚語』中表紙［一九三七］

図12-9b　清水幾太郎『流言蜚語』奥付［一九三七］

震災の前年の一九二二年に、上野公園で開催された平和記念東京博覧会では、会場の受信装置に京橋の朝日新聞社屋上からレコード音楽を送信する実験を行い、それが話題になった(67)。竹山昭子によれば、関東大震災はまさにラジオというニューメディアへの関心が高まっていた最中の一九二三年九月に起こった。それゆえ「人びとに〝ラジオさえあれば流言飛語による人心の動揺を防げたであろう〟という思いを起こさせ、放送事業開始の要望が急速に高まっていく」(68)。また東京放送局開始当初に常務理事となる新名直和が回想しているように(69)、大震災の被害状況が無線で大阪に伝えられ、またアメリカへ伝えられた結果、救援物資がいち早く到来したことによっても、無線の有効性は印象づけられた。当時は「無線電話」と位置づけられていた「ラジオ」の事業開始要望の高まりを受けて、放送事業民営の可能性すなわち〈私〉企業による経営を公式に確認する「放送用施設無線電話規則」が、一二月二一日に逓信省から公布された、という。

しかしながら、一九二五（大正一四）年に日本でのラジオ放送が始まったときには、放送局の運営の主導権は公益社団法人の主務官庁である逓信省がにぎり、「放送内容はすべて監督官庁である逓信省の統制のもとにおかれ、経営も組織も首脳人事も、逓信省の了解なくしては運営できなかった。（中略）日本のラジオは発足と同時に枠をはめられ、プログラムは新聞社の実験放送が持っていた生気を失い、硬直化したものとなってしまった」と評されるような、〈公〉主導の展開を見せるのである。

ラジオの社会史的研究(70)が明らかにしているように、初期のラジオは受信装置というだけではなく、発信機能もまた技術開発や普及企画のなかに入れていた。その意味で「無線電話」という翻訳は、けっして的はずれの誤訳ではなかったのである。しかしながら同時代の評論家であった室伏高信は、始まったばかりのラジオ放送が作り上げる文化について、有線であった電話

(67) ラジオという無線のメディアは、一九二〇年にアメリカにおいて放送が始まったのを皮切りに、イギリス、ドイツ、ソビエト、フランスなど一五カ国ですでに現実化していた。「新聞企業は、ラジオの持つ速報性・同時性というジャーナリズムとしてのすぐれた機能に注目し」、主要新聞社はそろって「政府がラジオ放送について具体的な検討を始めた一九二二（大正一一）年ごろから、いっせいに、一般市民に対するラジオ情報の紹介や普及に乗り出していく」[竹山昭子、二〇〇二：一三]という状況ではあったらしい。

(68)『ラジオの時代』[竹山昭子、二〇〇二：一五]

(69)『ラジオの時代』[竹山昭子、二〇〇二：二九]

(70)『メディアの生成』[水越伸、一九九三]など。

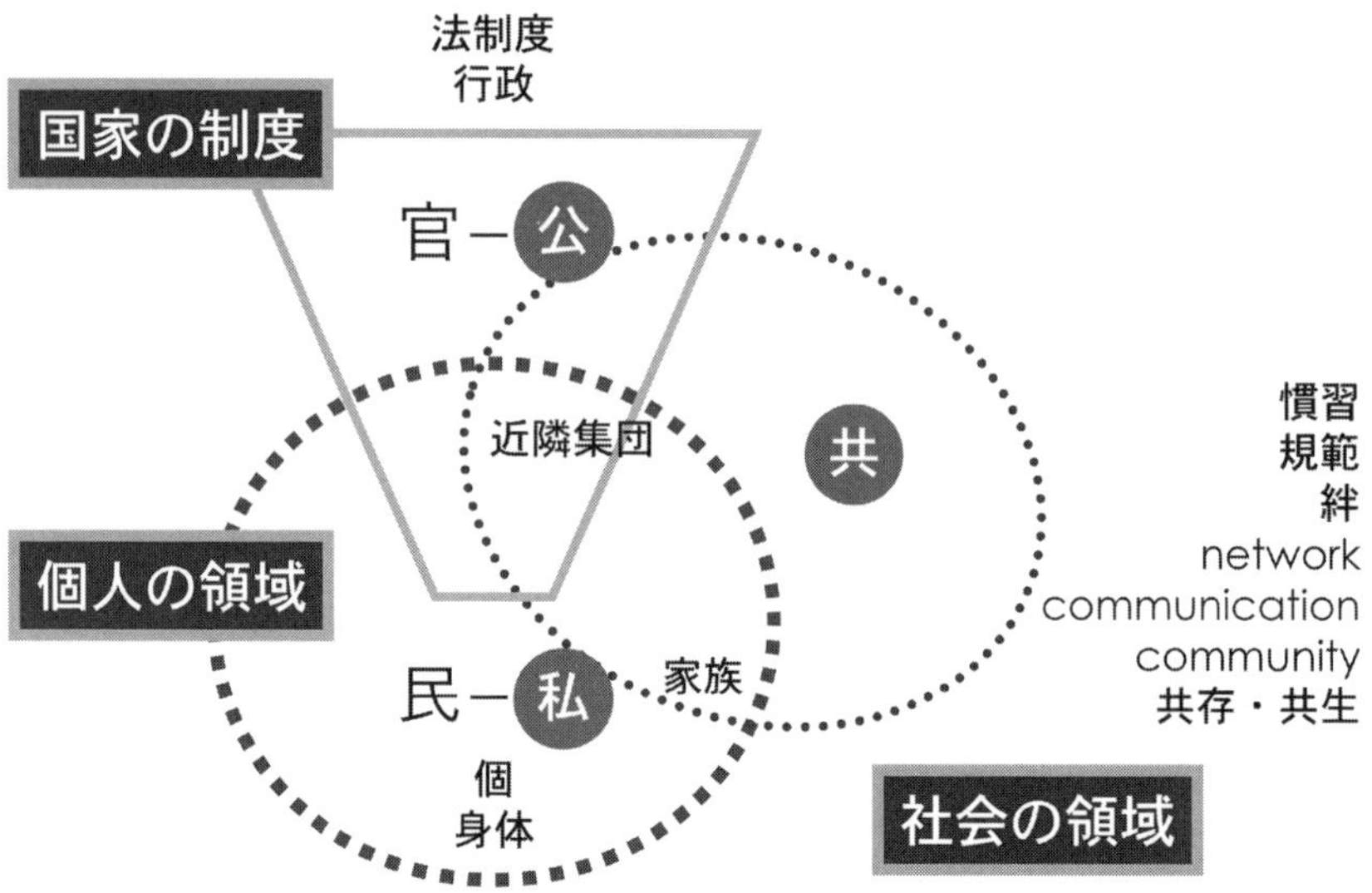

図12-10 公と共と私の関係

の通信と比較し、その「命令的」で「独裁」の要素を孕む「コレクチビズム（集団主義）」を鋭く批判している。

> 欲するも欲せざるも、そこに声がある。その声は一方的である。すべての命令者のそれのごとくに一方的である。ラジオの前にはすべての人びとは聴き手である。大衆は聴き手である。個人個人としての聴き手ではない。演説会場の場における聴き手のごとくに一団としての聴き手である。しかもその聴き手はいつにても脱退することができる任意的聴き手ではない。(71)

一方向的で独占的ではあるが、同時にしかも、広範囲に情報を流布させうる。その力は、震災で途絶した新聞を超えた大きな可能性であった。

(71) 室伏高信「ラジオ文明の原理」『改造』、一九二五年七月号［鶴見俊輔ほか編、一九六二：二二二

跋扈し、なかなか統制できなかった流言に対して、正確な情報を同時に配布しうる無線の放送への期待は大きかった。しかしながらメディアとしてのラジオは、文字による伝達のもつ〈私〉性を保ちうる冷静な距離においてではなく、声による伝達でしかなかった。その声の文化としての特質は、共鳴・共振の情緒的な共同性を基礎に、それまで存在しなかった巨大な同一を〈公〉の主導のままに作り上げる危険性もあった。「大本営発表」の構造的な問題は、マスメディアとしてのラジオの形態のなかに、すでに孕まれていたのである。そこにも、われわれはもういちど立ち上げるべき〈共〉の困難を見ることができる。

　人間社会の仕組みを考えるうえで〈共〉の領域をいかに保持し、あるいは創出していくかは、大きな課題である。「社会」はじつは多くの社会学者が論じてきたほど、恒常的で永続的なものではなく、じつは壊れやすくて精密な相互性のシステムである。本格的な展開は別稿を必要とするが、枠組みとして使ってきた〈公〉〈共〉〈私〉を別な角度から整理すると、図12-10のようなかたちで描き出せるであろう。

　一方に制度化し規範化していく〈公〉としての国家装置の領域があり、他方に〈私〉に局所化・個室化し分裂していく個人の領域がある。個人の領域に対する不介入の権利の獲得が、ある意味での民主主義の根拠であり、それが国家という制度システムの形成と、緊張を孕みつつも相互依存的に展開してきたのが、近代国民国家であった。しかしながら、かつての「市民社会」論（個人の価値をあまりに普遍的、また固定的に設定する傾向があった）とは異なり、公／私の分割や規範そのものが、つねに書き変えられているという立場から、ダイナミックに「社会」を考えなおす視角が登場しつつある。それは〈共〉の領域をいかに構想するかという問いであり、いかなるかたちで実現されているかをめぐる探求でもあるだろう。

　本章では流言に焦点をしぼって、しばしば「誤報」や「偏見」や「群衆」の異常性として概括されがちであったなかに、その場に寄り添って見なおすならば、〈私〉をはみ出さざるをえない問題解決の主体性があり、〈共〉の困難があることを論じてきた。あえて単純にいえば、流言は、信じられないばかげた異常心理の産物でも、偏見差別を病因とする疾患でもなく、日常的なコミュニケーションにも潜伏しているメカニズムが、災害等々の危機の状況において、にわかに活性化し増殖してあらわれた、いわば「症候群syndrome」にほかならない。

であればこそ、多岐にわたるかもしれない病因を、社会の日常の構造のなかに探っていく努力が必要である。本章は、そのひとつの歴史的事例のケーススタディである。

おわりに

新たに文化資源学研究専攻という、耳新しい専門分野が東京大学に設置されたのは、本文でも述べた通り二〇〇〇年四月であった。その研究室の発足にあたり、私は何人かの同僚とともに、兼任のメンバーとして参加した。当初は三年から五年の助力をという約束での動員だったが、その後も召集解除の令はとどかず、引き続き研究室の運営に携わってすでに一八年がすぎた。その年に生まれた子どもならば、もう入試の準備をして、大学の門をくぐろうかというくらいの歳月である。

そのあいだずっと、この新しい名称を冠して始まった学問の、位相や輪郭を考えてきたわけではない。しかしながら、新たに開かれた交流の扉から外に出てみたところで書いた理論的もしくは実証的な論考が、いつのまにか、いくつかの数に積み重なった。そうしたものを中心に編んだのが、この一冊である。

いつもの通り、初出そのままではなく、一冊にするにあたってかなり加筆修正をほどこしているが、素材とした論考は以下の通りである。

1　文化とはなにか

↓「文化へのまなざし」「意味の結び目をほどく／つなぎ直す」（佐藤健二・吉見俊哉編『文化の社会学』有斐閣、二〇〇七：三 - 五四）

2　資源とはなにか
↓「文化資源学の構想と課題」（山下晋司責任編集『資源化する文化』資源人類学02、弘文堂、二〇〇七：二七-五九）

3　情報とはなにか
↓「情報への疎外」（『日本文学』第五〇巻第四号、日本文学協会、二〇〇一：四五-五四）

4　新聞錦絵――メディアの存在形態を考える
↓「新聞錦絵とはなにか」（木下直之・北原糸子編『幕末明治ニュース事始め』中日新聞社、二〇〇一：七〇-七三）

5　戦争錦絵――想像されたできごととしての戦争
↓「想像された戦争」（『季刊デザイン』No.8、太田出版、二〇〇四：八五-八七）

6　絵はがき――視覚メディアのなかの人類学
↓「絵はがきの人類学」（山下晋司編『観光人類学』新曜社、一九九六：四五-五三）

7　観光の誕生――絵はがきからの暗示
↓「絵はがきと観光」（山下晋司編『観光文化学』新曜社、二〇〇七：三六-四〇）

8　新聞文学――新聞と文学との出会い
↓「「新聞文学」と「戦争文学」」（『国文学』第五一巻第五号、学燈社、二〇〇六：九二-九九）

9　万年筆を考える――筆記用具の離陸
↓「毛筆字とペン字」「丸善の広告」「大衆化した万年筆」「万年筆を民俗学がとりあげる意義と可能性」「手紙・日記を綴る」「記録する」（小池淳一編『企画展示・万年筆の生活誌：筆記の近代』国立歴史民俗博物館、二〇一六：八、一二二、一二五、一四五、一六二、一七二）

10　フィールドワークとしての遠足――北村大沢楽隊

11　↓当時のメモからの書き下ろし

実業――渋沢栄一と渋沢敬三

↓「近代日本における「実業」の位相」（平井雄一郎・高田知和編『記憶と記録のなかの渋沢栄一』法政大学出版局、二〇一四：四七-七三）

12　関東大震災における流言蜚語

↓「関東大震災における流言蜚語」（『死生学研究』第一一号、東京大学大学院人文社会系研究科、二〇〇九：四五-一一一）

せっかくの機会だから、文化資源学の立ち上げと、私との関係をすこしふりかえっておこう。文化資源学研究専攻の組織と人員の準備は、当然ながら二〇〇〇年の出発をもっと前にさかのぼる。

これも本文で紹介している最初の創設宣言のパンフレットで、判型が特殊で凝ったフルカラー三六ページの『文化資源学の構想』が発行されたのは、一九九八年七月だった。このときにはすでに名称も正式にかたまり、文書学・文献学・形態資料学・文化経営学という、専攻発足時に基本組織となった四つの専門分野の構成も明示されている。

やがて文化資源学研究室を担う木下直之さんが東京大学の総合研究博物館に赴任したのは、この前年の一九九七年であり、早々にこのパンフレット制作の動きに巻きこまれたのは、中心に青柳正規教授がいたからであろう。青柳さんは木下さんを総合研究博物館に招いた発頭人でもあった。総合図書館所蔵の『捃拾帖』の図版の選択や焼け焦げへの注目などに、寄稿の明白な署名はないが木下さんの個性がうかがえる。

私がいくつかの偶然から、東京大学文学部の社会学研究室にもどってきたのは一九九四年一〇月であった。

新聞研究所旧蔵の小野秀雄コレクションの再整理と研究という、当時はまだ社会情報研究所に所属していた吉見俊哉さんのプロジェクトに巻きこまれたのが、一九九六年度ではなかったろうか。一九九九年一一月に刊行された、かわら版および新聞錦絵の研究プロジェクト『ニュースの誕生』の準備においては、図録の制作と企画展示の展覧会に取り組んだ。総合研究博物館に所属していた木下さんがもうひとつの中心となって、災害史の北原糸子さんらと協力して行った。その研究プロジェクトのために、画像・テクストやその翻刻を組みあわせたデータベースの作成を大学院生等の協力で推し進め、ずいぶん夜遅くまで作業を続けたのをなつかしく思い出す。

あれは文学部の文化資源学への動きとはまったく関係がなく、新聞研究所創立六〇周年の事業で、今思うとまだ研究室創設以前のできごとであった。

内輪の余談だが『文化資源学の構想』パンフレットの「構成・執筆」協力者のリストには、私の名前がない。

理由は単純である。一九九七年四月から私はオックスフォードに海外研修に出かけていて、このパンフレットの作成時期に東京大学にいなかった。同じように、よく注意して見ると創設時の最初の研究室メンバーとなる月村辰雄さんや大西克也さんの名前もない。あとで聞いてみると、この時期の直前にサバティカルでいなかったという共通性がある。余計な邪推だが、当時は(あるいは今もかもしれない)サバティカルを特権的な余慶と考える傾向も強く、取得者の文化資源学研究室への関与が、恩恵の「代償」と意味づけられていた節がないわけではない。だが結果的には適切な人選で、有益だったようにも思う。

パンフレット刊行時の樺山紘一文学部長・人文社会系研究科長は、はしがきで人文社会系の学問における「資料」のもつ意味の重要性を強調している。そして文化資源学という単語について「耳馴れない言葉であるところから、その趣旨と意図を訴えるべくこのパンフレットを作りました。できることなら、この文化資源学を研究し教育する機関や施設をも設立したいと考えています」と提案した。

ところで、このパンフレットには「制作指揮」者として「佐藤康宏／高山博」というお二人の名がある。その一人である美術史の佐藤康宏教授が、東京大学出版会の『UP』(二〇一七年三月号)で文化資源学の名称に収斂する前に、「文化工学」の構想があったことに触れている。

佐藤康宏さんの記憶では一九九六年の頃だというから、まだ木下さんの赴任の前である。当時の学部長・研究科長だった青柳正規教授から、たしかにこのことばは私も何度か聞いた。実際の記録をすこし調べてみると、一九九六年一〇月一日の日付をもつ「文化工学専攻(大学院人文社会系研究科独立専攻)の新設」という題名の文書の下書きなどもあって、すでに修士四〇名、博士一六名で教授一〇名、助教授六名、助手四名という大講座組織の構想が記されている。ただその「工学」は、必ずしもエンジニアリングの技術的で応用的な理性を強調するものではなかった。むしろデザインともいうべき諸要素の調整や、データベースやアーカイブスにもつながっていく編集や編纂という実践の主体性を明示するために、あえて文化とつなげて並べられたもののように感じた。その意味では「経営」ということばの含意もまた、企業における営利の目標の効率的な達成という、ベタで世俗的なコンテクストから切り離す必要がありそうだ。

実際の組織創設に向けての「概算要求」は、一九九七年四月の樺山学部長の時代になってからだったと聞いている。田村毅・佐藤慎一の両評議員のもとで文科省との交渉が進められたが、その最初の申請書類は「文化工学」の名称で作成された。修士三三名、博士一五名を、教授八名、助教授四名、助手四名で教育する体制が構想され、文化資源研究・文化融合研究・文化経営研究の三つのコースのもとに、文化資源学・相関文化学・文化メディア開発学・文化経営学という四つの専門分野がおかれている。

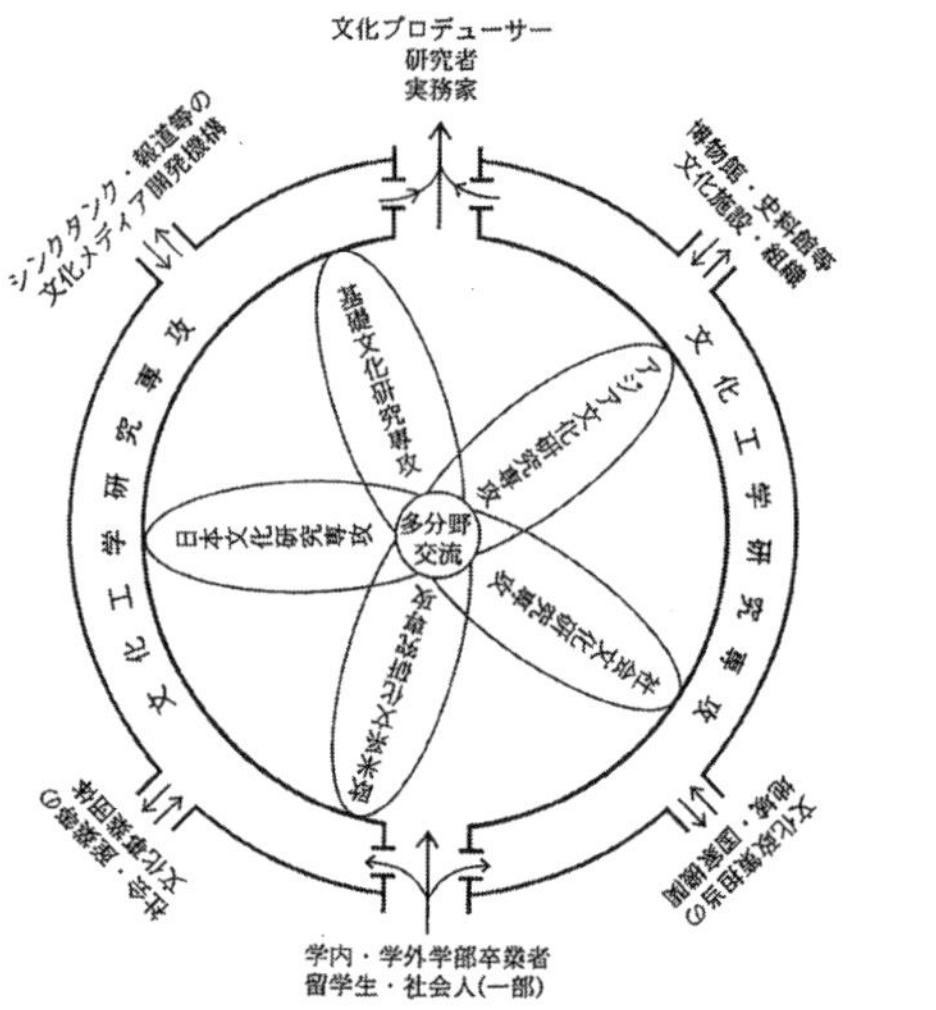

既存5専攻と文化工学研究専攻および社会的ニーズとの関係

そこに載せられている「既存5専攻と文化工学研究専攻および社会的ニーズとの関係」という図解がおもしろい。文化工学も文化資源学も、人文社会系研究科の総力をあげて、その全領域のささえのもとで立ちあげられようとしていたことがわかる。

しかし、一九九七年の概算要求は認められず、翌年度にかけての再検討のなかで文化資源学の名が前面に押し出され、先ほどの『文化資源学の構想』というパンフレットが作られることになる。最終的に新設が正式に認められたのは一九九九年の一二月であった。

さて、さらにさかのぼるが、この制作指揮者名で思い出したのが、ほぼまったく判型とデザインの基調を同じくする、三二ページのもうひとつのパンフレットである。

同じく佐藤康宏さんの「制作指揮」で『人を知る、世界を知る——文学部とは何か』と題されている。一九九七年三月三一日の刊行で、編集発行の主体は「国立大学文学部長会議」だった。私自身もわけがわからないままに執筆の一部分を手伝った記憶がある。正確にどんな貢献をしたのかはまったく覚えていないけれども、「テクストの地層学」というあたりには、私が関わったに違いないいくつかの書影が載せられており、「恋愛物語の諸相」のページにはおそらく月村辰雄さんや長島弘明さんが知恵を出した痕跡がある。

いま思うと、文化資源学の構想や内実づくりの前哨戦とも位置づけられるプロセスだったのかもしれない。このパンフレット全体は、文学部という存在の学術的・社会的な意義を宣揚するものだった。深い「自己認識の構築」と「自己中心主義（排他主義）の克服」という両面から国立大学文学部の研究教育を意義づけ、「現在ではあまり語られることのない品格と見識」の育成をもって「来るべき未来の人類社会に貢献する」との目的を掲げている。

あらためて調べてみると、この文学部宣伝のパンフレットのとりまとめと発行費用の基礎にあるらしいのが、一九九四-九六年度の三年間にわたって実施された科研費のプロジェクトである。東京大学を中心に、国立八大学の文学部長をメンバーとする、大学の枠を越えた科研費の研究は「人文科学振興のための、文学部における研究・教育のあり方に関する調査・研究」（基盤A）と題されていた。研究代表者は、青柳さんの前の文学部長だった藤本強教授であるが、研究分担者に文学部・文化交流研究施設に所属していた「青柳正規教授」の名前が見える。

この研究は文学部の将来を、大学横断的に探るものであった。そして「分野を多数抱え、それぞれが小規模な人文科学」の現状において、教育と研究の両面での機関相互の協力が不可欠であると論じ、新たな「研究教育の核を創出し、そこを中心にした研究教育機関の協力体制をシステムとして整備することが必要である」という報告を提出している。

おそらく、ここでいう「研究教育の核」として、東京大学から新たに主張されたのが文化資源学であったのだということができる。もっとも源流というものは、表面にあらわれない伏流水を含め、一つではない。さらなる探索は、学史を書く次世代の研究者に委ねよう。


昔がたりに迷い込み、あまりおもしろくない寄り道が長くなった。

最後に、この本はだれに献ずるのがもっともふさわしいか。

やはり専攻の創成期からの同僚で、その元年をさかのぼっての研究協働の因縁がある「木下直之さんに捧げる」と書くのが、この一冊の体裁ともつりあっている。

その木下さんは来年の三月に、『サウンドとメディアの文化資源学』の著者である渡辺裕さんとともに、東京大学文学部を去られる予定である。その前に、内容的には「私家版」と注すべきものながら、この『文化資源学講義』をかたちにし、この学問の構築に力をそそいできた人たちに呈することができることを喜びたい。

二〇一八年五月二一日 初夏の早朝に

佐藤 健二

文献目録

相沢春洋編　一九二三『ペン習字 青年手紙之文』辰文館
青木睦編　二〇〇八『文化資源の高度活用「日本実業史博物館」資料の高度活用2007年度中間報告-資料編』人間文化研究機構
秋元律郎・澤井敦　一九九二『マンハイム研究』早稲田大学出版部
朝倉亀三　一九一一『本邦新聞史』雅俗文庫
荒畑寒村　一九五四『ひとすじの道』慶友社
生松敬三　一九七一「「文化」の概念の哲学史」鶴見俊輔・生松敬三編『岩波講座 哲学XIII 文化』岩波書店：七三-一〇一
石井研堂　一八九一「近世庶物雑考の内（第三）新聞紙の考」『こじき嚢』第三号：二-五
石井研堂　一九〇八「新聞紙の始」『明治事物起原』橋南堂：九七-一一六
石井研堂　一九〇八「一万円の報酬を得たる小僧：日比谷平左衛門氏の奉公時代」『実業少年』第一巻第一号、博文館：一七-二四
石井研堂　一九二六『天保改革鬼譚』春陽堂
石井研堂　一九三二『増訂改版 錦絵の改印の考証：一名錦絵の発行年代推定法』伊勢辰商店
石巻尋常高等小学校編　一九三九『石巻郷土読本』石巻尋常高等小学校後援会
伊藤陽一・小川浩一・榊博文　一九七四a「デマの研究：愛知県豊川信用金庫〝取り付け〟騒ぎの現地調査」『総合ジャーナリズム研究』第六九号、東京社、七〇-八〇
伊藤陽一・小川浩一・榊博文　一九七四b「デマの研究：愛知県豊川信用金庫〝取り付け〟騒ぎの現地調査」『総合ジャーナリズム研究』第七〇号、東京社、一〇〇-一一一
稲垣進一編　一九八八『江戸の遊び絵』東京書籍
INAX編　一九九三『立版古：江戸・浪花透視立体紙景色』INAX
井上和雄編　一九二五『新旧時代』第一年第一冊、明治文化研究会→明治文化研究会編　一九七二『雑誌明治文化研究』第一巻、広文庫
井上萬寿蔵　一九四〇『観光読本』無何有書房
今村仁司　一九八〇『アルチュセール』清水書院
岩崎均史　二〇〇四『江戸の判じ絵：これを判じてごろうじろ』小学館
岩手県農民文化懇談会編　一九六一『戦没農民兵士の手紙』岩波新書
上野晴朗・前川久太郎　一九七六『江戸明治「おもちゃ絵」』アドファイブ東京文庫
鵜澤四丁　一九二三「新しいジャンル」『CAMERA』一〇月号（大震災写真号）、アルス：五一八-五二〇
内田魯庵　一九〇二『社会百面相』博文館
内田魯庵　一九二七「明治群書類従の大成」『明治文化全集（内容見本・予約募集）』日本評論社
梅棹忠夫　一九六三「情報産業論」放送朝日、一月号：四-一七
生方敏郎　一九二六『明治大正見聞史』春秋社→一九七八、中公文庫
大熊信行　一九三三『文学のための経済学』春秋社
大熊信行　一九三七『文芸の日本的形態』三省堂
大河内一男　一九四〇『戦時社会政策論』時潮社
大阪府立貿易館　一九三三『本邦万年筆の生産輸出現況及将来』
岡田謙ほか　一九五三「特集社会調査：座談会」『季刊民族学研究』第一七巻第一号、日本民族学協会：一-九八
岡田照子・刀根卓代編　二〇一六『柳田国男の手帖「明治三十年伊勢海ノ資料」』伊勢民俗学会
沖浦和光　二〇〇四『幻の漂泊民・サンカ』文春文庫
小野秀雄　一九二二『日本新聞発達史』大阪毎日新聞社／東京日日新聞社
尾上柴舟　一九一三『万年筆新書翰』辰文館
科学技術庁資源調査会　一九六二『日本の資源』ダイヤモンド社
柏木博　一九八七『肖像のなかの権力』平凡社
加藤直樹　二〇一四『九月、東京の路上で：1923年関東大震災ジェノサイドの残響』ころから
加藤浪夫　一九三五『ネーム彫刻法』ネーム彫刻法刊行会
加藤秀俊　一九七一『文化とコミュニケーション』思索社
川添登・山岡義典編　一九八七『日本の企業家と社会文化事業』東洋経済新報社
姜徳相・琴秉洞編　一九六三『関東大震災と朝鮮人』現代史資料6、みすず書房
神崎清　一九六二「解題」『明治記録文学集』明治文学全集第九六巻、筑摩書房：三九一-四一一
紀田順一郎　一九九二『内容見本にみる出版昭和史』本の雑誌社
喜多壮一郎監修　一九三〇『モダン用語辞典』実業之日本社
北区史編纂調査会編　一九九五『北区史 資料編 現代1』北区企画部広報課
北原糸子編　二〇一〇『関東大震災：写真集』吉川弘文館
木下直之　二〇〇三「資源が口にされるとき」『文化資源学』第一号、文化資源学会：一-六
木下直之・北原糸子編　二〇〇一『幕末明治ニュース事始め』中日新聞社
木下直之・吉見俊哉編　一九九九『ニュースの誕生：かわら版と新聞錦絵の情報世界』東京大学総合研究博物館
木村松夫・石井敏夫編　一九九〇『絵はがきが語る関東大震災』柘植書房
久米邦武編　一八七八『特命全権大使米欧回覧実記』博聞社
黒柳勲　一九二四『ペン習字の意義及練習法教授法』大阪屋号書店
桑木厳翼　一九二〇『文化主義と社会問題』至善堂書店
桑原武夫　一九六四『「宮本武蔵」と日本人』講談社現代新書
桑原武夫　一九八〇「大正五十年」『桑原武夫集』六、岩波書店
経済審議会情報研究委員会編　一九六九『日本の情報化社会：そのビジョンと課題』ダイヤモ

ンド社
警視庁編　一九二五『大正大震火災誌』警視庁
警視庁警備部・陸上自衛隊東部方面総監部編　一九六二『大震災対策資料』警視庁警備部
見坊豪紀　一九七九『ことばのくずかご』筑摩書房
見坊豪紀・稲垣吉彦・山崎誠　一九八七『新ことばのくずかご』筑摩書房
紅野謙介　一九九二『書物の近代：メディアの文学史』筑摩書房
小森孝之　一九七八『絵葉書明治・大正・昭和』国書刊行会
斎藤荘次郎　一九一八『伊東七十郎』斎藤荘次郎
斎藤荘次郎　一九三〇『信念に基づく我が郷土教育施設』研文社
斎藤荘次郎　一九三九『霊峰旭山』旭山保勝会
佐藤健二　一九八七「渋沢敬三とアチック・ミューゼアム」川添登・山岡義典編『日本の企業家と社会文化事業』東洋経済新報社：一二四-一四三
佐藤健二　一九八七『読書空間の近代：方法としての柳田国男』弘文堂
佐藤健二　一九九四『風景の生産・風景の解放：メディアのアルケオロジー』講談社
佐藤健二　一九九五『流言蜚語：うわさ話を読みとく作法』有信堂高文社
佐藤健二　一九九六「話すということをめぐって：日本近代におけるメディアの地層学」水越伸編『二〇世紀のメディア1：メディアの近代』ジャストシステム：二七-四四
佐藤健二　二〇〇一『歴史社会学の作法：戦後社会科学批判』岩波書店
佐藤健二　二〇〇三「図を考える／図で考える」『文化資源学』第一号、文化資源学会：七-一六
佐藤健二　二〇〇四「近代日本の風景意識」松原隆一郎ほか『〈景観〉を再考する』青弓社：一二一-一五八
佐藤健二　二〇一一『社会調査史のリテラシー：方法を読む社会学的想像力』新曜社
佐藤健二　二〇一二『ケータイ化する日本語：モバイル時代の〝感じる〟〝伝える〟〝考える〟』大修館書店
佐藤健二　二〇一四『論文の書きかた』弘文堂
佐藤健二・吉見俊哉　二〇〇七「文化とは何か」『文化の社会学』有斐閣：一-五四
サルトル・鈴木道彦ほか編訳　二〇〇三『植民地の問題』人文書院
参謀本部編　一九一七『帝国国防資源』陸軍参謀本部
自警会　一九二三『自警』第五巻第五一号、自警会
時事新報経済部編　一九三六「万年筆」『新興商品／知識 製造から販売まで』指導社：二〇〇-二二五
思想の科学研究会編　一九五〇『夢とおもかげ：大衆娯楽の研究』中央公論社
渋沢栄一（述）　一八七一『官版 立会略則』大蔵省
渋沢栄一（述）　一九三七『渋沢栄一自叙伝』渋沢翁頌徳会
渋沢敬三　一九六一『犬歩当棒録』角川書店
渋沢敬三　一九九三『渋沢敬三著作集第5巻未刊行論文・随想／年譜・総索引』平凡社
渋沢敬三伝記編纂刊行会　一九八一『渋沢敬三下』渋沢敬三伝記編纂刊行会
社会学研究会編　一九三二『文化社会学』同文館
社会学研究会編　一九三二『知識社会学』同文館
ジャパン・ツーリスト・ビューロー　一九三二『ビューロー読本』日本旅行協会
白幡洋三郎　一九九二「日本八景の誕生」古川彰・大西行雄編『環境イメージ論』弘文堂：二七七-三〇七
進藤松司　一九三七『安芸三津漁民手記』（アチックミューゼアム彙報第一三）アチックミューゼアム
巣鴨遺書編纂会編　一九五三『世紀の遺書』巣鴨遺書編纂会
菅原翠（敬介）　一九六二『旭山物語』石巻日日新聞社
杉浦明平　一九五八『記録文学の歴史とその現状』岩波講座日本文学史（第一二巻分冊）、岩波書店
鈴木淳　二〇〇四『関東大震災』ちくま新書
大日本実業学会　一九〇一『大日本実業学会規則』（農科講義録第三号付録）大日本実業学会
高取正男　一九七二『民俗のこころ』朝日新聞社
高橋明彦　二〇〇一「近世出版機構における藩版の問題：江戸時代の情報化」『日本文学』第五〇巻第四号：一六-二七
高橋毅一編　一九三七『青淵先生演説撰集』（龍門雑誌第五九〇号付録）龍門社
高見順　一九八一『敗戦日記』文春文庫
竹山昭子　二〇〇二『ラジオの時代：ラジオは茶の間の主役だった』世界思想社
田崎公司・坂本昇編　一九九七『関東大震災政府陸海軍関係史料II巻　陸軍関係史料』日本経済新聞社
田中寛一　一九四一『日本の人的資源』蛍雪書院
田中純一郎　一九七九『日本教育映画発達史』蝸牛社
田中比左良　一九二三「雲か煙か」『主婦之友』第七巻第一〇号、主婦之友社：一九二-一九三
田中比左良　一九二三「竹槍さわぎ」『主婦之友』第七巻第一〇号、主婦之友社：二一八-二一九
田中正敬・逢坂英明編　一九九七『関東大震災政府陸海軍関係史料III巻 海軍関係史料』日本経済新聞社
田山花袋　一九一七『東京の三十年』博文館→一九八一、岩波文庫
朝鮮商工会議所　一九三四『満州国資源調査概要』朝鮮商工会議所
土田杏村　一九二四『流言』小西書店
土屋礼子　一九九五『大阪の錦絵新聞』三元社
坪井洋文　一九七九『イモと日本人』未來社
坪井洋文　一九八二『稲を選んだ日本人』未來社

鶴見俊輔　一九六七『限界芸術論』勁草書房
鶴見俊輔ほか編　一九六二『日本の百年5 震災にゆらぐ』筑摩書房
暉峻義等　一九三八『人的資源研究』改造社
東京工業大学工業調査部　一九三七『外蒙・中央亜細亜に於ける資源調査』東京工業大学
東京市社会局　一九三七『東京市問屋制小工業調査（昭和一一年一〇月）』東京市社会局
東京市商工課　一九三二「万年筆の生産調査」『問屋制工業調査（第一輯）』東京市役所：一八三-二〇〇
富田岳鳳　一九二三『ペン習字実用日用文』岡本増進堂
鳥居龍蔵　一九〇二『人種誌』嵩山房
鳥居龍蔵　一九五三『ある老学徒の手記：考古学とともに六十年』朝日新聞社
内閣官報局　一八九〇『明治九年 法令全書』長尾景弼（販売所・博聞社）
内務省社会局編　一九二六『大正震災志』上、内務省社会局
内務省警保局企画室　一九四一「戒厳令ニ関スル研究」
仲摩照久編　一九三三『世界風俗写真大観』世界知識別冊、新光社
中村淳　二〇〇七「文化の名において」岩本通弥編『ふるさと資源化と民俗学』吉川弘文館：二一-三六
中山由五郎編　一九三一『モダン語漫画辞典』祥光堂書房
南洋庁内務部企画課　一九四一『蘭領印度の資源調査』南洋庁
西川長夫　一九九八『国民国家論の射程』柏書房
西川長夫　二〇〇一『増補 国境の越え方』平凡社
西川祐子　二〇〇九『日記をつづるということ：国民教育装置とその逸脱』吉川弘文館
日本葉書会　一九〇六『絵葉書趣味』日本葉書会
日本評論社編　一九二七『明治文化全集（内容見本）』日本評論社
農商務省工務局　一九二二『主要工業概覧 第四部雑工業』農商務省工務局
野口茂樹　一九三四『通俗文具発達史』紙工界社
野口茂樹　一九三六『本邦文房具／紙製品業界の展望（大阪版）』紙工界社
野瀬泰伸　二〇〇二『眼で食べる日本人：食品サンプルはこうして生まれた』旭屋出版
ハーン　一九七七（平井呈一訳）『心：日本の内面生活の暗示と影響』岩波文庫
長谷川如是閑　一九三三『新聞文学』岩波講座日本文学（第四巻分冊）、岩波書店
林雄二郎　一九六九『情報化社会』講談社現代新書
樋畑雪湖　一九三五『日本絵葉書史潮』日本郵券倶楽部
平林初之輔　一九二九『文学理論の諸問題』千倉書房
福沢諭吉（立案）　一八九三『実業論』博文館
福地源一郎訳　一八七一『官版 会社弁』大蔵省
藤野裕子　二〇一五『都市と暴動の民衆史：東京・1905-1923年』有志舎
ブルデュー　一九八六（福井憲彦訳）「文化資本の三つの姿」『actes』第一号、日本エディタースクール出版部：一八-二八
ベンヤミン　一九七〇（佐々木基一訳）『複製技術時代の芸術』著作集二、晶文社
防衛庁防衛研修所戦史室編　一九六七『陸軍軍需動員1 計画編』朝雲出版社
貿易局第一部市場第一課　一九四一『泰国の資源調査並に其概況』商工省貿易局
穂積重遠　一九二四『町会と自治制』『町会規約要領』東京市役所
北海道庁長官官房統計課　一九一六『資源調査関係法規』北海道庁
前川千帆　一九一九「万年筆排斥の事」『漫画風流』磯部甲陽堂：一〇-一一
真木悠介　一九七七『気流の鳴る音：交響するコミューン』筑摩書房→一九八六　ちくま文庫
増田信之　一九六四『光村利藻伝』光村利之
増田米二　一九六八『情報社会入門：コンピュータは人間社会を変える』ぺりかん社
松本潤一郎　一九三八『文化社会学原理』弘文堂書房
マリノフスキー　一九八七（谷口佳子訳）『マリノフスキー日記』平凡社
マルクス　一九六四（城塚登・田中吉六訳）『経済学・哲学草稿』岩波文庫
丸善編　一九八〇『丸善百年史：日本近代化の歩みと共に』上巻、丸善
丸善編　一九一二『万年筆の印象と図解カタログ』丸善株式会社
三木清　一九六六「読書遍歴」『三木清全集』第一巻、岩波書店
三木清　一九六七「文化社会学」『三木清全集』第七巻、岩波書店
水越伸　一九九三『メディアの生成：アメリカ・ラジオの動態史』同文館出版
見田宗介　一九六五『現代日本の精神構造』弘文堂
見田宗介編　一九七六『社会意識論』社会学講座一二、東京大学出版会
見田宗介・山本泰・佐藤健二編　一九八五『文化と社会意識』リーディングス日本の社会学一二、東京大学出版会
南博編　一九六五『大正文化』勁草書房
三宅克己　一九二三「天災勃発」『CAMERA』一〇月号（大震災写真号）、アルス：五〇六-五一六
宮本常一　一九七八『民俗学の旅』文藝春秋
宮本常一　一九八六『旅にまなぶ』宮本常一著作集31、未來社
室高岳堂　一九二五『ペン青年新はがき文』東京宝文館
望月誠　一八八〇『実地経験 家政妙論 全』思誠堂
明治文化研究会　一九二七『明治文化全集（内容見本・予約募集）』日本評論社
明治文化研究会　一九二七『明治文化全集・書目解題』日本評論社
八木佐吉　一九八三「明治の文豪たちが万年筆を愛用しはじめた底には、実用便利だけでない心のときめきがあったにちがいない」『文房具の世界』別冊暮らしの設計第一〇号、中央公論社：二一-二五
柳田国男　一九三一『明治大正史4 世相篇』朝日新聞社→一九九八『柳田国男全集』第五巻、

筑摩書房
柳田国男　一九三四『民間伝承論』共立社→一九九八『柳田国男全集』第八巻、筑摩書房
柳田国男　一九三九『木綿以前の事』創元社→一九九八『柳田国男全集』第九巻、筑摩書房
柳田国男　一九四〇『民謡覚書』創元社→一九九八『柳田国男全集』第一一巻、筑摩書房
柳父章　一九九五『文化』三省堂
山口利昭　一九七九「国家総動員研究序説　第一次世界大戦から資源局の成立まで」『国家学会雑誌』第九二巻第三・四号、国家学会：二六六-二八五
山口昌男・前田愛編　一九八四『文化記号論A-Z』別冊国文学、学燈社
山下晋司　二〇〇七『資源化する文化』資源人類学2、弘文堂
山下恒夫　一九八六『石井研堂：庶民派エンサイクロペディストの小伝』リブロポート
山田風太郎　一九七一『戦中派不戦日記』番町書房→一九七三　講談社文庫
山本三生　一九三一『新聞文学集』現代日本文学全集第五一篇、改造社
柚木卯馬　一九三一『少年少女面白い理科物語』文化書房
横山源之助　一九九〇（立花雄一編）『下層社会探訪集』社会思想社
与謝野寛　一九一四「南洋館」『反響』一〇月号、反響社→二〇〇三、青空文庫（http://www.aozora.gr.jp/cards/000320/files/2565_8609.html）
吉河光貞　一九四九『関東大震災の治安回顧』法務府特別審査局
吉田司雄　二〇〇一「「暗号」文学論」『日本文学』第五〇巻第四号：三〇-四四
吉野作造　一九二六「明治文化の研究に志せし動機」新旧時代、四月号→一九三三『閑談の閑談』書物展望社
吉野作造ほか　一九二八『明治文化全集第一七巻 新聞篇』日本評論社
吉見俊哉　一九八七『都市のドラマトゥルギー』弘文堂
吉見俊哉　一九九二『博覧会の政治学』中央公論社
吉見俊哉　二〇〇〇『カルチュラル・スタディーズ』岩波書店
吉見俊哉　二〇〇三『カルチュラル・ターン、文化の政治学へ』人文書院
吉見俊哉　二〇〇四『メディア文化論』有斐閣
米田庄太郎　一九二一『現代文化人の心理』改造社
読み書き能力調査委員会編　一九五一『日本人の読み書き能力』東京大学出版部
龍門社編　一九〇〇『青淵先生六十年史　一名近世実業発達史』全2巻、龍門社
ロウド・リトン　一八七九、丹羽純一郎訳『欧州奇事 花柳春話』第四編、坂上半七
渡辺裕　二〇一三『サウンドメディアの文化資源学：境界線上の音楽』春秋社
和辻哲郎　一九二三「地異印象記」『思想』第二五号、岩波書店

Allport, G. A. & Postman, L. J., 1947, *The psychology of rumor*, Henry Holt＝一九五二、南博訳『デマの心理学』岩波書店
Anderson, B., 1991, *Imagined communities : Reflections on the origin and spread of nationalism*, Second edition, Verso＝一九九七、白石さや・白石隆訳『想像の共同体：ナショナリズムの起源と流行』増補版、NTT出版
Appadurai, A. 1986, *The social life of things : Commodities in cultural perspective*, Cambridge University Press.
Baudrillard, J., 1970, *La societe de consommation : Ses mythes, ses structures*, Gallimard＝一九七九、今村仁司・塚原史訳『消費社会の神話と構造』紀伊國屋書店
Bell, D., 1973, *The coming of post-industrial society: A venture in social forecasting*, Basic Books＝一九七五、内山忠夫ほか訳『脱工業社会の到来：社会予測の一つの試み』ダイヤモンド社
Bourdieu, P & Chamboredon, J.- C., Passeron , J.-C., 1973, *La métier de sociologue: Préalables épistémologiques*, Mouton＝一九九四、田原音和・水島和則訳『社会学者のメチエ』藤原書店
Certeau, M. de., 1980, *L'invention du quotidian, 1, Arts de faire*, U.G.E＝一九七八、山田登世子訳『日常的実践のポイエティーク』国文社
Clifford, J. & Marcus, G.E., ed. 1986, *Writing culture: The poetics and politics of ethnography*, University of California Press＝一九九六、春日直樹ほか訳『文化を書く』紀伊国屋書店
Durkheim, E., 1895, *Les regles de la methode sociologique*, Alcan＝一九七八、宮島喬訳『社会学的方法の規準』岩波文庫
Eagleton, T., 2000, *The idea of culture*, Blackwell＝二〇〇八、大橋洋一訳『文化とは何か』松柏社
Eisenstein, E. L., 1983, *The printing revolution in early modern Europe*, Cambridge University Press=一九八七、別宮貞徳監訳『印刷革命』みすず書房
Foucault, M., 1966, *Les mots et les choses*, Gallimard＝一九七四、渡辺一民・佐々木明訳『言葉と物：人文科学の考古学』新潮社
Goody, J., 1977, *The domestication of the savage mind*, Cambridge University Press=一九八六、吉田禎吾訳『未開と文明』岩波書店
Hoggart, R., 1957, *Use of literacy*, Chatto and Windus＝一九七四、香内三郎訳『読み書き能力の効用』晶文社→一九八六　新装版
Horkheimer, M. & Adorno, T. W., 1947, *Dialektik der aufklärung: Philosophische fragmente*, Querido Verlag＝一九九〇、徳永恂訳『啓蒙の弁証法』岩波書店
Innis, H. A., 1951, *The bias of communication*, Toronto: University of Toronto Press=一九八七、久保秀幹訳『メディアの文明史：コミュニケーションの傾向性とその循環』新曜社

Ivins, W. M., 1953, *Prints and visual communication*, Routledge & K. Paul＝一九八四、白石和也訳『ヴィジュアル・コミュニケーションの歴史』晶文社
Jaubert, A., 1986, *Le commissariat aux archives : Les photos qui falsifient l'histoire*, Barrault＝一九八九、村上光彦訳『歴史写真のトリック：政治権力と情報操作』朝日新聞社
Katz, E. & Lazarsfeld, P.F., 1955, *Personal influence : The part played by people in the flow of mass communications*, Free Press＝一九六五、竹内郁郎訳『パーソナル・インフルエンス：オピニオン・リーダーと人びとの意思決定』培風館
Kornhauser, W., 1959, *The politics of mass society*, Glencoe, Free Press＝一九六一、辻村明訳『大衆社会の政治』東京創元社
Kroeber, A.L. & Kluckhohn, C., 1952, *Culture : A critical review of concepts and definitions*, Peabody Museum.
Lazarsfeld, P.F., 1933, *The people's choice from Washington to harding : A study in democracy*, Houghton Mifflin＝一九八七、有吉広介監訳『ピープルズ・チョイス：アメリカ人と大統領選挙』芦書房
Leavis, F.R., 1933, *For continuity*, Minority Press.
Lippmann, W., 1922, *Public opinion*, Macmillan＝一九八七、掛川トミ子訳『世論』上・下、岩波文庫
Malinowski, B. K., 1967, *A diary in the strict sense of the term, Harcourt*, Brace＝一九八七、谷口佳子訳『マリノフスキー日記』平凡社
Mannheim, K., 1929, *Ideologie und utopie*＝一九七九、高橋徹・徳永恂訳「イデオロギーとユートピア」高橋徹編『マンハイム　オルテガ』世界の名著六八、中央公論社
Marcus, G.E. & Fischer, M.M.J., 1986, *Anthropology as cultural critique : An experimental moment in the human sciences*, University of Chicago Press＝一九八九、永渕康之訳『文化批判としての人類学：人間科学における実験的試み』紀伊國屋書店
McLuhan, M., 1962, *The Gutenberg galaxy: The making of typographic man*, Routledge & Kegan Paul＝一九八六、森常治訳『グーテンベルクの銀河系：活字人間の形成』みすず書房
McLuhan, M., 1964, *Understanding media: the extensions of man*, McGraw-Hill＝一九八七、栗原裕・河本仲聖訳『メディア論：人間拡張の諸相』みすず書房
Miller, D., 1998, *Material cultures: Why somethings matter*, University of Chicago Press.
Morin, E., 1969, *La rumeur d'0rléans*, Édition du Seuil＝一九八〇、杉山光信訳『オルレアンのうわさ　第2版』みすず書房
Negus, K., 1996, *Popular music in theory: An introduction*, Polity Press＝二〇〇四、安田昌弘訳『ポピュラー音楽理論入門』水声社
Ong, W. J., 1982, *Orality and literacy: The technologizing of the word*, Methuen＝一九九一、桜井直文ほか訳『声の文化と文字の文化』藤原書店
Ortega, 1930, *La rebelion de las masas*＝一九六七、神吉敬三訳『大衆の反逆』角川文庫
Redfield, R. & Linton, R., Herskovits, M. J., 1936, "Memorandum for the study of acculturation", *American Anthropologist*, 38: 149-152
Riesman, D., 1950, *The lonely crowd : A study of the changing American character*, Yale University Press; 1961 2nd edition＝一九六四、加藤秀俊訳『孤独な群衆』みすず書房
Said, E.W., 1978, *Orientalism*, Georges Borchaedt＝一九九三、板垣雄三・杉田英明監修、今沢紀子訳『オリエンタリズム』上・下、平凡社
SATO, Kenji, 2002, "Postcards in Japan: A Historical Sociology of a Forgotten Culture", *International Journal of Japanese Sociology*, Number 11: 35-55.
Sibutani, T., 1966, *Improvised news : A sociological study of rumor*, Bobbs-Merrill＝一九八五、廣井脩訳『流言と社会』東京創元社
Snow, C. P., 1959, *The two cultures and the scientific revolution*, Cambridge University Press＝一九六五、松井巻之助訳『二つの文化と科学革命』みすず書房
Thompson, D., 1943, *Voice of civilisation: An enquiry into advertising*, Frederick Muller
Touraine, A., 1969, *La société postindustrielle*, Denoel＝一九七〇、寿里茂・西川潤訳『脱工業化の社会』河出書房新社
Wiener, N., 1948, *Cybernetics: Or control and communication in the animal and the machine*, John Wiley; second ed., 1961, M.I.T. Press＝二〇一一、池原止戈夫・彌永昌吉・室賀三郎・戸田巌訳『サイバネティックス：動物と機械における制御と通信』岩波文庫
Williams, R., 1966, *Culture and society : 1780-1950*, Penguin Books＝一九六八、若松繁信・長谷川光昭訳『文化と社会』ミネルヴァ書房

人名索引

あ行

か行

さ行

た行

な行

は行

ま行

や行

ら行

わ行

書名索引

た行

な行

は行

ま行

や行

ら行

著者紹介
佐藤健二（さとう・けんじ）
1957年生。東京大学大学院人文社会系研究科教授。専攻は社会学、文化資源学。
著書に『読書空間の近代』(弘文堂)、『流言蜚語』(有信堂高文社)、『歴史社会学の作法』(岩波書店)、『社会調査史のリテラシー』(新曜社)、『ケータイ化する日本語』(大修館書店)、『論文の書きかた』(弘文堂)、『柳田国男の歴史社会学』(せりか書房)、『人文知』全3巻（共編著、東京大学出版会）など。

文化資源学講義

2018年9月18日　初版

［検印廃止］

著者／佐藤健二

発行所／一般財団法人　東京大学出版会
代表者／吉見俊哉
153-0041 東京都目黒区駒場4-5-29
http://www.utp.or.jp/
電話03-6407-1069　Fax 03-6407-1991
振替 00160-6-59964

装幀／間村俊一
本文デザイン・DTP／小野寺健介（odder or mate）
印刷所／株式会社ヒライ
製本所／牧製本印刷株式会社

ISBN 978-4-13-050195-8　Printed in Japan